नीली आँधी

सुचित्रा भट्टाचार्य

अनुवाद

सुशील गुप्ता

वाणी प्रकाशन
21-ए, दरियागंज, नयी दिल्ली-110002
फोन : 011-23273167, 23275710
फैक्स : 011-23275710
e-mail : vaniprakashan@gmail.com
website : www.vaniprakashan.com

वाणी प्रकाशन का 'लोगो'
विख्यात चित्रकार मक़बूल फ़िदा हुसेन की
कूची से

ISBN : 978-81-8143-653-5

वाणी प्रकाशन
21-ए, दरियागंज, नयी दिल्ली-110002
द्वारा प्रकाशित

प्रथम संस्करण : 2008

आवरण : वाणी चित्रांकन
नागरी प्रिंटर्स, शाहदरा, दिल्ली-110032
द्वारा मुद्रित

मूल्य : 295.00

NEELEE AANDHI (Novel)
by : Suchitra Bhattacharya
Translated by : Sushil Gupta

आँधी-तूफान की रफ्तार से दयिता डिनर निपटा रहती। इसे खाना नहीं कहते, जैसे-तैसे गोग्रास में, गले से नीचे उतारना कहते हैं। रोटी तोड़-तोड़कर मुँह में ठूँसकर, ऊपर से ढक्-ढक् पानी ढकोलती हुई! अचानक उसे हिचकी आने लगी। अपने को संयत करते हुए, उसकी छाती दुबारा धक्क् से रह गई। बोधिसत्व कहीं आज जल्दी तो नहीं चले जाएँगे?

डाइनिंग हाल में खचाखच भीड़। इस हॉस्टल में छात्राओं की संख्या लगभग दो सौ। इंजीनियरिंग, रिसर्च स्कॉलर, प्योर साइंस—सब मिला-जुलाकर छात्राओं की बेतहाशा भीड़! उनमें से कम से कम सत्तर छात्राएँ, इस वक्त हाल में मौजूद थीं। डिनर का यह चरम समय था। पीक आवर! लड़कियाँ दर्जन भर मेज के सामने बँटी-बिखरी बैठी हुईं। छोटे-छोटे झुण्डों में साल मुताबिक, विषय मुताबिक छात्राएँ या महज यारी-दोस्ती मुताबिक जमघट!

दयिता की बायीं तरफ सुपर्णा और दाहिनी तरफ मैत्रेयी! सबकी सब क्लासमेट! एम.एस-सी., सेकंड ईयर, फिजिक्स! उल्टी तरफ रीता, एक साल जूनियर!

सुपर्णा ने कैंटीन-डिश के खोप् से एक अंडा उठा लिया।

उसने अंडे को उछालते हुए सवाल किया, "बता तो, यह किसका अंडा है?"

"ऑफकोर्स, कबूतर का! हमारी मुँडेर पर दिन-रात गुटुर-गूँ, गुटुर-गूँ करते रहते हैं—" मैत्रेयी ठठाकर हँस पड़ी।

रीता ने विज्ञ मुद्रा में कहा, "वैसे कबूतर के अंडे काफी स्वादिष्ट होते हैं—"

"तूने चखा है?"

"मैं क्यों चखने लगी? मैंने तो देखा है, बिल्लियाँ काफी स्वाद ले-लेकर खाती हैं।"

"कहीं जहरीला तो नहीं होता?" सुपर्णा की आँखों में बनावटी खौफ उतर आया, "इन अंडों से कहीं पेट तो नहीं चल जाएगा?"

"कम ऑन सुपू, नथिंग विल हैपेन! कुच्छ नहीं होगा। बिल्लियाँ तो आराम से हजम कर लेती हैं।"

"बिल्ली और इंसान का मेटाबॅलिक सिस्टम क्या एक जैसा होता है?"

बगल की मेज के सामने बैठी, दिल्ली की लड़की, अनुशा ने कुर्सी खिसकाकर, उनकी तरफ देखते हुए कहा, "यह अंडा कब्बू का हरगिज नहीं है। मस्ट बी ऑफ छिपकली, मैं शर्त लगा सकती हूँ।"

बस, अजीबोगरीब बहस छिड़ गई। आज रात का मेनू अतिशय थर्ड क्लास है। वही नन्ही-नन्ही गोलियों की साइज की अंडा-करी, जिसके मसाले एक तरफ और तरी की नदी एक तरफ बहती-उतराती हुई! साथ में भुर्ते जैसी कोई और सब्जी! उसमें शायद फूलगोभी और आलू भी था। इसके अलावा, किसी अज्ञात चीज की चटनी। मुमकिन है वह तेतुल की चटनी हो या फिर अमावट की। सारे के सारे आइटम निरे बकवास! बेस्वाद! इस कैम्पस टाउनशिप का हर रसोइया, बेस्वाद-बकवास खाना पकाने में डॉक्टरेट डिग्रीधारी था। लेकिन हॉस्टल की लड़कियों को ऐसे खाने की कमोबेश आदत पड़ चुकी थी। हँसी-मजाक करते-करते, वे लड़कियाँ हर तरह के स्वाद की अभ्यस्त हो चुकी थीं। अब वे सबकुछ खा जाती थीं, उन्हें होश भी नहीं रहता था। अंडों पर यह विचार-विमर्श भी, उसी बेख्याली का हिस्सा था।

समूचे हाल में जोर-शोर से हो-हल्ला जारी था। किसी मेज पर अंडा-मेटाबॅलिज़्म-रिलेटिविटी पर बहस, किसी मेज पर ऐश्वर्या राय, क्लिण्टन, मोनिका लेवेंस्की! कहीं सचिन, अजहर, सौरभ! कहीं सलमान, आमिर, शाहरुख! इस मेज पर झरने की कलकल! उस मेज़ पर टूटे रिकॉर्ड की झंकार। शब्द-शब्द बजते हुए; बजते ही रहे।

दयिता के कानों तक यह सब कुछ भी नहीं पहुँच रहा था। इस वक्त वह लगभग बहरी हो आई थी, जिसकी आँखें समूचे हाल का चक्कर लगा रही थीं, मगर देख कुछ भी नहीं रही थीं। इस वक्त उसके दिल में लगातार घंटों का शोर! हे भगवान, हे प्रभु, उनसे भेंट हो जाए! वे दिख जाएँ!

किसी तरह गले में खाना ठूँसकर, दयिता कुर्सी छोड़कर उठ खड़ी हुई!

टेबल-मैनर के तकाजे पर वह अपने साथियों से मुखातिब हुई, "एक्सक्यूज़ मी! बाइ!"

सुपर्णा की निगाहें तिरछी हो आईं, "हाय-माँ, तू भी मौजूद थी यहाँ?"

मैत्रेयी के चेहरे पर बेहया हँसी झलक उठी।

उसने मासूम-सी आवाज़ बनाकर पूछा, "तेरा वक्त हो गया, है न?"

दयिता ने उसकी बात को तूल नहीं दिया। बस, उसके जबड़े ज़रा शिथिल हो आए। हाथ में अपनी प्लेट थामे, वह सिंक की तरफ बढ़ गई। यहाँ यही नियम था! अपनी प्लेट खुद साफ करना पड़ती थी।

डाइनिंग हाल से दयिता का कमरा ख़ासा दूर था। हॉस्टल की बिल्कुल दूसरी छोर पर, दो मंजिला मकान में। दो बेड का कमरा। परिमित असबाब-पत्तर! हर छात्रा

के लिए लोहे का एक अदद बेड, मेज-कुर्सी! इससे ज्यादा किसी सामान की जरूरत पड़ी तो छात्राएँ खुद ही इंतजाम कर लेती थीं। दयिता के पास, एक अदद छोटे-नाटे आकार का वार्डरोब! उसकी रूममेट, चिरश्री, इस मामले में भी खासी बिन्दास थी। उसने दीवार पर ही चंद अस्थायी हुक जड़ लिए थे। अपने कपड़े-लत्ते वह उन पर ही झुलाए रखती थी। कमरे में दोनों के लिए, अपने-अपने आईने भी मौजूद थे। लड़कियाँ दूसरों के आईने में अपना चेहरा देखना पसंद नहीं करती थीं।

इस वक्त भी चिरश्री अपने बेड पर पेट के बल लेटी हुई, कोई थ्रिलर निगल रही थी। यह लड़की बाक़ायदा किताबी-कीड़ा थी। हर वक्त उसके हाथ में शिफ़-किटेल-फेइनमैन या लुडलाम-जॉन लेकर-फ्रेडरिक-फरसाइथ। डाइनिंग हाल, कॉमनरूम, कैंटीन, कहीं भी, किसी ने उसे कभी भी किताब के बिना नहीं देखा था। दयिता की क्लास में भी वही फर्स्ट गर्ल थी।

अपने कमरे में क़दम रखते ही, वह सीधे आईने के सामने जा खड़ी हुई। कंधे छूते हुए अपने स्टेप-कट बालों में उसने ज़ल्दी-ज़ल्दी कंघी चलाई, चेहरे पर क्रीम थोपकर, उसकी बेचैन उँगलियाँ नाच-नाचकर उन्हें बराबर करती रहीं—वक्त नहीं है! अब बिल्कुल वक़्त नहीं है।

उसने आईने में ही चिरश्री की तरफ मुखातिब होकर पूछा, ''खाना खाने नहीं गई तू?''

चिरश्री ने किताब से चेहरा नहीं उठाया।

उसने किताब में चेहरा गड़ाए-गड़ाए ही संक्षिप्त-सा जवाब दिया, ''हूँ? हूँ!''

''अरे, जा, जा फटाफट जा! इसके बाद और कुछ नहीं जुटेगा।''

''हूँऽऽ...''

''अच्छा, सुन, मैं ज़रा जा रही हूँ। तू कमरे में ही है न?''

चिरश्री ने खट्ट से गर्दन घुमाई।

उसकी भौंहें सिकुड़ आईं, ''आज भी चल दी?''

दयिता फिक् से हँस पड़ी, ''आज देर बिल्कुल नहीं करूँगी, देखना।''

गोल-गोल चश्मा पहने, चिरश्री के चेहरे पर हर वक्त दीदी-दीदी जैसा भाव! किताब उल्टी करके, चिरश्री ने दयिता की तरफ देखा। उसके मनोभाव उसके चेहरे पर साफ झलक उठे।

किसी गिरजे के पादरी के अंदाज में उसने कहा, ''यू आर गोइंग टू फार, दयि!''

''अभी दूर ही कितना गई हूँ?'' दयिता ने झट से अपने होठों पर नेचुरल शाइन लिपिस्टिक फेरते हुए कहा, ''सिर्फ लाइब्रेरी से मेन गेट तक! हद से हद गेट से घर तक!''

''वहाँ तक भी जाने की क्या जरूरत है?''

"अच्छा लगता है, इसलिए! दिल करता है, इसलिए!"

"दिल को मना कर! रेजिस्ट कर!"

"रेजिस्ट नहीं कर पाती, रे!"

"हुँहः फिजूल के नाटकीय डायलॉग!" चिरश्री एकदम से तनकर बैठ गई, "तुझे खबर है, लोग तुझ पर किस कदर हँसते हैं?"

"आइ केयर ए फिग! मैं क्या बी एम से इश्क फरमा रही हूँ? बस, आइ डू एडमायर हिम! उनकी मुरीद हूँ। उनसे बातें करना मुझे अच्छा लगता है।" दयिता ने झटपट अपना वार्डरोब खोला, अगले ही पल बंद कर दिया। अपने कंधे पर दूधिया-सफेद ओढ़नी बिछाई।

उसने धीमे लहजे में कहा, "इसके अलावा, और किसी के मन में चाव जागे, तो वह भी उनसे मिलने जा सकती है, मुझे मालूम है, बहुत-सी लड़कियाँ बी एम पर फिदा हैं। मेरी ही क्लास की कई लड़कियाँ उन पर मरती हैं। अगर तू कहे, तो लाइन से उनके नाम भी गिना दूँ।"

"हो सकता है, लड़कियाँ उन पर जान छिड़कती हों, लेकिन तेरी तरह बचकानी हरक़त कोई नहीं करती।" चिरश्री अभिभावक की तरह गंभीर नज़र आई, "देख, दयि, देखते ही देखते अब काफी उम्र हुई। इस उम्र में किसी भी लड़की को हीरो-वर्शिप शोभा नहीं देती। यह सब 'टीन-एज' के लक्षण हैं। किशोर उम्र के लक्षण!"

दयिता अब किसी बहस में नहीं पड़ी। उसने सधे हुए हाथों से झटपट अपनी कत्थई कमीज झाड़ी, मेज पर पड़ी एक किताब फट् से उठाई और गर्दन मोड़कर एक बार फिर अपने धान-पान-से चेहरे पर नज़र डाली! बस, लमहे भर के लिए! बिजली की कौंध की तरह!

उसने खट् से दरवाजा खोला और बाहर निकलते-निकलते एक जुमला उछाल दिया, "सुन मैं कमरे की चाबी लेकर नहीं जा रही हूँ—"

दयिता हिरण-चाल में आगे बढ़ चली। वह उन्मुक्त रफ़्तार में आगे बढ़ गई। वहाँ थर्ड ईयर केमिकल की तीन छात्राएँ आपस में बहस-मुबाहसे में थीं। कॉरीडोर में सुतनुका और रागिनी मौज से सिगरेट के सुट्टे लगा रही थीं। जोर-जोर से साँस खींचकर वे दोनों जलती तंबाकू की पुरुष-गंध अपने सीने में भर रही थीं। कॉमनरूम से तैरकर आती हुई मधुमक्खी के टूटे छत्ते की गुन-गुन आवाजें धीरे-धीरे क्षीण होती गईं। दयिता अब खुले आसमान तले आ पहुँची।

गेट के सामने कोलतार की चौड़ी सड़क! आइन्स्टाइन सरणी! बेहद खूबसूरत सड़क! दोनों ओर से पेड़ की कतारें, चँदोवे की तरह पूरी सड़क को ढँके हुए! उनकी दरारों से आकाश शायद ही नज़र आता था। यह सड़क, यूनिवर्सिटी के मुख्य द्वार से शुरू होती थी। इसी सड़क पर छात्र-छात्राओं के कतार-दर-कतार हॉस्टल! सबसे पहले गर्ल्स हॉस्टल! मेन गेट से हद से हद तीन सौ गज के फासले पर!

अभी तो नवंबर महीने की शुरुआत भर थी! अभी से हवा में खुनक ठंडक! पल भर के लिए दयिता को ख़्याल आया कि आते हुए अगर वह एक शॉल भी ले लेती, तो बेहतर होता। पूरी सड़क निर्जन नज़र आ रही थी। शायद ठंड की वजह से। कभी-कभी अचानक ही एकाध सायकिल सर्र से बगल से गुज़र जाती। हॉस्टल के लड़के इधर-उधर आ-जा रहे थे। सड़क पर काफी दूर-दूर पर लैंपपोस्ट अभी तक जलते हुए! निओन के प्रकाश में धूप-छाँह की तरह। धीरे-धीरे कुहासा उतर रहा था।

मेन गेट तक आकर, दयिता पल भर को ठिठक गई। यहाँ तक आकर, वह रोज ही ठिठक जाती थी। वह जुबान से चाहे जो कहे, हर दिन ठीक इसी वक्त जाने कहाँ से, एक किस्म की दुविधा उसे पोर-पोर जकड़ लेती है। उसके पाँव वजनी हो आते हैं। उसे यूँ कंगले की तरह दौड़कर आते देखकर, बोधिसत्व को कहीं कुछ बुरा तो नहीं लगता? धत्! लाइब्रेरी तक तो वह किसी भी वक्त जा सकती है। बोधिसत्व तो उसके प्रोफेसर ठहरे। उनके साथ बातें करते हुए वह लौट ही सकती है। इसमें इतना किंतु-परंतु की क्या बात है? और बोधिसत्व मजूमदार जैसे विश्वप्रसिद्ध प्रोफेसर, उसके बारे में कुछ सोचे उनकी बला! महावृक्ष कभी भी लता-पत्तों में अपना सिर नहीं खपाते। उन जैसों को तो दयिता जैसी अकिंचन का, अपने इर्द-गिर्द होने का अहसास तक नहीं होता।

इंसान का मन भी बेहद अजीब होता है। अपने पक्ष में सजाए हुए तर्क, जैसे-जैसे अकाट्य होते जाते हैं, वैसे-वैसे उसके सीने में कोई गोपन टीस भी उभरने लगती है। वैसी ही टीस, दयिता को भी जैसे खदेड़े लिए जाती है। मेन गेट के पार गोलाकार लॉन! लॉन पार करके कैंटीन! उसके बाद लाइब्रेरी। रात के अँधेरे पर चलती-फिरती आत्मा की तरह, दयिता विशाल रीडिंग रूम में दाखिल हुई। अनगिनत निगाहों को नज़रअंदाज करती हुई, वह तल-कक्ष में चली आई। वहाँ कतार-दर-कतार क्युबिकल्स! काँच से घिरा हुआ! बाईं तरफ की बिल्कुल आखिरी छोर का क्यूबिकल, प्रोफेसर बोधिसत्व मजूमदार के लिए आरक्षित। बोधिसत्व महाविश्व के जन्म-रहस्य से जुड़े किसी जटिल अंक के महासागर में डूबे रहते थे और अक्सर उस छः बाई छः के क्यूबिकल में ही नजर आते थे। सामने किताबों का स्तूप, कागजों का पहाड़। इंटरनेट से जुड़ा कंप्यूटर और सिर के पीछे जोरदार रोशनी। दयिता काँच के पार खड़ी-खड़ी, मुग्ध निगाहों से कुछेक पल उस ध्यानमग्न तपस्वी को निहारती रहती थी।

वह रोशनी मानों कोई दिव्यज्योति हो, मानों बोधिसत्व की देह से ही विकीर्ण हो रही हो। उसके बाद, वह धीमे कदमों से हाल में लौट आती थी और फिर शुरू हो जाता था—इंतजार!

आज दयिता की तकदीर अच्छी थी। लॉन पार करके कैंटीन की तरफ बढ़ते हुए, करीब ही बोधिसत्व नजर आ गए।

दयिता पत्थर की बुत बन गई। शुक्र है, उसने चिरश्री से छिड़ी बहस आगे नहीं बढ़ाई। अगर दो मिनट भी देर हो जाती, तो...

बोधिसत्व लंबे-लंबे डग भरते हुए बढ़े आ रहे थे। सुदीर्घ, सुदृढ़ कद-काठी! हाँ, गढ़न जरा दुबला-पतला! मँजा हुआ रंग! आँखों पर हाइ-पावर का चश्मा! छप्पन साल उम्र! वैसे सूरत-शक्ल से कुछ ज्यादा ही उम्रदार नज़र आते थे! शायद, बालों की वजह से! बोधिसत्व के सिर पर घने-घने बाल, बिल्कुल दूधिया-सफेद! चेहरे पर खास लालित्य नहीं था, बल्कि खासा रूखा-सूखा लगता था! कटा-कटा! सिर्फ आँखें ही बेहद उजली-चमकीली! आँखों की निकष काली पुतलियाँ, मोटे लैंस की आड़ में भी बेहद दीप्तिमय! चमकती हुई!

बोधिसत्व बिल्कुल सामने आ खड़े हुए। दयिता के सीने में मानों चक्की-पिसाई की थरथराहट शुरू हो गई। अचानक तालू सूखकर काठ! उसकी साँसें अटकने लगीं।

दयिता उनके लिए रास्ता छोड़कर, जरा पीछे हट आई।

उसने अस्फुट लहजे में पूछा, "घर लौट रहे हैं, सर?"

कैंटीन के बाहर की रोशनी बुझी हुई। इसलिए उस जगह हल्का-हल्का अँधेरा था।

बोधिसत्व ठिठक गए।

उनकी भौंहें सिकुड़ आईं, "ओ...तुम? लाइब्रेरी जा रही हो? इस वक्त?"

"जी...मतलब...नहीं। लाइब्रेरी से ही लौट रही हूँ, सर! आपको देखकर...आज आप कुछ जल्दी ही उठ आए, सर?"

"अरे, मत पूछो! घर में जाने कैसा तो आयोजन है! जल्दी घर लौटने का हुक्म हुआ है।" बोधिसत्व का गहरा-गहरा स्वर गूँज उठा, "बाइ दी बे, अभी कितने बजे हैं, बताओ तो?"

"आठ बजकर दस मिनट!" दयिता ने कलाई पर आँखें गड़ाकर, जवाब दिया, "अरे, नहीं, नहीं, आठ बजकर बारह मिनट!"

"तब तो ज्यादा देर नहीं हुई, है न?" बोधिसत्व ने हथेली मलते हुए जोर का ठहाका लगाया। उनके बदन पर चॉकलेट रंग की हाफ-स्वेटर! शर्ट भी हाफ-स्लीव! उन्हें शायद ठंड लग रही थी।

उन्होंने जेब से एक सिगरेट निकालकर सुलगा ली। माचिस की तीली हवा में उछालते हुए उनकी निगाह अचानक दयिता के दाहिने हाथ पर पड़ी।

"तुम्हारे हाथ में वह किताब कौन-सी है।"

दयिता अजब फज़ीहत में फँस गई। इश्श, मेज से वह किताब उठाते वक्त, जिल्द का रंग तक देखने का भी मौका नहीं मिला। किताब के बिना हाथ कैसे-तो सूने-सूने लगते हैं। इसलिए तो...

उसने आँखें मूँदकर जवाब दे डाला, "ऐटॉमिक स्पेक्ट्रर की किताब है, सर!"

"किसकी है?"

"लाइब्रेरी की!"

"वह तो समझ गया। लेखक कौन है?"

सर्वनाश! कोई नाम याद नहीं आया।

दयिता ने थूक निगलते हुए कहा, "नाम तो नहीं देखा सर! मैं तो यूँ ही उलट-पुलट कर रही थी। मन हुआ इसे इशु करा लूँ—"

"इशु काउंटर तो छः बजे बंद हो जाता है।" बोधिसत्व ने आगे कदम बढ़ाते हुए कहा, "यानी तुम काफी देर पहले यहाँ आ गईं?"

दयिता ने फट् से सिर हिलाकर हामी भरी।

"तुम लोगों के डिनर का वक्त हो गया है न? बिना खाए-पीए लाइब्रेरी में बैठी थीं?"

बोधिसत्व के दिमाग में इतनी तुच्छ बातें भी आती हैं?

मुग्धा दयिता ने छूटते ही फिर एक झूठ जड़ दिया, "शाम को एक सहेली ने ठूँस-ठूँसकर खिला दिया था। भूख नहीं थी।"

"ओ..."

सवाल खत्म! बोधिसत्व चुपचाप चलते गए और ख़ामोशी से सिगरेट का धुआँ बिखेरते रहे। दयिता जले तंबाकू की प्रिय गंध अपनी साँस-साँस में समेटे ले रही थी। बोधिसत्व का यूँ लंबे-लंबे डग भरकर चलना, बच्चन जैसी आवाज, अचानक-अचानक ठहाके, अचानक-अचानक आत्ममग्न हो जाना, जाने क्यों तो दयिता को यह सब कुछ बेहद भला-भला लगता है। यहाँ तक कि सिगरेट का कश खींचते हुए, उनकी उदासीन मुद्रा तक।

प्रोफेसरों का बंगला आइंस्टाइन सर की तरह नहीं था। मेन गेट के सामने से एक तिरछी सड़क, कैंपस से निकलकर, शहर की तरफ चली गई है। उस सड़क से आधा किलोमीटर आगे बढ़ते ही, प्रोफेसरों के क्वार्टर शुरू हो जाते हैं। पहले लेक्चरर लोगों का फ्लैट, उसके बाद असिस्टेंट प्रोफेसरों की कॉटेज! उसके भी आगे प्रोफेसर लोगों के बंगले। प्रायः सभी प्रोफेसर लोगों के पास अपना-अपना वाहन है। कॉलेज से दूरी की वजह से किसी को भी असुविधा या परेशानी नहीं होती। एकमात्र बोधिसत्व ही, अपनी गाड़ी होने के बावजूद पैदल-पैदल ही आते-जाते हैं।

मेन गेट पार करके, बोधिसत्व बाईं तरफ मुड़ गए, "ठीक है, दयिता, तो फिर मैं चलूँ?"

दयिता मन ही मन बेचैन हो उठी। इतनी जल्दी साथ छूट जाएगा? इस वक्त हॉस्टल भी काफी नीरस, बेरंग लगेगा। वैसे ज्यादातर उसे यहीं से विदा लेना होती है। बोधिसत्व के घर तक वह कभी-कभार ही गई है। आज भी, वह उनके घर तक साथ जा सकती है। अभी भी ज्यादा रात तो नहीं हुई है। और-और दिन तो बोधिसत्व

रात नौ बज जाने के बाद उठते हैं।

दयिता ने लाचारी में, विनीत आग्रह भरे लहजे में कहा, "कल आप जो चर्चा कर रहे थे, वह अधूरी ही रह गई थी..."

"चर्चा? किस बारे में, बोलो तो?"

"वही...सर, आप बता रहे थे कि यह सौर जगत् धीरे-धीरे किसी बृहदतर डिसऑर्डर...किसी ग्रेटर गड़बड़ी की ओर बढ़ रहा है। स्ट्रॉपी बढ़ रही है। यह समूची दुनिया धीरे-धीरे फैल रही है..."

"ओ, हाँ" बोधसत्व पल भर को परेशान नज़र आए, "लेकिन यह चर्चा पूरी करने में तो काफी वक्त लग जाएगा। तुम्हें भी देर हो जाएगी और मुझे भी आज ज़रा जल्दी है।"

"चलिए न, सर यूँ ही चलते-चलते ही सुनती रहूँगी।"

"इस वक्त...उस तरफ जाओगी? काफी दूर से अकेले-अकेले लौटना होगा... याद रहे।"

"कैंपस के अंदर ही तो है, सर, कोई असुविधा नहीं होगी। यूँ भी हम लोग कितनी ही बार, रात बारह-एक बजे भी टहलने निकल पड़ती हैं।"

"अच्छा...?" बोधिसत्व हँस पड़े।

उस उदार हँसी में अगहन की रात जैसे झूम-झूम उठी। अब तक कुछ दूर पर छाया-छाया कुहासा नज़र आ रहा था। अचानक वह फीका हो आया। चार-पाँच विद्यार्थी आपस में बातें करते हुए, लाइब्रेरी से वापस लौट रहे थे। उन दोनों को देखकर उन लोगों की चाल अचानक धीमी पड़ गई। वे लोग भी मुड़-मुड़कर उन्हीं की तरफ देखते रहे। इस विश्वविद्यालय में बोधिसत्व को सभी पहचानते थे। विद्यार्थियों के चेहरे पर आदर और विस्मय!

उन विद्यार्थियों की तरफ सिर्फ एक नज़र डालकर, दयिता ने मुँह फेर लिया। देखते हैं, तो देखें। आँखें फाड़-फाड़कर देखें।

बोधिसत्व अपनी स्वभाव सिद्ध भंगिमा में आगे बढ़ते गए। द्रुत चाल। दयिता को उनसे ताल मिलाकर चलने में परेशानी हो रही थी। उसे लगभग दौड़ना पड़ रहा था। वह हल्के-हल्के हाँफ भी रही थी।

बोधिसत्व उसकी तरफ से बिल्कुल बेखबर!

उन्होंने चलते-चलते ही पूछा, "हाँ, तो कल मैंने कहाँ खत्म किया था?"

"विश्व-सृष्टि में विशृंखलता की भूमिका और उस विशृंखलता में भी नियमितता कैसे छिपी रहती है।"

"हाँ, हाँ, करेक्ट! करेक्ट!" बोधिसत्व ने जोर-जोर से सिर हिलाया। उन्होंने अपने सिर पर छाए मेघहीन और टिमटिमाते हुए सितारों से भरे आकाश की तरफ एक बार निगाह डाली।

उन्होंने अचानक सवाल किया, ''तुम ईश्वर में विश्वास करती हो?''

''ईश्वर?'' दयिता उनका सवाल ठीक तरह समझ नहीं पाई।

''हाँ, ईश्वर! भगवान! अल्लाह! गॉड! जिहोवा! जिन्हें हम क्रिएटर ऑफ द यूनिवर्स मानते हैं। विश्व का सर्जक! उपनिषद् की भाषा में जिसे ब्रह्म कहते हैं। बाइ दि बाइ, तुमने उपनिषद् पढ़ा है?''

'नहीं, सर!''

''यानी तुम ईश्वर में विश्वास नहीं करतीं?''

दयिता को समझ में नहीं आया कि उसके किस जवाब से बोधिसत्व मजूमदार खुश होंगे। उसे तो इन सवालों का सिर-पैर ही समझ में नहीं आया।

उसने अटक-अटककर जवाब दिया, ''नहीं, सर ऐसी बात नहीं है! ईश्वर में विश्वास तो करती हूँ...''

''देखो, मैं इम्तहान के पहले देवथान में पैसे चढ़ाने में विश्वास करने की बात नहीं कर रहा हूँ'' बोधिसत्व की आवाज मानों किसी दुंदभी की तरह बज उठी, ''आर यू ए विलीवर? क्या तुम आस्तिक हो? तुम क्या इस बात पर यकीन करती हो कि समस्त सृष्टि के पीछे कोई आदिम शक्ति काम कर रही है? उम्रहीन, समयहीन, सीमाहीन कोई इनर्जी? किसी खास बिंदु से उसने कोई एक स्विच ऑन कर दिया है और उसके बाद से एव्रीथिंग इज गोइंग ऑन एंड ऑन? सबकुछ चलता जा रहा है... चलता जा रहा है?''

उनके शब्द-शब्द दयिता के कानों में गूँजते रहे।

उसने मंत्रमुग्ध लहजे में जवाब दिया, ''हाँ, कभी-कभी ऐसा कुछ लगता जरूर है...''

''लगता है?'' बोधिसत्व के चेहरे पर शिशुवत् मुस्कान खिल उठी, ''तुम्हें ऐसा लगता है? लगता है न? वाह! वाह! तब तुम यह बात भी महसूस कर पाओगी।''

इतना कहकर, सहसा वे खामोश हो गए, मानों अपनी खामोशी के जरिए ही, वे उसे कुछ महसूस कराना चाहते हों। उन दोनों की बगल से बेहद तेज रफ्तार में दस-बारह साइकिलें सर्र से गुजर गईं। साइकिल सवार बेहद ऊँची-ऊँची आवाज में बातें कर रहे थे। असल में अगले सिमेस्टर में लगभग डेढ़ महीने की देर है। यूनिवर्सिटी के छात्र, इन दिनों ज़रा फुर्सत में थे। इसीलिए फिल्म, रेस्तरां, मौज-मजा के इरादे से वे लोग शहर की तरफ निकल जाते थे। उन लोगों की तेज-रफ्तार साइकिलों की कतार ने निःशब्दता का सुर काट दिया।

बोधिसत्व ईषत् विरक्त नजर आए। उन्होंने दूसरी सिगरेट जला ली।

दयिता ने मृदु आवाज में पूछा, ''उसके बाद, सर?''

''हाँ, तो जो मैं कह रहा था...'' अदृश्य होते हुए छात्रों की तरफ से उन्होंने आँखें फेर लीं, ''तुम धार्मिक गॉड को नहीं, क्रिएटर गॉड...सृष्टिकर्ता गॉड के बारे

में सोचो। कैसा विचित्र है इस सृष्टि का नियम! सूरज अगर ज़रा दूर हो जाए, तो समूची पृथ्वी बर्फ हो जाएगी; ज़रा करीब आ जाए, तो धाँय-धाँय जल उठेगी यानी सूर्य इज प्लेस्ड इन ए प्रॉपर पोजीशन! सूर्य बिल्कुल ठीकठाक, कांटो-कांटे सही पोजीशन में स्थित है। अब उस सूरज का क्रमशः क्षय हो रहा है, लेकिन उस क्षय की गति इतनी नपी-तुली है कि पृथ्वी वगैरह को मिला-जुलाकर, लगभग सभी ग्रहों का परिवार कमोबेश ठीकठाक ही है। यह संतुलन जिसने रचा है, वह क्या कोई जादूगर नहीं है? मेरा सवाल उसी बिंदु पर है, जादूगर ने ऐसी रचना क्यों की? अगर वह चाहता तो और किस-किस रूप में इस सृष्टि की रचना कर सकता था? वैसे और भी किसी रूप में कोई रचना क्या संभव थी?'' बोधिसत्व ने आसमान की तरफ उँगली उठाकर कहा, ''ना...कतई संभव नहीं थी। इस महाजगत में संयोग से कुछ नहीं हुआ! कोई चांस फैक्टर नहीं था इसमें। जो भी घटा या घटता है, वह जग-जाहिर है। वह, जिसे हम ईश्वर या जादूगर मानते हैं, वह हाथ-पैर बँधा कठपुतला मात्र है। यह समूची दुनिया ऐसी एक अंकगणित है, जिसका एकमात्र हल था...''

ये सारी बातें दयिता की समझ से परे थीं। उसे ये बातें पहेली-सी जान पड़ीं। उसने रिलेटिवटी के तथ्य पढ़े थे, महाशून्य से दूरी और समय के घटने-बढ़ने की भी उसे जानकारी थी। सृष्टि-रहस्य के साथ काल और महाशून्य का अटूट रिश्ता है। यह भी उसके ज्ञान-परिधि में पड़ता था। लेकिन इस वक्त सर उसे मानों इससे भी कहीं दूर की बात, उसे समझाने की कोशिश कर रहे थे।

अचानक उसे होश आया, वह बोधिसत्व के बंगले तक आ पहुँची थी।

रास्ता इतनी जल्दी खत्म हो गया।

बोधिसत्व के बंगले के सामने काफी बड़ी-सी बगिया भी मौजूद थी। प्रवेश के लिए लोहे का गेट। बोधिसत्व महाजगत के नशे में डूबे-डूबे ही गेट की तरफ बढ़ गए; नशे में डूबे ही डूबे, उन्होंने गेट पर हाथ रखा।

दयिता वहीं रुक गई।

''अब मैं चलूँ, सर?''

''जा रही हो...? अच्छा ठीक है।'' गेट का खटका खोलकर बोधिसत्व कुछेक कदम आगे बढ़ गए।

अचानक वे पलटकर खड़े हो गए।

उन्होंने हल्के-फुल्के लहजे में ही सवाल किया, ''तुम लड़कियों को क्या ठंड-वंड नहीं लगती?''

''क्यों, सर?''

''शाम को जब बाहर निकला करो, तो बदन पर जरा शॉल-वॉल डालकर निकला करो। इस मौसम में अगर कहीं ठंड-वंड लग गई, तो बीमार पड़ जाओगी।''

दयिता को मानों अपने कानों पर विश्वास ही नहीं हो रहा था। जो आदमी

विश्व-ब्रह्मांड के हिसाब-किताब लगाने में मगन रहता है, उसकी नज़र ऐसी छुटपुट बातों पर भी पड़ती है?

बोधिसत्व ने अगला जुमला जोड़ा, "देखो, ख़्याल से जाना। सड़क सुनसान हो आई है।"

इसके बावजूद दयिता, दो-चार सेकेंड जहाँ की तहाँ खड़ी रही। बोधिसत्व सीढ़ियों से ऊपर चले गए। अब दयिता नपी-तुली चाल में वापस लौट चली। उसके तन-बदन में अद्भुत सिहरन; रोम-रोम में पुलक जगा हुआ। बोधिसत्व ने कभी उससे इतनी-इतनी सारी बातें नहीं कीं।

हॉस्टल में कदम रखते ही, उसकी बेसुधी गायब हो गई थी। कॉरीडोर में ही रीता मिल गई।

दयिता पर नज़र पड़ते ही वह लपककर दयिता के करीब आ खड़ी हुई, "कहाँ घूमती-भटकती फिर रही है तू? तेरे लिए फोन आया था।"

दयिता अचकचा गई, "फोन? मेरा?"

"हाँ कलकत्ता से आया था। फोन रघु 'दा ने उठाया था। तेरी खोज भी की थी।"

यह सुनते ही दयिता तुरत-फुरत अपने कमरे में नहीं लौट सकी। उसने वार्डेन के दफ्तर की ओर कदम बढ़ा दिए।

रघुनाथ दत्त! इस दफ्तर का क्लर्क! करीब शाम को आता था और रात नौ-साढ़े नौ बजे तक दफ्तर में मौजूद रहता था। हॉस्टल के ढेरों छुटपुट काम होते थे। वह एक-एक करके निपटाता रहता था।

आज वह खटाखट टाइप किए जा रहा था। शायद किसी के रिसर्च पेपर का काम था। रघु दत्त को इस काम से थोड़ी-बहुत ऊपरी कमाई हो जाती थी।

दयिता को देखते ही, रघु ने सूचना दी, "तुम्हारे पापा ने इसी वक्त तुम्हें फोन करने को कहा है।"

लो, हो गई छुट्टी! इसमें कोई तुक है भला? नैरोबी से जरूर काका आ धमके होंगे। अब पापा हुक्म सुनाएँगे, शनिवार को वह घर चली आए। इस शनि-रवि को उसने कितना कुछ करने का प्लान बनाया था। अब, सारा कुछ मिट्टी हो जाएगा।

दयिता ने बुरा-सा चेहरा बनाए-बनाए, रजिस्टर में फोन नंबर दर्ज किया और डायल घुमाया। फोन पापा ने नहीं, माँ ने उठाया। उनकी उच्छ्वसित आवाज एकदम से चहक उठी।

दयिता ने भी हँसकर बातचीत शुरू की। जब उसने रिसीवर रखा, उसके चेहरे पर मानों राख की पर्त चढ़ गई हो! वह एकदम से फक्क् पड़ गई।

नहीं, काका नहीं आए थे। दयिता का ब्याह पक्का हो गया था! बेहद अनमोल, अमीर और लोभनीय सुपात्र!

2

दरवाजे की घंटी सुनकर, पल भर के लिए राखी की आँखें चमक उठीं। अगले ही पल उसका भ्रम टूट गया। आवाज परिचित जरूर थी, लेकिन यह उसकी घंटी नहीं थी। बबुआ कभी एक बार से ज्यादा घंटी नहीं बजाता। घंटी की एक ही आवाज हवा में काफी देर तक गूँजती रहती है। यह घंटी जरूर घर के मालिक ने बजाई है।

संक्षिप्त-सी उसाँस भरकर, राखी ने बरामदे की बत्ती जलाई। अभ्यस्त नियम से दरवाजा खोला। बोधिसत्व कमरे में चले आए। इसके बावजूद वह कुछेक पल दरवाजे पर ही खड़ी रही। उसके बाद दरवाजे की सिटकनी चढ़ाकर धीमी चाल में, कमरे में लौट आई।

बोधिसत्व सीधे अपने स्टडी कमरे में चले गए। किताब वगैरह मेज पर रखकर, वे दुबारा बाहर निकल आए।

बदन पर पड़ा हुआ स्वेटर उतारते-उतारते उन्होंने कहा, ''देखो, आज मैंने बिल्कुल देर नहीं की। तुम्हारे हुक्म मुताबिक मैं फटाफट घर लौट आया।''

राखी ने स्वेटर उनके हाथ से लेते हुए, अनमने लहजे में बस हुंकारी भरी।

''लेकिन आज बात क्या है? यह आयोजन क्यों?''

राखी ने उनकी आँखों में झाँकते हुए सवाल किया, ''तुम्हें याद नहीं?''

''बात क्या है, बताओ तो?''

''आज कितनी तारीख है?''

''आज? आज छः नवंबर है।'' यह कहते हुए, बोधिसत्व की भौंहें सिकुड़ आईं।

अगले ही पल उनके होठों पर टुकड़ा भर हँसी झलक उठी, ''अच्छा...अच्छा...आज तो बबुआ का जन्मदिन है! हाँ, सच ही तो...सच ही तो...कहाँ है...बबुआ कहाँ है? आ गया?''

''न-हीं!'' राखी ने इनकार में जोर-शोर से सिर हिला दिया, ''कल रात फोन पर घर आने के लिए इतनी-इतनी ताकीद की थी।''

''हो सकता है, किसी काम में फँस गया हो। मिड-वीक है...शायद क्लास-क्लास हो...या हो सकता है, वहीं यार-दोस्तों के साथ अपनी बर्थ-डे पार्टी मना रहा हो...''

लेकिन...यार-दोस्तों के साथ जश्न बबुआ मनाए? असंभव! बबुआ अगर ऐसा लड़का होता, तो राखी भला परेशान होती? अपने बेटे को वह अपनी हथेली की रेखाओं की तरह पहचानती है। उसका बेटा घोरतर मुँहचोर है! मिलनसारिता का विरोधी! बचपन से ही! या तो किताबों में मुँह गड़ाए हुए या फिर अपने कमरे में ही खट्-खुट करते हुए! निरा घरघुसरा! हद से हद बगिया में पेड़-पौधों में रमा हुआ।

यहाँ तो फिर भी गनीमत थी, फिर भी एकाध संगी-साथी जो थे। नहीं, इस कैंपस के प्रोफेसर-लेक्चररों के बाल-बच्चों के साथ नहीं, वह शहर के बच्चों के साथ होता था। छोटकू...पार्थ...और भी जाने कौन-कौन से नाम थे। वे बच्चे कभी-कभार उसके यहाँ भी आते थे। माध्यमिक के इम्तहान के बाद, वे लड़के भी जैसे धीरे-धीरे गायब हो गए। उसे उम्मीद थी कि कलकत्ता जाकर उसका बेटा शायद बदल जाए। हा ह तो स्मि! बबुआ और-और सिमट गया। राखी के सास-ससुर का भी लगातार एक ही उलाहना—"बेटे को कैसा इंसान बनाया, बड़ी बहू? दिन भर में कभी एक बार भी खुद बात करने को उसका जी नहीं चाहता।"

शांत और दीपाली तो सिर्फ हथेली उलट देते, "स्ट्रेंज क्रीचर है! विचित्र जीव! इतने दिनों से कलकत्ते में रहता है, लेकिन हमेशा सेम रुटीन। एक ही ढर्रा। घर से कॉलेज, कॉलेज से घर! नो सिनेमा, नो कॉफी हाउस, नो इंटरटेनमेंट! इस उम्र का जवान-जहान लड़का जीता कैसे है, भाभी?"

जूली-मिली तो हँस-हँसकर बेहाल, "यह अपना दादा-भाई, यूँ निंदियाई-निंदियाई मुद्रा में बात क्यों करता है, जेम्मा! सात बार पुकारो, तो एक बार जवाब देता है।"

वह लड़का आज पार्टी में मगन होगा? कैसी आकाशकुसुम कल्पना है।

कलकत्ता में क्या उसका एक भी दोस्त बना?

राखी की छाती में गहरी टीस कसक उठी। बोधिसत्व अपने बेटे को कितना कम पहचानते हैं। शायद यही स्वाभाविक भी है। जो शख्स लाखों-करोड़ों आलोकवर्ष दूर के ग्रह-नक्षत्रों की स्थिति की गणना में ही मगन रहता है, अपने से दो बीघा दूर का प्राणी, भला उसे कहाँ नजर आता है?

राखी ने अपनी जुबान से कुछ नहीं कहा। बेडरूम से धुला-धुलाया कुर्ता-पायजामा ले जाकर, उसने बाथरूम में टाँग दिया।

उसने वहीं से आवाज देकर पूछा, "गीजर क्या ऑन कर दूँ?"

बोधिसत्व चिट्ठी-पत्र उलटते-पलटते हुए, सोफे पर ही जम गए। उनके अधिकांश पत्र, यूनिवर्सिटी के ठिकाने पर ही आते थे। घर के पते पर आने वाले खत व्यक्तिगत होते थे। वे सब खत या तो उनके किन्हीं-किन्हीं प्रिय छात्र-छात्राओं के होते थे या बंधु-बांधव के या नाते-रिश्तेदारों के होते थे।

एक एयर मेल लिफाफा खोलते-खोलते उन्होंने बेख्याल लहजे में जवाब दिया, "गीजर क्यों?"

"पानी काफी ठंडा है। गर्म पानी से हाथ-मुँह धोना बेहतर रहेगा।"

"चलो, ऑन कर दो। लेकिन दो-तीन मिनट से ज्यादा नहीं। पानी ज़रा गुनगुना हो जाए, तो ऑफ कर देना।"

बाथरूम से निकलते-निकलते भी राखी ठिठक गई। साबुनदानी में साबुन नहीं था। आते ही बोधिसत्व हाँक-डाक शुरू कर देंगे। कवर्ड खोलकर, उसने ग्लीसरीन

साबुन निकाला और बाथरूम में रख दिया। बाथरूम के दरवाजे के सामने, उसने रबड़ की चप्पल भी रख दी। उनकी शॉल भी तहा कर उसने सोफे पर रख दी; सेंटर टेबल पर ऐशट्रे भी रख दिया।

बोधिसत्व की जरूरत की सारी चीजें, ठीक-ठीक वक्त पर, ठीक-ठीक जगह न मिलें, तो वह बंदा झुँझला उठता है—चाहे हजामत बनाने का सामान हो या कंघी या रूमाल-मोजे हों। उनकी तो और भी जाने कितनी-कितनी फर्माइशें होती रहती हैं। कभी नीरव लहजे में, कभी जुबान से! घंटे-घंटे पर चाय-कॉफी; मेज पर गर्मागर्म नपी-तुली साग-सब्जी; पढ़ने की मेज पर सिगरेट-लाइटर; पाँवों के करीब वेस्ट पेपर की डोलची—सारा कुछ जरूरत की जगह पर मौजूद रहना चाहिए। यहाँ तक कि उनकी दैहिक माँग के मुताबिक, खुद राखी को जगे रहना या सो जाना होता था।

बहरहाल, राखी हर काम में निपुण थी—थोड़ा अभ्यासवश, थोड़ा प्यारवश और बहुत कुछ श्रद्धावश। दीर्घ चौबीस साल के उसके सुखी वैवाहिक जीवन ने उसे काफी कुछ सिखा दिया था। वह बखूबी जान चुकी थी कि वह किसी लल्लू-पंजू की बीवी नहीं है। राखी मजूमदार एक विराट इंसान, बोधिसत्व मजूमदार की सौभाग्यवती पत्नी है। इस इंसान की सेवा करने का मतलब है, धन्य हो जाना। दुनिया में कितनी औरतें ऐसी तकदीर वाली होती हैं।

लेकिन, हाँ, अब वह भी मासूम बच्ची नहीं रही। अब धीरे-धीरे उसकी भी उम्र हुई! समझदारी बढ़ी है। अगले मार्च में वह पूरे पचास साल की हो जाएगी। नियममाफिक अब उस पर आधि-व्याधि का हमला होने लगा है। अब, अक्सर उसके सिर में दर्द रहने लगा है, कमर-घुटने जकड़ने लगे हैं। अब, जरा-जरा देर में वह हाँफने लगती है। वह थक जाती है। फिर भी गनीमत है, अभी तक वह प्रेशर या शुगर की शिकार नहीं हुई। उसका धान-पान-सी देह, साँवला रंग, हँसमुख चेहरा भी अब काफी मुटिया आया है। बोधिसत्व की तरह उसके सारे बालों में तो चाँदी नहीं आई, लेकिन अब उसके भी बालों में रुपहली रेखाएँ झलकने लगी थीं।

अभी कुछ अर्से पहले तक राखी, घर के सारे कामकाज अकेली ही, अपने हाथों निपटा डालती थी। हाँ, पार्ट-टाइम एक नौकरानी थी, जो कमरों की साफ-सफाई कर जाती, बर्तन माँज देती, कपड़े धो देती। बस, इतना ही! आजकल राखी ने रात-दिन के लिए एक आदमी रख लिया है—रूपचंद! स्थानीय आदिवासी! करीब पंद्रह साल का बंदा। वही घर-द्वार की झाड़-पोंछ भी कर देता है, खाना-वाना पकाने में भी हाथ बँटाता था और जरूरत पड़ने पर वही बागवानी भी करता था। उस लड़के में सबसे बड़ी खूबी यह थी कि वह कम बोलता था। वैसे इस घर के सभी प्राणी बेहद मितभाषी थे। वह यहाँ काफी फिट भी हो गया था।

बोधिसत्व बाथरूम से निकल आए। रूपचंद को खाना वगैरह गर्म करने को कहकर, राखी डाइनिंग टेबल पर आ बैठी। रात के वक्त बोधिसत्व ज्यादा कुछ नहीं

खाते थे। रूपचंद के हाथों तैयार की गईं, तीन रोटियाँ, सब्जी, सलाद और अगर मुर्गी-मटन हुआ, तो उसका एकाध टुकड़ा। बस, यही उनकी खुराक थी। आज खाने के कई आइटम मौजूद थे। रूपचंद टाउन से बड़ी-बड़ी गलदा चिंगड़ी मछली खरीद लाया था। चिंगड़ी मछली की मलाई-करी, मटन का शोरबा, गोभी-रोस्ट, फ्रायड-राइस...काफी कुछ था। इसके अलावा खीर और पुडिंग भी! रूपचंद ने सारे पकवान मेज़ पर सजा दिए।

खाना खाते हुए बोधिसत्व को शायद एक बार फिर बेटे की याद आ गई।

गोद में नैपकिन बिछाते हुए उन्होंने कहा, "इतना सारा पकवान तो बना लिया। फोन करके, एक बार पूछ तो लिया होता कि बबुआ आया क्यों नहीं!"

इस वक्त बबुआ का प्रसंग छेड़ना, राखी को बिल्कुल पसंद नहीं आया।

उन्होंने निस्पृह आवाज में कहा, "कर लूँगी फोन!"

"हाँ, खाना खाकर, उसे एक फोन कर लेना और शुभकामना भी दे देना।"

अब, राखी की आवाज़ में किंचित झुँझलाहट झलक उठी, "फोन तो खैर, तुम भी कर सकते हो।"

"अरे, हाँ, ठीक तो! फोन तो मैं भी कर सकता हूँ।"

यह कहते हुए बोधिसत्व एकदम से उठ खड़े हुए, "रुको अभी करता हूँ।"

ऐसे इंसान पर गुस्सा हुआ जा सकता है भला? झुँझलाहट भूलकर राखी एकदम से हँस पड़ी। जिस भंगिमा में यह इंसान फोन की तरफ दौड़ पड़ा, कौन कह सकता है कि यह महापंडित है? शिशु है, शिशु; भोला-भाला मासूम शिशु!

करीब दो-तीन मिनट में ही बोधिसत्व लौट आए।

चेहरे पर बेचारगी!

"धत्! कलकत्ते की तो लाइन ही नहीं मिल रही है।"

राखी के चेहरे पर हँसी झलक उठी, "तुम तो हथेली पर दही जमाने चले हो। फोन थोड़ी देर बाद कर लेना। अभी चैन से खाना तो खा लो।"

"उस वक्त तक बबुआ अगर सो गया हो?"

"बबुआ अब उतना छोटा-सा बच्चा नहीं रहा। नौ बजते ही, पट् से सो नहीं जाता, जनाब!" राखी ने नाटकीय अंदाज में कहा, "अब, वह काफी रात गए तक, जाग-जागकर पढ़ाई करता है।"

"अरे, हाँ, बापू नें बताया तो था..." बोधिसत्व ने सिर हिलाया, "लेकिन...पढ़ाई तो अंग्रेजी की करता है। इसके लिए उतनी रात-रात तक जागने को क्या है?"

"अच्छा? तुम्हारी फिजिक्स ही एकमात्र सब्जेक्ट है? अंग्रेजी ऑनर्स क्या चुटकी बजाकर पास कर लेते हैं? उसे भी गड्डी-गड्डी नोट्स तैयार करना पड़ता है, साहब...फिर उन्हें याद भी करना पड़ता है।"

"हो सकता है। लेकिन मेरे ख्याल से इंसान लिटरेचर अपनी मन-मर्जी से...अपनी

खुशी के लिए पढ़ता है–'' यह कहते हुए बोधिसत्व ने जोर का ठहाका लगाया, ''सुनो, अपने बेटे को बता देना कि मैंने शेक्सपियर को उससे ज्यादा और बेहतर पढ़ा है। इलियट भी! अगर वह चाहे तो छुट्टी-फुट्टी के दिनों में आकर मुझसे पढ़ सकता है। कमोबेश काम चलाने लायक नोट्स भी मैं तैयार कर सकता हूँ। कहना, वही पढ़कर, वह इम्तहान पास कर लेगा।''

राखी बखूबी जानती थी, उनकी बातें शब्द-शब्द सच हैं! फिजिक्स जैसी नीरस चर्चा के दौरान, बीच-बीच में वे साहित्य के ऐसे-ऐसे दिलचस्प उदाहरण देते हैं कि...। मानो वह उदाहरण नहीं, जुबान की नोक पर अनायास चले आने वाले स्वतःस्फूर्त शब्द हों। शेली, कीट्स, बायरन, शेक्सपियर, व्हिटमैन, इलियट, रिल्के, रवीन्द्रनाथ, वेद, उपनिषद्...ऐसा कौन छूटा है, जिसे यह शख्स घोलकर पी न गया हो। उसने सुना है कि जब वह अपनी क्लास में लेक्चर देता है तो विद्यार्थी मंत्रमुग्ध हो उठते हैं।

वैसे राखी यह भी जानती है कि बबुआ अपनी जान दे देगा, मगर अपने पापा से पढ़ने को हरगिज राजी नहीं होगा। अगर बेटे को अपने पिता से पढ़ने की बूँदभर भी चाह होती, तो माध्यमिक में इतना बढ़िया रिजल्ट करने के बाद, हायर सेकंडरी में आर्ट्स नहीं लेता।

राखी ने प्रसंग बदलने की पहल की।

पति की प्लेट में चम्मच भर फ्रायड-राइस डालते हुए, राखी ने कहा, ''तुम्हारे छात्रों को तुम्हारे पढ़ाने का तरीका भले पसंद हो, मगर तुम्हारे बेटे को तुम्हारा पढ़ाना नहीं भी पसंद आ सकता है।''

''ठीक! ठीक ड़ी तो!'' बोधिसत्व ने दुबारा ठहाका लगाया, ''पिता लोग आमतौर पर अच्छे टीचर नहीं होते। बेटों की मामूली-मामूली भूल-भ्रांति देखते ही, फट् से धीरज खो बैठते हैं। यह न बेटे के लिए अच्छा है, न पिता के लिए!''

बोधिसत्व की हँसी में क्या बेटे के प्रति कोई अभिमान छिपा है? या यह सिर्फ आत्माभिमान है? अहंबोध? राखी को याद आया, बबुआ जब बिल्कुल छोटी क्लास में पढ़ता था, बोधिसत्व कभी-कभी बेटे को गणित सिखाने बैठते थे। महज ख़ामख़्याली! एक ही सवाल उन्होंने बेटे को दो तरीके से कर दिखाया। उसी सवाल को तीसरे, चौथे, पाँचवें तरीके से भी हल कर दिखाया। बेटे ने शायद दो तरीके से हल किया या मार-काटकर तीन तरीके से! बोधिसत्व ठीक आज की तरह हँस पड़े। बस, उसके बाद से ही बेटा, बाप से सौ हाथ दूर रहने लगा। कम से कम गणित के मामले में! बोधिसत्व खुद भी इसके बाद, बेटे की तरफ नहीं बढ़े। मुमकिन है, उनका उत्साह ही मर गया था।

उसी वक्त से बाप-बेटे में तकरार शुरू हो गई थी? बबुआ अगर बेटे के बजाय बेटी होता, तो इतना सब सूक्ष्म मान-अभिमान का खेल जारी नहीं रहता।

यही सब सोचते हुए, राखी की जुबान से फिसल गया, ''तुम्हारी अगर एक बेटी होती, तो भला होता।''

मुँह में टुकड़ा भर चिंगड़ी मछली डालकर, बोधिसत्व ने उसे चबाते-चबाते पूछा, ''क्यों?''

''बस, ऐसे ही! मुझे ऐसा लगा।'' राखी ने अपने होठों पर सायास मुस्कान खींचकर पूछा, ''अच्छा? वह लड़की कौन है, जी?''

''कौन-सी लड़की?''

''वही...वही लड़की, जो तुम्हारे साथ अभी-अभी गेट तक आई थी...?''

''ओऽऽ दयिता! एम.एस.सी. फाइनल वर्ष में है।''

''दयिता...! द-यि-ता!'' राखी ने कई बार उसका नाम दुहराया, ''बड़ा खूबसूरत नाम है...''

''हाँ, जरा असाधारण!''

''वह लड़की एक दिन और आई थी न तुम्हारे साथ?''

''वह तो रोज ही आती है।''

''रोज? मुझे तो रोज-रोज नजर नहीं आती।''

''इतनी दूर तक साथ नहीं आती। लाइब्रेरी से निकलकर दो-चार कदम साथ आती है, फिर अपने हॉस्टल की तरफ चल पड़ती है। मेरे कामकाज के मामले में उसे अतिशय कौतूहल है। सारा कुछ खोद-खोदकर जानने की कोशिश करती है।''

''ओऽऽ! तुम्हारे अंडर रिसर्च करना चाहती है?''

''नहीं! नहीं! उसका तो स्पेशल पेपर है, सॉलिड स्टेट! बस, बहुत ज्यादा जिज्ञासु है! ऐसे किस्म के स्टूडेंट होते हैं न?''

राखी मंद-मंद मुस्करा उठी, ''तुमसे प्यार हो गया होगा शायद!''

''हाँ, पसंद तो करती ही है, वर्ना शाम को साथी-सहेलियों से अड्डेबाजी करने के बजाय, मेरी वाणी सुनने के लिए वह खड़ी रहती?''

बोधिसत्व ने जोर का ठहाका लगाया।

''इतना हँसो मत, समझे? लड़कियों की यह उम्र भली नहीं होती।''

''क्यों?''

''क्यों का क्या मतलब? इस उम्र में लड़कियाँ काफी भावुक होती हैं! इंपल्स पर चलती हैं। बहुत बार उलटा-पलटा कांड कर बैठती हैं।''

''अच्छा, तो तुम्हारा ख्याल है, वह मेरे इश्क में पड़ सकती है।''

''तुम्हें तो हर वक्त, हर बात पर मजाक सूझता है। उसे किसी दिन घर ले आओ! मैं उसे टटोलकर देखूँ जरा, कहीं वह तुम्हारे लिए पागल तो नहीं है।''

''यानी मुझे लेकर अभी भी तुम्हारे मन में खौफ है?'' बोधिसत्व ने अजीब-सा चेहरा बनाया, ''यह सुनकर मुझे बड़ा गर्व हो रहा है! फीलिंग यंगर! लगता है, अभी

भी जवान हूँ मैं।''

"फिर मजाक? चलो, खीर खत्म करो।''

बोधिसत्व ने उसकी बात जैसे सुनी ही नहीं।

उन्होंने आदत के खिलाफ, शरारती अंदाज में आँख मारकर कहा, "वाकई! अभी भी मैं जवान हूँ या नहीं, एक बार फिर से पड़ताल कर डालूँ। तुम भी कमसिन औरत बन सकोगी न?''

बोधिसत्व की आँखों में मानों अचानक ही वासना चमक उठी। वे एकटक राखी की तरफ देखते रहे। उनकी निगाहों की भाषा बदली हुई। पति का यह रूप, उसका बेहद जाना-पहचाना था। अपनी छप्पनसाला उम्र में भी, बोधिसत्व मजूमदार प्रबल पुरुष थे। अभी भी रातों को अक्सर वे तीखे आवेग में डूबकर राखी के पोर-पोर में प्यार के गहरे-गहरे निशान रचने लगते थे। ऐसे परम विद्वान में भी, इतनी तीखी आदिम भूख, जाने कहाँ तो छिपी होती है! राखी तो उनका साथ दे ही नहीं पाती। उसकी पचास साला उम्र जवाब ही नहीं देना चाहती। उसे तकलीफ होने लगती है। फिर भी उसे इस गुप्त खेल में उतरना पड़ता है।

खेल या सेवा?

खैर, छोड़ो! इस इंसान के दिमाग की पोर-पोर जो इतनी तरो-ताजा रहती है, तो, चलो, थोड़ी-सी तकलीफ राखी भी कर लेगी।

बहरहाल, इस पल राखी ने जरा चैन महसूस किया।

उसने दबी-दबी आवाज में कहा, "तुम्हारा इरादा क्या है? रूपचंद सुनेगा तो क्या सोचेगा?''

बोधिसत्व हँस पड़े। हँसते-हँसते ही वे उठ खड़े हुए। काफी देर तक वे बेसिन पर कुल्ला करते रहे। उसके बाद वे सोफे पर बैठे और उन्होंने एक सिगरेट सुलगा ली। टी.वी. ऑन करके, उन्होंने पाँच-सात मिनट तक बीबीसी की खबरें सुनीं। उसके बाद, उन्होंने नेशनल ज्योग्राफिक चैनल लगा दिया। आग्नेयगिरि पर कोई प्रोग्राम चल रहा था। पिघले हुए लावों की धार देखते-देखते वे अनमने हो आए। टी.वी. ऑफ किए बिना ही वे अपने स्टडीरूम में चले आए।

रूपचंद टेबल पोंछने में जुट गया। राखी भी छुटपुट काम-काज निपटाने लगी। उसने रूपचंद के लिए खाना परोसा; मांस-मछली फ्रिज में रख आई। पुडिंग को किसी ने हाथ भी नहीं लगाया था। बोधिसत्व को चूँकि पुडिंग बिल्कुल पसंद नहीं है, इसीलिए बबुआ को बेहद पसंद है। पुडिंग का कटोरा हाथ में लेते ही, राखी की छाती एक बार फिर कसक उठी। कल या परसों यह कटोरा वह नहीं निकालेगी। मुमकिन है, शनि या रवि को बबुआ घर ही आ जाए।

बोधिसत्व का यह बंगला खासा लंबा-चौड़ा और विराट था। बेडरूम और स्टडीरूम के अलावा भी बड़े-बड़े दो कमरे, खाने की बड़ी-सी जगह, बैठने के लिए

अलग से जगह! इस ओर, उस ओर बरामदा! तीन-तीन बाथरूम! कामगार लोगों के लिए रहने के लिए, बगीचे में सर्वेंट क्वार्टर भी मौजूद था। इतनी विशाल कोठी के झमेले भी अनगिनत! अनगिनत खिड़की-दरवाजे बंद करने पड़ते हैं। जायंट साइज के काँच के पल्ले! राखी ने खींच-खींचकर सारे खिड़की-दरवाजे बंद कर दिए और सिटकनी चढ़ा दी। इस कैंपस में चोर-डकैतों की खुराफात भी काफी कम थी। इस अहाते में रात-दिन सिक्योरिटी का पहरा रहता था। फिर भी...कहीं, कोई हल्की-सी दरार रह गई, तो सर्वनाश! बड़े-बड़े हक्काने चूहे घुस आएँगे। बोधिसत्व स्टडी रूम से उनका जड़-मूल नष्ट कर डालने का हठ ठाने हुए।

चारों तरफ सारा सामान व्यवस्थित करके, राखी अपने बेडरूम में चली आई। तब तक रूपचंद ने बिस्तर तैयार करके, मशहरी टाँग दी थी। अगर वह चाहे तो फौरन लेट जाए। लेकिन राखी लेटी नहीं। उसने हल्की-सी एक शॉल ओढ़ ली और बाहर, बरामदे में आ खड़ी हुई। उसने बेंत की कुर्सी खींच ली और इत्मीनान से बैठ गई।

बाहर अभी और ज्यादा ठंड थी। आज रात तो अच्छी-खासी धुंध भी फैली हुई थी। कुछ दूर अँधेरे में बगीचे की चहारदीवारी के किनारे खड़े घने-घने पेड़ों पर, सुदूर लाइट पोस्ट पर टुकड़ा-टुकड़ा कुहासा! इस वक्त सामने की सँकरी कोलतार सड़क भी कुहासा ओढ़े काफी रहस्यमय नज़र आ रही थी। बिल्कुल सुनसान सड़क, मानों धुँधलके से क्रमशः गाढ़े अँधियारे में अदृश्य हो गई थी।

राखी की निगाहें सड़क पर गड़ी थीं या उससे भी दूर...कहीं बेहद दूर चली गई थीं। कलकत्ता में! लेक टेरेसवाले दो-मंजिलें घर की आखिरी छोर के कमरे में बबुआ सोया हुआ है। सीने से गावतकिया चिपकाये हुए, वह बबुआ ही है न? हाँ, वह लिखाई-पढ़ाई भी इसी मुद्रा में करता है। किताब एक किनारे रखकर, बबुआ चित हो आया। उसकी बाँहें आड़ी-तिरछी मुद्रा में आँखों पर पड़ी हुईं। क्या सोच रहा है बबुआ? अपनी माँ के बारे में?

सहसा राखी की आँखें भर आईं। आजकल बबुआ यहाँ बिल्कुल नहीं आना चाहता। सैकड़ों बार बुलाओ, तो अगर आया भी, तो रात बीतते-न-बीतते भागने की जोड़-तोड़। बबुआ ऐसा क्यों करता है? कहाँ, उसके पिता के साथ कुछ हुआ है; जाने कौन-से मान-अभिमान का खेल चल रहा है, यह सब तो वे दोनों ही जानें। लेकिन इस माँ को क्यों तकलीफ देता है? माँ ने इतना-इतना बुलाया, फिर भी तू नहीं आया?

ना, कोई नहीं समझता। अकेली-अकेली राखी के दिन कैसे गुजरते हैं, बाप-बेटे में से कोई नहीं समझता। दिन-दिन भर ऐसा कोई नहीं होता, जिससे थोड़ी-बहुत बातें कर सकूँ।

"माँ...?"

राखी ने चौंककर देखा! रूपचंद!

उँगली की कोर से आँखें पोंछकर, राखी ने नाक सुड़की, ''जा रहा है?''

''जी—''

''बाबूजी के लिए कॉफी बनाकर फ्लास्क में रख दिया है।''

''जी—!''

''और गर्म पानी? बाबू इस वक्त ठंडा पानी नहीं पीते—''

''जानता हूँ! पानी गर्म करके, जग में भर दिया है।''

''अच्छा, तो अब, जा तू, सुबह गुलाब के पौधे जरा उकेर देना।''

''जी!''

रूपचंद लंबे-लंबे डग भरता हुआ, अपने कमरे की तरफ चला गया। राखी भी अब बैठी नहीं रही। उसने बरामदे का दरवाजा बंद कर दिया और स्टडीरूम में चली आई। बड़ी-सी सेक्रेटेरिएट मेज पर मोटी-मोटी किताबों का ढेर! बोधिसत्व सिर झुकाए हुए, टेबल-लैंप की रोशनी में कोई पत्रिका पढ़ रहे थे।

राखी ने पति की पीठ पर हाथ रखा, ''क्यों, जी, तुमने बबुआ को फोन नहीं किया?''

बोधिसत्व की न आँखों में हरकत हुई, न होठों पर!

''सुन रहे हो?'' राखी ने दुबारा आवाज दी, ''अब बबुआ सच ही सो जाएगा।''

''ओफ ओ! क्यों तंग कर रही हो?'' बोधिसत्व ने एक बार राखी की तरफ निगाह उठाई और अगले ही पल मुँह फेर लिया, ''एक जरूरी पत्रिका पढ़ रहा हूँ।''

''पहले फोन तो कर आओ, लौटकर पढ़ लेना।''

''अजीब मुश्किल है! खुद ही कर आओ न!''

''तुम विश करोगे, तो वह ज्यादा खुश होगा।''

''विल यू प्लीज लीव दिस रूम?'' सर्द रात को चीरते हुए, बोधिसत्व अचानक झुँझला उठे, ''एक ही बात बार-बार क्यों बकबकाए जा रही हो? देख नहीं रहीं, मैं व्यस्त हूँ?''

राखी का चेहरा सूखकर इत्ता-सा हो आया। दह कदम नापती हुई कमरे से बाहर निकल आई। टेलीफोन की तरफ जाते-जाते भी वह ठिठक गई। वह जहाँ की तहाँ पथराई-सी खड़ी रही।

चारों तरफ बर्फीली उदासी छा गई थी, जो बूँद-बूँद उस निस्तब्ध बंगले के अंदर दाखिल होती जा रही थी। रात गहराती रही।

3

आज सुबह बेतहाशा धुंध छाई थी। हालाँकि धूप तीखी नहीं थी, मगर सूरज उगे काफी देर हो चुकी थी। घड़ी का छोटा काँटा दस को छूने वाला था। लेकिन बर्फीले धुएँ का असर मैदान में अभी तक मौजूद था। पेड़-पौधों की दरारों में अभी भी धुंध टुकड़े-टुकड़े सी फैली हुई थी। हरे-भरे मैदान में फीका-फीका धुआँ लिपटा हुआ था।

सौमिक फुटपाथ पर खड़ा-खड़ा मैदान निहार रहा था। अभी-अभी वह शेयर टैक्सी से उतरा था। उतरते ही दफ्तर में दाखिल हो जाना, उसका रुटीन कार्यक्रम था। लेकिन उस दृश्य ने सहसा उसे बाँध लिया था। मैदान का दूसरा सिरा खास नजर नहीं आ रहा था, लेकिन लग रहा था उस तरफ जैसे कोई और दुनिया है। नहीं, यह अंदाजा नहीं, बिल्कुल सच था। कैसी है वह दुनिया? क्या जरा कम कामकाजी? कम बेजान? कम डल? कम बोरिंग?

वह अपने ख्यालों के साथ ज्यादा दूर तक आगे नहीं बढ़ पाया। अपनी पीठ-पीछे ही उसे बुलडॉग की हुंकार सुनाई दी। वह कुत्ता भौंकता रहा। हड्डी-हड्डी बर्फ कर देने वाली तीखी आवाज़!

सौमिक झट से पीछे मुड़ा। ना, वह जंतु पलक झपकते ही हवा में फुर्र हो गया था। सौमिक ने एक संक्षिप्त-सी उसाँस भरी और दफ्तर की तरफ कदम बढ़ा दिए। वह जब भी ज़रा अकेला होना चाहता है, साला वह कुत्ता ठीक उसकी गर्दन पर सवार हो जाता है। चौबीस सालों से ऐसा ही होता आ रहा है। हैरत है, कभी एक बार भी वह जानवर नज़र नहीं आया। काश, एक बार, सिर्फ एक बार वह कुत्ता हुंकार उठे, इससे पहले ही सौमिक पलटकर उसे देख सके।

लिफ्ट के सामने लंबी कतार! कतार-दर-कतार आम चेहरे! एक ही साँचे में ढले हुए! सौमिक मन ही मन उदासी से मुस्करा उठा। वह भी तो उसी साँचे में ढला इंसान है। उसने अपनी कलाई पर नजर डाली। वह परेशान हो उठा। दस बजने में कुल चार मिनट, अट्ठाइस सेकेंड बाकी हैं। छब्बीस...चौबीस...। आमतौर पर वह शायद ही कभी लेट हुआ हो। आज क्या वह नियम टूट जाएगा?

नहीं, बहुत ज्यादा देर नहीं हुई। दस बजने में एक मिनट, तेरह सेकेंड पहले, सौमिक ने उस चलते-फिरते पिंजरे में कदम रखा। पिंजरे में और भी सात पंछी! तीन पंछी, उसके दफ्तर के ही थे—डिप्टी मैनेजर-टू, पद्मनाभन और कैश काउंटर का प्रतीक—अनीता। जब वह कतार में खड़ा था, उन लोगों पर उसकी नज़र नहीं पड़ी थी। अगर पड़ी भी हो, तो किसी ने भी किसी की तरफ नहीं देखा था। यही रीत थी! लेकिन, अब तीनों लोगों की तरफ देखते हुए, उसने नपी-तुली हँसी बाँट दी। हाइ! हलो! मॉर्निंग! बस, उसके बाद फिर वही अपरिचय!

सौमिक का दफ्तर दसवीं मंजिल पर था। कोई मामूली दफ्तर नहीं, विदेशी बैंक! साइज विशाल। कई हजार वर्ग फुट तो होगा ही। दफ्तर की एक तरफ कई बड़े-बड़े चैंबर स्थित थे, बाकी पूरी जगह खुली-खुली। वहाँ अनगिनत बौने-बौने, खूबसूरत क्यूबिकल! एक ही रंग के! बादामी रंग। प्रायः सभी क्यूबिकल कंप्यूटर-सज्जित! सौमिक का दरबा बिल्कुल आखिरी छोर पर था। अपेक्षाकृत ज़रा बड़ा। वह इस बैंक के आधे दर्जन भर असिस्टेंट मैनेजरों में से एक था।

रिसेप्शन से ही सौमिक ने देख लिया, उसके कमरे में कोई बैठा हुआ था। सौमिक ने जल्दी-जल्दी कदम बढ़ा दिए।

अपनी कुर्सी पर बैठते-बैठते उसने सवाल किया, ''येस, प्लीज?''

वह आदमी हड़बड़ाई हुई मुद्रा में सँभलकर बैठ गया।

''अरे, आप आ गए सर?''

सौमिक को 'सर' सुनने की ज्यादा आदत नहीं थी। इस दफ्तर में एक-दूसरे को नाम से ही पुकारने का रिवाज है। संबोधन में हद से हद टाइटिल का इस्तेमाल कर लेते थे। अब कोई सीनियर हो या जूनियर! बच रहे क्लाएंट! अब भला कितने क्लांएट 'सर' कहकर बुलाते हैं? बल्कि उल्टे उसे ही 'सर' कहना पड़ता है। यह ऑफिस डेकोरम का अंग है।

अपनी सरल स्वाभाविक भंगिमा में सौमिक ने दुबारा कहा, ''येस, सर! बताइए, हाउ कैन आइ हैल्प यू?''

उस आदमी ने काठ-काठ भंगिमा में जवाब दिया, ''आपने मुझे नहीं पहचाना, सर? पिछले महीने ही आया था मैं। कर्ज के भुगतान को लेकर कोई गड़बड़ी थी न, सर...?''

वैसे कस्टमर अक्सर बे-चेहरा होते हैं। फिर भी उस आदमी का चेहरा उसे याद आ गया। उसकी समस्या भी एक के बाद एक, तीन बार उस आदमी का चेक बाउंस हो गया था। वकील की चिट्ठी भेजते ही, उस बंदे ने फटाफट दो पेमेंट चुका दिए। उस पर जो एक्स्ट्रा ब्याज थोपा गया था, उसने माफ कराने की अपील भी की थी, लेकिन बैंक ने उस पर ध्यान नहीं दिया।

एकबारगी रुक्ष न होते हुए भी, सौमिक ईषत् सख़्त हो आया, ''येस आई रिमेंबर!''

''सर, उस ब्याज के सिलसिले में आया था। उस ब्याज के बारे में, मैंने एक अर्जी दी थी, आपने मना कर दिया।''

''सॉरी, सर! मैं लाचार हूँ। इट्स रूल! नियम है यह! जब आप हायर-परचेज गाड़ी खरीद रहे थे, मैंने उसी वक्त, विस्तार से, सारे क्लॉज, सारी शर्तें समझा दी थीं। यहाँ जो कुछ भी होता है, बैंक के नियम मुताबिक होता है।''

''क्लॉज में तो सर, बहुत कुछ होता है। लेकिन इसलिए क्या 'पुनर्विचार' जैसी कोई बात क्या संभव नहीं है? आप सर, इतनी बड़ी पोस्ट पर हैं यहाँ...''

सौमिक जब इस नौकरी में आया ही था, शुरू-शुरू में इस किस्म की बातें सुनकर, उसे खुशी होती थी। लेकिन दो सालों में ही उसकी चमड़ी मोटी हो चुकी है। वह बखूबी जान गया है कि उसके पोस्ट का नाम भले काफी लंबा-चौड़ा हो, मगर वह 'डिग्निफाइड क्लर्क' के अलावा और कुछ भी नहीं है। हाँ, उसकी तनख्वाह काफी ऊँची है। कट-कुट जाने के बाद भी बाइस हजार से भी ज्यादा तनख्वाह! लेकिन बैंक उसे सिर्फ एक वजह से ही इतनी ऊँची तनख्वाह देता है। बैंक जानता है कि एक अकेले सौमिक बसु राय के जरिए कम से कम आठ अदद दस-हजारी क्लर्कों का काम वसूल किया जा सकता है।

बहरहाल, इस वक्त सौमिक ने अपने कस्टमर को अपनी स्थिति समझने का मौका नहीं दिया। यह भी ऑफिस डेकोरम ही है।

उसने अपने होठों पर निर्विकार मुस्कान टाँककर कहा, ''सॉरी सर! यह पुनर्विचार का केस नहीं है। अगर हमने ऐसा किया तो, यह गलत मिसाल का केस बन जाएगा। इस वजह से हम सैकड़ों कानूनी मामले-मुकदमे में फँस जाएँगे। बाइ-द-बे, आपकी तीसरी किस्त का क्या हुआ?''

''यह रहा सर, उसका चेक मैं लाया हूँ—'' यह कहते हुए उस आदमी ने अपनी जेब में हाथ डाला, ''सर, अब बकाया झमेला क्यों रहे? मेरे सारे पेमेंट तो क्लीअर हो ही गए। अब, आप मुझे एक क्लीन चिट दे दीजिए। ब्याज आखिर बनता ही कितना है? तीन हजार, सात सौ समथिंग..''

''इतना मामूली-सा बकाया, आप चुका क्यों नहीं देते?''

''देखिए, यह आपका अड़ियलपन है। चौबीस पेमेंट में कुल तीन में गड़बड़ी हुई है...'' उस आदमी की आँखें सिकुड़ आईं।

उसने गर्दन खुजलाते हुए, होठों पर धूर्त हँसी बिछाकर अगला वाक्य जोड़ा, ''फर्ज कीजिए, बकाया ब्याज मैं न दूँ, तो आप मेरा क्या कर लेंगे? मुझ पर केस ठोंककर, वे मामूली-से रुपए मुझसे वसूल कर पाएँगे? चम्मच वसूली के चक्कर में, मकान तक बिक जाएगा।''

सौमिक के होठों पर सर्द मुस्कान तैर गई। इतनी देर बाद, उस आदमी की तरफ उसने गौर से देखा। करीब पैंतालिस की उम्र! हजामत बनाए हुए चिकने-चमकते गाल! वेशभूषा से वह किसी प्राइवेट कंपनी का मँझोला अफसर नज़र आ रहा था। उसके चेहरे-आँखों में अच्छा-खासा आभिजात्य भी झलक रहा था। यह शख्स शायद रवीन्द्र-संगीत सुनता था, ग्रुप-थियेटर देखता था, यार-दोस्तों के साथा नियमित रूप से दारू पीता था और कभी-कभार 'ब्लू' फिल्में भी देखता होगा। इनकी रीढ़ की हड्डी हरगिज मज़बूत नहीं होती, इनसे तो आलू-परवल के भेड़ मार्का विक्रेता ज्यादा ताकतवर होते हैं। इस शख्स को कतई जानकारी नहीं है कि वे तीन हजार, सात सौ समथिंग रुपए, सौमिक का बैंक कैसे वसूल कर सकता है। नहीं, वसूली के लिए

कोर्ट-कचहरी करने की जरूरत नहीं पड़ेगी, क्लेम-वसूली सेक्शन को खबर करते ही, सभ्य-भव्य पोशाकधारी लोग उसे अपना शारीरिक जोर दिखा आएँगे। जरूरत पड़ी तो उसकी गाड़ी तक जब्त कर ली जाएगी।

लेकिन सौमिक ने फिजूल अपने वाक्य बर्बाद नहीं किए।

उसने अपना कंप्यूटर ऑन करते हुए कहा, "ओ.के.! ऐज़ यू प्लीज़ जैसी आपकी मर्जी! लेकिन, सर, हम अपने कस्टमर लोगों के साथ हमेशा अच्छा संपर्क बनाए रखना चाहते हैं।"

पता नहीं, उस बंदे ने क्या समझा। कुछ देर बैठे रहकर, वह चला गया। सौमिक अपने कामकाज में डूब गया। हायर-परचेज के चार्ज में आते ही, उसके कामकाज का बोझ काफी बढ़ गया था। अभी जो काम शुरू हो गया, घर लौटते-लौटते रात के आठ-नौ बज जाएँगे। आजकल लोगों में खरीदारी की हुड़क इस कदर बढ़ गई है कि...बाप्स्! खासकर गाड़ी!

डाटा फीडिंग लगातार जारी रहा। धूसर पर्दे पर संख्या और शब्द टिक्-टिक् नाचते हुए! बीच-बीच में लोग-बाग़ आते रहे, सौमिक से बातें करते रहे। उसके जाते ही, उसके दिमाग के सिगनल पर उसकी उँगलियाँ नाचने लगती थीं। इस वक्त सौमिक को देखकर, यह समझना मुश्किल था कि कौन मशीन है! सौमिक या कंप्यूटर? कौन, किसको चला रहा है!

ठीक बारह बजे कॉफी हाजिर! पतली गद्दीदार, सँकरी-सी कुर्सी पर पीठ टिकाए-टिकाए, सौमिक ने प्लास्टिक के कप में कॉफी की घूँट भरी। उसके कमरे में अचानक निवेदिता दाखिल हुई। सलवार-कमीज पहने, अपने कंधे पर पड़ा दुपट्टा सँभालते-सँभालते, वह सामने की कुर्सी पर बैठ गई।

"एइ, सौमिक, तूने न्यूज सुनी?"

सौमिक लड़कियों से बातें करते हुए, ईषत् असहजता महसूस करता था। अभी भी उसकी निगाह में औरत दूर की प्राणी थी, किसी दूसरे ग्रह की वाशिंदा! वर्जित फल! वैसे, इसका खास मौका भी नहीं मिला। बचपन से ही वह कलकत्ता में लड़कों के किसी नामी-गिरामी अंग्रेजी मीडियम स्कूल में पढ़ता रहा। कॉलेज में भी सह-शिक्षा नहीं थी। हाँ, जब वह ग्यारहवीं क्लास में था, तो ट्यूटोरियल क्लास में दो-तीन लड़कियों से जान-पहचान जरूर हुई, मगर वह दोस्ती टिकी नहीं। बातचीत करते-करते, एक दिन वे लड़कियाँ घर तक चली आईं। बस अगले दिन से श्रीमती कविता बसुराय, ट्यूटोरियल के दरवाजे पर ही मुस्तैद! बिल्कुल चिड़िया माता की तरह अपने पंखों में सहेजकर, बेटे को घर ले आती थीं। लड़कियों के पल्ले पड़कर बेटे का रिजल्ट कहीं बिगड़ न जाए। वैसे एम. कॉम. करते हुए, उसकी चंद सहपाठिनें जरूर थीं, लेकिन सौमिक यूनिवर्सिटी आखिर गया ही कितने दिनों? उन दिनों भी वह तो कॉस्टिंग के इम्तहान में...।

लेकिन निवेदिता का मामला अलग था। उस नजरिए से निवेदिता, कोई लड़की नहीं थी वह असिस्टेंट मैनेजर, काईस थी। पोस्ट की तरह ही भेद-भावहीन! हालाँकि वह शारीरिक तौर पर और वेशभूषा, बिंदी-चूड़ी की वजह से काफी हद तक औरत थी; तेल-काजल लगाने की वजह से कमोबेश खूबसूरत भी थी। उम्र में वह सौमिक से लगभग दो साल बड़ी। शादीशुदा! समय की कमी की वजह से वह अभी तक माँ नहीं बनी थी। निवेदिता से बातचीत करने में सौमिक को कोई परेशानी नहीं होती थी।

कॉफी की प्याली, कूड़े की टोकरी में फेंककर, सौमिक तनकर बैठ गया, ''कैसी न्यूज, रे?''

''दफ्तर में लंबा-चौड़ा 'रीशफल' होने जा रहा है! कई सारे 'हेड' यहाँ से उठा लिए जाएँगे।''

''कहाँ ले जाएँगे?''

''ऑफकोर्स, मुंबई!''

''कौन-कौन जा रहा है?''

''संदीप का नाम सुनाई पड़ा है। राजन का नाम अभी तक कन्फर्म्ड नहीं है।'' निवेदिता बैठी-बैठी लहराती रही, ''मुझे तो भेजेंगे, तो भइया, मैं तो चल दूँगी।''

''क्यों, यहाँ अच्छा नहीं लग रहा है?''

''नहीं, ऐसी बात नहीं है। कलकत्ता...चलता है! वैसे यहाँ प्रॉसपेक्ट नहीं है।'' निवेदिता नाखून चबाने लगी।

अगले ही पल उसने नाक सिकोड़ी, लेकिन उसकी आँखें चमक उठीं, ''मुंबई भेजा, तो अच्छी-सी लिफ्ट भी जरूर मिलेगी।''

''तू चली जाएगी? व्हाट एबाउट योर रोहित? रोहित का क्या होगा?''

''अरे, भइए, दूल्हे से चिपके रहने से भला काम चलेगा? वैसे भी, सर्दियाँ खत्म होते ही, रोहित तो स्टेट्स दौड़ जाएगा। वाइ टू के चक्कर में! कम से कम साल भर तो वहीं रहेगा।'' निवेदिता ने होंठ बिचका दिए, ''वह दल-बल समेत सिलिकॉन वैली में मस्ती करेगा, कंप्यूटर में दो-चार साल लगाएगा और मैं यहाँ सास की लक्ष्मी-बहुरिया बनकर, नर्स-कम आया की ड्यूटी करूँ, मजाक है क्या?''

''लेकिन यह जो तुम दोनों दूर-दूर रहोगे, इसका तेरे विवाहित जीवन पर असर नहीं पड़ेगा?'' बनावटी परेशानी की मुद्रा में सौमिक ने अपना किताबी ज्ञान बघारा, लेकिन अगले ही पल उसने अटक-अटककर एक और वाक्य भी जोड़ दिया, ''वैसे, तुम दोनों के पास एक मार्जिनल सुविधा भी है...कोई बाल-बच्चा नहीं है।''

''अगर होता भी, तो उसका भी कोई न कोई इंतजाम कर लेती।''

''फिर भी...परेशानी तो होती ही है न?''

''कोई परेशानी नहीं होती। अहम बात यह है कि सबसे पहले हमें अपनी

जिंदगी की प्राथमिकताएँ तय कर लेनी चाहिए। वैवाहिक जीवन का मतलब क्या सिर्फ बिस्तर और संग-साथ है? सिर्फ कंपैनियनशिप? इसके लिए सुविधाएँ जरूरी नहीं हैं? ऐंड दैट नीड्स मनी! इसके लिए रुपए चाहिए! तुम भी पैसे बनाओ, मैं भी! तुम भी अपना कैरियर गढ़ो और मैं भी! तभी न एक स्टैंडर्ड वैवाहिक जीवन...'' यह कहते-कहते निवेदिता ने आँख मारी, ''लेकिन ये सारी बातें मैं तुझसे क्यों कर रही हूँ? तू तो अभी भी निरा बच्चा है। वैवाहिक जीवन का अभी तो तू 'व' भी नहीं जानता...''

सौमिक मंद-मंद मुस्करा उठा, ''भई, आज नहीं तो कल मुझे भी तो इस जानकारी की जरूरत पड़ेगी। एकाध टिप्स मुझे भी थमा दे।''

''इस मामले में कोई टिप्स-विप्स नहीं होता। तलैया में गिर पड़ेगा, तो खुद ही तैरना सीख जाएगा। उसके बाद अपनी मर्जी-मुताबिक तैरते रहो।''

इन्हीं सब संक्षिप्त गपशप में वक्त खत्म। कामकाज में दुबारा डूबने की कैलरी मिल गई। निवेदिता आँधी-तूफान की तरह उसके चैंबर से फुर्र हो गई। सौमिक को भी उसकी बातों पर सोच-विचार करने का मौका नहीं मिला, एक के बाद एक कस्टमर आते रहे। बैंक में यह 'पीक आवर' था। अब दो-ढाई बजे तक सिर उठाने की भी फुर्सत नहीं थी।

फुर्सत मिली टिफिन के समय। उस वक्त तक निवेदिता उसके दिमाग की 'मेमोरी' से मिट चुकी थी। पेट में चूहे दौड़ने लगे। सौमिक को घर से टिफिन लाने की आदत नहीं थी। वह कैंटीन से ही कुछ खाने को मँगा लेता था। आज भी उसने कैंटीन से खाना मँगा लिया।

अभी उसने खाना शुरू ही किया था कि फोन की घंटी!

सौमिक ने हाथ बढ़ाकर फोन उठा लिया, ''येस? स्पीकिंग!''

''टिफिन खाया?''

उफ! यह तो माँ है!

सौमिक की भौंहें सिकुड़ आईं, ''हाँ, टिफिन कर ही रहा हूँ।''

''क्या खा रहा है?''

यह भी जानना जरूरी है?

''टोस्ट, केला और उबले अंडे।''

''क्यों? स्टू नहीं मँगवाया?''

''नहीं, मन नहीं किया। तुम्हें तो पता है, स्टू मुझे पसंद नहीं है।''

''इसलिए तू केला खा रहा है? पिछली रात तू खों-खों खाँस रहा था न?''

उफ! असहनीय! असहनीय! कविता बसुराय क्या अब भी नहीं समझती कि उसकी इस पल-पल की खबरदारी को वह किस नज़र से देखता है?

सौमिक ने भारी-भारी आवाज में जवाब दिया, ''मत भूलो कि अब मैं पूरे

अट्ठाइस साल का हो गया हूँ। मुझे पता है कि मुझे क्या खाना है।''

''अच्छा? तू तो ऐसा कहेगा ही। अरे, माँ का हीया, तू क्या समझेगा? मैं तो यहीं से...साफ-साफ सुन रही हूँ, तेरा गला अभी भी घरघरा रहा है। ऐसे ही, तू उस बरफ के कमरे में बैठा रहता है, ऊपर से...''

हुँहः! सेंटी! मानसिक दबाव डालने की सड़ी-गली धूर्तता!

सौमिक ने अपनी आवाज़ और भारी कर ली, ''खाँसी के साथ केले का कोई वास्ता नहीं होता। और कुछ कहना है?''

''ना—'' आवाज दुबारा बज उठी, ''कल की बात याद है न?''

सौमिक ने 'मेमोरी' सर्च पर हाथ रखा। ब्लैंक सिग्नल!

उसने दरयाफ्त किया, ''कौन-सी बात, बताओ तो?''

''कल उस घर जाना है—''

दिमाग में पिप्...पिप्...पिप् की आवाज! हैरत है! ऐसी जानलेवा बात, वह अभी तक भूला कैसे रहा? दफ्तर के लिए निकलते वक्त भी माँ यही बात रटे जा रही थी।

सौमिक ने विरक्त लहजे में जवाब दिया, ''यही बात याद दिलाने के लिए तुमने फोन किया है? देयर शुड बी सम लिमिट, माँ! हद होती है किसी बात की। यह दफ्तर है, गुड़ियों का खेल खेला जानेवाला, तुम्हारा घर नहीं है।''

''जानती हूँ। फोन इसलिए किया, क्योंकि कल का प्रोग्राम ज़रा बदल गया है। शाम को नहीं, हमें कल सुबह ही जाना है। उन लोगों ने हमें कल लंच पर बुलाया है। मैंने पहले से ही तुझे खबर दे दी। कल दोपहर कोई और प्रोग्राम मत बनाना।''

''थैंक्स!''

तीखी आवाज़ में जवाब देकर, सौमिक ने खट् से फोन रख दिया। उसे भयंकर हिकारत हो आई। माँ तो बिल्कुल सिर पर सवार हो गई हैं। एक बार फिर!

कंप्यूटर की धूसर स्क्रीन पर, धूसरतर तस्वीर! एक के बाद एक...नन्हा सौमिक 'कॉमिक' पढ़ रहा है, माँ ने उसके हाथ से तस्वीरों वाली वह पुस्तिका छीन ली है...।

''होम-वर्क तो पूरा कर लिया है, माँ। अब, कुछ देर...''

''ना, हिसाब की अगली एक्सरसाइज़ कर डालो। कुंतल, अभिषेक वगैरह से तुम्हें हरदम एक-दो कदम आगे रहना होगा। कम से कम एक कदम आगे तो रहना ही है।...सौमिक पार्क में फुटबॉल खेल रहा है। माँ उसे गर्दन से दबोचकर, खींचती हुई ले आई।

''फुटबॉल, अक्ल के बैल लड़के खेलते हैं। इससे दिमाग कुंद हो जाता है। हाँ, तुम क्रिकेट खेल सकते हो।''

सातवीं क्लास के सौमिक ने जिद पकड़ ली, अब वह अकेले-अकेले स्कूल जाएगा। किसी की भी माँ, अपने बेटे को स्कूल पहुँचाने नहीं जाती, फिर वह क्यों जाती है। इस सवाल पर माँ ने चट् से तमाचा कस दिया। अभी से आवारा बनने

का शौक चर्राया है?...माध्यमिक के बाद, सौमिक अपनी बुआ के यहाँ, कूचबिहार जाने को मचल गया।

"वहाँ कितना मजा आता था। रुंटू 'दा तैरना सिखा देंगे। साइकिल चलाना भी सिखा देंगे। तोर्सा नदी में नौका-सैर करवाएँगे। जयंती पहाड़ तक ले जाएँगे। जिसकी ऊँचाई में हर वक्त बादल अटके रहते हैं।..."

लेकिन उसका जाना नहीं हुआ।

"अपनी छुट्टियाँ तुम यूँ फिजूल बर्बाद नहीं कर सकते। सौमिक! मैंने तुम्हारे लिए साइंस का ट्यूटर ठीक कर दिया है। हायर सेकंडरी का सिलेबस काफी विशाल होता है। पढ़ाई-लिखाई अभी से शुरू कर दो।"

...जब वह सेकेंड ईयर में था, उसकी कविता की कॉपी अचानक गायब हो गई। उसे गाने सुनने का हमेशा शौक था, लेकिन इम्तहान से पहले, किसी अनजान कारण से टेप अचल हो जाती।...

...ऐसी ही जाने कितनी-कितनी तस्वीरें...

...छोटे मामा के ब्याह में, बाटानगर में, जश्न का जबर्दस्त माहौल! रात को सब दल बाँधकर नाइट-शो सिनेमा जाने वाले थे। अमिताभ बच्चन की फिल्म—नमकहलाल!

माँ की गर्दन टेढ़ी हो आई, नहीं, उन दोनों को लौटना ही होगा।

"मुझे यहाँ रहने दो न, माँ, सभी लोग तो रुक रहे हैं। एक ही रात की तो बात है..."

"नहीं, अगले सोमवार को तुम्हारा क्लास-टेस्ट है। कल तुम्हारे सर पढ़ाने आएँगे।"

नाना-नानी ने भी रुक जाने की काफी जिद की, मगर माँ के आगे किसी की एक न चली। और तो और...उसने पुस्तक मेले से जीवनानंद दास की श्रेष्ठ कविताओं की किताब खरीदी थी, माताश्री ने उसे आराम से कबाड़ी के हाथ बेच दिया।

"अरे, अभी कैरियर के बारे में सोचो, सोमू, कविता तो जिंदगी में कभी भी पढ़ी जा सकती है।"

उफ! सौमिक के सीने में कैसी मर्मभेदी नफरत जमकर पत्थर बन चुकी है। उसकी माँ उसकी छोटी-से-छोटी चाह, अपने पैरों तले कुचलती रही है।

सौमिक ने भी बदला ले लिया! आखिर क्यों न ले? वह पड़ा-पड़ा मार क्यों खाता? वह कविता बसु राय की इच्छाओं का पेड़ हरगिज नहीं है। उसकी माँ, उसकी गर्दन दबोचकर, उसे एंट्रेस के इम्तहान में नहीं बिठा सकी। उस वक्त कविता बसुराय को एक कदम पीछे हटना ही पड़ा। चलो, डॉक्टर, इंजीनियर न सही, बेटा वैज्ञानिक ही बन जाए। सत्येन बोस...मेघनाद साहा...सौमिक बसुराय...सुनने में बुरा नहीं लगेगा। बेटा रिसर्च के लिए विदेश जाएगा, लौटकर किसी इंस्टीट्यूट वगैरह का डायरेक्टर

बन जाएगा। उस गुड़ में भी मिट्टी पड़ गई। माँ से छिपाकर, उसने खट् से कॉमर्स में दाखिला ले लिया। कविता बसुराय ने छाती पीट ली, अन्न-जल त्याग दिया। आखिरकार पापा ने उसे समझाने की कोशिश की।

"भई, कॉमर्स में भी चमकने का काफी चांस है। उसे जरा अपनी मर्जी से बड़ा होने दो, कविता!"

माँ कुछ दिनों गुमसुम हो रही। उन दिनों उसने सौमिक से बातचीत तक बंद कर दी थी, उसके बाद, फिर नया दबाव शुरू हो गया।

"चार्टर्ड करके, एमबीए करना होगा, सोमू!"

उधर माँ की इच्छा का उपहास करने के लिए ही, सौमिक ने चार्टर्ड की पढ़ाई का इरादा फूँक में उड़ा दिया।

इतने सबके बाद भी कविता बसुराय को सबक नहीं मिला। अब माँ ने सौमिक के ब्याह के लिए कमर कस ली है। इसमें भी सौमिक का अपना कोई चुनाव नहीं है। उन्होंने उसके लिए जो लड़की पसंद की है, उसमें बस, यही खूबी है कि वह माँ की गुम-बहन की बेटी है। माँ के मुताबिक उनके गुरुदेव ने यह जोड़ी मिलाई है। हैरत है, माँ ने पक्का वादा भी कर लिया है। धन्य है उसकी हिम्मत!

सौमिक क्या उस लड़की को रिजेक्ट कर दे? लेकिन, क्यों? एक नारी-देह के लिए वह खुद भी उन्मुख नहीं है? दिमाग में फिर वही पिप्! पिप्! पिप्! अचानक उसकी 'मेमोरी' में निवेदिता की कही हुई बात उभर आई—'वैवाहिक जीवन का तू 'व' शब्द भी नहीं समझता।' सौमिक ने सिर झटक दिया। हाँ, वह समझता तो नहीं, लेकिन समझना चाहता है। लेकिन उस औरत के जरिए नहीं, जिसे माँ उसके आगे परोस देगी। माँ की मर्जी ही, उस लड़की को नापसंद कर देने के लिए काफी है। अच्छा, कल एक सीन 'क्रिएट' कर डाले, तो कैसा रहे? उस घर में, सबके सामने वह अगर इनकार कर दे?

हाँ, सौमिक यही करेगा। कविता बसुराय की इच्छा का पेड़ वह जिंदगी भर के लिए जड़ से उखाड़ डालेगा।

लेकिन...वह सचमुच का ऐसा कर सकेगा? सच्ची?

उसे यह ख़्याल पहली बार नहीं आया है। इधर कई दिनों से यह ख़्याल उसके अंदर ताक-झाँक कर रहा था। रात को बिस्तर पर लेटकर आँख मूँदते ही, यही ख़्याल अचानक-अचानक ही स्कड टोमाहक की तरह हमलावर होता है। साथ ही साथ संशय भी जाग उठता है। सौमिक ऐसा कर सकेगा न? माँ के खिलाफ उसने जब कभी, कोई अभियान छेड़ा है और सफल हुआ है, लेकिन अपनी किसी भी विजय की खुशी, वह ठीक तरह जी नहीं पाया। कैसे जी पाता? माँ की इच्छा का पेड़ उखाड़ते हुए, वह खुद भी तो एक और नए पेड़ में परिणत हो गया है। और वह दूसरा पेड़ भी माँ की इच्छा के पेड़ से खास अलग नहीं है। माँ ने उसे रूमाल बनाना चाहा, वह

बिल्ला बन गया, ऐसा तो नहीं हुआ। वही नीरस, थकान भरा जीवनछंद—वही खाना-दफ्तर-नींद, ऑफिस-नींद-खाना; नींद-खाना-दफ्तर!

असल में सारा कसूर उस कमबख्त बुलडॉग का है। ज़रा-सा हिलना-डुलना चाहो, तो वह कुत्ता एकदम से भूँकना शुरू कर देता है। यहाँ भी कविता बसुराय ही जीत गई। बिना किसी भूल-भ्रांति के, उसके पीछे वह कुत्ता फिट कर देने में वह कामयाब हो गई है। अदृश्य एक जंतु, लेकिन कैसी भयंकर है उसकी हुंकार—दौड़ सोमू, दौड़! दौड़ता रहा!

काश, एक बार, सिर्फ एक बार, हुंकार सुनने से पहले, सौमिक अपनी गर्दन घुमा पाता।

अचानक उसके क्यूबिकल में उत्पल दाखिल हुआ। जूनियर ऑफिस असिस्टेंट!

उत्पल संक्षिप्त-सी बातचीत करके चला गया। उसके बाद, कोई दूसरा चला आया। वक्त तेजी से गुजरता गया। चार बजे जी.एम. के चेंबर में मीटिंग। बंबई से कई नई स्कीमों के सर्कुलर आए हैं, उसी के बारे में लंबी-चौड़ी मीटिंग! वैसे कहने को तो यह विचार-विमर्श है, मगर उस मीटिंग में रोबोट बनकर बैठे रहने का ही दस्तूर है। बीच-बीच में मशीनी फुर्ती से सिर हिलाते रहना ही एकमात्र काम होता है।

जी.एम. के चैंबर से सौमिक जब बाहर निकला, उसका दिमाग़ जमकर बिल्कुल पत्थर हो गया था।

वह सीधे अपने क्यूबिकल में नहीं गया। पहले, वह टॉयलेट गया। अपने चेहरे-आँखों पर उसने पानी के छींटे मारे। रूमाल से अपना चेहरा पोंछते-पोंछते, वह खिड़की के सामने आ खड़ा हुआ। इस दफ्तर में, सिर्फ इस टॉयलेट से ही बाहर की दुनिया नज़र आती है। सौमिक की निगाह दुबारा मैदान की तरफ जा पड़ी। दिन का उजाला, अब मलिन हो आया था। मैदान में काफी नीचे की तरफ, हरी-भरी मखमली घास पर, बादामी छाया! वहाँ खड़े लोग काफी अस्पष्ट! धुँधले-धुँधले, फिर भी उन लोगों की आकृतियाँ नजर आ रही थीं। काली-काली चींटियों की तरह, लोग-बाग उस मखमल पर हिलते-डुलते हुए। सौमिक अगर वहाँ होता, तो यहाँ से वह भी क्या उतना-सा ही नज़र आएगा? अच्छा, इंसान की असली माप कौन-सी है? जहाँ से वह जितना-सा नज़र आता है, बस, उतना-सा ही?

बेहद अजीबो गरीब ख़्याल! ऊलजलूल! अवास्तविक! सौमिक ने निगाहें उठाकर देखा। दूर...वहाँ एक मस्तूल-सा नज़र आ रहा है न? गंगा नदी में कोई जहाज दाखिल हुआ है? किस देश का जहाज है वह? वह जहाज अगर चाहे, तो किसी अनजाने-अचीन्हे देश की तरफ कूच कर सकता है?

फिर उसी बुलडॉग का भों! भों! दौड़! दौड़! दौड़ता रह!

सौमिक चौंक उठा। वह टॉयलेट से निकलकर, बादामी रंग की रंगीन लक्ष्मण-रेखा में लौट आया। कंप्यूटर में अभी और भी बहुत सारे डाटा फीड करना है, कई एक

जानकारी के बारे में भी स्टडी करना है। हेड-ऑफिस में कुछेक ई-मेल भी भेजना जरूरी है।

करीब पंद्रह मिनट बाद, कोई अचीन्ही-सी खुशबू, उसकी नाक तक आ पहुँची। क्यूबिकल के दरवाजे पर एक औरत खड़ी थी। साँवला रंग! मँझोला कद! चमकता चेहरा! उजली आँखें! बदन पर महीन कढ़ाई की नीले रंग की सलवार-कमीज! कंधे पर फिरोजी रंग का दुपट्टा! रेशम-रेशम बाल पीठ पर लहराते हुए!

सौमिक ईषत् अचकचा गया। इस वक्त, कोई कस्टमर तो शायद ही कभी आता हो।

प्रोफेशनल औपचारिकता ओढ़कर सौमिक सँभलकर बैठ गया, "येस, प्लीज! हाउ कैन आइ हैल्प यू? मैं आपकी क्या मदद कर सकता हूँ?"

वह औरत एक कदम आगे बढ़ आई, "आप ही क्या सौमिक बसु राय हैं?"

"येस!"

"मैं आपके पास ही आई हूँ। मुझे एक निजी काम है! व्यक्तिगत!"

सौमिक सकपका गया, "हाँ, बताइए! आप बैठ तो जाइए।"

"थैंक्स!"

वह औरत बैठी नहीं।

उसने सीधे-सीधे सवाल किया, "आप मेरे साथ ज़रा बाहर आएँगे?"

सौमिक अपनी कुर्सी पर ही अटका रहा, "क्यों? बताइए तो?"

उस औरत के चेहरे पर अस्पष्ट-सी हँसी झलक उठी या हँसी नहीं थी। सौमिक को शायद ग़लतफ़हमी हुई थी।

अगले ही पल उसने झेंपी हुई आवाज में कहा, "मेरा नाम दयिता मित्र है! यह नाम क्या आपको बिल्कुल ही अपरिचित लग रहा है?"

सौमिक बेतरह अचकचा गया। चिड़िया खुद शिकारी के दरवाजे पर क्यों आ पहुँची?

4

कुर्सी पर बैठ जाने के बाद, दयिता ने उस नौजवान को गौर से देखा। मँझोला कद! पाँच-सात-आठ फीट होगी। बदन का रंग काफी गोरा-चिट्टा! बिल्कुल सेब जैसा! ऐसे गोरे-चिट्टे लड़के कैसे तो सुकुमार और नाजुक-नाजुक नज़र आते हैं। चेहरे पर सबसे

पहले आँखों पर निगाह ठहर जाती थी। उनींदी-उनींदी, सपनीली, जैसे अभी-अभी सोकर उठा हो। ऐसी आँखों को क्या तो कहते हैं? मायावी? या भावलेशहीन बैल की आँखें, लेकिन धारीदार पूरी बाँह की कमीज के साथ कत्थई टाई और हल्के घुँघराले, फूले-फूले बालों की वजह से, उतना घोंचू नहीं नज़र आता था। उसके चेहरे-मोहरे पर नर्वस-सा भाव झलक रहा था। दयिता क्या सच ही सौमिक बसुराय को परेशानी में डालने में कामयाब हो गई?

सकपकाहट तो खैर, दयिता में भी हलचल मचाए हुए थी। घुटने कँपानेवाली न सही, थोड़ी-बहुत तो हो ही रही थी। झोंक में आकर, यूँ दनदनाते हुए इस शख़्स के दफ्तर आ धमकना क्या सही है? कल तक क्या इंतजार नहीं किया जा सकता था?

समूचे दफ्तर में फ्लोरोसेंट ट्यूब की तीखी रोशनी! जरा बौने-बौने-से क्यूबिकल भी काफी खुले-खुले! नजरें उठाते ही, इस छोर से उस छोर तक लोग ही लोग! ऐसे रौशन हाट में ज्यादा देर तक सिमटे-सकुचाए रहना मुश्किल था।

दयिता ने सहज मुद्रा में बातचीत की पहल की, "मैंने क्या आपको बहुत ज्यादा डिस्टर्ब कर दिया?"

सौमिक ने कंधे झटककर जवाब दिया, "वेल, डिस्टर्ब करने जैसी क्या बात है? बल्कि यह तो खुशनुमा अचरज है! प्लेज़ेंट सरप्राइज़।"

दयिता के होठों की कोरों में मुस्कान झलक उठी, "तो फिर चलिए, अब उठ जाएँ—"

"दो मिनट! एक काम अधूरा पड़ा है। बस, इसे..."

"उतनी देर मैं क्या बाहर इंतजार करूँ?"

"नहीं, नहीं, ऐसी क्या बात है? आप बैठिए न! कॉफी मँगाऊँ?"

"नो, थैंक्स! मैं कॉफी नहीं पीती।"

"कोल्ड ड्रिंक चलेगा?"

"शुक्रिया! जरूरत नहीं है।"

"जैसी आपकी मर्जी!"

यह कहते-कहते सौमिक उठ खड़ा हुआ। हनहनाते हुए वह जाने कहाँ तो चला गया जरूर, जनाब टॉयलेट की तरफ गए होंगे, अपनी नर्वसनेस मिटाने के लिए! करीब मिनट भर में सौमिक लौट आया। उसने कंप्यूटर से चंद प्रिंटआउट निकाले। उन पर सरसरी नज़र डालकर मेज़ पर रख दिया। कुर्सी की पीठ पर पड़ा ब्लेज़र उसने अपने हाथ में उठा लिया।

उसने फिर एक बार अपने को झटककर कहा, "ओ.के.! आइए, चलें।"

बाहर भरपूर अँधेरा उतर आया था। नागरिक अँधेरा, यानी रोशनी का झरना। सड़क पर गाड़ी-सवारियों का प्रकाश, लैंपपोस्ट का प्रकाश, दुकान-दफ्तरों का प्रकाश—सभी

कुछ आँखें चौंधिया देनेवाला! बेचारा अँधेरा, गुड़ा-मुड़ा-सा मैदान में जा छिपा था। सद्यः उतरे हुए कुहासे को दूषण के धुएँ ने दूर खदेड़ दिया था। सर्दी की छुअन काफी अस्पष्ट-सी! बिल्कुल बचपन की यादों की तरह।

फुटपाथ पर आते-जाते राहगीरों की भीड़! अपने-अपने घर की तरफ लौटते हुए लोगों का बेतरतीब जुलूस। दोनों उद्भ्रांत भीड़ से बचते-कतराते आगे बढ़ते गए। दोनों खामोश!

दयिता ने ही बातचीत की पहल की, "मैं क्यों आई हूँ, आप अंदाजा लगा सकते हैं?"

"शायद...। शायद अंदाजा हो रहा है मुझे।"

"क्या अंदाजा लगाया है?" दयिता की निगाह तिरछी हो आई।

गले तक अटकी थूक निगलते हुए सौमिक ने जवाब दिया, "जी, मेरा मतलब है...म्...म्...म् मेरा ख्याल है...फाइनल इम्तहान से पहले, आप मेरा वायवा लेना चाहती हैं।"

दयिता हँस पड़ी।

उसने गंभीरता ओढ़कर कहा, "नहीं, ठीक-ठीक यह तो नहीं। मुझे और कोई बात करना थी। मोर दैन वायवा!"

फुटपाथ पर उभरे हुए एक पत्थर ने सौमिक को अचानक एक ठोकर लगाई।

उसने सँभलते-सँभलते ही कहा, "हाँ, तो बताइए—"

"यूँ चलते-चलते ही सुनेंगे?"

"बैठें कहाँ? अगर आप कहें, तो पार्क स्ट्रीट की तरफ चला जा सकता है।"

हुँहः क्या सपना है! यह छोकरा अपने को समझता क्या है? दयिता क्या उससे बहाने-बहाने से चाँद-सितारे या फूल-पाखी के बारे में बातें करेगी? इतना आसान नहीं है!

दयिता ने अपना चेहरा और गंभीर बनाते हुए कहा, "नहीं, पार्क स्ट्रीट नहीं! और कहीं! बंद जगहें मुझे पसंद नहीं हैं।"

इस बार ईंट-पत्थर के बिना ही, सौमिक को ज़ोर की ठोकर लगी। वह ठिठक गया।

उसने मैदान की तरफ इशारा करते हुए पूछा, "वहाँ चलेंगी? वहाँ...जहाँ एक मेला बैठा है?"

"मेला?"

दयिता ने एतराज़ नहीं जताया। मेले में जाना बुरा नहीं रहेगा। सड़क की भीड़ में ताल-बेताल चाल में बढ़ते रहने के बजाय, मेले में चलना, कहीं ज्यादा बेहतर है! वहाँ गहरी निर्जनता भी नहीं होती और फैले-बिखरे अलस लोगों के बीच, एक किस्म की निर्जनता भी कायम रहती है? दिल की बात खोलकर कहने के लिए

मेला-मैदान ही ज़्यादा भला है!

वे दोनों सड़क पार करके, दूसरे फुटपाथ पर चले आए और मेले के गेट पर आ पहुँचे। उद्योग-मेला! काउंटर खाली-खाली ही था। सौमिक ने टिकट खरीद ली। मेले के अंदर दाखिल होकर, दयिता ने देखा। वह जगह कमोबेश निर्जन ही है! बस, चंद सूट-बूट-टाई और भारी-भरकम पैविलियनों में मशीनें और गाड़ियाँ! देशी-विदेशी! देशी कम, विदेशी ज्यादा! उस निराले मेला-प्रांगण में सभी कुछ उनींदा-उनींदा-सा! क्रेता-विक्रेता तक जैसे सोए-सोए से!

मेले के अंदर कदम रखते ही, सौमिक ट्रैक्टर के स्टॉल के सामने मानों पत्थर की तरह जम गया। वहाँ से हटने का नाम ही नहीं ले रहा था। अजीब आदमी है! दयिता कोई जरूरी बात करने के लिए यहाँ आई है, उसे यह तक ख्याल नहीं रहा। उसके हाव-भाव से ऐसा लग रहा था, मानों वह अपनी बीवी को लेकर सांध्य-भ्रमण पर निकला हो।

दयिता गुर्राती हुई निगाहों से कुछेक पल खेती के उस औजार का निरीक्षण करती रही और साथ ही मन ही मन, उससे कहने वाली सारी बातें भी भाँज लीं। उसे जो कहना है, वह कह ही डाले।

उससे नीरस लहजे में कहा, "आप जरूर मुझे काफी बेशर्म समझ रहे होंगे?"

सौमिक अचकचाकर पीछे मुड़ा, "नहीं तो! ऐसा मैं क्यों सोचने लगा?"

"भई, आप लोग ठहरे मैस्कुलिन जेंडर! आप लोगों की जो भी मर्जी हो, सोच ही सकते हैं। समाज ने तो यह हक़ आप लोगों को दे ही रखा है।"

"आप ऐसी बातें क्यों कर रही हैं?"

"आप ही लोग ऐसी बातें करने को मजबूर करते हैं।"

"हम लोग?"

"येस! सच पूछें तो आप भी उन्हीं में से एक हैं।"

"मैं?...म...म्...म्...म् मैं?"

"तुतलाइए मत! हकलाते-तुतलाते हुए लड़के मुझे ज़हर लगते हैं..." धाराप्रवाह अपने मन की भंडास निकालकर, दयिता ने अपने अंदर काफी चुस्ती और ताजगी महसूस की।

उसने फटाफट कई पिन चुभो दिए, "अंदर से घाघ, बाहर से मासूम बिल्ली बने रहते हैं।"

"जी, मैं...मैं...मैं..." सौमिक की मानों आवाज ही अटक गई।

उस शख्स की हालत देखकर, दयिता को ज़रा तरस आ गया।

उसका लहजा किंचित नरम हो आया, "मैं आम तोतलों की बात कर रही थी। उम्मीद है, आप उस क्लास में शामिल नहीं हैं।"

सौमिक की आँखें अचरज से विस्फारित! होंठ भी ईषत् खुले हुए! उफ! हद

है! असहनीय!

दयिता दुबारा झनझना उठी," ये बातें मैं आपसे क्यों कर रही हूँ, आपको समझ में नहीं आया?"

सौमिक ने इनकार में दोनों तरफ सिर हिला दिया।

दयिता ने दुबारा पैर बढ़ाया, "क्योंकि मेरे विवाह में आप एक पार्टी हैं। वह भी जैसे-तैसे पार्टी नहीं, काफी अहम पार्टी! वेरी इंपॉर्टेंट! आप दूल्हा हैं, भई! लेकिन मैं पूछती हूँ, आप इस ब्याह के लिए मान कैसे गए?"

"क्यों? मानूँगा नहीं?" सौमिक उसके पीछे-पीछे ज़रा डरते-डरते चल पड़ा।

"क्यों? क्यों मानें? एक दकियानूस सिस्टम सदियों से चलता आ रहा है, आप उसे तोड़ते क्यों नहीं?" दयिता की आवाज कुछ और चढ़ गई।

एक अधेड़ सरदार जी उनके करीब से गुजरते हुए, उन दोनों को पलट-पलटकर घूरते रहे।

दयिता ने झट् से मुँह फेर लिया, "लड़का, लड़की को नहीं पहचानता, लड़की, लड़के को नहीं जानती, कैसे तो तिंग-मिंग-मिंग मंत्र पढ़ दिया गया, जैसे-तैसे हो गया और बस, दो जवान औरत-मर्दों ने कमरे में घुसकर, अंदर से दरवाजे की सिटकनी चढ़ा ली। उफ! कैसी जघन्य बात है!"

सौमिक ने अस्फुट लहजे में जवाब दिया, "हाँ, सो तो है।"

"बस," जुबान से ही हुंकारी भर दी–"हाँ, सो तो है। काम के वक्त बिल्कुल उलटा!"

इतनी देर बाद, सौमिक के चेहरे पर हल्की सी मुस्कान खिल उठी। उदास-सी हँसी!

उसने मृदु, लेकिन स्पष्ट लहजे में कहा, "यह ब्याह मेरी मर्जी से हो रहा है, यह आपने कैसे सोच लिया? ऐसा भी तो मुमकिन है कि मेरी मर्जी जाने बिना ही ब्याह तय कर दिया गया हो?"

"तब तो, और भी भयंकर बात है। इसका मतलब यह हुआ कि आप अपनी माताश्री के लड्डू-गोपाल बनकर, ब्याह करने चले हैं।"

सौमिक दो-एक पल को खामोश हो रहा। वह कुछ सोच रहा था।

बगल की दुकान से एक जापानी शख्स निकल आया। उसने झुककर, उन दोनों का अभिवादन किया। अपने सजे-सजाए पैविलियन में, चाय चुनने-छाँटने की मशीन देखने को आमंत्रित करने लगा।

इधर दयिता की ओर मुखातिब हुए बिना ही, सौमिक ने शून्य में कटे-कटे वाक्य उछाल दिए, "आपको क्या विवाह में आपत्ति है? या मुझसे विवाह करने में आपत्ति है?"

"दोनों ही बात हैं!" दयिता ने छूटते ही जवाब जड़ दिया।

सौमिक ने मुँह फेरे-फेरे ही पूछा, "विवाह में आपत्ति नहीं है, यह तो समझ गया। लेकिन मुझे नापसंद करने की वजह, क्या मैं जान सकता हूँ?"

"इतनी बड़ी-सी नौकरी करते हैं। सुना है पढ़ाई-लिखाई में भी ब्रिलिएंट रहे हैं। इत्ती-सी बात समझने की भी अक्ल आप में नहीं है?"

अब सौमिक ने दयिता को सिर से पाँव तक गौर से देखा।

उसकी भौंहें सिकुड़ आईं, "आप क्या किसी और को प्यार करती हैं? आइ मीन, किसी और से ब्याह करना चाहती हैं?"

दयिता अचानक उदास हो आई। वह क्या बोधिसत्व को प्यार करने लगी है? उसे चाहती है। लेकिन...चाहने भर से ही क्या आकाश को पा सकते हैं? या समुंदर को? या पहाड़ को? उसकी चाहत में तो कोई प्रत्याशा नहीं है, सिर्फ पीड़ा है! किसी गहन-गंभीर सुख की पीड़ा। बहरहाल इन सारी बातों का मतलब, यह बुद्धू-बुद्धू-सा अनुभूतिहीन छोकरा क्या समझेगा? यह शख्स तो अपनी भावी पत्नी को बगल में लिए-लिए खड़ा-खड़ा ट्रैक्टर निहारता है।

सौमिक ने दुबारा कहा, "आप अपनी बात बेझिझक बता सकती हैं।"

दयिता ने एक उसाँस भरी। गर्म उसाँस! भीगी-भीगी!

अंत में उसने शांत मुद्रा में सिर हिलाते हुए कहा, "नहीं, ऐसी कोई गुप्त बात नहीं है।"

"ओ! अच्छा!"

सौमिक ने अब बात आगे नहीं बढ़ाई। वह चुपचाप साथ-साथ चलता रहा। स्वाभाविक, मंथर चाल में। उसने एक बार आसमान पर नज़र डाली, शायद ओस पड़ रही थी। मेले के आयोजकों ने धूल-मिट्टी से बचने के लिए यहाँ-वहाँ पानी का छिड़काव किया था, कहीं-कहीं कीचड़-कादा मौजूद था। अनमने मूड में चलते हुए, सौमिक का पैर अचानक कीचड़ में जा पड़ा। इसके बावजूद वह अनमने मूड में ही पार भी हो गया।

एक किशोर हाथ में केतली लिए चाय बेच रहा था। सौमिक ने अचानक उसे आवाज दी। उसने सिकोरेवाली चाय खरीदी।

उसने पीछे मुड़कर दयिता से पूछा, "चलेगा?"

दयिता ने हल्के-से सिर हिला दिया। चाय काफी गर्म थी। वह छोटे-छोटे घूँट भरता रहा। गर्मागर्म पानी गले के नीचे उतरता जा रहा था। बुरा नहीं लग रहा था।

दयिता की झिझक धीरे-धीरे दुबारा लौट आई। इतनी सख्त भाषा में इस शख्स से बातें न करती, तो बेहतर होता। एक अनजान-अपरिचित शख्स, जो क्षण भर के परिचय के बाद, दुबारा हमेशा के लिए अपिरिचित हो जाएगा। पता नहीं उसने दयिता के बारे में कितनी भयंकर राय बना ली होगी। ना, इसमें उसका कुछ भी नहीं आता-जाता, फिर भी बहुत कुछ आता-जाता है। इस दुनिया के किसी कोने में भी,

कोई इंसान उसके प्रति तीखा विराग लिए घूमता रहे, इस ख्याल से भी अजब गिजगिजा संकोच हो आया। यह बात क्या किसी शालीन तरीके से खारिज नहीं की जा सकती थी?

दयिता ने आवाज धीमी करते हुए कहा, ''सॉरी, सौमिक मेरा इरादा, आपको आहत करने का नहीं था।''

सौमिक ने कोई जवाब नहीं दिया। उसने सिकोरा घास पर उछाल दिया और अब उसे पाँव से कुचल-कुचलकर, उसका पाउडर बनाता रहा।

दयिता ने कहा, ''सुनिए, आपको पसंद-नापसंद करने का सवाल ही नहीं उठता। यू आर नो-बडी! कोई नहीं होते आप।'' इतना कहकर उसने दयिता पर एक सरसरी नज़र डाली, ''इट्स ए मैटर ऑफ प्रिंसिपल! सिद्धांत की बात है। जाने कहाँ के गुरुदेव और वे गुरुदेव हम जैसे दोनों की तकदीर का फैसला करें, यह मान लेने का कोई मतलब नहीं होता। माँ-बाप न चाहें तो भी!''

''हूँ!''

''लेकिन मेरे विरोध करने में ज़रा प्रॉब्लम है! आप तो समझ ही सकते हैं, मैं वजह क्या बताऊँगी? आप ठहरे इतने वेल-क्वालीफाइड! इतनी ऊँची तनख्वाह पाते हैं। सूरत-शक्ल से भी आप बुरे नहीं है। देखने-सुनने जैसा कोई बुरा व्यसन भी नहीं है। कोई भी माँ-बाप अपनी बेटी के ब्याह के लिए इससे बेहतर पात्र और कहाँ चाहेंगे? उस पर से आप खुद गुरुदेव का चुनाव हैं। इसलिए मेरी कोई भी उज्र-आपत्ति टिकेगी नहीं लेकिन, आपकी बात अलग है।''

''क्यों?'' सौमिक ने भौंहें सिकोड़कर देखा, ''अलग किस बात में?''

''वही...कहा न...मैस्कुलिन जेंडर! वही तो आपके लिए सुविधा है। आप... आप अनायास ही मुझे खारिज कर सकते हैं।''

''मैं...? लेकिन मैं क्यों खारिज करूँ?''

''क्यों नहीं?'' दयिता ने आँखें नचाईं, ''आपके पक्ष में तो ढेरों प्वाइंट हैं। आप कह सकते हैं—मैं रंग-रूप में अप्सरा नहीं हूँ; विद्या में भी सरस्वती नहीं हूँ। बस, एवरेज हूँ। आम लड़की! आपकी जैसी शक्ल-सूरत है, आपका जैसा बेहतर भविष्य है। आप बेहतर 'डिश' की माँग कर ही सकते हैं और चूँकि आप सुयोग्य मैस्कुलिन जेंडर हैं। आपके लिए शायद यही उचित भी होगा।''

''यह आप कह रही हैं?'' सौमिक के होठों पर महीन सी हँसी झलक उठी।

''हाँ, मैं कह रही हूँ। मैं आपको खुला ऑफर दे रही हूँ। कल आप मेरे घर आइए और माँ-पापा, सबके मुँह पर ही मुझे खारिज कर दें। मुझे कुछ बुरा नहीं लगेगा, आप निश्चिंत रहें।''

''इसका मतलब...मतलब, सिर्फ सिद्धांत के लिए यह ब्याह...?''

''यह सिद्धांत क्या बेतुका लग रहा है?'' दयिता ने सौमिक की जुबान से

बात छीन ली।

"नहीं, ऐसी बात नहीं है..."

"क्यों? आइडिया क्या बुरा है? साँप भी मर जाएगा, लाठी भी नहीं टूटेगी।"

"साँप? मतलब वह दकियानूस नियम?"

"ऑफकोर्स!" दयिता ने सीधे-सीधे सौमिक की आँखों में झाँका, "क्यों? कर सकेंगे न ऐसा?"

सौमिक ने सिर झुका लिया। होठों की दरारों में मुस्कान झूलती रही।

दयिता ने राहत की साँस ली। चलो, शुक्र है! आहत पौरुष के जख्म पर कुछ तो प्रलेप पड़ा! चिरश्री ने ठीक ही कहा था—औरत अगर हल्का-सा उकसा दे, तो मर्द भेड़ा बन जाता है।

अहा, नज़र बद्दूर! लड़का ज़रा बुद्धू-बुद्धू जरूर है, मगर भेड़ा क्यों होने लगा? लड़का शरीफ है! गुडी-गुडी ब्वॉय!

लेकिन तुम चाहे जितने भी गुड ब्वॉय हो, मेरे बोधिसत्व के सामने कुछ भी नहीं हो!

रात को खाने की मेज पर विवाह का जिक्र छिड़ गया।

प्रवीर ने सवाल किया, "माघ के शुरू की तारीख अगर रखी जाए, तो तुझे असुविधा होगी, मुनिया?"

मणिदीपा सलाद में नीबू निचोड़ रही थी।

उसने कहा, "असुविधा किस बात की? उसका फाइनल तो मार्च के अंत में है। अगर वह चाहेगी तो इस बीच एकाध मिनी-हनीमून भी मना आएगी।"

बुंबा अभी हाल ही में, कॉलेज में दाखिल हुआ था और इस साल कॉमर्स की पढ़ाई कर रहा था।

उसने फोड़न काटी, "आजकल मधुचंद्रिमा का भी कैसा ग्रेडेशन होने लगा है, माँ? मिनी हनीमून! मैक्सी हनीमून!"

"एइ, तू चुप कर तो!" मणिदीपा ने बेटे को संक्षिप्त-सी डाँट पिलाकर, पति की तरफ मुखातिब हुई, "देखा, मन में इतनी खुदबुद लगी हो, तो अब इतनी देर मत करो। अगहन में ही कोई दिन देख डालो।"

"इतनी जल्दी? अरे भई, बेटी के ब्याह का इंतजाम क्या हँसी-मजाक की बात है? अब किसी से कहूँगा तो ब्याह के लिए कोई अच्छा-सा घर बुक करा पाऊँगा? माघ में ही घर मिलता है या नहीं, देखो! उस पर से तुम लोग तो मार्केटिंग करने में ही जाने कितने दिन गुजार दोगी! साड़ी खरीदना, कॉस्मेटिक्स खरीदना, फर्नीचर बनवाना, गहने-गुरिया गढ़ाना...! सुवीर लोगों को भी वक्त देना होगा! उन लोगों

को भी नैरोबी आना है...?''

''यह तुमने अच्छी याद दिलाई। गहने!'' मणिदीपा ने कलछी से गोभी का टुकड़ा उठाकर, प्रवीर की प्लेट में डालते हुए कहा, ''कौन-कौन से तुड़वाऊँ, बताओ तो?''

''वह तुम समझो! मैं क्या बताऊँ?''

''सोच रही हूँ, बड़ी वाली नेकलेस न तुड़वाऊँ! तुम्हारी माँ ने खुद मेरे हाथ पर रखा था। उसे रहने दूँ! उसे पॉलिश-वॉलिश करा दूँगी और जस का तस मुनिया को दे दूँगी। आजकल लड़कियों को पुरानी डिजाइनें ही ज्यादा पसंद हैं। पूरे छः तोले का है वह हार, मैंने वजन किया है, मानतासा और ब्रेसलेट भी। अलग से, बस, चूड़ी गढ़ानी होगी। कम से कम दस चूड़ियाँ! बस, इसके लिए सोना, तुम्हें खरीदना ही होगा, समझे?''

''कितने तोले सोना लगेगा?''

''कम से कम ग्यारह-बारह तोले तो जरूर ही खरीदना होगा। बिल्कुल हल्के-फुल्के पत्तर जैसे गहने देने से कविता 'दी के सामने मेरी इज्जत रहेगी भला?''

दयिता खाते-खाते चुपचाप उनकी बातें सुन रही थी। कैसी अजीब, अलीक विषय पर वे दोनों, मियाँ-बीवी धाराप्रवाह बोलते जा रहे थे। जो घटना कभी भी घटनेवाली नहीं थी, उसी बारे में मधुर कल्पनाओं के जाल बुन रहे थे। हैरत है! मानो दयिता का ब्याह कर देने भर से उन्हें मोक्ष-लाभ हो जाएगा। जुबान से तो यही कहते हैं कि वे दोनों उसकी इच्छा-अनिच्छा का आदर करते हैं, मगर कलकत्ते में कदम रखने के बाद, उनमें से किसी ने एक बार भी यह नहीं पूछा—हाँ, री मुनिया, तुझे वह लड़का पसंद तो है?

दयिता ने बिल्कुल ठीक किया। पकी-पकाई गोट कच्ची कर दी।

चलो, इस बार तो वह पार हो गई, मगर अगली बार? अब तो रिश्ते बार-बार आते रहेंगे। वह कितनी बार गच्चा देगी? कभी, किसी बार क्या वह झुक जाएगी? तब बोधिसत्व का क्या होगा? वे उसके मन के किस मणिकक्ष में रहेंगे?

इस दौरान प्रसंग ने ज़रा-सी जगह बदल ली थी। गहने से हटकर, अब फर्नीचर-प्रसंग! इसके बाद का प्रसंग आगामी कल की तैयारी की तरफ!

मणिदीपा ने दयिता से ही पूछा, ''हाँ, री मुनिया, कल के लिए क्या-क्या तैयारी की जाए, बता तो?''

दयिता ने मुँह बिचका दिया, ''मैं क्या बताऊँ?''

''कोई तो सुझाव दे—'' प्रवीर ने बेटी की तरफ देखा, ''तुम लड़कियाँ ही आजकल के लड़कों का 'टेस्ट' ज्यादा समझती हो।''

''अरे यह दिदिया? लड़कों का टेस्ट भला यह क्या समझेगी? मुझसे पूछो।'' अब बुंबा से चुप नहीं रहा गया, ''वी लाइक शॉर्ट-कट! कोई तरी-वरी नहीं, सूखा-सूखा

आइटम! चिकेन बनाना हो, तो चिली-चिकेन! मटन पकाओ तो कबाब, मछली बनाओ, तो मछली तंदूरी!''

दयिता ने मुंह बनाया, 'लड़का अकेला तो आयेगा नहीं, मां! उसके मां-बाप भी आयेंगे।'

''हाँऽ, यह भी तो ध्यान रखना होगा। वैसे, कविता 'दी के दूल्हे को लेकर कोई प्रॉब्लम नहीं होगी। आश्रम में देख चुकी हूँ, निरंजन 'दा भुनी-खिचड़ी भी कैसे पोट-पाटकर खा लेते हैं। कविता 'दी को मछली बहोत पसंद है। पिछली बार हरिद्वार गुरुदेव के पास गई थी, तो बेचारी काफी परेशानी में पड़ गई।''

''तुम औरतें, दीक्षा ही क्यों लेती हो, भई?'' प्रवीर ने फट से मंतव्य उछाला, ''भगवान जी के चरणों में सर्वस्व अर्पण कर दोगी, मगर मांस-मछली नहीं छोड़ते बनता।''

''धत्! गुरु जी ने मांस-मछली त्यागने को कभी मना नहीं किया।''

''वह तो इसलिए कि वे खुद नहीं त्याग पाए हैं!'' बुंबा ने उनकी बात हवा में उड़ा दी।

बातचीत अब खुराफाती मोड़ लेने वाली थी।

प्रवीर ने छूटते ही प्रसंग टालने की कोशिश की, ''चलो, छोड़ो, अपनी कविता 'दी को कल कौन-सी मछली खिलाओगी, यह बताओ? चिंगड़ी? कोई? भेटकी? रुही?''

''चिंगड़ी ही ले आना। और हाँ...मुनिया, तू क्या पकाएगी?''

''दीदी?'' बुंबा ने फिर फिकरा कसा, ''अरे वो? वह किसी रेडियो आइसोटोप का बड़ा-वड़ा तल देगी! वह भी लेज़र विम में!''

दयिता ने भाई की तरफ घूरकर देखा।

उसने गंभीर मुद्रा में पूछा, ''मुझे क्यों पकाना पड़ेगा?''

''यह तो रिवाज है, भई! तुझे कुछ न कुछ तो पकाना ही होगा! कविता 'दी के सामने, मुझसे झूठ नहीं बोला जाएगा।''

''मैं कुछ भी नहीं पकाने-वकाने वाली! एम.एस-सी. की पढ़ाई क्या महराजिन बनने के लिए कर रही हूँ?''

''यह कैसी बात है, री मुनिया? औरत चाहे जितना लिख-पढ़ जाए, चाहे जितनी भी विदुषी बन जाए, उन्हें थोड़ा-बहुत राँधना-पकाना तो आना ही चाहिए, वर्ना ससुराल में निंदा नहीं होगी?''

वा-ह! वाह! क्या तर्क है! ऐसे अपमानजनक, चंद शब्दों के लिए ही ब्याह तोड़ देना चाहिए। माँ क्या उस सौमिक नामक बंदे से, क्या यह सवाल कर पाएगी—हाँ, जी बेटा, तुम घर के कौन-कौन से काम जानते हो? बेसिन की सफाई कर सकते हो? कमरों के झूल-जाले झाड़ सकते हो? पर्दे में रिंग पहना सकते हो? हैरत है, पापा भी कोई विरोध नहीं कर रहे हैं। हालाँकि यही पापा, उसके कैरियर के बारे

में, कितनी-कितनी चिंता-फिक्र भी करते हैं!

"एम.एस-सी. करके ही, मत रुकना, मुनिया! इतने-से ही नहीं चलेगा, बिट्टी! तुझे पी-एच.डी. भी करना होगा। आजकल तो लेक्चरर की नौकरी जुटाने में भी..."

माँ-पापा आखिर किस किस्म के इंसान हैं। वह कविता है न...धर्म में भी मौजूद हम, जिर्राफ भी हम! उसी किस्म के लोग!

अचानक दयिता के मन में दबे-दबे प्रतिशोध का भी ख्याल जाग उठा। विवाह तो खैर, टूट ही जाएगा, इससे पहले माँ गद्‌गद भाव से अपनी गुरु बहन के आगे, बेटी के गुणों का ज़रा-बहुत बखान कर लें! क्या हर्ज है! सौमिक बसु राय जब फट् से लड़की को खारिज कर देगा, तब गुणवंती बेटी की माँ का चेहरा कैसा उतर जाएगा?

दयिता ने मुँह फुलाए-फुलाए ही कहा, "चलो, हुक्म करो, क्या बनाना होगा? मेरे सास-ससुर किस पकवान से तृप्त होंगे?"

बुंबा ने अपनी दीदी के कान में फुसफुसाकर कहा, "अहा, भड़क क्यों रही है? लक्खी 'दी फिश-फ्राइ गढ़ देगी; गैस भी जला देगी; कड़ाही में तेल भी डाल देगी। बस, तू अपने हाथ से तलकर उतार लेना, साँप भी मर जाएगा, लाठी भी नहीं टूटेगी।"

गुस्सा भूलकर, मारे हँसी के, दयिता का पेट गुलगुला उठा। उसे मानों हँसी का दौरा पड़ गया। एक ही प्रवचन के कितने-कितने प्रयोग! इसी किस्म के प्रवचन के प्रयोग ने ही आखिरकार सौमिक को बदस्तूर धराशायी कर दिया। बे-चा-रा! जब वह मेट्रो रेल की सुरंग में उतरती जा रही थी, वह ऊपर खड़ा-खड़ा हाथ हिलाता रहा।

रात की यह मेज-मीटिंग कुछ देर और चलती रही। उसके बाद, सब उठ खड़े हुए! अब बुंबा पैर फैलाकर, आराम से टी.वी. पर स्पोर्ट्स चैनल देखेगा। मणिदीपा भी बेटे की बगल में जा बैठेगी। दोनों एक-दूसरे की खिंचाई में जुट जाएँगे। स्पोर्ट्स-चैनल या फिल्म-चैनल? ज्यादातर मणिदीपा ही हारती थीं। वैसे आज इतवार था। लोकल केबल भी हिंदी की कोई अच्छी फिल्म दिखाते हैं। मुमकिन है, मणिदीपा आज जीत ही जाएँ। प्रवीर को टी.वी. का नशा बिल्कुल नहीं था। अब, वे दफ्तर की फाइल लेकर बैठ जाएँगे। मल्टीनेशनल संस्था में, वे किसी जिम्मेदार पद पर नौकरी करते थे। अब घर में भी कंपनी की फाइलों का ढेर न लगा हो, तो शोभा नहीं देता।

दयिता जब घर आती है, इस वक्त वह पापा के पास बैठी-बैठी थोड़ी-बहुत गपशप करती थी, माँ और भाई से थोड़ी-बहुत हँसी-मसखरी करती थी। आज उसका, इन सबका मूड नहीं था। वह सीधे अपने कमरे में चली आई। हाँ, अपना कमरा! बिल्कुल निजी! लगभग चार साल पहले, प्रवीर ने उत्तरी कलकत्ता के राय बागान स्ट्रीट के पुराने मुहल्ले में यह मकान खरीदा था। इस मकान में बुंबा और दयिता

का अपना-अपना, अलग-अलग कमरा मौजूद है। इसलिए घर में शांति रहती है। भाई-बहन में झगड़ा-झमेला कम ही होता है। दयिता का कमरा खासा बड़ा तो नहीं था, मगर खूबसूरत और सजा हुआ! कमरे में सिंगल-बेड, वार्डरोब, मिनी-बुककेस, सामान वगैरह रखने के झूलते हुए, फैशनेबल रैक, खिड़की-दरवाजे-बेडकवर से मेल खाते हुए खूबसूरत पर्दे! ऑफ-व्हाइट दीवार पर, यामिनी राय की पेंटिंग की प्रिंट! बेटी जब यहाँ नहीं भी होती है, मणिदीपा अपने हाथों से यह कमरा ठीक-ठाक रखती हैं।

दयिता बत्ती बुझाकर लेट गई। आँखें मूँदते ही उसकी आँखों में गुजरी हुई शाम उतर आई। दयिता ने अपनी बाँहों में तकिए को कसकर दबोच लिया। आज उसने जो किया, वह सब किसके लिए किया? बोधिसत्व के लिए? इस वक्त वे क्या कर रहे होंगे? आज क्या वे लाइब्रेरी आये होंगे? वापस लौटते हुए, उन्हें दयिता की ज़रा-सी भी याद आई होगी? पिछले दिन उन्होंने जाने क्या तो कहा था! हाँ, याद आया। वे बता रहे थे...''किसी एक प्वाइंट पर स्विच-ऑन कर दिया गया। बस, उसके बाद से ही यह यूनिवर्स चल पड़ा, चल रहा है, चलता जा रहा है। ईश्वर, स्विच-ऑन किया हुआ, हाथ-पैर बँधा पुतला है। जो कुछ घट रहा है, उससे बाहर कुछ करना, उसके वश की बात नहीं थी।''

दयिता अँधेरे में ही मन-ही-मन हँस पड़ी। आज शाम को वह भी क्या और कुछ कर सकती थी? वह भी तो हाथ-पैर बँधी, गुड़िया भर है।

दयिता को नींद आ गई।

बुंबा की आवाज पर उसकी नींद टूटी।

''दीदी, एइ दिदिया, खबर है! तेरा भावी दूल्हा आज नहीं आ रहा है।''

''अरे!'' दयिता ने आँखें रगड़ते हुए पूछा, ''किसने खबर दी?''

''कविता मौसी ने ही फोन किया था। तेरा दूल्हा, तुझे सीधे मंडवे-तले ही देखेगा। इससे पहले नहीं! अरे वे लोग आ रहे हैं। आज ही रिश्ता पक्का करने!''

दयिता जमकर काठ हो आई। उसे अपने कानों पर विश्वास ही नहीं आ रहा था।

5

सेकेंड पीरियड खत्म होने की घंटी बज गई। अभी-अभी खबर आई थी, कॉलेज के पूर्व-चेयरमैन, हरेन शसमल का निधन हो गया। उनकी आत्मा के सम्मान में, प्रिंसिपल ने फौरन छुट्टी की घोषणा कर दी। ऐसे आकस्मिक शोक-संवाद की घटना पर,

लड़के-लड़कियाँ बेतरह उल्लसित हो उठते हैं। इस वक्त, कहाँ, किस सिनेमाहॉल की तरफ रुख किया जाए, इस बारे में जोर-शोर से बहस छिड़ गई। लड़के-लड़कियों का एक झुंड नाचते-नाचते कॉफी हाउस की तरफ चला गया। कोई-कोई टेबल-टेनिस पीटने के लिए कॉमन रूम की तरफ दौड़ पड़ा। चंद विद्यार्थी अभी भी उद्देश्यहीन! वे सब कॉलेज के बरामदे में, अलस मूड में गपशप करने लगे।

बबुआ का तो दिन ही बेस्वाद हो गया। इस अब इस गिरे-पड़े वक्त को लेकर वह क्या करे? घर वापस लौट जाए? चलो, शाम तक सारा वक्त, लेटे-लेटे ही गुजार दी जाए। लेकिन इसमें काफी परेशानी भी थी। नानू और काकी-माँ को हजारों सफाईयाँ देनी होंगी, जो बबुआ को बिल्कुल पसंद नहीं है। इसके अलावा और कई भी समस्याएँ हैं। आज सुबह से ही उसे हरारत-सी महसूस हो रही है। अभी अगर जाकर सो गया, तो हो गई छुट्टी। बुखार आएगा ही। सर्दियों के शुरू में वह ज्यादा झेलता है। इस वक्त आलस्य में पड़कर देह से बेवजह छेड़छाड़ न करना ही बेहतर है। हाँ, वह पैदल-पैदल कॉलेज स्क्वायर पहुँच सकता है। वहाँ कई बूढ़े काफी दत्तचित्त होकर ताश खेलते रहते हैं। उनके पीछे खड़े-खड़े उनकी ताश-पत्ती का खेल देखना, उसे बुरा नहीं लगता। वे बुड्ढे बात-बात पर खूब झगड़ने लगते हैं। उनकी दुनिया में ईंट, चिड़ी, पान के पत्तों के अलावा और कुछ नहीं होता...विचित्र बात है न!

वैसे बबुआ और एक काम भी कर सकता है। इत्मीनान से घर की तरफ रवाना हो जाए। वह भी पैदल-पैदल! पहले भी कई दिन वह पैदल-पैदल ही घर तक गया है और उसे बेहद अच्छा भी लगा है। एक के बाद एक मुहल्ला, एक के बाद एक जगहें पार करते हुए वह चलता जाता है, चलता ही जाता है और धीरे-धीरे यह शहर बदलने लगता है। मतलब ठीक-ठीक शहर नहीं, शहर की टोपोग्राफी, आस-पास के लोग-बाग! बड़ा बाजार का भीड़भरा इलाका पार होते ही, मुस्लिम इलाका शुरू हो जाता है, उसके बाद एंग्लोइंडियन मुहाल और उसके बाद सिर्फ ऑफिस-दफ्तरों का जंगल। घर-मकान, रास्ता-घाटों की आकृतियाँ भी धीरे-धीरे बदलने लगती हैं। वहाँ की खुशबू भी बदल जाती है। कहीं हाट-बाजारों की बीभत्स सड़ी-गली गंध; कहीं चॉप-बिरियानी की खुशबू, कहीं काठ के फर्नीचरों की वार्निश की झाँझ। दफ्तरी मुहाल में कोई गंध नहीं होती। वहाँ का माहौल बिल्कुल गंधहीन होता है या मिली-जुली गंध का अहसास होता है। ये इलाके पार करके दक्षिण कलकत्ता पहुँच जाओ, तो वहाँ गैर-बंगालियों की गंध या फिर बंगाली गंध!

बबुआ में जान थोड़ी-थोड़ी वापस आने लगी। हाँ, इसी में मजा आएगा। यहाँ से घर तक काफी लंबा रास्ता है। धीरे-धीरे, इत्मीनान से चलें, तो दो-ढाई घंटे लग ही जाते हैं। अभी एक बजा है, वहाँ तक पहुँचते-पहुँचते साढ़े तीन तो बज ही जाएँगे। चलो, अब कोई बहस नहीं! नथिंग। घरवाले जानते हैं, कॉलेज में अंतिम क्लासें अक्सर कैंसिल हो जाती हैं।

अपनी नोटबुक और कॉपियाँ वगैरह समेटकर बबुआ कॉलेज गेट से निकल ही रहा था कि यूनियन के तीन-चार लड़कों ने उसे धर दबोचा।

"एइ, कल तू आ रहा है न?"

बबुआ ठिठक गया, "हाँ, क्यों?"

"पोस्टर नहीं देखा? कल जुलूस निकलेगा।"

"ओ-हाँ! तो..?"

"तो क्या, रे? कल विशाल रैली करना होगी—" जींस-कुर्ताधारी एक लड़का आगे बढ़ आया।

उसने बबुआ के कंधे पर हाथ रखकर अगला जुमला जोड़ा, "इराक पर अमेरिकी हमले के विरोध में! यह तो हमारा फर्ज बनता है न?"

"देख, मैं तो जुलूस में जाने से रहा।" बबुआ ने सर्द लहजे में जवाब दिया।

"वजह जान सकता हूँ?"

"मेरी मर्जी!"

"तो क्या मैं यह समझूँ कि तू अमेरिकी साम्राज्यवाद का समर्थन करता है?"

"मैंने यह तो नहीं कहा। जुलूस में न जाने का मतलब क्या अमेरिकी साम्राज्यवाद का समर्थन करना है?"

"हम तो यही समझते हैं।"

"गलत समझ है।" बबुआ ने धीरे से उसका हाथ अपने कंधे से हटा दिया और आगे बढ़ चला।

पीछे से उस लड़के की आवाज़ सुनाई दी, "मैं भी देखता हूँ, यह बुकनी झाड़ना कल कहाँ रहती है! यह भी देखता हूँ कि कल तू कैसे नहीं जाता।"

कोई और आवाज़ भी गूँज उठी, "तू व्यक्तिगत सिफारिश क्यों कर रहा है? देखना, कल हम गेट ही बंद कर देंगे और सारे कमबख़्तों को लाइन से निकाल बाहर करेंगे।"

बबुआ घूमकर खड़ा हो गया, "यह हरकत अमेरिकी हमले से कहीं अलग होगी? अपनी इच्छा, किसी और पर जोर-जबर्दस्ती लादने की कोशिश को क्या कहते हैं?" इतना कहकर वह पल भर को ज़रा खामोशी से मुस्कराता रहा।

अगले ही पल उसने कहा, "अमेरिका की जगह, अगर तुम लोग होते, तो इराक ही क्यों, समूची दुनिया का नामोनिशान नहीं होता।"

उसकी बातों को समझने में उन लड़कों को दो-तीन सेकेंड का वक्त लगा।

अगले ही पल वे दोनों उस पर टूट पड़े, "क्या कहा तूने! हम साम्राज्यवादी हैं?"

"उहुँ! मेरा कहना है, फिजूल जोर-जबर्दस्ती करना भला काम नहीं है। महान आदर्शों की ध्वजा उड़ाते हुए भी, ऐसी हरकत करना सही नहीं है।" बबुआ की

मुस्कान ईषत् चौड़ी हो आई।

उसने नरम लहजे में दुबारा कहा, ''यह जुलूस वगैरह मुझे अच्छा नहीं लगता, बिरादर। लगता है, भेड़ों के झुंड में से एक हूँ।''

वे दोनों लड़के एक-दूसरे का मुँह ताकने लगे। वे शायद किंकर्तव्यविमूढ़ हो आए। बबुआ भी अब वहाँ नहीं रुका। वह दुबारा चल पड़ा। अभी वह कुछ ही कदम आगे बढ़ा था कि तमाल से टकरा गया। पास कोर्स का छात्र! पिछले ही साल, इतिहास की क्लास में उससे जान-पहचान हुई थी। साँवला रंग! छरहरा चेहरा! चेहरे से जरा गँवार-गँवार! टी एस बी विशुद्ध बंगला में इतिहास पढ़ाते थे। लेकिन उनका लेक्चर सुनते-सुनते, बबुआ रनिंग-नोट्स अंग्रेजी में लिखता था, यह देखकर तमाल बेतरह अभिभूत हो उठा था। उसके बाद, सड़क-घाट, क्लास-कॉरीडोर, चाहे जहाँ कहीं भी टक्कर हो जाए, तमाल पाँच-दस मिनट के लिए उसके साथ हो लेता था। ऐसा गुणमुग्ध, ज़रा प्रशंसक किस्म का दोस्त बबुआ को पसंद आता था। ऐसे लड़के दोस्त नहीं होते, भक्त जैसे होते हैं, शायद इसीलिए वह बबुआ को अच्छा लगता था। स्कूल के जमाने में टाउन के छोटकू, विशे, पार्थ वगैरह भी इसी वर्ग के थे। लगभग लोफर होने की वजह से, वे लड़के बबुआ के प्रति गहरी श्रद्धा ज्ञापित करते थे। बबुआ जब कलकत्ता चला आया, तो उन साथियों का अभाव उसे बेतरह अखरता था। तमाल किसी हद तक उनकी कमी मिटा देता था।

तमाल पान की दुकान से झूलती हुई रस्सी की आग से सिगरेट सुलगा रहा था।

बबुआ पर नजर पड़ते ही, वह प्रायः छलाँग लगाकर, उसके करीब आ पहुँचा।

''क्या डायलॉग मारा, गुरु?''

बबुआ ने उपेक्षा के लहजे में जवाब दिया, ''डायलॉग कैसा? जो सच है, वह तो कहना ही होता है न?''

''तुम ही कह सकते हो, भइया, उन लोगों को देखकर, मेरे तो घुटने काँपने लगते हैं।''

''धत्! उनसे डरने की क्या बात है? जो लोग गिरोह बाँधकर जोर-जुल्म करते हैं, वे कभी साहसी नहीं हो सकते।''

''नहीं, रे, तू नहीं जानता। फर्स्ट ईयर के बेचारे एक लड़के की, इन कमबख़्तों ने ऐसी दुर्गति बनाई थी। वजह? उसने उन्हें सब्सक्रिप्शन या डोनेशन देने से इनकार कर दिया था।''

''कहने की एक तकनीक होती है। जोर-जुल्म का निपटारा समझदारी और विवेक से करना चाहिए। ताव खाने की जरूरत नहीं है, मगर मन की इच्छा, पूरे साहस के साथ जाहिर कर देनी चाहिए। विथ योर ओन लॉजिक!''

तमाल ने फटाफट सिर हिला दिया, ''ठीक कहा तूने! लेकिन, मेरी हिम्मत नहीं पड़ती, गुरु! बट यू कैन!''

तमाल की विचित्र अंग्रेजी पर बबुआ हँस पड़ा। सड़क पर चलते-चलते वह स्टीम इंजन की तरह धुआँ छोड़ता रहा। वह धुआँ बबुआ के आँख-नाक चेहरे पर लोटता रहा। इस गंध से उसे तीखी नफरत है। बचपन से ही वह सिगरेट बर्दाश्त नहीं कर पाता। क्या इसलिए उसके पापा सिगरेट बिना रह नहीं सकते? शायद यही सच हो।

अपनी दाहिनी हथेली अपनी नाक पर रखकर, बबुआ ने हल्की-सी डाँट पिलाई, "एइ, मैंने तुझसे कहा है न, जितनी देर मेरे साथ रहे, सिगरेट मत पीना?"

"सॉरी, गुरु, बस, दो सुट्टे लगा लूँ, उसके बाद..." तमाल के चेहरे पर झेंपभरी हँसी झलक उठी, "अभी तू जा कहाँ रहा है? घर?"

"और कहाँ जाऊँगा?"

"छुट्टी हो जाने से, माँ कसम, ग्रेट फायदा हुआ। शाम को मेरे ममेरे भाई का विवाह है! बारात में जाने का आमंत्रण है! उतनी दूर सलकिया जाना है। मुझे यह अफसोस हो रहा था कि मेरा जाना नहीं होगा। चलो, अब 'प्रॉब्लम' खत्म।"

"कैसा प्रॉब्लम?"

"ट्यूशन में जाने का! बारात में जाता तो शाम को साली गैरहाजिरी लग जाती।"

"तू ट्यूशन करता है?" बबुआ मानों आसमान से गिरा। उसने अपनी आँखों से देखा है, अंग्रेजी तो दूर, वह बांग्ला में भी कोई एक वाक्य शुद्ध नहीं लिख पाता। वह शख्स विद्यार्थियों को पढ़ाता है?

तमाल दाँत निपोरकर हँस पड़ा, "काफी सालों से पढ़ा रहा हूँ। तुझे मैंने नहीं बताया?"

"किसे पढ़ाता है? मेरा मतलब है, किस क्लास को?"

"क्लास थ्री!"

"क्या पढ़ाता है?"

"सभी सब्जेक्ट! बांग्ला, अंग्रेजी, इतिहास-भूगोल, गणित..."

"देते कितना हैं?"

"सत्तर!"

"ब-स? कुल सत्तर? कितने दिन जाना होता है?"

"रोज ही! बस, इतवार बाद! कल-परसों दो दिन जाना नहीं हो सका, अगर आज भी नहीं गया, तो वे लोग तनख्वाह काट लेंगे।"

बातों ही बातों में बबुआ को और भी बहुत सारी बातें पता चलीं। तमाल ने बताया कि वह तो तभी से ट्यूशन करने लगा था, जब वह क्लास इलेवन में पढ़ता था। बस, वही क्लास फोर तक के बच्चों को। एक जमाना वह था, जब उसके हाथ में ढेर सारे ट्यूशन थे। वह छः-सात बच्चों को पढ़ाता था। लेकिन आजकल, बाजार मंदा चल रहा है। आजकल उसके पास बस, वह छात्रा है और क्लास वन

का एक बच्चा है। दोनों ट्यूशन मिलाकर, एक सौ बीस रुपए मिल जाते हैं। इसमें उसका काफी कुछ हाथ-खर्च उठ आता है। तमाल के बापू, दमदम की तरफ, किसी दवा-कारखाने में नौकरी करते थे। करीब साल भर हुए, उन्होंने वी आर एस ले लिया यानी स्वेच्छा-योजना के तहत आराम से घर बैठ गए। अब तमाल की कमाई के दो-चार पैसे, गृहस्थी में भी समा जाते हैं। नियमित न सही, बीच-बीच में ही, थोड़े-बहुत रुपए उसे घर में भी देने होते हैं।

यह सब सुनते-सुनते बबुआ अभिभूत हो आया। अपने इस अधम दोस्त के प्रति उसके मन में कैसा तो सम्मान जाग उठा। विद्या की मामूली-सी पूँजी का सदुपयोग करके, परिवार के जुए में कंधा तो लगा रहा है। बिल्कुल ज़रा-सी ही सही, पैरों तले जमीन तो है। उसकी तुलना में बबुआ क्या है? एक पैरासाइट...खून चूसनेवाले कीड़े के अलावा कुछ भी नहीं, पैरासाइट भी नहीं, टोटल नॉन-इंटिटी! नगण्य से भी बदतर! लगभग अस्तित्वहीन एक अस्तित्व। बबुआ चाहे जितना भी नापसंद करे, अपने सहपाठियों को अपने पिता का परिचय न दे, लेकिन होश आने के बाद से उसे हर पल यही अहसास होता रहा है कि प्रसिद्ध वैज्ञानिक प्रोफेसर बोधिसत्व मजूमदार का बेटा बने रहना ही उसकी तकदीर है। बबुआ अपनी जिंदगी में चाहे जितना भी सार्थक हो उठे, लोग-बाग उसे पहले बोधिसत्व मजूमदार के बेटे के रूप में ही पहचानेंगे। उफ! हॉरिबल! असहनीय! परिवार में कोई एक व्यक्ति भी अगर देदीप्यमान हो उठे, तो बाकी सभी घरवालों को उसके उजाले में आलोकित होना होगा, यह कैसी बात? चूँकि सूरज आसमान में चमकता है, इसलिए कोई अन्य नक्षत्र का दिन के उजाले में चमकना क्या झूठ हो जाएगा?

बबुआ ने सोचा था, कलकत्ता चले आने के बाद उस ज्योतिपुंज की सर्वग्रासी रोशनी से उसे छुटकारा मिल जाएगा। हा हतोस्मि! पता नहीं कौन लोग तो कलकत्ते के लेक टेरेस में रहते-सहते हैं? वहाँ कोई तो बोधिसत्व मजूमदार की गरिमा में डगमग पिता है, कोई बेचारी माँ, कोई पुलकित भतीजी। यहाँ तक कि काका भी बस, काका ही हैं। इतनी बड़ी मल्टीनेशनल कंपनी के पर्सनल मैनेजर हैं, लेकिन उनका भी प्रथम परिचय यही है कि वे बोधिसत्व मजूमदार के भाई हैं। सबके सब किसी भारी-भरकम सर्चलाइट की तीखी रोशनी में झिलमिलाते हुए, महज चंद आम लोग हैं। असहनीय!

इस कलकत्ता शहर में भी नहीं-नहीं करते, उसे डेढ़ साल हो गए। इस अर्से में क्या उसने कभी खुद भी उस ज्योतिपुंज के कक्ष-पथ से बाहर निकल आने की कोशिश की है?

बबुआ ने अनमने लहजे में पूछा, "ये सब ट्यूशनें तू जुटाता कहाँ से है?"

तमाल ने सिगरेट, फुटपाथ पर फेंककर उसे पैर से कुचलते हुए कहा, "जुट जाती हैं। कलकत्ते में यह चाकरी अभी भी कमोबेश सुलभ है।"

"अच्छा? तो एकाध नौकरी...मुझे भी थमा दे न!"

"तू करेगा ट्यूशन?"

"न करने को क्या है?"

"तेरी पढ़ाई-लिखाई का नुकसान नहीं होगा?"

"शामें तो मेरी खाली ही पड़ी रहती हैं। उस वक्त न हो...। क्या, रे, चुप क्यों मार गया? अपनी लाइन में किसी प्रतिद्वंद्वी को घुसने नहीं देना चाहता?"

"नहीं, मतलब...तुझे तो इसकी खास जरूरत नहीं है।"

"तुझे कैसे पता?"

"देखकर तो यही लगता है—" तमाल ने ज़रा सकुचाया-सा जवाब दिया।

"देखा हुआ, सब सच नहीं होता। आदमी की जरूरतों के अनेक स्तर होते हैं। किसी के लिए पापी पेट का तकाजा, किसी के लिए सेरिब्रल क्राइसिस...दिमागी संक्रांति। तू यह नहीं समझेगा।"

बहु-बाजार के मोड़ पर बेतरह भीड़! कतार-दर-कतार ट्रामें अचल! चारों तरफ ठेले, रिक्शे, बसें, टैक्सियाँ और लोगों की ठसाठस भीड़। दोनों साथियों ने हिलते-डुलते सड़क पार किया और दुबारा फुटपाथ पकड़ लिया। चरम कोलाहल में भी हवा में इन दिनों फूलों की खुशबू! दुकानों में सजे हुए फूलों की खुशबू!

तमाल ने कहा, "अगर सच ही तू ट्यूशन करना चाहे, तो है एक ट्यूशन! एक साथ दो विद्यार्थियों को पढ़ाना है! भाई-बहन! लड़का नौवीं क्लास में पढ़ता है, लड़की सातवीं में!"

"देंगे कितना?"

"ज्यादा नहीं दे सकेंगे! दोनों को मिलकर दो सौ रुपए! सिर्फ गणित और अंग्रेजी पढ़ाना है।"

बबुआ ज़रा शिथिल पड़ गया। वह स्वभाव से मनचला भी नहीं था। उसे किसी नशे की भी लत नहीं थी। लेकिन दो सौ रुपए तो हफ्ते भर के हाथ-खर्च में ही चले जाते हैं। वह अपनी पसंद की किताबें खरीद लेता था या एकाध कैसेट!

यह ख्याल आते ही, बबुआ ने अपने को डाँटकर बरज दिया। वह तो उसी बोधिसत्व मजूमदार के ही रुपए होते हैं।

उसने अगला सवाल किया, "कितने दिन पढ़ाना होगा?"

"तीन दिन! तू खुद ही बात कर लेना, दो दिन भी हो सकता है! मैं ही कर लेता, मुझे ही पकड़ा भी था। लेकिन, गणित और अंग्रेजी...मुझे हद बोर करते हैं। खासकर एलजेबरा और ज्यामैट्री।"

खैर, सब्जेक्ट के बारे में बबुआ को कोई परेशानी नहीं थी, हालाँकि गणित के बारे में उसके मन में एक चोर-वितृष्णा थी। फिलहाल इस वक्त उसने इस विषय को खास तवज्जोह नहीं दी।

उसने कहा, "ठीक है तू बात कर...."

''तो चल, आज ही चलकर देखते हैं!'' तमाल ने कलाई उलटकर, अपनी घड़ी पर नज़र डाली, लेकिन...अभी क्या भेंट हो सकेगी? हो भी सकती है। चल, ट्राइ मारते हैं।''

''कहाँ?''

''यहीं...करीब ही, जहाँ मैं पढ़ाने जाता हूँ! नेबूतला पार्क के पास!''

तमाल सर्र से बाईं गली में दाखिल हो गया। जटिल भूलभुलैया वाला रास्ता! गली के बाद गली, तस्य गली पार करने के बाद, काई-जमी एक दो मंजिला मकान के सामने आ खड़ा हुआ। वहाँ खड़े, अन्यान्य घर-मकान भी काफी उम्रदार नज़र आए। सत्तर-अस्सी-सौ वर्ष! दादी के सिर पर चुपड़े नारियल तेल की तरह, उन मकानों से भी गंध आती हुई। बबुआ ऐसे मुहल्ले भी कभी नहीं आया।

वह मकान देखकर भी उसके मन में खासा कौतूहल जाग उठा। मकान जरा जीर्ण जरूर था। लेकिन, सामने ही लोहे का भारी-भरकम गेट! जंग खाया हुआ! गेट से अंदर जाते हुए, अँधेरी सुरंग जैसी सुरंगनुमा अली-गली पार करने के बाद, एक विशाल आँगन में आ पहुँचा। आँगन में भी काई जमी हुई! नम और सीलन भरी! आँगन के चारों तरफ सँकरा-सा लंबा बरामदा। वहाँ एक के बाद एक, कमरों की कतारें। किसी कमरे के दरवाजे खुले हुए; किसी दरवाजे पर ताला झूलता हुआ; कहीं पर्दे लटके हुए। हर ओर मलिन छाप। इसके बावजूद यह अंदाजा हो गया कि कभी इस मकान के भले दिन भी जरूर थे। बड़े-बड़े खिड़की दरवाजे! खिड़की में खड़खड़ी भी लगी हुई। दूसरी मंजिल की सैंड-कास्टिंग रेलिंगों पर खूबसूरत नक्काशी। बरामदे के फर्श भी लाल सीमेंट के बने हुए! लाल सीमेंट के किनारे-किनारे, काले रंग की चौड़ी किनारी। उसकी पुरानी चमक-दमक अभी भी मरी नहीं थी।

बरामदे में कई एक बच्चे किलबिलाते हुए, भाग-दौड़ मचाए हुए थे।

उनसे बचते-बचाते, बाईं तरफ के एक कमरे के दरवाजे तक पहुँचकर तमाल ने खँखारकर गला साफ किया।

''काकी-माँ! काकी-माँ घर में हो क्या?''

फूलदार पर्दे के उस पार, मशीन चलाने की घर्र-घर्र आवाजें सुनाई दे रही थीं।

अचानक घर्र-घर्र थम गया।

''कौन?''

''मैं हूँ तमाल! मीठू का मास्टर साहब!''

एक महिला कमरे से बाहर निकल आई। मँझोला रंग। मँझोली गढ़न। उम्र चालीस के आस-पास! शक्ल-सूरत से रूपसी तो नहीं थी, मगर अलग से कोई आकर्षण जरूर था। आँखें बेहद उजली-उजली। आँखों की पुतलियों का रंग सियाह काला! बदन पर ताँत की घरेलू-सी साड़ी! न हाथ में शांखा-पॅला, न माँग में सिंदूर!

उस महिला के कुछ बोलने से पहले, तमाल ही बोल उठा, ''आप बुल्टू-रिंटी

के लिए ट्यूटर खोज रही थीं न....ले आया हूँ।''

महिला उत्साहित नज़र आईं।

''अच्छा-अच्छा! आइए-आइए!''

बाहर की मलिनता के मुकाबले कमरा काफी व्यवस्थित नजर आया। कमरा काफी बड़ा भी था। कमरे के खिड़की-दरवाजे बदरंग होने के बावजूद, सजे-सजाए असबाबों की वजह से काफी कुछ खूबसूरत! असबाबों ने उनकी रंगहीनता छिपा ली थी। कमरे में डबल-बेड पलंग, अलमारी, ड्रेसिंग-टेबल, कुछेक कुर्सियाँ, मूढ़ा! टी.वी., फ्रिज भी मौजूद था। लेकिन इतने सबके बावजूद, कमरा जबरजंग नहीं लगता था।

एक कुर्सी खींचकर, तमाल ने बैठते हुए कहा, ''यह मेरा क्लासमेट है—शुद्धसत्व मजूमदार! बेहद ब्रिलिएंट लड़का।''

महिला ने हाथ जोड़कर नमस्कार करते हुए कहा, ''आप बैठिए न, खड़े क्यों हैं?''

इतने आप-आप, इतना आदर-भरा नमस्कार पाकर बबुआ सकुचा गया। वह महिला उसकी माँ की उम्र की भले न हों, मगर काकी माँ की उम्र की जरूर थीं।

उसने अपने होठों पर बुद्धू-बुद्धू-सी मुस्कान खींचकर कहा, ''आप मुझे 'तुम' ही कहें—''

''हाय-माँ, छिः छिः आप मेरे बच्चों के मास्टर जी हैं। मेरी बेटी का दिमाग बिल्कुल नहीं चलता। हाँ, बेटा ठीकठाक है, मगर महा-फाँकीबाज़ है! आपको ज़रा कड़ाई करना होगी, मास्टर जी!''

तमाल ही बोल पड़ा, ''इसकी आप फिक्र न करें। हमारा शुद्धसत्व बेहद सीरियस लड़का है। जब वह एक बार घूरकर देखेगा, तो बुल्टू साहब पैंट में ही पेशाब कर देंगे। पहले जो बंदा पढ़ाता था, वह बड़ा ढीलमढाल था, काकी माँ। बच्चों के साथ इतना हा-हा, ही-ही करने से बच्चे भला डर मानते हैं?''

''अरे नहीं, नहीं, वे भी बहुत अच्छे थे—'' उस महिला ने तमाल को चुप करा दिया, ''आप लोग चाय पीएँगे न? चाय बनाऊँ?''

बबुआ को चाय पीने की आदत नहीं थी। लेकिन इस वक्त उसने मना नहीं किया।

उसने चेहरे पर गुरु-गंभीर भावमुद्रा खिलाकर पूछा, ''छात्र हैं कहाँ?''

''बेटे का दिन का स्कूल है, चार बजे लौटेगा। रिंटी किस के घर में बैठी हुई है, जाकर देखती हूँ।'' यह कहते-कहते उन्होंने दरवाजे तक जाकर, ऊँची आवाज में पुकारा, ''रिंटी! एइ रिंटी!''

कई बार आवाज़ देने के बाद, बेहद मरगिल्ली-सी लड़की भागकर आ पहुँची। कमरे में कदम रखते ही वह ठिठक गई। वह डबर-डबर आँखों से तमाल और बबुआ को निहारने लगी।

महिला ने कहा, ''प्रणाम करो इन्हें! ये तुम्हारे मास्टर जी हैं।''

बबुआ हड़बड़ाकर अपने पाँव हटाने ही जा रहा था, इससे पहले ही उस लड़की ने टुप्पू से प्रणाम ठोंक दिया। उसने तमाल को भी प्रणाम किया। तमाल ने खुश होकर उसके माथे पर हाथ रख दिया।

बबुआ ने गला खँखारकर पूछा, ''किस स्कूल में पढ़ती हो?''

''तारासुंदरी बालिका विद्यापीठ।''

''और तुम्हारा भइया?''

''बरदाचरन! हमारे ही डे-स्कूल में!'' रिंटी ने काफी अदब से जवाब दिया।

कमरे के पीछे टुकड़ा भर जगह! वह महिला उसी तरफ चली गई। शायद वहाँ रसोईघर था। करीब पाँच मिनट में, हाथ में चाय लिए, लौट आई। सिर्फ चाय ही नहीं, थोड़े-से चनाचूर और बिस्कुट भी!

इस दौरान बबुआ रिंटी से ही छुटपुट सवाल करता रहा।

महिला ने पूछा, ''क्यों? छात्रा कैसी लगी?''

''मंदबुद्धि नहीं है! हाँ, उसे ज़रा ज्यादा मेहनत करनी होगी।''

''छमाई परिच्छा में तो उसने अंग्रेजी में बहुत खराब किया था। गणित में भी बस, पास-नंबर! वैसे बेटा हर विषय में मार-काटकर पास था। इन दोनों के लिए मुझे बेहद फिक्र होती है, मास्टर जी! जब ये छोटे थे, मैं खुद ही इन्हें लेकर बैठती थी। लेकिन अब न तो उतनी विद्या है, न फुर्सत!''

बबुआ ने चोर-नज़र से तमाल की ओर देखा। उसके मन में कई-कई सवाल जमा होते जा रहे थे। यह महिला क्या विधवा है? कहीं नौकरी-चाकरी करती है? फिर दोपहर के वक्त में घर में क्यों है?

उस महिला ने खुद ही थोड़े-बहुत जवाब दे डाले, ''शाम को गर्दन दबोचकर पढ़ने बिठाऊँ, वह भी कहाँ हो पाता है? मेरी तो ज्यादातर रात की ड्यूटी पड़ती है। शाम साढ़े छः सात बजे तक निकल पड़ती हूँ, लाचारी है! आजकल रास्ता-घाट में जैसी भयंकर भीड़ होती है, जिस कदर जाम रहता है...उतनी दूर, अलीपुर तक जाना...। इसके अलावा दिन भर गृहस्थी का भी कामकाज रहता है।''

कचर-कचर बिस्कुट चबाते हुए, तमाल ने तटस्थ मंतव्य उछाला, ''हाँ, सो तो है! आप पर जो मेहनत पड़ती है...''

''हाँऽ–!'' महिला ने सिर हिलाकर कहा, ''हाँ, तो मास्टर जी से बाकी सारी बातचीत तय हो गई न?''

''हाँ, हाँ, सब ठीक हो गया।'' चाय की प्याली नीचे रखकर, तमाल ने बबुआ की तरफ देखते हुए आँख दबाई, ''हाँ, कह दे, जो तू कहना चाहता था। तीन दिन के बजाय दो दिन...''

''नहीं, नहीं मैं आऊँगा, तीन दिन ही आऊँगा–'' बबुआ झटपट बोल उठा, ''लेकिन मैं शाम के वक्त आऊँगा। यही कोई साढ़े चार-पाँच बजे।''

"यही ठीक है! मेरे रहते-रहते आ गए, तो...। वर्ना कौन, किस कमरे में जाकर बैठा रहेगा...। जैसे ही मैं निकलती हूँ, दोनों नाचना शुरू कर देते हैं। चलिए शाम को ही...तो फिर आप अगले सोमवार से ही..."

इसी तरह दो-चार और बातें करके, बबुआ-तमाल उठ खड़े हुए! तमाल अपनी ट्यूशन में भी नहीं गया। नुक्कड़ पर आकर, उसने एक सिगरेट सुलगा ली।

"क्या, गुरु, चलेगा न?"

"चलो, देखते हैं—" इस वक्त उसने तमाल के सिगरेट पीने पर विरक्ति नहीं जाहिर की।

उसने होंठ चबाते हुए कहा, "उस महिला में खासी 'सेंस ऑफ कर्टसी' है! काफी तमीजदार हैं वह महिला!"

"तेज भी काफी है! मीरा काकी से, इस मुहल्ले में सभी खौफ खाते हैं! कितने बड़े वंश की बेटी हैं, पता है? दुर्गा मल्लिक का नाम सुना है! बेहद रईस इंसान थे! उनकी पोती हैं।"

"अच्छा, ऐसी हालत क्यों है?"

"ग्रहों का फेर! कमउम्र में किसी दिलफेंक आशिक के साथ फुर्र हो गई। वह कमबख्त भयंकर लूज बंदा था, माँ कसम! खाता था, सोता था और इधर-उधर रंडीबाजी करता फिरता था। मीरा काकी ने, काफी सालों तक बर्दाश्त किया। दो-दो बच्चे हो जाने के बाद भी, जब वह नहीं सुधरा, तो उसे गर्दनिया देकर...। माँ कसम, अपनी पीहर भी नहीं जाती। नर्सिंग सीख ली और अब दोनों बच्चों को पाल-पोसकर इंसान बना रही है। बहुत ज्यादा मेहनत करती है। मुश्किल से पैंतीस की होगी। अभी भी जिंदगी के कितने सारे साल उसे लड़ाई करते रहना होगा, सोचो! इसलिए, गुरु तुम उसके बच्चों का ज़रा स्पेशल केयर लेना।"

पैदल-पैदल लौटने का ख़्याल, उसने झाड़ फेंका, मौलाली के मोड़ पर, वह बस में सवार हो गया। तीन बजे थे। बस में अभी भी ठसाठस भीड़ नहीं शुरू हुई थी। जोड़ा गिर्जा तक आते-आते, उसे बैठने की भी जगह मिल गई। सूरज पश्चिम की तरफ ढलने लगा था। अगहन की धूप में अब तीखी तपिश भी नहीं थी। खिड़की से रह-रहकर आते हुए हवा के झोंके। हेमंत की सूखी-नरम हवा। उसे बेहद भला-भला लग रहा था।

बबुआ सद्यः देखे हुए परिवेश के बारे में सोचता रहा। यह घर, यूनिवर्सिटी कैंपस के क्वार्टर या लेक टेरेस के मकान से बिल्कुल फर्क था। इस मकान में एक साथ कितने ही परिवार! उस मकान के कुल्लमकुल एक कमरे में माँ-बच्चे खाते-पीते-सोते हैं। कहीं से भी सूरज का बूँद भर उजाला भी नहीं घुस पाता। इंसान ऐसे भी जिंदा रहता है! नर्सिंग का काम करके, वह महिला आख़िर कितना कमा लेती होगी? दो हजार? तीन हजार? इतने-से ही रोजगार में वह महिला शान से सर उठाए जी रही है।

न्ना! तमाल ने आज अच्छा-खासा चौंका दिया!

घर पहुँचकर फिर एक हैरत! वह पहली मंजिल पर दद्दू-दादी माँ के कमरे में बैठी बातें कर रही थी। बगल में काकी माँ और मिली! आज क्या माँ आनेवाली थी? इतवार को ही तो फोन पर बात हुई थी, उसने तो कोई जिक्र नहीं किया था।

बबुआ यथासंभव इस कमरे में कभी कदम नहीं रखता। यहाँ आने का उसका मन ही नहीं करता। पता नहीं क्यों। दद्दू-दादी माँ के कमरे की दीवार पर, डैडी की विशाल फोटो! डैडी, राष्ट्रपति के हाथों से एवार्ड लेते हुए! उस कमरे में कदम रखते ही, निगाह बर्बस ही उस तस्वीर की तरफ चली जाती है, क्या इसलिए?

आज बबुआ छोटे-छोटे डग भरता हुआ, उस कमरे के दरवाजे तक चला आया, "तुम? अचानक?"

"बस, आ गई!" राखी ने भरपूर निगाहों से बेटे की तरफ देखा, "कुछेक सामानों की खरीदारी करना थी—"

"ओ अच्छा, रुकोगी कितने दिन?"

"देखूँ! कल भर तो खैर, हूँ ही!"

मिली एकदम से हाँ-हाँ कर उठी, "असली बात तो तुमने बताई ही नहीं, जेम्मा! पता है, दादाभाई, जेठू को एक शानदार निमंत्रण मिला है! बर्लिन से! वहाँ एक इंटरनेशनल कान्फ्रेंस होने जा रहा है। जाने कौन-से तो महीने में, जेम्मा?"

"मार्च के पहले हफ्ते में!"

"जेम्मा भी जा रही है! फैमिली समेत आने की दावत मिली है।"

"अच्छा? यह तो खुशखबरी है।" बबुआ की निस्पृह आवाज सुनाई दी।

दीपाली ने पूछा, "जब जा ही रही हो, तो समूचे कॉन्टिनेंट की सैर कर आना, दीदी! तुम तो कहीं खास आई-गई भी नहीं।"

"देखूँ, वे तो ऐसे इंसान हैं, कहीं हिलना-डुलना भी नहीं चाहते। हो सकता है, बर्लिन में ही जमे रहें! वहाँ उनके कई पुराने यार-दोस्त भी आ रहे हैं। उनसे भेंट होगी, इस बात पर वे अभी से खासे एक्साइटेड हैं।"

प्रभावती ने सवाल किया, "तुम लोग कितने दिनों के लिए जा रहे हो, बहूरानी?"

अरिंदम ने ही जवाब दे डाला, "कितने दिनों क्या? जितने दिनों बुद्ध का मन करेगा, उतने दिन रहेंगे। अरे उन्हें क्या कान्फ्रेंस में शामिल होने के बाद ही लौटने देंगे? वहाँ इतनी सारी यूनिवर्सिटी हैं। वे सब क्या उन्हें छोड़ेंगी? हरगिज नहीं छोड़ेंगा"

"पिछली बार, जीजाजी, जब स्टेट्स गए थे, तो चार महीने बाद लौटे थे। है न, दीदी?"

"चार महीने कहाँ, छः महीने! कहकर गए थे, दो महीने में लौट आएँगे। वे महीने कितनी फिक्र में कटे थे, मैं ही जानती हूँ। एक तो ऐसी ठंडी जगह पर गए थे, उस पर से जाड़े का मौसम!"

बबुआ की मौजूदगी जैसे मिट गई। समूचे कमरे में एक अनुपस्थित इंसान ही उपस्थित था। बबुआ चुपचाप दूसरी मंजिल पर चला आया। पैंट-शर्ट बदलकर, वह बिस्तर पर उठंग गया। उसने एक किताब भी हाथ में ले ली। उसे थोड़ी-थोड़ी भूख भी लग आई थी। इस वक्त काकी-माँ अक्सर ऊपर ही रहती है। बबुआ के घर लौटते ही कमरे में नाश्ता हाजिर हो जाता है! लेकिन, आज इसकी संभावना कम थी। वैसे अगर वह चाहे, तो नाश्ता-खाना फौरन हाज़िर हो जाएगा, लेकिन जुबान खोलकर माँगना, उसके स्वभाव में ही नहीं था। चलो, छोड़ो, भूखे-प्यासे बंदे को भूलकर, अभी वे इस विद्वान भगवान को लेकर ही पड़े रहें।

ज्यादा वक्त नहीं गुजरा। राखी कमरे में दाखिल हुई। भीनी-भीनी खुशबू बिखराती हुई, वह बबुआ के सिरहाने आकर बैठ गई। वह बबुआ का सीना सहलाने लगी।

बबुआ तनकर बैठ गया, "कुछ कहना है?"

"तुझे क्या हुआ है, रे, बबुआ? तूने घर आना बिल्कुल ही छोड़ दिया। क्यों?"

"आ जाऊँगा।"

"आऊँगा-आऊँगा तो हमेशा कहता रहता है। इतना-इतना बुलाया, मगर अपने जन्मदिन पर भी नहीं आया।"

"मेरा जन्मदिन कोई खास दिन या घटना नहीं है, माँ!"

"तूने कह दिया और मैंने सुन लिया? उस दिन तेरे डैडी ने भी उसे काफी मिस किया। बेटा पास हो, तो बाप को कितनी खुशी होती है!"

माँ क्या डैडी की दूत बनकर आई है? या सुलह-शांति स्थापना के लिए स्वघोषित मसीहा? लेकिन पिता के साथ तो बबुआ की, कभी, कोई लड़ाई नहीं हुई। फिर?

बबुआ ने किताब में आँखें गड़ाए रखने का बहाना किया। वह मन ही मन बुदबुदा उठा–डैडी की बात छोड़ो, माँ तुम अपनी बात करो! सिर्फ अपनी बात!

6

"कांग्रेचुलेशन, प्रोफेसर मजूमदार! मुबारक हो।"

"मुबारक? किस बात के लिए?"

"थिओरिटिकल फिजिक्स पर, इतना बड़ा सिंपोजियम हो रहा है, और यू आर द लोन इंडियन रिप्रजेंटेटिव! यह क्या दुर्लभ सम्मान नहीं है? मैं आपका सहकर्मी

हूँ, इसे सोच-सोचकर, मैं कितना खुश हूँ! साथ ही साथ बेहद फ़ख्र महसूस कर रहा हूँ।"

"अरे नहीं, यह ऐसी कोई खास बात नहीं है।"

सुबह-सवेरे प्रोफेसर अजित बैनर्जी की जुबानी अपना गुणगान सुनकर, बोधिसत्व ज़रा झेंप गए।

उन्होंने झेंपते हुए कहा, "थैंक यू! थैंक यू! आप बताएँ, आपकी क्या खबर है? नॉर्थ बंगाल से कब लौटे?"

"अभी, कल ही तो लौटा हूँ!" अजित कुर्सी खींचकर बैठ गए, "डिपार्टमेंट में कदम रखते ही, आपके बारे में समाचार मिला। मैंने सोचा, ज़रा खटखटाता चलूँ।"

प्रोफेसर अजित बैनर्जी का विषय बिल्कुल सॉलिड था, तात्विक पदार्थविद्या नहीं! बोधिसत्व के लगभग हमउम्र! शायद एकाध साल बड़े भी हों। ज़रा गप्पबाज़ किस्म का इंसान! अक्सर प्रसंग से छिटककर, अप्रासंगिक बातों पर उतर आते थे। उनके अंडर में कितने छात्र रिसर्च कर रहे हैं, इसका जिक्र करते-करते, एकदम से वे अलीपुर दुआर के जमीनों की प्रति कट्ठा कीमत पर उतर आते थे, उस बात से फिसलकर दूध के बढ़े हुए दाम पर, उस बात को बीच में ही छोड़कर, कड़ाके की सर्दी पड़ने की शिकायत! इस शख्स से बातचीत करने में एक ही सुविधा है, बोधिसत्व को अपनी तरफ से ज्यादा जुमले खर्च करने नहीं पड़ते। बीच-बीच में हूँ-हाँ करके ही काम चल जाता है। अजित अकेले ही बक-बक करता रहता है! वैसे सैकड़ों असुविधाएँ भी हैं। सबसे बड़ी असुविधा यह है कि अजित अगर पाँच-दस मिनट भी उनके कमरे में रुका रहे, तो उन्हें सिर-दर्द पकड़ लेता है। बोधिसत्व से काफी हिसाबी-किताबी ढंग से, काफी नाप-जोखकर बातें करनी होती हैं। कहीं, कोई उल्टा-पुल्टा मंतव्य जुबान से निकल गया, तो समूचे डिपार्टमेंट भर में प्रचारित हो जाता है। अजित कभी-कभी कुछ ज्यादा ही पांडित्य बघारने लगते हैं, जो बोधिसत्व को कतई पसंद नहीं है।

बोधिसत्व की मेज पर एक किताब खुली पड़ी थी।

उस किताब पर नजरें गड़ाए, अजित ने अपनी बातचीत आगे बढ़ाई, "आप लिख-पढ़ रहे थे? मैंने आपको डिस्टर्ब किया?"

"बस, ऐसे ही! सेकेंड ईयर पी जी की क्लास है, अपना लेक्चर ज़रा अपटुडेट कर रहा था।"

"आप भी न, धन्य हैं। किसके लिए इतनी मेहनत कर रहे हैं आप? आजकल के बच्चे ज्ञान-ध्यान नहीं चाहते, प्रोफेसर मजूमदार, वे सिर्फ परीक्षा-आरिएंटेड लिखाई-पढ़ाई में दिलचस्पी रखते हैं। अजित ने कुर्सी के हत्थे पर अपनी बाँहें फैला दी, "अब देखिए न, नॉर्थ बंगाल में परीक्षा लेकर आ रहा हूँ। वहाँ के छात्रों को अपनी आँखों से देखा न! अरे, उन छात्रों को तो बेसिक्स तक नहीं आती। मैंने स्पेक्ट्रल लाइन के आसान-आसान-से सवाल किए थे, मगर सबके साथ बुद्धू गंगाराम की तरह, हक्के-बक्के से देखते हुए खड़े के खड़े रहे!"

बोधिसत्व मन ही मन झुंझला उठे। अजित का यह अहम् भाव उनके बर्दाश्त-बाहर था। इम्तहान के वक्त अजित, किस कदर पूरे दंभ से, छात्रों की नाक में दम कर देते हैं, बोधिसत्व बखूबी जानते हैं। यहाँ के प्रोफेसरों को बारी-बारी से विभागीय प्रधान बनाया जाता है। करीब तीन साल पहले, बोधिसत्व भी उस पद पर रह चुके थे। उस बार उन्होंने खुद अपनी आँखों से देखा था, अजित के सेट किए गए प्रश्न-पत्रों को हाथ में लेकर विद्यार्थी किस कदर बौखला जाते थे। एक लड़की तो परीक्षा-हाल में बेहोश हो गई। लाचारी में उस बार, उस पेपर में जनरल ग्रेस नंबर देना पड़ा। यह शख्स समझता ही नहीं कि प्रश्न-पत्र, अपना ज्ञान झाड़ने की जगह नहीं है। छात्र अगर बुद्धिमान-विद्वान बनेंगे, तो अपने दिल के तकाजे पर ही बनेंगे। छात्रों को फेल करके, कोई क्रूर सुख भले मिलता हो, लेकिन इससे ज्यादा और कुछ नहीं।

अपना असंतोष दबाकर, बोधिसत्व ने कहा, ''क्लास लेने से पहले, इस बारे में पढ़ाई-लिखाई मैं अपने लिए करता हूँ, डॉक्टर बैनर्जी! अपने को पूरी तरह तैयार किए बिना, क्लास में कदम रखते हुए, मुझे बेहद घबड़ाहट होती है। मुझे लगता है, जैसे मैं छात्रों को धोखा दे रहा हूँ।''

अजित दाँत निकालकर हँस पड़े, ''शायद इसीलिए आप छात्रों में इतने लोकप्रिय हैं।''

बोधिसत्व ने कोई जवाब नहीं दिया।

उन्होंने मन ही मन कहा—लोकप्रियता के चाव में, मैं लिखाई-पढ़ाई नहीं करता, अजित बाबू! टीचर के तौर पर पढ़ाना, मेरा धर्म है। क्लास में अगर कोई छात्र, ऐसा कोई सवाल कर बैठे, जिसका जवाब देने के लिए मैंने अपने को पहले से ही तैयार न किया हो, तो मैं मन ही मन बेहद अपराधी हो आता हूँ।

अजित ने फट् से बातचीत का प्रसंग दूसरी तरफ मोड़ दिया, ''हाँ, तो, प्रोफेसर मजूमदार, बर्लिन जाने के लिए आपके कागज-पत्तर तैयार हो गए?''

''कमोबेश!''

''सुना है, इस बार आप कोई नया पेपर पढ़ नहीं रहे?''

''जी-हाँ, नया भी नहीं और पुराना भी नहीं। पिछली बार फिजिकल रिव्यू में जो प्रकाशित हुआ था, उसे ही घिस-माँज रहा हूँ। और ब्लैक होल के बारे में कुछ नए विचार भी शामिल कर रहा हूँ।''

''यानी नया काम है, यही न?''

''हाँ, सो तो है।''

''जबकि प्रोफेसर सामंत यह कहते फिर रहे हैं कि आप कोई पुराना पेपर ही, दुबारा पढ़ रहे हैं। यानी एक ही आइडिया का दुबारा चर्वण कर रहे हैं। इस किस्म की ईर्ष्या का कोई मतलब होता है भला? हम सब एक ही डिपार्टमेंट के आदमी हैं, कहाँ तो इस बात पर छाती गर्व से फूल उठनी चाहिए, इसके बजाय...''

इसके बावजूद बोधिसत्व खामोश रहे। उनके प्रति यहाँ के स्टाफ में दबी-ढँकी ईर्ष्या है, यह बात बोधिसत्व बखूबी जानते थे। खैर, जलन तो हो ही सकती है। ज्ञान, विद्या, बुद्धि में भले अपने को चाहे जितना भी उन्नत पीढ़ी के जीव मान लें, आदतों से तो इंसान ही हैं यानि षट्रिपु के दास!

कभी-कभी इस ख्याल से बोधिसत्व आहत भी होते हैं। कभी सहकर्मियों के कुटिल कटाक्ष, या सर्द उदासीनता ने उन्हें चोट जरूर पहुँचाई है, लेकिन इस वजह से इस शख्स की बातों पर अललटप्पू कमेंट कर बैठें, इतने मूर्ख वे नहीं थे। यह विभागीय नारद मुनि, बहाने-बहाने से खिसक लें, तो उनकी जान छूटे।

बोधिसत्व ने तटस्थ लहजे में सवाल किया, ''आपकी घड़ी में कितना बजा है, प्रोफेसर बैनर्जी?''

''नौ बजकर, दस मिनट!''

''देखा, मेरी घड़ी पाँच मिनट स्लो है! क्लास का वक्त तो हो गया!''

अजित इशारा समझ गए।

वे उठ खड़े हुए, ''तब मैं भी चलूँ। आज सुबह मेरी कोई क्लास नहीं है, अब दोपहर को आऊँगा।''

अजित के जाते ही, बोधिसत्व फौरन किताब के पन्नों में डूब गए। इस वक्त उनको बाहर की कोई सुध नहीं होती, फिर भी कहीं, कोई घंटा-ध्वनि उनके कानों तक आ पहुँची। वाकई क्लास का वक्त हो गया है! अब लगातार दो पीरियड हैं। अगर लेक्चर तैयार करने में वे और थोड़ा-सा वक्त दे पाते, तो बेहतर होता। पूरे हफ्ते में कुल आठ क्लासें लेना पड़ती हैं। इसमें पी.जी.एम-फिल. की क्लासें भी शामिल हैं। अब इतनी-सी क्लासों में भी अगर निष्ठा में कमी नज़र आए, तो...। वे इतने दिनों से लगभग एक ही विषय पढ़ाते आ रहे हैं। लेकिन आज भी क्लास में जाते हुए दिल धड़कता रहता है। क्या इस आशंका से कि कहीं कोई असाधारण छात्र, उनके ज्ञान की परिधि से बाहर, कोई सवाल न कर बैठे? या सवाल पूछे जाने की आशंका से ही उन्हें घबराहट होती है? कौन जाने, उसी सवाल से बोधिसत्व के मन में जिज्ञासा का कोई नया दिगंत खुल जाए।

आज की पढ़ाई के बारे में सोचते-सोचते ही, बोधिसत्व अनमनी मुद्रा में, कुर्सी छोड़कर उठ खड़े हुए। उनके इस कमरे में किताबों की चंद रैक, स्टील के केबिनेट और कुर्सी-मेज सजे हुए! बोधिसत्व का यह कमरा, डिपार्टमेंट के बिल्कुल आखिरी छोर पर था। यहाँ से क्लास-रूम काफी दूर था। बोधिसत्व खाली हाथ, लंबे-लंबे डग भरते हुए आगे बढ़ने लगे। वे कभी भी छात्रों की हाजिरी का रजिस्टर अपने साथ नहीं ले जाते। उनकी क्लास में हर विद्यार्थी का औसत बँधा-बँधाया था। छात्र आएँ या न आएँ, औसत हाजिरी उन्हें मिल ही जाती थी।

क्लास में कदम रखते ही उनकी अन्यमनस्कता गायब हो गई। आज क्लास

में छात्रों की अच्छी उपस्थिति थी। चालीस-बयालीस छात्र देखकर, बोधिसत्व काफी सतेज और चुस्त हो उठे। उन्होंने गुरु-गंभीर आवाज में अपना लेक्चर शुरू किया। बोर्ड के करीब ही चॉक और डस्टर पड़ा हुआ। बोधिसत्व जटिल-जटिल समीकरण लिखते रहे, मिटाते रहे। करीब पंद्रह मिनट बाद, अचानक वे थम गए। उनके पढ़ाने का तरीका ज़रा अद्‌भुत था। शुरू-शुरू में वे थोड़ी देर बोलते हैं, फिर सूत्र पकड़ाकर, छात्रों की बगल में पड़ी कुर्सी पर बैठ जाते हैं। किसी छात्र को बोर्ड की तरफ भेज देते हैं। उसके बाद, बोर्ड पर वह छात्र ही लिखता जाता है और वे छात्रों में ही घुलमिलकर उस विषय पर चर्चा छेड़ देते हैं और उसकी व्याख्या भी करते जाते हैं। वे टुकड़ों-टुकड़ों में कुछ-कुछ समझाते हैं, अचानक-अचानक उठकर बोर्ड तक जाते हैं, दुबारा दस मिनट या पंद्रह मिनट तक लगातार बोलते रहते हैं।

आज भी उसी तरह क्लास में पढ़ाई का सिलसिला आगे बढ़ता रहा। बोर्ड के करीब चिरश्री। सामने की पंक्ति में जयदीप और वेंकटरमन के बीचोंबीच बोधिसत्व! बातचीत के बीच में ही अचानक बोधिसत्व की नज़र दयिता की तरफ जा पड़ी। वह लड़की चौथी कतार में बैठी-बैठी, बिल्कुल खाली-खाली निगाहों से देखती हुई! उसे क्या कुछ समझ में नहीं आ रहा है? पिछले दिन वह क्लास से गैरहाजिर थी। लाइब्रेरी से निकलते वक्त भी कुछ दिनों उससे भेंट नहीं हुई! उसे हुआ क्या है? ऐसे तो यह लड़की क्लास में काफी चुस्त रहती है!

वैसे खास कौतूहली होना, बोधिसत्व के स्वभाव में ही नहीं है, कम से कम अपने विद्यार्थियों के बारे में!

लेकिन आज वे पूछ ही बैठे, ‘‘व्हाट्स रांग, दयिता? लगता है, तुम्हारा ध्यान क्लास में नहीं है।’’

दयिता मानों होश में आई।

‘‘क्या बात है? क्या हुआ है तुम्हें? कोई परेशानी है?’’

‘‘नहीं, सर!’’ दयिता ने अस्पष्ट लहजे में कहा।

‘‘नो! नो! समथिंग इज रांग! तुम्हें क्या यह लेक्चर समझ में नहीं आ रहा है?’’

दयिता ने अस्पष्ट मुद्रा में दुबारा सिर हिला दिया।

‘‘अच्छा, बताओ तो, हाउ द स्ट्रेंजनेस इज़ कंज़र्व्ड इन द इवेंट ऑफ डिके प्रोसेस?’’

दयिता उठ खड़ी हुई। वह सिर झुकाए खड़ी रही।

बोधिसत्व के माथे पर बल पड़ गए, ‘‘क्या हुआ? चुप क्यों हो? बोलो—’’

दयिता की गर्दन और झुक आई। उसके दाँत कसकर, होठों पर कस गए।

‘‘क्लास में तुम बिल्कुल ध्यान नहीं देतीं। यह ठीक नहीं है!’’ बोधिसत्व के लहजे में नाराज़गी साफ ज़ाहिर थी, ‘‘बैठ जाओ।’’

दयिता झट से बैठ गई, लेकिन उसका सिर उसी तरह झुका रहा।

बोधिसत्व ने अपना लेक्चर दुबारा शुरू कर दिया। पढ़ाते-पढ़ाते, और भी कई बार उनकी निगाह, दयिता पर पड़ी। वह लड़की बिल्कुल काठ-काठ हुई बैठी थी, ज़रा-सा हिलडुल भी नहीं रही थी।

लगभग दो घंटों की क्लास! डेढ़ घंटे गुजरते ही, बोधिसत्व को थोड़ी-थोड़ी थकान महसूस होने लगी। क्या बढ़ती उम्र की वजह से? बोधिसत्व को यही अहसास हुआ। आजकल ऐसा अक्सर होता है। जब वे क्लास खत्म करके, बाहर निकल रहे थे, उस वक्त भी दयिता उसी मुद्रा में बैठी हुई थी। बोधिसत्व को ईषत् कोफ्त हुई। कहीं वे उस लड़की पर कुछ ज्यादा ही रूढ़ हो गए? क्लास में छात्रों को बेध्यान देखकर, उन्हें सख्त अफसोस होता है, लेकिन वे कभी वे अपना संयम नहीं खोते। यह भी क्या बढ़ती उम्र का ही कसूर है?

जाने क्या सोचकर, बोधिसत्व दरवाजे तक पहुँचकर एक बार फिर पलटकर खड़े हो गए।

"दयिता!" उन्होंने आवाज दी।

"जी, सर!" दयिता हड़बड़ाकर खड़ी हो गई।

"तुम ज़रा मेरे रूम में आना!"

"क्यों सर?"

"आओ तो सही! जो कह रहा हूँ, सुनो!"

अपने कमरे में लौटकर बोधिसत्व ने देखा, वहाँ शमीम उसके इंतजार में बैठा है। शमीम अहमद! बांग्लादेश का लड़का। ढाका विश्वविद्यालय से पी-एच.डी.! बरीसाल के ब्रजमोहन कॉलेज में पढ़ाता है! उम्र बत्तीस साल! यहाँ बोधिसत्व की देखरेख में पोस्ट-डॉक्टरेट रिसर्च कर रहा है! बेहद मेधावी लड़का! असंभव ज्ञान-पिपासु, कुल सात ही महीनों में शमीम ने बोधिसत्व को मुग्ध कर दिया है।

कामकाज की बातें शुरू हो गईं। शमीम के दिमाग में काल और महाशून्य के बारे में कुछेक निजी विचार-चिंतन थे। वह बोधिसत्व के सामने सप्रमाण व्याख्या करने लगा, कई छोटी-मोटी गणना भी करके दिखाईं। इधर कई दिनों से उन दोनों में यह चर्चा जारी थी। बोधिसत्व कमोबेश परम संतुष्ट थे!

उन्होंने कहा, "तुमने जो काम किया है, उसी पर बड़े आराम से एक पेपर तैयार हो सकता है।"

"हाँ, हो तो सकता है।" शमीम ने धीमी आवाज में हामी भरी। वह कभी ऊँची आवाज में बात नहीं करता, "सच पूछिए तो, सर, मैंने एक पेपर तैयार भी कर लिया है। अगर आप हुक्म करें, तो सोमवार को आपको कमोबेश पूरा का पूरा राइट-अप दिखा जाऊँ—"

"वेरी गुड, देर न करना ही बेहतर है।"

"सर, मेरा मन है कि यह रचना, मैं अमेरिकन जर्नल ऑफ थियोरिटिकल

फिजिक्स में भेज दूँ–''

''हाँ, भेज दो! मैं फॉरवर्डिंग नोट दे दूँगा। लेकिन हाँ, दिस विल भी योर पेपर! यह तुम्हारा पेपर होगा।''

''लेकिन, सर,'' शमीम ने एकाध पल खामोश रहकर कहा, ''मैंने तो सोचा था कि यह पेपर मैं आपके और मेरे ज्वाएंट नाम से प्रकाशित कराऊँगा।''

''क्यों? मैंने तो इस पेपर पर कोई भी काम नहीं किया। सारा काम, तुमने अकेले ही किया है।''

''आपका नाम रहा, तो पेपर का वजन बढ़ जाएगा सर!''

अचानक दरवाजे पर दस्तक हुई, ''सर, मैं अंदर आ जाऊँ?''

''कौन?''

''मैं हूँ, दयिता!''

पल भर के लिए वह नाम बोधिसत्व के दिमाग में रजिस्टर ही नहीं हुआ, लेकिन अगले ही पल वह नाम याद आ गया।

उन्होंने जवाब दिया, ''ओ हाँ, आओ! अंदर आ जाओ।''

कमरे में दाखिल होकर, वह ज़रा सकुचा गई।

बोधिसत्व ने कहा, ''एक सेकेंड! पहले शमीम को छोड़ दूँ। तुम्हें लंच में देर तो नहीं हो जाएगी?''

दयिता ने खट् से इनकार में सिर हिला दिया।

''दोपहर को तुम्हारी क्लास कितने बजे है?''

''जी, दो बजे!''

''तब तो वक्त है!'' इतना कहकर बोधिसत्व शमीम की तरफ मुखातिब हुआ, ''हाँ, तो मैं कह रहा था...सुनो तुम्हारा काम है, तुम्हारे ही नाम से ही प्रकाशित होगा। यही होना भी चाहिए। वहाँ मेरे नाम की पूँछ जोड़ने से तुम्हारी मर्यादा नहीं बढ़ेगी। दूसरी बात यह है कि जिस काम में, मैं शामिल नहीं हूँ, उसमे मैं अपना नाम हरगिज नहीं जोड़ने देता। वैसे यह रिवाज काफी चालू है। गाइड का नाम, रिसर्च-स्कॉलर के पेपर की शोभा बढ़ाता है और तुम लोगों के रिसर्च के दम पर, हम लोगों के पेपर की संख्या बढ़ती जाती है। लेकिन मुझे बाज़ार में यह चालू और खून चूसनेवाला सिस्टम सख्त नापसंद है। तुम्हारी क्रेडिट, तुम्हारी ही रहे, तो मुझे ज्यादा खुशी होगी।''

बोधिसत्व की आवाज में सरल दृढ़ता थी।

शमीम का चेहरा उजली हँसी से भर उठा, ''ओ.के. सर! ऐसा ही होगा। लेकिन संदर्भ में, मैं आपका जिक्र जरूर करूँगा, सर!''

''अच्छा-अच्छा! देखा जाएगा! पहले तुम काम तो पूरा करो।''

शमीम अपनी कॉपी-कागज समेटकर उठ खड़ा हुआ और दयिता की तरफ देखकर उसके चेहरे पर सौजन्यसूचक हँसी बिखर गई।

लेकिन, दयिता के चेहरे पर हँसी नहीं खिली। वह कुछ और ज्यादा सकुचा गई। वह खड़ी-खड़ी उँगली का नाखून चबाती रही।

शमीम के जाने के बाद, बोधिसत्व ने एक सिगरेट सुलगा ली। काफी देर बाद उन्होंने दिमाग को धुआँ लगाया। थकान मिटने लगी।

उन्होंने मुस्कराते हुए, दयिता से दरयाफ्त किया, "हाँ, अब बताओ, तुम्हारा मसला क्या है?"

दयिता ने अस्फुट लहजे में जवाब दिया, "कैसा मसला, सर?"

"तुम पहले तो कभी क्लास में इतनी बेख्याल नहीं हुईं?"

दयिता खामोश!

"तुम क्या किसी वजह से परेशान हो?"

दयिता ने पल भर को निगाहें उठाकर फौरन झुका लीं।

"देखो, अगर बताना न चाहो, तो मत बताओ। लेकिन, प्लीज़, मेरी क्लास में ध्यान दिया करो!"

दयिता ने दुबारा आँखें उठाकर, झुका लीं।

उसके दोनों होंठ हल्के-से काँप उठे, "सर,..."

"कुछ कहना चाहती हो?"

"सर, मेरा विवाह तय हो गया है।"

"अच्छा? वाह! यह तो खुशखबरी है!" बोधिसत्व की गहन-गंभीर हँसी गमक उठी।

उन्होंने हल्के कौतुकी लहजे में कहा, "अच्छा...अच्छा...इसीलिए इतनी उदास हो? अपने दूल्हे के ख्यालों में खोई हुई थीं?" यह सवाल करते हुए, उन्होंने जोर का ठहाका लगाया।

दयिता निरुत्तर!

"ब्याह कब है! फाइनल तो दे रही हो न?"

दयिता ने अस्फुट लहजे में जवाब दिया, "इस विवाह में मेरी सहमति नहीं है, सर!"

"अच्छा?" बोधिसत्व ठिठक गए।

"......"

उन्होंने समझदार की तरह गर्दन हिलाते हुए कहा, "इसीलिए तुम टेंशन में हो?"

दयिता ने अपनी निगाह का उठना-गिरना, एक बार फिर दोहराया। उसने कोई जवाब नहीं दिया।

"लड़का क्या करता है? तुम्हें पसंद क्यों नहीं है?"

इस बार भी कोई जवाब नहीं!

"ओ.के.! ओ.के.!" बोधिसत्व ने तटस्थ भाव से आवाज़ ज़रा तेज की, "घरवाले

क्या जोर-जबर्दस्ती कर रहे हैं? अरे, भई, लड़का तुम्हें नापसंद है, तो घरवालों को बता दो! मत करो विवाह!"

"लेकिन मैं तो..." इतनी देर बाद दयिता की आवाज़ सुनाई दी, "मैंने तो हामी भर दी है—"

अब बोधिसत्व के अचकचाने की बारी थी। यह लड़की चाहती क्या है? एक बार कहती है, वह राजी नहीं है, एक बार कहती है, वह राजी हो गई है! न्ना, लड़कियों के बारे में कोई समीकरण गढ़ना, उनके वश की बात नहीं थी। औरतों-लड़कियों के मन में इतने-इतने अजाने फैक्टर काम करते हैं...। अब, राखी को ही लिया जाए। बेटा आता है, तो एक तरफ किस कदर उल्लसित हो उठती है, दूसरी तरफ किस कदर सहम-सिकुड़ जाती है! अब, पहली बार, वह विदेश जा रही है। इस बात से वह उत्साहित है या निर्विकार, यह क्या समझा जा सकता है?

न्ना, इस लड़की को बुला भेजना गलत हो गया।

बोधिसत्व ने निस्पृह लहजे में कहा, "तब, क्या हो सकता है? अब आँख-कान मूँदकर, विवाह कर ही डालो।"

सहसा मानों विस्फोट हुआ!

दयिता फफक-फफककर रो उठी, "यह मुझसे नहीं होगा, सर! किसी शर्त पर भी नहीं।"

"क्यों? विवाह न करने की वजह? अगर तुम्हें पढ़ाई-लिखाई की फिक्र है, तो वह तो तुम विवाह के बाद भी जारी रख सकती हो।"

दयिता अस्थिर भंगिमा में जोर-जोर से सिर हिलाती रही। उसके दोनों गालों पर धार-धार आँसू बहते रहे।

बोधिसत्व विचलित हो आए। यह लड़की इस कदर रो-धो क्यों रही है? उन्होंने क्या इस लड़की के मन के किसी नाजुक जगह पर चोट कर दी?

बोधिसत्व अपराधी-अपराधी मुद्रा में उठ खड़े हुए।

उन्होंने तटस्थ भाव से उस लड़की की पीठ पर हाथ रखा, "आ-ह, शांत हो जाओ! मैंने क्या तुम्हें कहीं आहत कर दिया?"

"हाँ, किया है, सर!" दयिता का लहजा बदल गया। उसकी आँसू भरी आँखों में चिनगारियाँ टिमक उठीं, "आप क्या कुछ भी नहीं समझते?"

"नहीं तो! क्या बात है?"

"इसके लिए आप ही जिम्मेदार हैं! आपकी वजह से ही मैं...."

बोधिसत्व छिटककर, अलग जा खड़े हुए, मानों उन्हें करंट छू गया हो। उन्होंने दयिता की तरफ, एक बार फिर गौर से देखा। वे सिर से पाँव तक काँप उठे। इस लड़की की निगाहों में यह कैसी चिनगारी धधक रही है? कहीं यह पागल तो नहीं हो गई? यह लड़की कहती क्या है?

बोधिसत्व ने गंभीर मुद्रा में कहा, "जाओ! अपने हॉस्टल जाओ।"

दयिता ने झटके से अपना मुँह फेर लिया। मिनट भर थिर बैठी रही। अगले ही पल उसने अपने साफ-हरे दुपट्टे से अपनी आँखें पोंछ लीं। वह कदम नापते हुए दरवाजे तक पहुँच गई, मगर पल भर को वह दुबारा ठिठक गई।

उसने अस्पष्ट-सी आवाज में कहा, "सॉरी सर! लेकिन मैंने कुछ भी झूठ नहीं कहा।"

"ओफ ओ! तुम जाओ–" बोधिसत्व लगभग चीख उठे।

दयिता के जाते ही, बोधिसत्व एकबारगी कुर्सी पर ही ढह गए। उसकी कुहनियाँ मेज पर जा टिकीं। माथे की नसों को उन्होंने कसकर दबा लिया! सिर झुका हुआ! उनके सीने में अयाचित हलचल मच गई, मानों भूतल की गहराई में कुछ हिल-डुल गया हो और गुप्त खंदक की राह, उसी की सिहरन ऊपर तक आ पहुँची हो।

ऐसा क्यों हो रहा है?

अधेड़ उम्र की दहलीज तक पहुँचकर, इस किस्म का आवेग क्या बोधिसत्व को शोभा देता है?

दयिता, निहायत कमउम्र लड़की! झोंक में आकर, क्या कहने के बजाय, जाने कैसा तो प्रलाप करते हुए, कुछ का कुछ बक गई। बोधिसत्व ने अपने को कसकर डपट दिया। उन्होंने समूची स्थिति को तर्कों के घेरे में बाँधने की कोशिश की। बहुतेरी लड़कियों को क्या अपने जन्मदाता पिता के प्रति अंधा-प्यार नहीं जागता? इलेक्ट्रा कॉम्प्लेक्स? मुमकिन है दयिता के मन में भी ऐसा ही कोई अहसास जाग उठा हो। यही सच है, वर्ना इस किस्म का अहसास संभव ही नहीं है। उन्होंने भी उस लड़की को किसी और निगाहों से नहीं देखा। दयिता तो उनकी बेटी-समान है। यह सच है या नहीं? इस उम्र की लड़कियों के आवेग, बिल्कुल बेलगाम होते हैं, राखी भी कुछ इसी किस्म की बातें करती थी। इस किस्म का आवेग, क्या छुतहा होता है, बोधिसत्व भी इसमें डूबते क्यों जा रहे हैं? वे इस भावुकता में डूब गए हैं? या डूब जाने की कोशिश कर रहे हैं?

धत् यह सारा मामला पूरी तरह बचपना है! दयिता का यह पागलपन भी 'आइडियल वर्शिप' यानी आदर्श बंदगी के अलावा और कुछ भी नहीं है। यह मूर्ति-पूजा का सीधा-सादा केस है। उस लड़की के बारे में इस हद तक सोचना भी एक किस्म की स्टुपिडिटी है।

बोधिसत्व ने अकेले में ही जोर का ठहाका लगाया। उनके खाली कमरे में ठहाके गूँज उठे, जो उनके अपने ही कानों में बज उठे।

बोधिसत्व के खामोश हो जाने के बाद भी हँसी की वह गूँज मिटी नहीं, बल्कि गोल-गोल चक्कर लगाती रही! खामोशी की गूँज लगातार घूमती रही।

7

दोपहर की क्लास से लौटते ही दयिता हॉस्टल आकर, सीधे लेट गई। वह न नहाने के लिए उठी, न ही उसने खाना खाया, बस, काफी कुछ जूड़ी-बुखारग्रस्त मरीज की तरह, सिर से पाँव तक कंबल ओढ़े, लेटी रही। कोलाहल मुखर हॉस्टल, कुछ देर बाद, खाली हो गया। सारी लड़कियाँ दूसरे दौर की क्लास में चली गईं। दयिता उसी तरह लेटी रही। दोपहर जब ढल गई, वह बिस्तर से उठकर खड़ी हो गई। अगहन की नरम धूप में नहाए, निर्जन बरामदे में, कुछ देर वह अकेली-अकेली चहलकदमी करती रही। उसके बाद दुबारा बिस्तर पर आकर लेट गई। पेट की भूख जाने कभी की मर चुकी थी। उसकी आँखें दुबारा मुँद आईं। लेकिन नींद कहाँ आती? बस, बीच-बीच में आँखें उनींदी हो आतीं, टूटी-टूटी-सी तंद्रा पलकों से लिपट जाती, फिर उचट भी जाती। बस, बेसुधी का नशा-सा ही थिर हो रहा। उनींदे नशे जैसा अहसास!

इसी मनःस्थिति में दयिता जैसे कोई सपना देख रही हो। सपना या दृश्य? वह सो रही है या जाग रही है, यह उसे खुद ही समझ में नहीं आया। सपने और ठोस वास्तविकता का फर्क, उसे आखिर कैसे समझ में आता? बहरहाल, चाहे वह सपना हो या वास्तविकता, उसकी आँखों के आगे बार-बार एक तस्वीर उभरती रही, मानो वीडियो-रिप्ले!...खाँय-खाँय करता हुआ मैदान! दूर धुँधलाया-सा बरगद का पेड़! दयिता मैदान के बीचोंबीच से चली जा रही है। यूँ देखने में, वह मैदान काफी रूखा-सूखा बंजर नज़र आ रहा था, लेकिन वहाँ दयिता के कदम रखते ही जाने कहाँ से तो घास उग आती थी। घास धीरे-धीरे लंबी होती जा रही थी और देखते ही देखते समूचा मैदान, हर-भरा जंगल बन गया। बरगद के उस पेड़ ने भी लंबे होकर, प्रकांड दानव का आकार धारण कर लिया है। दयिता लाख कोशिशों के बाद भी, घास के उस जंगल को धकियाते हुए, आगे नहीं बढ़ पा रही है। वह खड़ी-खड़ी हाँफ रही है। बस, दृश्य यहीं खत्म! वह दृश्य रीवाइंड होकर दुबारा शुरू हो गया।

वह वीडियो टेप आखिर चलाता कौन है? वीडियो के अदृश्य बटन कौन दबाता है?

पश्चिम में सूरज यथासमय डूब गया। आसमान में रंगों का खेल खत्म, शाम का तरल अँधेरा घना हो आया। दयिता के कमरे की उत्तरी खिड़की खुली हुई थी, जिससे ठंडी-ठंडी हवाएँ हहराकर अंदर घुसी चली आ रही थीं। लेकिन दयिता को वह वाताश भी स्पर्श नहीं कर रही थी। लड़कियाँ एक-एक करके हॉस्टल लौट आईं। चारों तरफ कलरव गूँज उठा। लेकिन दयिता के कानों तक एक शब्द भी नहीं पहुँच रहा था।

चिरश्री भी कमरे में लौट आई।

उसे देखकर एकदम से ठिठक गई, ''क्या, री, दयी, पड़े-पड़े सो क्यों रही है? आज क्लास करने नहीं गई?''

दयिता ने निर्वाक निगाहों से उसे देखा।

चिरश्री की भौंहें सिकुड़ आईं, ''तुझे हुआ क्या है, री? तबीयत खराब है?''

दयिता मानों होश में आ गई।

उसने इनकार में सिर हिलाते हुए कहा, ''ना, कुछ भी तो नहीं।''

''तूने कहा और मैं मान लूँ? तेरा चेहरा-मोहरा कैसा तो अजीब लग रहा है! कहीं बुखार तो नहीं आया?''

''ना—''

''सिर-दर्द है या पेट में दर्द?''

''ना—''

''तो फिर लेटी क्यों है?''

''बस, ऐसे ही!''

दयिता ने हथेली उलटकर अपनी आँखों पर रख लिया। दिल की हलचल छिपाने का यही बेहतरीन उपाय है! आँखों में ही तो आँसू, आवेग, सुख-दुःख—सभी कुछ प्रतिफलित होते हैं।

उसने अस्फुट आवाज़ में कहा, ''मैं ठीक हूँ, री!''

''तो फिर तू क्लास में क्यों नहीं गई?''

''मन नहीं किया—''

''स्ट्रेंज! मन न करने की वजह जान सकती हूँ।''

''हर बात या इच्छा की क्या कोई वजह होती है?''

''ऑफकोर्स! आउट ऑफ नथिंग, कोई इच्छा नहीं जाग सकती और यह इच्छा नहीं, अनिच्छा है! खाना खाया?''

''ना—''

''बी एम की झाड़ खाकर, खाना भी बंद कर दिया?''

दयिता क्या ईषत् काँप उठी? उसकी छाती क्या अचानक ही चिनचिना उठी? बोधिसत्व ने क्या सच ही उसके साथ बेहद निर्मम बर्ताव किया था? न्ना इस बारे में भी कुछ ठीक-ठीक बताना मुश्किल है! वे तो उल्टे ईषत् नर्वस हो उठे थे। अपनी घबड़ाहट मिटाने के लिए ही शायद इतनी ऊँची आवाज में...

चिरश्री ने नीले रंग की शॉल ओढ़ ली और अपने बिस्तर पर आ बैठी। अस्त-व्यस्त बिस्तर पर इधर-उधर किताबें बिखरी हुईं। उसने जॉन ग्रीशम की एक किताब खोलकर, पेज-मार्क को लेकर नचाती रही, फिर उसने उसे जस-तस रख दिया।

कुहनी की टेक लगाकर, वह अधलेटी हो आई, ''यह तेरा चक्कर क्या है, तुझे ठीक-ठीक हुआ क्या है, बता तो सही?''

"मुझे क्या होना है?" दयिता ने बिल्कुल दबी आवाज़ में जवाब दिया।

"उस वक्त बीएम ने तुझे बुलाकर क्या कहा?"

"कुछ भी नहीं..."

"यूँ ही खाली-पीली बुलाया था? बिना कुछ कहे-सुने छोड़ भी दिया? सर क्या बेभाव फुर्सत में थे?"

दयिता जवाब टाल गई। यूँ कोई झूठमूठ का जुमला रच-गढ़कर कहा जा सकता है, लेकिन इस वक्त उसमें ऐसा कोई उत्साह नहीं जागा। सच तो यह है कि झूठ बोलने का उसका मन नहीं करता। वह उस शैतान सौमिक की तरह दोमुँहा साँप नहीं है!

दयिता ने दीवार की तरफ करवट ली! लेकिन उसे आहट मिलती रही। चिरश्री बिस्तर छोड़कर उठ खड़ी हुई है; चहलकदमी कर रही है; घूम-फिरकर उसे ही देख रही है। इस वक्त चूँकि उसकी अन्यान्य इंद्रियाँ अचल हो गई हैं, इसलिए उसकी छठी इंद्रिय खासी प्रखर हो उठी है। उसकी निगाहें कंबल चीरकर, दयिता को बेधती रहीं।

चिरश्री बड़बड़ा उठी, "तेरा रंग-ढंग कैसा तो अजीब हो आया है! और-और बार घर जाती है, तो नाचती-कूदती लौटती है, इस बार हंडिया जैसी मुँह फुलाए लौटी! छत्तीस बार कुरेदा, तब पता चला, तेरी शादी पक्की हो गई है। चलो, यह तो खुशखबरी है। लेकिन इसमें इतनी अपसेट होने की क्या बात है? पहले शाम को सैर पर जाने के लिए तड़ाक-तड़ाक उछल-कूद मचा देती थी, लेकिन इधर कई दिनों से गुमसुम होकर, कमरे में ही बैठी रहती है। आज क्लास में बेध्यान रहकर, फालतू-फालतू झाड़ भी खाई। विवाह तय होने पर, लड़की दो वजहों से 'अनमाइंडफुल' होती है। एक, अगर दूल्हा पसंद न हो या फिर अगर दूल्हे के ध्यान में डूबी हो। तेरा कौन-सा केस है?"

दयिता के होठों पर काठ-सी सख्त मुस्कान झलक उठी, "तू यह मान ले कि मैं दूल्हे के ख्याल में मगन हूँ।"

"सॉरी! यह नहीं मान सकती! दूल्हे के ख्याल में डूबा हुआ, किसी का भी चेहरा, यूँ नीम की पत्ती चबाए हुए चेहरे जैसा नहीं होता। तेरी क्या इस शादी में बिल्कुल भी दिलचस्पी नहीं है? शादी के लिए तुझसे जोर-जबर्दस्ती की जा रही है?"

दयिता ने लंबी-सी उसाँस भरी। समूचे कमरे में गर्म-गर्म उसाँसें बिखर गईं। इसकी गर्माहट ने चिरश्री को भी स्पर्श किया।

चिरश्री दयिता के करीब चली आई।

उसे अपनी तरफ खींचते हुए, उसने आवाज़ दी, "एइ...एइ...दयी...ए-इ!"

"हूँ—"

"तुझे क्या हुआ है, बता तो सही!"

''मुझे कुछ भला नहीं लग रहा है। कुछ भी...कुछ भी भला नहीं लग रहा है।''

''क्यों, री? तुझे लड़का पसंद नहीं है?''

चिरश्री के साथ दयिता की खास मिताई नहीं है। इस लड़की को बात-बात में लेक्चर देने की आदत है और चेहरे पर विज्ञ-विज्ञ भाव, दयिता को बिल्कुल पसंद नहीं है। लेकिन इस वक्त, चिरश्री का कोमल स्वर सुनकर, उसकी छाती एकदम से हाहाकार कर उठी। अचानक उसकी आँखों में आँसू भर आए।

उसके आँसू देखते ही, चिरश्री को मानों अपने सवाल का जवाब मिल गया।

वह दयिता से सटकर बैठ गई, ''समझ गई। लेकिन इस वजह से तू अपना दिल क्यों छोटा कर रही है?''

''और क्या करूँ?'' दयिता ने जोर से उसाँस भरी।

''सीधे-सीधे ना बोल दे।''

''इसका भी उपाय नहीं है।''

''क्यों?''

''सगाई हो गई! तारीख भी तय हो गई। अठारह जनवरी!''

''अजीब बात है! बेटी की असहमति के बावजूद माँ-बाप शादी कर देंगे? यह क्या पिछड़ा मध्ययुग है?''

''ना, री, जोर-जबर्दस्ती किसी ने भी नहीं की—'' दयिता ने भीगी आवाज में कहा, ''मैंने ही ढंग से अपनी असहमति नहीं जताई।''

''सो व्हाट? अभी भी ना कह दे।''

''ऐसा नहीं हो सकता री! अब तो दो-दो घरों के मान-सम्मान का सवाल है।''

''अरे, वाह! माँ-बाप के तुच्छ सम्मान के लिए बेटी की समूची जिंदगी बर्बाद हो जाए? मान-सम्मान पहले या जिंदगी पहले?''

यही प्रश्न तो दयिता को भी कुरेद-कुरेदकर खा रहा है! लेकिन वह किसी हाल भी नैतिक जोर नहीं जुटा पा रही है! जाने क्यों तो उसकी बुद्धि भ्रष्ट हो गई! जाने क्यों तो वह सौमिक के दफ्तर दौड़ गई? जाने क्यों तो उस बदजात के जरिए, चालाकी से ब्याह तुड़वाने गई? जाने क्यों तो उसने अपनी असहमति पहले से ही नहीं बताई?

चिरश्री उठकर खिड़की के पास जा खड़ी हुई! कुछेक पल बाहर का नजारा देखती रही। उसके बाद, उसने खिड़की के काँच का पल्ला बंद कर दिया और लौटकर स्टील की कुर्सी पर बैठ गई और पाँव बिस्तर पर टिका दिया।

उसने गंभीर मुद्रा में सवाल किया, ''उस लड़के से तेरी जान-पहचान हुई?''

''हूँ!''

''जान-पहचान पहले से ही थी या अब हुई?''

"इसी बार..."

"कैसा लड़का है?"

"जैसे आम लड़के होते हैं!"

"सूरत-शक्ल से कैसा है?"

"चलेबल! ठीकठाक ही है!"

"करता क्या है?"

"विदेशी बैंक में अफसर है! कॉस्टिंग करता है।"

"यानी वर के तौर पर बुरा नहीं है?"

"हाँ, ऐसा कह सकती है।"

"बातचीत में कैसा है? चाल-चलन?"

"ज़रा टिमिड...दब्बू टाइप है।"

"पिद्दी?"

"नहीं, नहीं, पिद्दी नहीं, सयाना ही है! देखने में शरीफ!"

"यानी डबल फेसेड मैन। दो-दो चेहरे वाला शख्स!" इतनी देर बाद जाकर चिरश्री को मानों सुराग मिला, "तुझे क्या इसीलिए वह नापसंद है?"

"और क्या?" दयिता को मानों देने लायक जवाब मिल गया, "इस किस्म का लड़का, जिसका चेहरा एक और हरकत एक–मुझे ज़रा भी बर्दाश्त नहीं होता।"

"उसने ऐसी कौन-सी हरकत कर डाली, जिसमें चेहरा अलग और आचरण अलग जाहिर हुआ?"

दयिता ठिठक गई। वह असली वजह बताए या न बताए, उसे सूझ नहीं पड़ा। अंत में दुविधा छोड़कर उसने उगल ही दिया। कम से कम दिल तो हल्का हो!

चिरश्री ने कोई मंतव्य नहीं किया, बस, उसकी बात सुनती रही। बदस्तूर काफी ध्यान से उसकी बात सुनी!

कथा-समापन के लगभग साथ-साथ, उसने दयिता को धर दबोचा, "लड़के को देखे बिना ही तू उसे खारिज करने के लिए क्यूँ पगला उठी?"

"बताया न, माँ-बाबूजी का तय किया हुआ लड़का है! इस तरह तय की गई शादी मुझे नहीं सुहाती।"

"बकवास! तू अपने मन की बात अपने माँ-बाबूजी को ही बता सकती थी।"

"बता सकती थी, लेकिन..."

"उहुं! तेरे तर्क में खास दम नहीं है, दयी! असल में, तूने जितना बताया, उससे तो लड़का खासा दिलचस्प लगा। उसमें सेंस ऑफ ह्यूमर भी लगता है! तू उसे लेकर खेलना चाहती थी, लेकिन उसी ने तुझे चित कर दिया। मेरा तो ख्याल यही बुद्धिमान लड़का, तेरा उपयुक्त दूल्हा हो सकता है।"

"असंभव! कब्भी भी नहीं! मैं उसे कभी अपना दूल्हा नहीं समझ पाऊँगी।"

"क्यों?"

चिरश्री ने निगाह नहीं, मानों सर्चलाइट फेंका। वह सारी पर्तें भेदकर, दयिता का अंतःस्थल परख लेना चाहती थी। दयिता सकपका गई। उसने मुँह फेर लिया।

अगले ही पल चिरश्री ने जोर का ठहाका लगाया।

"देख, दयी, मुझे पता है तेरे पास कोई जवाब नहीं है। तू कोई ऐसी अकादमिक-ख्यालवाली भी नहीं है कि लिखाई-पढ़ाई अधूरी रह जाएगी। यह सोच-सोचकर, तू उस लड़के को खारिज कर दे। तू आजीवन कुँवारी रहेगी, ऐसी कोई वासना भी तेरे मन में नहीं है। अगर ये बातें सच हैं। तो व्हाइ नॉट दिस चैप? वैसे एक फिल्मी ग्राउंड तेरे पास मौजूद है।"

"मतलब?" दयिता अचकचा गई।

"यह बात क्या मुझे जुबान खोलकर बतानी होगी?" चिरश्री की हँसी, होठों की कोरों में जा सिमटी, "तूने मिल्स एंड बून के बाद और कोई किताब नहीं पढ़ी, दयी। और तेरी मानसिक उम्र भी अभी विकसित नहीं हुई। आजकल तेरी नज़र में मर्द का मतलब है, कोई एक्स्ट्राऑर्डिनरी मैन! कोई असाधारण मर्द! जिसकी तुलना में लड़कियाँ बिल्कुल तुच्छ हैं।"

"तू कहना क्या चाहती है?"

"तू न निरी गधी है! अरे, भई, सर से अब और कितने दिनों भेंट होनी है? चार या छः महीने? मार-काटकर साल भर! उसके बाद, तू कहाँ, बी एम कहाँ? निगाहों-निगाहों में इश्क से मन नहीं भरता, री, दयी, तुझे ऐसा कोई मर्द चाहिए, जिससे जिंदगी भर इश्क किया जा सके। ऐसा प्लेटॉनिक प्यार...सिर्फ आत्मा का प्यार, दो-एक महीने ही भला लगता है! बुद्धिमती लड़कियाँ, इसके बाद, खट् से किसी और से ब्याह रचा लेती हैं। कुछ दिनों शायद बुरा लगे, बाद में अपना बचपना याद करके, खुद ही हँसते-हँसते लोट-पोट होती रहेंगी।"

दयिता झटके से उठ बैठी, संशय तो खैर उसके मन में भी जाग उठा है, चिरश्री उसे और क्यों उकसाए दे रही है? मन क्या इतनी दलीलें मानकर चल सकता है? किसी अनागत सुख की कल्पना में, कोई क्या इन पलों की तकलीफ की उपेक्षा कर सकता है?

दयिता ने सूखी आवाज में जवाब दिया, "लगता है, तुझे इसका काफी तजुर्बा है।"

"अरे, इस मामले में तजुर्बे की जरूरत नहीं होती! साधारण ज्ञान अगर भावुकता में न लिथड़ा हो, तो ऐसे ही पता चल जाता है।"

"ठीक है! ठीक है! तू फूट! मैं भावुकता में ही चलती हूँ, इसी में चलूँगी।"

दयिता दुबारा कंबल में मुँह ढँककर लेट रही।

चिरश्री ने दयिता के करीब आकर, उसे दुबारा धकियाया, "एइ, पागलनाम,

चल उठ, खाना तो खा ले।"

"नहीं, मुझे अच्छा नहीं लग रहा है। मुझे तंग मत कर।"

"देख, चूँकि तेरा पेट ठंडा नहीं है, इसलिए मूड भी बिगड़ा हुआ है। डिनर निपटाकर, ज़रा बाहर, एक चक्कर मार आ, मूड एकबारगी तरोताजा हो जाएगा। सुड्डाटा के साथ भी एक मिनी-मुलाकात करके आ सकती है।"

"तू यहाँ से दफा होगी या नहीं..."

चिरश्री हँसते-हँसते ही भाग खड़ी हुई।

उसके जाते ही, दयिता उठकर बैठ गई। उसकी नाक की पोपटें फूल उठीं। उसकी उदासी पर क्रोध की पर्त चढ़ गई। पल भर के लिए उसे सौमिक का चेहरा याद हो आया। उस लड़के ने ऐसी शैतानी क्यों की? वह लड़का अतिशय चतुर है या अतिशय निर्बोध? उसे क्या एक बार भी यह समझ में नहीं आया कि उसके प्रस्ताव में उसका प्रत्याख्यान छिपा हुआ है? वह उस छोकरे को क्या एक खत लिखे? लिख ही डाले। उस शख्स को भी कम से कम यह जान लेना बेहद जरूरी है कि जिस लड़की को ब्याह लाने के लिए उसकी लार टपक रही है, वह किसी और पर आसक्त है और वह कोई लल्लू-पंजू शख्स नहीं है। उस जैसे हज्जारों सौमिक भी आ जुटें, तो भी उसकी चाहत के शख्स के पैर के अँगूठे बराबर नहीं होगा। इसके बाद भी अगर उस छोकरे के सीने में दम-खम है, तो कर ले उससे ब्याह!

इस ख्याल से दयिता खासी उत्साहित हो उठी। वह तूफान की तरह मेज पर आ बैठी और कागज खींचकर, फर्र-फर्र लिखने लगी। दो लाइन लिखकर उसने वह कागज फाड़ दिया। उसने दुबारा लिखा, दुबारा फाड़ दिया। न्ना, भाषा ही मनलायक नहीं बन पा रही है। कोई लिखाई काफी सख्त लगी, कोई काफी मुलायम! ऐसी कौन-सी भाषा है, जो सौमिक के तन-बदन में आग भी लग जाए और दयिता को भी छोटी नहीं होना पड़े। ना, ना, भाषा बन ही नहीं रही है, बिल्कुल नहीं!

धत्तेरे की! दयिता उठ खड़ी हुई! उसने सारे कागज मोड़-माड़ डाले और कूड़े की टोकरी में ठूँस दिए। अचानक उसकी निगाह आईने पर जा पड़ी। इश्श्! कैसी सूरत निकल आई है! बाल मानों चिड़िया का घोंसला! आँखों तले सियाह गड्ढे! होंठ सूखकर पपड़ाए हुए! दयिता की यह हालत किसके लिए है? बोधिसत्व! बोधिसत्व! वह साहब दयिता को जाने का हुक्म देने चले हैं! दयिता क्यों जाए? दयिता को हटा देना क्या इतना आसान है? बिल्कुल भी नहीं! हरगिज नहीं!

दयिता बदन पर एक शॉल लपेटकर निकल पड़ी। कमरे के दरवाजे पर अपनी चाबी लगाकर, वह हनहनाती हुई बरामदे की तरफ चल पड़ी। कुछेक मिनट में वह यूनिवर्सिटी के गेट पर पहुँच गई। कैंटीन के करीब ही बरगद का विशाल पेड़! वह उसी पेड़ तले जा खड़ी हुई। वह पेड़ की छाया लपेटे खड़ी रही। वह छायामानवी हो उठी। इस अंचल में अच्छी-खासी ठंड पड़ने लगी है। दयिता के हाथ-पाँव सर्द

हो आए, फिर भी वह थिर खड़ी रही। तीन लड़के, लाइब्रेरी से निकलकर, आपस में बोलते-बतियाते, उसके सामने से गुजर गए। प्रोफेसर तिवारी लाइब्रेरी की तरफ जाते हुए! लेकिन दयिता पर किसी की भी नज़र नहीं पड़ी।

लगभग आधा घंटे इंतजार करने के बाद, उन जनाब के दर्शन मिले। दीर्घ-सुदृढ़ देह, लंबे-लंबे डग भरते हुए आगे बढ़ आई। दयिता ने झटपट अपने को और गहरे अँधेरे में छिपा लिया। बेहद अधीर निगाहों से उन्हें देखती रही। कैंटीन से आगे बढ़ते हुए, बोधिसत्व ईषत् ठिठक गए। उन्होंने इधर-उधर देखा। उनकी खोजती हुई निगाहें, अँधेरे में कुछ ढूँढ़ती रहीं।

वे किसे खोज रहे हैं? क्या दयिता को?

दयिता की छाती एकबारगी धड़क उठी। हाँ, सर कुछ खोज रहे हैं, वर्ना उस तरह गेट के सामने जाकर चुपचाप ठिठक क्यों जाते?

दयिता का मन हुआ, एक ही दौड़ में वह उस शख्स के करीब जा खड़ी हो, लेकिन वह नहीं गई। वह धड़कते दिल से, दूर से ही बोधिसत्व के क्रियाकलाप देखती रही। बोधिसत्व ने एक सिगरेट सुलगाई और अपने घर की तरफ बढ़ने लगे। कई एक कदम आगे बढ़कर, उन्होंने पलटकर देखा। कुछेक पल बाद वे दुबारा आगे बढ़ने लगे।

दयिता तीखी खुशी से सिहर उठी।

बोधिसत्व आँखों से ओझल हो जाते, इससे पहले ही, दयिता अँधेरे से बाहर निकल आई और मोहग्रस्त की तरह बोधिसत्व के पीछे-पीछे चल पड़ी। एक बार फिर क्या वे पलटकर नहीं देखेंगे? सिर्फ एक बार!

ना, बोधिसत्व ने पीछे मुड़कर नहीं देखा। पूरी सिगरेट पीकर, उन्होंने रास्ते पर उछाल दिया और दूसरी सिगरेट सुलगा ली। देखते-ही-देखते वे अपने घर के गेट तक पहुँच गए। हर रोज की तरह उनके बरामदे का चिराग जल उठा और बुझ भी गया।

दयिता का दिल निचोड़कर, एक लंबी उसाँस बाहर निकाली और माहौल में बिखर गई। सर्द माहौल में, टुकड़ा भर उष्ण वाताश!

8

बोधिसत्व बरामदे में बेंत की कुर्सी पर बैठे हुए, अखबार पढ़ रहे थे। इतवार की सुबह ही उनको अखबार पढ़ने की फुर्सत मिलती है। अखबार पढ़ने के बारे में बोधिसत्व के निहायत अजीब ख्याल हैं! हफ्ते में किसी एक दिन मन लगाकर अखबार उलट-पलट

लिया जाए, तो कमोबेश पूरे हफ्ते भर का हाल-चाल मालूम हो जाता है। इस मामले में इतवार ही श्रेष्ठ दिन है। इस दिन यूनिवर्सिटी बंद रहती है और वक्त कुछ शिथिल कदमों से आगे बढ़ता है।

इतवार को उनके यहाँ तीन-तीन अखबार आते हैं। अंग्रेजी-बांग्ला अखबार मिलाकर तीन-तीन अखबार! बोधिसत्व तीनों अखबार का अक्षर-अक्षर चाट डालते हैं। यहाँ तक कि तमाम विज्ञापन भी! आजकल कितनी-कितनी मनहरण चीजें निकली हैं। वक्त के साथ-साथ इंसान की चाहत और जरूरत, कितने अजीब ढंग से बदल जाती हैं। टी.वी., फ्रिज, वाशिंग मशीन, इन्वर्टर, वी.सी.पी., वी.सी.आर., वगैरह-वगैरह। गाड़ियों के भी कैसे-कैसे, नए विज्ञापन! उन्हें यह सब देखने में काफी मजा आता है। बोधिसत्व को याद आया कि उनके शैशव, किशोर, यहाँ तक कि जवान उम्र में पूरे पन्ने भर रेडियो के विज्ञापन हुआ करते थे। होठों पर उँगली रखे एक शिशु और बगल में रेडियो। वह विज्ञापन खासा लोकप्रिय था। लोगों में वह रेडियो खरीदने की धूम पड़ गई थी। हैरत है, रेडियो अभी भी दुनिया से निश्चिन्ह नहीं हुआ। बहुतेरे घरों में आज भी रेडियो सुना जाता है, मगर वे विज्ञापन अब कहाँ?

और भी जाने कितनी-कितनी यादें! विज्ञान पर निर्भर करते हुए, इन दिनों जाने कितनी-कितनी तरह के तकनीक विकसित हुए हैं और इन तकनीकों ने इंसान की चाहत बढ़ा दी है। चाहत की अंतहीन भूख मिटाने के लिए, विभिन्न तकनीक नित्य नए-नए छल और कला का आश्रय ले रहे हैं; नियंता विज्ञान, तकनीक का ताबेदार बनता जा रहा है। विज्ञान की भूमिका ही बदलती जा रही है। पहले वह स्वप्नद्रष्टा था, अब स्विच बन गया है! पता नहीं, कहाँ तो इसका अंत होगा।

आज एक छोटी-सी खबर पर बोधिसत्व की निगाह अटक गई। यह खबर, अंग्रेजी अखबार के भीतरी पन्ने पर छपी है! सन्फ्रांसिसको के करीब, एक पहाड़ी गाँव के बाशिंदों ने यू एफ ओ दुबारा देखा है! शुक्रवार की आधी रात को एक टीले पर फ्लाइंग सॉसर उतरा था। किस्म-किस्म की रोशनी के खेल दिखाकर, दुबारा उड़ गया। कहते हैं कि उड़ते समय, इतनी जोर की आवाज हुई कि आस-पास के पहाड़ तक थर्रा उठे। गाँववालों ने डर के मारे आँखें मूँद लीं, इसलिए वह सॉसर किस दिशा में उड़ गया, यह नहीं देखा जा सका।

अखबार तहाकर रखते हुए बोधिसत्व ने जोर का ठहाका लगाया।

उन्होंने जोर से आवाज लगाई, "सुनती हो?"

राखी उस वक्त बगीचे में थी। वह बागवानी में जुटी हुई थी। रूपचंद के भाई का विवाह था। वह हफ्ते भर की छुट्टी लेकर, परसों मोहनपुर गया है। अब कुछ दिनों बगीचे की देखभाल, राखी के जिम्मे! चंद्रमल्लिका फूलों की एक कतार रोपी गई थी। कोमल-नाजुक पत्तियाँ हहराकर खिल आई हैं। इस वक्त जड़ों की मिट्टी गोड़कर, राखी अंदाजे से उसमें खाद मिला रही थी।

उसने मिट्टी बराबर करते-करते, सिर घुमाकर पूछा, "क्या हुआ? इतना हँस क्यों रहे हो?"

"वही केस! इन अमेरिकनों को यू एफ ओ दुबारा नजर आया है।"

"कौन-सा फो?"

"यू एफ ओ! अपरिचित बेपहचाना फ्लाइंग ऑब्जेक्ट! यानी फ्लाइंग सॉसर!"

"ओऽ!"

"अच्छा, ये सब सिर्फ अमेरिकन ही क्यों देख पाते हैं, बताओ तो? दूसरे-दूसरे ग्रहों के जीव, क्या सिर्फ अमेरिकन को ही दर्शन देते हैं?"

राखी ने बुद्धू-बुद्धू निगाहों से देखा, "यह मैं कैसे बता सकती हूँ? हो सकता है, दूसरे-दूसरे ग्रहों से, अमेरिका ज्यादा करीब है।"

बोधिसत्व ने दुबारा जोर का ठहाका लगाया, "तुम तो अमेरिकी लोगों से भी ज्यादा स्टुपिड हो।"

"भई, मैं तो स्टुपिड ही हूँ!" राखी हँसते-हँसते पेड़ के करीब से हट आई।

उसने किसी कोने की तरफ, उँगली से इशारा करते हुए कहा, "गेंदे के फूलों का यह बेड, उस तरफ कर दिया जाए, तो कैसा रहे?"

बोधिसत्व की हँसी बुझ आई। वह खबर पढ़ने का मजा ही किरकिरा हो गया। विज्ञान के बारे में चरम कौतूहलहीन रहकर, उसने एक वैज्ञानिक के साथ जाने कैसे तो इतने साल गुजार दिए!

"बुरा क्या है? लगा दो!" प्रसंग टालने के लिए कोई एक जवाब देकर, बोधिसत्व दुबारा अखबार पढ़ने में डूब गए।

"इस बार, थोड़े-से पैंजी भी रोप दिए जाएँ तो अच्छा रहे न? रूपचंद ने कहा था, जब वह लौटकर आएगा, तो शहर की बड़ी नर्सरी से बढ़िया चारा ले आएगा।"

"अच्छा ही तो है! इस बार डालिया नहीं लगाई?"

"अरे, डालिया बिना, ठंड के मौसम में, बगीचा भला खूबसूरत लगता है? डालिया तो लगाए ही जाएँगे।"

"गुड! जाओ, चाय ले आओ। और हाँ, बाथरूम में ज़रा मेरा शेविंग सेट रख देना, मैं अभी ही हजामत बना लूँ।"

"गर्म पानी भी चाहिए?"

"ना—"

इस कदर समर्पिता राखी पर नजरें गड़ाए-गड़ाए, बोधिसत्व ने एक सिगरेट सुलगाकर, होठों से लगाया। उनके हुक्म की तामील करने के लिए, राखी से ज्यादा सुयोग्य, शायद और कोई नहीं है। वह इतनी दुविधाहीन, मशीन की तरह सारे काम किए जाती है कि सिर्फ इसी वजह से उन्हें अपनी यह बीवी बेहद फीकी-फीकी लगती है! पाँवदान है! एकबारगी पाँवदान!

शुरुआती ठंड की लजायी-शर्मायी धूप, सीढ़ी लाँघकर, अब बरामदा छूने लगी। उत्तरी वाताश सर्र-सर्र बहती हुई! पेड़-पौधों से मृदु आवाजें गूँजती हुईं! चारदीवारी के किनारे खड़े नीम के पेड़ की पत्तियाँ, डरपोक युवती की तरह तिर-तिर काँपती हुईं! कहीं कोई चिड़िया, पिक्-पिक् करके चहक उठी। झुंड भर आदिवासी मजदूरिनें, आपस में बोलती-बतियाती कैंपस-गेट की तरफ चली गईं। हर मजदूरिन के माथे पर टोकरी; चलने की भंगिमा बेहद उन्मुक्त, उनकी काली त्वचा से सूरज की किरणें बिखरती हुईं! इतवार की सुबह पर मानों और अधिक निखार खिल उठा।

बोधिसत्व के अंदर भी वह सुबह समाती जा रही थी। अपनी सिगरेट खत्म करके, वे अलस मूड में बगीचे में, नंगे पाँव टहलते रहे। उनके पाँव शिशिर में भीगते रहे। घास की छुअन से, बदन की पोर-पोर में एक अजीब-सी झुरझुरी फैल गई। बोधिसत्व सतेज और तरोताजा हो उठे। वे एक बार गैरेज के सामने आ खड़े हुए। सफेद रंग की एंबेसडर मानों ईषत् धूलभरी नज़र आई। रूपचंद ही यह गाड़ी धोता-पोंछता है। उसके विरह में ही क्या गाड़ी की यह हालत हो गई है? आज वे खुद ही गाड़ी न धो डालें? थोड़ी-बहुत कसरत भी हो जाएगी। चलो, छोड़ो! उनके हाथ में बाल्टी देखकर, कहीं राखी बाल्टी छीनकर, खुद ही...

अंदर कमरे में फोन बज उठा! विकट आवाज! बोधिसत्व ने क्रुद्ध निगाहों से घर की तरफ देखा। यह कौन बेअक्ल है, ऐसी मोहक सुबह धज्जी-धज्जी किए दे रहा है? फोन कई बार घनघनाकर एकाएक थम गया। पल भर बाद ही राखी की आर्त पुकार! बोधिसत्व लगभग दौड़कर कमरे में आए!

टेलीफोन के सामने ही रक्तहीन चेहरा लिए राखी खड़ी थी।

बोधिसत्व ने पूछा, ''क्या बात है? किसका फोन था?''

''बारासात से, रंटू का आया था। बप्पा को...''

''क्या हुआ है?''

''स्ट्रोक! आज भोर दिल का दौरा पड़ा है! उन्हें नर्सिंग होम में भर्ती किया गया है।''

''कहाँ? बारासात में ही?''

''यही तो बताया।'' राखी बेभाव रो पड़ी, ''मैंने तो सोचा था, इस बार कलकत्ता जाऊँगी, तो बप्पा से भी भेंट कर आऊँगी! लेकिन यहाँ कामकाज में अटक गई। लगता है, अब शायद भेंट न हो...''

''ओफ हो! इतनी बेचैन क्यों हो रही हो? रंटू ने क्या कहा? अब कैसी हालत है?''

''कहा तो यही कि काफी सीरियस है! इंटेंसिव केयर में रखा है'' राखी ने मुँह पर आँचल रख लिया, ''यह थर्ड अटैक है! अब सतहत्तर साल की उम्र में, बप्पा सँभाल पाएँगे?''

ससुर से बोधिसत्व का खास कोई लगाव नहीं था। लगाव होने जैसी कोई

बात भी नहीं है! सूर्यकांत चौधरी बारासात कोर्ट के नामी-गिरामी वकील थे। उनकी सोच-फिक्र की दुनिया, हमेशा ही मुवक्किल, मामले-मुकदमे! ससुर-दामाद में कभी कोई खास निकटता तैयार ही नहीं हुई! सूर्यकांत अपने गुणी दामाद का सम्मान जरूर करते हैं, लेकिन ज़रा दूर-दूर से ही! बोधिसत्व का ससुराल आना-जाना भी काफी कम है! इसके अलावा सतहत्तर साल की उम्र में किसी की मौत, खास शोकप्रद घटना भी नहीं है! अपने माँ या डैडी की मौत पर ही क्या अब वे हाथ-पैर नचा-नचाकर रो सकते हैं?

इसके बावजूद, बोधिसत्व को अफसोस हुआ! मौत में इंसान की जो गहरी अस्तित्वहीनता छिपी होती है, इस अहसास से उन्हें बेहद तकलीफ हुई।

बोधिसत्व ने आगे बढ़कर, राखी के कंधे पर हाथ रख दिया, "सुनो, मूड खराब मत करो। देखना, इस बार भी वे सरवाइव कर जाएँगे।"

"तुम्हें यकीन है?"

"हाँ यकीन है! एक काम करो। तुम देर मत करो, अभी ही रवाना हो जाओ–"

"तुम नहीं चलोगे?"

"मैं इसी वक्त कैसे चलूँ? एक काम अधूरा पड़ा है। ऐसा करो, तुम वहाँ पहुँचकर, रात को एक फोन करना। अगर हालत गंभीर हुई,...वैसे उम्मीद तो यही है कि कोई फिक्र की बात नहीं होगी, फिर भी...तुम्हारा फोन आया, तो मैं कल ही रवाना हो जाऊँगा।"

राखी ने आँचल से नाक पोंछी, "रूपचंद नहीं है, तुम्हें परेशानी नहीं होगी? तुम्हारा खाना-पीना, देखभाल...?"

"तुम इन सबकी फिक्र न करो, "बोधिसत्व ने कंधे झटकारकर कहा, "मैं किसी न किसी तरह मैनेज कर लूँगा। दिनेश को खबर दूँ? गाड़ी निकालकर, तुम्हें स्टेशन छोड़ आए?"

"रहने दो, तुम उसका घर नहीं पहचान पाओगे। मैं रिक्शे से ही चली जाऊँगी।"

राखी कमरे में जाकर, जल्दी-जल्दी सामान समेटने लगी। इसी दौरान उसने चाय भी बना लिया। नाश्ता भी तैयार कर दिया और फ्रिज में रखा मीट निकालकर, उसने खाना चढ़ा दिया। बोधिसत्व के लिए खाना वगैरह सहेजकर, वह पौने बारह बजे की ट्रेन पकड़ लेगी।

नाश्ता खाते-खाते, बोधिसत्व दुबारा अखबार में डूब गए। करीब साढ़े नौ बजे दरवाजे की घंटी बज उठी। राखी कामकाज में व्यस्त थी। बोधिसत्व ने खुद ही उठकर दरवाजा खोल दिया।

दो अपरिचित लोग! एक व्यक्ति, पैंतीस साल का नौजवान! गाल पर जतन से उगाई गई दाढ़ी! बदन पर जींस! दूसरे व्यक्ति की उम्र कुछ ज्यादा! कंधे पर हक्काना-सा बैग!

बोधिसत्व की भौंहें सिकुड़ आईं, "किससे मिलना है?"

"आप ही के पास आया था, सर!" नौजवान ने अपने चमड़े के जैकेट से कार्ड निकालकर, आगे बढ़ा दिया, "दैनिक, 'दिन-रात' अखबार के विज्ञान पेज के लिए, हम आपका इंटरव्यू लेना चाहते हैं।"

बोधिसत्व ने अखबार पर निगाह भी नहीं डाली।

उन्होंने नीरस आवाज़ में कहा, "एप्वाइंटमेंट के बिना, मैं इंटरव्यू नहीं देता।"

"सर, कल हमने कई बार आपसे फोन पर संपर्क करने की कोशिश की, लाइन नहीं मिली। दिसंबर में हम एक स्पेशल पुलआउट निकाल रहे हैं—महाविश्व पर! आपके इंटरव्यू के बिना, पुलआउट अधूरा होगा, सर!"

उस लड़के की बातचीत का तौर-तरीका काफी विनीत था। बोधिसत्व थोड़े-से नरम पड़े। इसके बावजूद उन्होंने उस लड़के को टालने की कोशिश की।

"लेकिन, भइए, आज तो ज़रा मुश्किल है। मेरे एक करीब रिश्तेदार काफी बीमार हैं। उनको लेकर, आज मैं ज़रा टेंशन में हूँ।"

"लेकिन, हम तो बड़ी उम्मीद लेकर आए थे, सर!"

उस लड़के के पीछे खड़ा शख्स बोल उठा, "बिल्कुल मुँहअँधेरे हम निकले हैं, सर! हावड़ा से सुबह साढ़े पाँच बजे की ट्रेन पकड़ी..."

"आप इंटरनेशनल सेमिनार में जा रहे हैं, सर, हमें उस बारे में कुछेक जिज्ञासा थी—"

"इंटरव्यू के साथ आपकी बहुत बड़ी-सी तस्वीर भी छापी जाएगी, सर! आपका इंटरव्यू ही पुलआउट को लीड करेगा।"

"हम ज्यादा वक्त नहीं लेंगे, सर!"

उफ! वाकई घनर-घनर करने की हद होती है!

बोधिसत्व ने विरक्त मुद्रा में कहा, "आइए! बट, प्लीज, बिल्कुल संक्षेप में!"

सोफे पर बैठते ही, उस लड़के ने छोटा-सा टेप-रिकार्डर निकाल लिया। पत्रकार के नज़रिए से उसने बैठने की जगह परखी। दूसरे शख्स ने अपना भारी-भरकम बैग, कंधे से उतारा। उनकी तस्वीर लेने के लिए, उसने कैमरा तैयार कर लिया। उसने अनुमति लिए बिना ही, पट्-पट् शटर दबाकर, कमरे की कुछेक तस्वीरें ले डालीं। वह शायद अपनी उँगलियाँ गर्म कर रहा था।

बोधिसत्व ने रुक्ष आवाज़ में कहा, "प्रश्नावली आप लोग तैयार कर लाए हैं?"

"जी, कमोबेश!"

"चलिए, पूछना शुरू कीजिए—"

लड़के ने टेप-रिकार्डर का स्विच ऑन किया, "सर, मेरा पहला सवाल है कि आपको महाविश्व पर रिसर्च करने की प्रेरणा कहाँ से मिली? क्या आपके परिवार का कोई, इस रिसर्च में पहले से ही जुड़ा था?"

फालतू-सा सवाल! बहुतेरी पत्रिकाओं में वे पहले भी इस सवाल का जवाब दे चुके थे।

उन्होंने एक सिगरेट सुलगाई और भावलेशहीन आवाज़ में जवाब दिया, "मेरे डैडी रेलवे में अफसर थे, लेकिन किताब पढ़ने का उन्हें असंभव हद तक नशा था! विभिन्न विषयों में उन्हे गहरा ज्ञान था। मेरी जिज्ञासा, काफी कुछ उनसे ही विरासत में मिली।...इसके अलावा बचपन में मुझे छत पर जाने का असंभव नशा था। खासकर रात के वक्त! अँधेरे में महाशून्य में भर-आकाश तारे, मुझे बेतरह खींचते थे। इन सितारों का जन्म कैसे हुआ? हर सितारे का निर्दिष्ट स्थान ही क्यों है? ये सितारे कैसे परिक्रमा करते हैं—ये तमाम बातें, मुझे बेहद चकित करती थीं। खासकर स्वर्ग-गंगा! मेरा मतलब है—आकाश गंगा, जो आसमान में एक छोर से दूसरी छोर तक चली गई थी। आप लोग कह सकते हैं, तभी से इस सृष्टि को लेकर मुझमें बेहद कौतूहल भर गया था।"

उस लड़के ने एक के बाद एक और भी कई रुटीन सवाल कर डाले। बोधिसत्व ने भी बँधे-बँधाए जवाब दे डाले। फिजूल ही समय की बर्बादी! बोधिसत्व की झुंझलाहट बढ़ती जा रही थी। उफ्! अखबार का पन्ना भरने के लिए, उनकी जुबान से चंद जुमले निकलवाना क्या इतना ही जरूरी है?

आखिर उनकी आवाज़ बेसब्र हो आई, "आप लोग क्या मेरे काम के बारे में कुछ जानते हैं?"

"हाँ, जानता क्यों नहीं हूँ?" लड़के ने चट् जल्दी से जवाब दिया, "आजकल आप ब्लैक-होल पर काम कर रहे हैं—"

"उस बारे में आपको कुछ नहीं पूछना है?"

"है, सर!" उस लड़के ने एक चिरकुट निकालकर, एक बार उस पर नज़र डाली, "आ रहा हूँ, सर, स्टेप बाइ स्टेप! सर, आपको ब्लैक-होल का आइडिया मिला कहाँ से?"

"आइडिया तो मेरा नहीं है! मैंने तो इस कंसेप्ट को ज़रा डेवलप करने की कोशिश की है।"

"कैसे डेवलप किया है, ज़रा बताएँगे, सर?"

"इतना तो आप जरूर जानते होंगे, ब्लैक-होल के जिस हद तक काले होने की कल्पना की जाती है, दरअसल वह इतना काला नहीं है। सच तो यह है कि ब्लैक-होल का साइज धीरे-धीरे घटता जा रहा है और उनमें से कुछ तो बिल्कुल गायब ही होते जा रहे हैं। गायब हो जाने के बाद, वे काले-काले गड्ढे, किस रूप में परिणत होते हैं, इसका निर्णय करना, अभी तक संभव नहीं हो सका है। सृष्टि-रहस्य जानने के लिए, यह जानना बेहद जरूरी है। इन दिनों मेरा सारा चिंतन-मनन, इसी विषय को लेकर है।"

"यानी आप काले गड्ढों के गायब हो जाने का रहस्य उद्घाटित करना चाहते हैं, यही न?"

बोधिसत्व की निगाहें सिकुड़ आईं। यह लड़का क्या किसी हीरे की चोरी के रहस्योद्घाटन के बारे में सोच रहा है? उसका सवाल उन्हें बेहद टुच्चे किस्म का लगा। वे उनके इस सवाल का कोई सख्त-सा जवाब देने जा रहे थे। अचानक उनकी निगाह राखी पर पड़ी। राखी इशारे-इशारे में उन्हें बुला रही थी।

बोधिसत्व उठकर, उसके करीब चले आए।

"क्या कहना है?"

"देखो, मैंने मछली का शोरबा बनाकर रख दिया है। आज और कल, दो दिन तो चल जाएगा। इसे मैं अलग-अलग कटोरी में, फ्रिज में रख देती हूँ। तुम गर्म करके खा लेना।"

"हूँ!"

"शाम को क्या भात खाओगे? तो मैं ज़रा ज्यादा-सा चावल उबाल दूँ, वर्ना रोटियाँ तुम्हें बाहर से मँगानी होंगी।"

बोधिसत्व के भेजे में उसकी बातें, ठीक तरह थिर नहीं हो पा रही थीं। ब्लैक-होल के साथ मछली-भात का कैसा विचित्र कंबिनेशन है!

उन्होंने अनमनी मुद्रा में गर्दन हिलाई, "जो बेहतर लगे, कर दो!"

"तब मैं, नहाने जा रही हूँ!"

"जाओ!"

वापस लौटकर बोधिसत्व दुबारा सोफे पर आ बैठे। अखबार के ये लड़के काफी दूर से आए हैं, काफी बकबका भी रहे हैं। वो क्या जाकर राखी को चाय भेज देने को कहें? चलो, छोड़ो, राखी का आज मूड ठीक नहीं है, वह जल्दी में भी है! फिजूल का दबाव न डालना ही बेहतर है और कोई दिन होता, तो अब तक वह खुद ही...!

उस लड़के ने काफी सकुचाए लहजे में कहा, "सर, आपका काफी सारा बेशकीमती वक्त नष्ट किया। अब सिर्फ दो-एक सवाल ही बच रहे हैं।"

"पूछिए—"

"सृष्टिकर्ता ईश्वर के बारे में आपकी अपनी निजी ध्यान-धारणाएँ हैं, हम जानते हैं। इस बारे में आप अगर कुछ कहें..."

"देखिए, मेरी ध्यान-धारणा से आप लोगों की ध्यान-धारणा हरगिज नहीं मिलेगी। ईश्वर में मुझे बूँद भर भी दिलचस्पी नहीं है! मैं सिर्फ उनका मन-मिजाज जानता-समझता हूँ! यहाँ ईश्वर मेरे लिए महज एक टर्म मात्र है। यह सृष्टि आखिर रची-गढ़ी कैसे गई? इसकी जरूरत ही क्या थी?—इस सब चिंतन में मुमकिन है, आप लोगों के ईश्वर के लिए भी कोई जगह बन गई हो..."

"लेकिन, सर, ईश्वर में अगर विश्वास न हो, तो इंसान के नैतिक मामले वगैरह

का क्या होगा?''

''वे सब मेरे फिजिक्स के घेरे में नहीं पड़ते। इंसान की नैतिकता को लेकर, मुझे कोई सिर-दर्द नहीं है।...लेकिन, हाँ, फिजिक्स के जरिए, अंकों के जरिए, मुझे एक रैशनिलिटी का सुराग मिला है। मुमकिन है, इंसान की जिंदगी में इसका प्रयोजन हो, तो हो भी सकता है!''

''सर आखिरी सवाल! कोई महाकाशयान अगर कभी ब्लैक-होल के दायरे में पड़ जाए, तो क्या सच ही वह निश्चिन्ह हो जाएगा? मतलब, उस गड्ढे से निकल तो आ सकेगा न?''

बोधिसत्व के ब्रह्मतालू में जैसे आग लग गई। ब्लैक-होल का माने—गड्ढा! अब तक उन्होंने जो कहा, वह क्या गंधवेणु के जंगल में मोती बिखेरने जैसा था? पत्रकारिता आमतौर पर पल्लवग्राही किस्म का होता है। ऐसे लोग अपने को जितना चालाक और ज्ञानी दिखाने की कोशिश करते हैं, दरअसल वे वैसे बिल्कुल नहीं होते, बोधिसत्व यह जानते हैं! लेकिन इंटरव्यू लेने आकर भी, ये लोग ऐसा मूर्खतापूर्ण मंतव्य करेंगे? ये लोग क्या 'महाकर्ष' शब्द का अर्थ भी क्या समझते हैं?

बोधिसत्व ने गंभीर मुद्रा में जवाब दिया, ''इसका जवाब तो आप लोगों को किसी साइंस-उपन्यास में मिल जाएगा।''

हैरत है! उस लड़के को उनके इस जुमले में छिपा व्यंग्य बिल्कुल समझ में नहीं आया।

उसने हँसते-हँसते टेप बंद किया और उठ खड़ा हुआ, ''अच्छा, तो अब कुछेक तस्वीरें ले लें, सर?''

बोधिसत्व ने हाँ या ना, कुछ भी नहीं कहा। उस फोटोग्राफर शख्स ने खुद ही तरह-तरह के पोज़ देते-देते, उनकी चार तस्वीरें भी ले लीं। रोशनी की चकाचौंध के मारे बोधिसत्व की आँखें मुँद आईं।

उन दोनों मूर्तिमान के रुख्सत होते ही बोधिसत्व के दिमाग में एक आइडिया खेल गया। काला गड्ढा, महाविश्व के बारे में ये लोग क्या लिखेंगे। यह तो साफ़ जाहिर था, ऐसे ही लोगों की रचनाएँ पढ़कर, आम इंसान के ख्याल जटिल हो आते हैं। वे खुद ही एक किताब लिख डालें, तो कैसा रहे? सहज-सरल भाषा में? काफी कुछ लोकप्रिय विज्ञान जैसा बनाकर! चलो, आँकड़े वगैरह न भी दिया, तो भी क्या विषय को समझाया नहीं जा सकता? किताब वे बांग्ला में लिखें या अंग्रेजी में? बांग्ला ही ठीक रहेगा! किताब शुरू कहाँ से की जाए? न्यूटन, गैलीलियो या फिर आइंस्टाइन से?

जब वे अपने ख्यालों में डूबे हुए थे, राखी बाहर निकल गई। अपने सामने कागज रखकर, बोधिसत्व ने किताब की छोटी-मोटी रूपरेखा भी बना डाली। किस अध्याय के बाद कौन-सा अध्याय जाना चाहिए, कौन-कौन सा डायग्राम भी जाना

चाहिए, उन्होंने यह सब भी तय कर डाला।

उनका होश तब लौटा, जब उन्हें कसकर भूख लगी। घड़ी पर नज़र पड़ते ही, वे उछल पड़े। एक बज गया। उन्हें फौरन लाइब्रेरी भागना था। हॉकिंग रेडिएशन से एक नया आइडिया उनके दिमाग में आया। आज उन्हें अपने इस विचार को और आगे बढ़ाना होगा। यह काम घर बैठे भी किया जा सकता है! लेकिन लाइब्रेरी में इंटरनेट भी है!

तूफानी रफ्तार से नहाने-खाने के बाद, बोधिसत्व निकल पड़े। अचानक उन्हें ख्याल आया कि घर के खिड़की-दरवाजे वे खुला छोड़ आए हैं। यह खिड़की-दरवाजे बंद करना, अजीब झखमारी है। लाइब्रेरी पहुँचते-पहुँचते ढाई बज गए। करीब दो घंटे तक दानवी ताकत से मेहनत करने के बावजूद, उनका काम खास आगे नहीं बढ़ा। कहीं कुछ गोलमाल हो रहा है। ऐसा अक्सर होता है! उन्होंने इस बात को खास तवोज्जोह नहीं दी। वे मुख्यतः इंट्यूशन पर काम करते हैं। पहले से ही वे कुछ सोच लेते हैं, बाद में अपनी सोच को अंकों के तरीके से मिलाने की कोशिश करते हैं। आज शायद उनकी सोच में ही कहीं भूल हो गई।

लाइब्रेरी छोड़ने से पहले, बोधिसत्व ने अपना दिमाग साफ कर लिया। दिमाग में अगर गलत-सलत सोच जमा हो, तो अगले दिन काम करना मुश्किल होता है! कल बाकी जिंदगी का पहला दिन होगा। कल न हो वे बिल्कुल नए सिरे से शुरू करेंगे।

बाहर मायावी शाम उतर आई थी। आकाश में हल्की नीली आभा! सूर्य अब पेड़-पौधों के पीछे उतर गया था। उसकी अंतिम किरणें, अपने बदन पर लपेटकर, विश्वविद्यालय भवन, मानों सोने में मढ़ा हुआ महल हो। पत्ते-पत्ते पर कच्ची हल्दी की छुअन! आसमान के बीचों बीच, दूधिया-सफेद चाँद तैरता हुआ! मानों वह चाँद नहीं, चाँद की छाया है। चाँद मानों चोर-निगाहों से ढलती शाम की खूबसूरती देख रहा हो।

यूनिवर्सिटी गेट पर पहुँचकर, बोधिसत्व ठिठक गए। ठीक इसी जगह तक आकर, आजकल वे सहसा जाने कैसी तो बेकली महसूस करते हैं। अनजाने में ही उनकी निगाह, पीछे मुड़-मुड़कर, आस-पास देखने लगती है! आज तो छुट्टी का दिन है! चारों तरफ विद्यार्थी घूमते-टहलते हुए! ना, उनमें वह नहीं थी। दयिता नामक लड़की, क्या उस दिन के बाद, एकदम से गायब हो गई? आज चार दिन हो गए, वह एक बार भी यूनिवर्सिटी में नज़र नहीं आई? वह लड़की खासी प्यारी थी! बेहद खूबसूरत, रुनझुनाते सुर में बात करती है, मुग्ध निगाहों से निहारती रहती है! जब वह करीब आती है, तो ऐसा लगता है, मानों आस-पास किसी ताजा प्राणों की खुशबू बिखर गई हो। दयिता क्या बेतरह आहत हो गयी है? उनसे कतरा रही है? आजकल उन्हें खुद भी बेहद खाली-खाली लगता है। उस दिन बेवजह रूढ़ होने के बजाय, क्या

उस लड़की को ज़रा और अच्छी तरह समझाना चाहिए था? आखिर वे उसे क्या समझाते? उनकी तो अपनी ही छाती धड़क उठी थी?

छोटी-छोटी उसांसें फेंककर, बोधिसत्व दुबारा चल पड़े। घर में दाखिल होते हुए, उन्हें पल भर को राखी का ख्याल हो आया। राखी को कमोबेश अकेले-अकेले ही चलने-फिरने की आदत है। वह जरूर ठीकठाक पहुँच गई होगी। ससुर साहब की हालत कैसी होगी, कौन जाने? उन्हें कुछ हो गया, तो उन्हें दौड़ जाना होगा। धत्! कोई मतलब होता भला है?

अर्से बाद, बोधिसत्व ने अपने हाथों से गैस जलाकर चाय बनाई। दूध-चीनी बिना लिकर चाय! यह जो ईषत् थकान लग रही है, इसी चाय से ही कट जाएगी। टी.वी. ऑन करके, वे सोफे पर आ बैठे और आराम से चाय की चुस्कियाँ लेने लगे। हमेशा की आदत की तरह, उन्होंने जेब में हाथ डाला और बस, मूड खराब हो गया। ज्जा, एक भी सिगरेट नहीं है!

अँधेरा झनझनाकर उतर आया था! बोधिसत्व हाथ में टार्च लिए, सिगरेट खरीद लाए। गेट खोलकर, सिटकनी लगाते हुए, अचानक उनकी निगाह ज़रा दूर जा पड़ी।

बोधिसत्व ने ऊँची आवाज में पूछा, "कौन? वहाँ कौन है?"

कोई जवाब नहीं मिला!

बोधिसत्व ने उस तरफ टॉर्च की रोशनी फेंकी!

वे एकदम से अचकचा गए, "तुम? तुम...यहाँ?"

अँधेरे लैंपपोस्ट के नीचे छाया बनी खड़ी दयिता शायद एकदम से सिकुड़ आई। उसने अस्फुट आवाज़ में कुछ कहा, बोधिसत्व सुन नहीं पाए।

बोधिसत्व ने गला खँखारकर, दुबारा सवाल किया, "वहाँ क्यों खड़ी हो? आओ, अंदर आओ!"

आज्ञाकारिणी छात्रा की तरह दयिता, बोधिसत्व के पीछे-पीछे चली आई। घर की दहलीज पर पैर रखते हुए, अचानक वह ठिठक गई।

बोधिसत्व ने दुबारा कहा, "क्या हुआ? आओ।"

वह लड़की सकुचाए कदमों से अंदर आई। वह सोफे पर नहीं बैठी। बस, सिर झुकाए खड़ी रही।

दयिता का संकोच दूर करने के लिए ही, बोधिसत्व ने उन्मुक्त आवाज़ में पूछा, "चाय पीओगी? अगर लिकर चले, तो अभी बनाए देता हूँ, दूध-चाय चाहिए, तो ज़रा वक्त लगेगा।"

दयिता की आँखों में बड़ा-सा सवाल!

बोधिसत्व ने ज़ोर का ठहाका लगाया, "मिसेज नहीं हैं। कलकत्ता गई हैं। फिलहाल, मेरा 'सेल्फ हेल्प' का वक्त चल रहा है।"

दयिता ने गले तक आई थूक निगलते हुए पूछा, "आप अकेले हैं?"

"इंसान मात्र ही अकेला है, दयिता! अपने जन्म के वक्त भी और मृत्यु के वक्त भी! क्या हुआ, बताया नहीं। चाय पीओगी? देखो, देर की तो मेरा मूड चला जाएगा।"

दयिता ने बुद्धू-बुद्धू निगाहों से देखते हुए पूछा, "आपको चाय बनानी आती है, सर?"

"मुझे बहुत कुछ आता है! भात-अंडे उबालना, आलू उबालना, मछली तलना। जब मैं लंदन में था, तब लगातार तीन सालों तक खुद ही पकाकर खाया है। इनफैक्ट, कुकिंग इज एन ईजी जॉब! लड़के अगर चाहें, तो आसानी से पका सकते हैं। लेकिन, पकाने की कला तो तुम औरतों ने ही पेट में छिपाए रखा है। आइ मीन, महज इसी मामले में तुम लोगों को मर्दों को निर्भर बनाए रखना भला लगता है। उम्मीद है, तुमने महाभारत पढ़ी होगी! तुम्हें जरूर जानकारी होगी कि भीम वाज ए ग्रेट कुक! बड़े-बड़े होटलों पर भी नज़र डालो—"

बोधिसत्व कहते-कहते रुक गए। वे कुछ ज्यादा ही बोल गए? निर्जन घर में, किसी लड़की के सान्निध्य ने क्या उन्हें प्रगल्भ बना दिया है?

उनकी बातों से ज्यादा यह निःशब्दता और ज्यादा अवास्तविक लगी।

बोधिसत्व ने आवाज़ धीमी करते हुए कहा, "अरे, अभी तक खड़ी क्यों हो? बैठो—"

दयिता बड़े सोफे के कोने में किसी तरह बैठ जरूर गई, लेकिन उसकी मुद्रा ऐसी थी, मानों अगर डाँटा तो वह फौरन भाग खड़ी होगी। वह लड़की क्या काँप रही है? मानों वह हिरनी हो और किसी शिकारी के सामने खड़ी हो।

सामने के सोफे पर बैठकर, बोधिसत्व ने एक सिगरेट सुलगा ली। दो-एक सेकेंड दयिता की तरफ देखते हुए उन्होंने निगाह हटा ली।

उन्होंने मृदु लहजे में पूछा, "तुम वहाँ, उस तरह क्यों खड़ी थीं?"

दयिता चुप!

"इस तरफ क्या किसी से मिलने आई थीं?"

दयिता ने इनकार में जोर-ज़ोर से सिर हिलाया!

"फिर?"

दयिता की ठुड्डी, सीने से जा लगी, "मैं तो रोज ही आती हूँ।"

"रोज? कब?"

"आपके पीछे-पीछे!"

"स्ट्रेंज! क्यों?"

दयिता ने झट से आँखें उठाकर देखा।

उसकी सहमी हुई निगाहें अचानक जल उठीं, "आप तो वजह जानते हैं?"

उस लड़की की आवाज़ अस्वाभाविक तौर पर तीखी हो उठी और सीधे-सीधे

बोधिसत्व को बेध गई। सहसा उसके घुटनों का जोर कम हो आया। उसे एकदम से सर्दी लगने लगी।

उन्होंने दबी-दबी आवाज़ में कहा, "देखो, पागलों जैसी बातें मत करो।"

"मैं पागल नहीं हूँ।"

"तुम जो कह रही हो, उसका मतलब समझती हो?"

"समझती हूँ।"

"यह सही नहीं है! अन्याय है, यह भी समझती हो?"

"कैसी गलती? कैसा अन्याय?"

"बी लॉजिकल, दयिता, बी रेशनल!" बोधिसत्व ने अपनी आवाज़ और ज़्यादा गहराने की कोशिश की, फिर भी उनकी आवाज़ काँप गई, "सोसाइटी में कुछ नियम-कानून हैं, इंसान को वह सब मानकर चलना होता है।"

"समाज के लिए इंसान है, या इंसान के लिए समाज?"

दयिता धीरे-धीरे मुखर हो उठी और बोधिसत्व सिमटते गए। वे सिमटते जा रहे थे या होश खोते जा रहे थे? उनकी जुबान सूखने लगी, अंग-प्रत्यंग जल उठा। यह जलन कब मचती है, बोधिसत्व बखूबी जानते थे।

बोधिसत्व ने जुबान फेरकर अपनी आवाज़ गीली की।

उन्होंने इस लहजे में कहा, मानों वे खुद को ही सावधान कर रहे हों, "देखो, मैं निहायत बूढ़ा आदमी हूँ, दयिता! तुम्हारे पिता जैसा!"

"पिता जैसे हैं, सगे पिता तो नहीं हैं! आपकी उम्र से मुझे कुछ भी नहीं लेना-देना!"

"मैं शादीशुदा हूँ! कॉलेज में पढ़ाई करने वाला एक बेटा है।"

"इसमें भी मेरा कुछ आता-जाता नहीं।"

"चुप करो! ज्यादा वाचाल मत बनो।" बोधिसत्व गरज उठे। लेकिन वह हुंकार, अपने ही कानों को बेहद हास्यास्पद लगी। बलि की हिरनी, इसी आवाज में आर्तनाद करती है।

बोधिसत्व ने फँसी-फँसी आवाज़ में कहा, "तुम चाहती क्या हो? क्या चाहती हो?"

"पता नहीं! मुझे कुछ नहीं पता।" दयिता अचानक फूट-फूटकर रो पड़ी, "मैं आपके बिना जी नहीं सकती। मैं मर जाऊँगी! आपके बिना मर जाऊँगी मैं!"

किसी की आँखों के आँसू, कभी अग्निगर्भा लावा बन सकते हैं, बोधिसत्व को अंदाजा नहीं था। एक अदद प्रस्फुटित यौवन आकुल-व्याकुल होकर उन्हें आवाजें दिए जा रहा था—"मुझे ग्रहण करो! मुझे ले लो!" ऐसा आह्वान क्या ऋषि-मुनि भी भला ठुकरा सकते हैं? भीष्म ने समर्पिता अंबा को लौटा दिया था, उसका नतीजा क्या भला हुआ था? खैर, भीष्म तो दूर की बात हैं। बोधिसत्व ऐसे कोई जितेन्द्रिय

मर्द नहीं थे। कितने दिनों वे अपने को संयत रख सकेंगे?

मारे रुलाई के दयिता की साँसें फूल उठीं। उसने दोनों हथेलियों से अपना चेहरा ढँक लिया। किसी शराबी की तरह डगमगाते कदमों से, बोधिसत्व आगे बढ़े। उन्होंने अपनी दोनों हथेलियों से दयिता के कंधे दबोच लिए। उन्होंने दयिता को खींचकर उठाया। दयिता ने आँसूभरी आँखों से बोधिसत्व की तरफ देखा। बोधिसत्व के होठ, दयिता के होठों तक उतर आए। उनके होठों ने दयिता के होठों की सारी नमी सोख ली। नमी या आग?

बोधिसत्व की नसों में तैरते हुए रक्तकण, मानों बेतरह नाच उठे। रक्तकण उनकी देह की पोर-पोर में अंधाधुंध नाचते रहे, मानों वे त्वचा चीरकर बाहर निकल आने को बेताब हो उठे, उनके सीने में, मानों नगाड़े बज उठे! दमादम! दमादम! दम! दम!

9

बारासात में स्थित लाल जी बाबा का आश्रम, स्टेशन के नजदीक ही था। हद से हद दस मिनट का पैदल रास्ता! रिक्शे से तो और भी कम। बिल्कुल नेशनल हाइवे पर स्थित है, इसलिए उस आश्रम के सामने से हरदम बसों का आना-जाना! दूर-दराज के भक्तों को उस आश्रम तक पहुँचने में कोई परेशानी नहीं होती।

सौमिक वगैरह ने बस या ट्रेन, कुछ भी नहीं पकड़ी। वे लोग गाड़ी से आए थे। किराए की गाड़ी! आज उसके साथ मणिदीपा और प्रवीर भी आए थे। समूचा दिन, सबका आश्रम में ही गुजारने का कार्यक्रम था।

इस उद्योग के पीछे, मूलतः कविता का ही हाथ था! यहाँ आने के पीछे, उसके दो उद्देश्य थे! आम के आम, गुठली के दाम! हरिद्वार से गुरुदेव का आगमन हुआ है! ज्यादा वक्त तक उनके सान्निध्य में रहने का मौका मिलेगा। इसके अलावा दिन भर साथ-साथ गुजारते हुए, दोनों परिवारों के आपसी रिश्ते और घनिष्ठ होंगे। मणिदीपा और प्रवीर भी सौमिक को अच्छी तरह जाँच-परख लेंगे।

सौमिक घूम-घूमकर आश्रम का परिदर्शन कर रहा था और रह-रहकर घोर अचरज में डूब जाता था। इस आश्रम में वह कुल्लमकुल एक ही बार आया था, वह भी अर्से पहले! लगभग दस साल पहले, जब उसके माँ-बाप ने दीक्षा ली थी। उस वक्त उसका क्या चेहरा था और आज कैसा तो हो गया है! जगह इतनी ही

थी, मगर उन दिनों भाँय-भाँय करती थी! इस जगह टाली की कुल दो कोठरी! और एक अदद मँझोले साइज का मंदिर! अब तो यह जगह मिनी-टाउनशिप का रूप ले चुकी है। मामूली-सा मंदिर, अब संगमरमर-निर्मित मंदिर का विराट आकार धारण कर चुका है! ध्यान-जप-कीर्तन के लिए, अब अलग से विराट हाल बनाया गया है। साफ-सुथरे पानी के तालाब के चारों तरफ पक्के घाट! टाली का छादन अदृश्य हो चुका था और आश्रमवासियों के लिए अब कतार-दर-कतार पक्के दो-मंजिले घर!

उधर गोशाला में आठ-आठ गाएँ! एक तरफ तरकारियों के खेत, फूलों के बाग़ लहलहाते हुए! आश्रम के पीछे मिनी वाटर-पंपिंग स्टेशन! जेनरेटर रूम! अब, यहाँ खूबसूरत-सा गेस्ट-हाउस भी बन गया है! मानों तीन-सितारा होटल! सारा कुछ कितना विराट! रसोई, डाइनिंग रूम! यहाँ तक कि आश्रम को घेरे हुए, चारदीवारी!

इतनी सारी दौलत आई कहाँ से? इन्हें क्या कोई बैंक फाइनेंस कर रहा है?

प्रवीर भी इधर-उधर घूम-फिर रहा था। इस आश्रम में वह बिल्कुल ही नवागत था। वह मन ही मन कहीं बेचैन भी था। सौमिक को सामने पाकर, उसने राहत महसूस की!

सौमिक ने हँसकर पूछा, "क्या हुआ? आप गए नहीं?"

"कहाँ?"

"गुरुदेव का दर्शन करने?"

"भई, मैं ठहरा पापी-तापी इंसान! यह सब मेरे वश की बात नहीं है!" हँसते-हँसते ही उसने अपनी आवाज़ धीमी की, "एइ यहाँ सिगरेट नहीं चलती?"

"मुझे ठीक-ठीक पता नहीं! मेरा तो यहाँ आना-जाना है नहीं..."

"ओऽ!" इतना कहकर, उसने झट से अपनी जेब से सिगरेट निकाल ली! एक बार उसने चारों तरफ चौकन्नी निगाह डाली। इधर-उधर गेरुआधारी संन्यासी-संन्यासिनें भावलेशहीन मुद्रा में आते-जाते हुए! उसने वहाँ के नियमों का अंदाजा लगाने की गरज से, उनके चेहरों की तरफ गौर से देखा।

उसके होठों पर शरारती मुस्कन खिल उठी, "यहाँ कहीं 'नो स्मोकिंग' का बोर्ड तो नज़र नहीं आ रहा है। सिगरेट सुलगा ही लें। क्यों?"

सौमिक ने अपने कंधे झटकारकर कहा, "हाँ, हाँ, सुलगाइए न! अगर किसी ने टोका, तो फेंक दीजिएगा।"

कुंठा-भाव झटककर, प्रवीर ने सिगरेट सुलगा ली।

उसने सिगरेट का पैकेट सौमिक की तरफ बढ़ा दिया, "चलेगा?"

सौमिक ने झट से इनकार में सिर हिला दिया।

"कम ऑन! शर्माओ नहीं! यू आर एडल्ट इनफ! खुले आम सिगरेट पी सकते हो—"

"नहीं! मैं सिगरेट नहीं पीता—"

“बिल्कुल नहीं?”

“न्ना!”

“कभी-कभार भी नहीं?”

“ना! मुझे तो इसकी गंध तक...”

“मेरी बेटी को यह गंध बेहद पसंद है! सिगरेट की गंध को वह क्या कहती है, जानते हो? मैनली स्मेल! मर्द की खुशबू!”

सौमिक के चेहरे पर हल्की-सी बुद्धू-बुद्धू मुस्कान झलक उठी। विवाह के बाद क्या दयिता की इच्छा-मुताबिक, उसे भी सिगरेट शुरू करना होगा? आज अगर दयिता भी साथ आई होती, तो बेहतर होता। सिगरेट के बारे में उससे वह पूछ लेता!

पल भर के लिए उसकी निगाहों के सामने दयिता का चेहरा तैर गया! जो चेहरा, उसने पिछले मेले में देखा था। उस लड़की का इच्छा-अनिच्छा-बोध इतना तीखा है कि उसकी चाहत के साथ ताल मिलाकर, क्या वह चल पाएगा?

आश्रम के पूरे बाग-बगीचे में पीले-सुनहरे रंगों का समारोह! टेनिस-बॉल जैसे गेंदे के फूल! देखते हुए आँखें चौंधिया जाती हैं! पूरे बाग में अन्य किसी मौसमी फूल का नामो-निशान तक नहीं है। वैसे जवा और गुलाब के दो-चार फूल भी हैं, लेकिन गेंदे के साम्राज्य में उनकी स्थिति का अहसास बेहद मुश्किल है। पेड़-पौधों से भरे उस आश्रम के हर बड़े-लंबे पेड़ तले, सीमेंट का पक्का चबूतरा!

प्रवीर सिगरेट खत्म करके, नीम के एक बड़े-से पेड़ तले आ बैठे! सौमिक भी उनकी बगल में बैठ गया।

प्रवीर ने सौमिक की पीठ पर हाथ रखकर पूछा, “भविष्य के बारे में क्या सोचा है?”

सौमिक हँस पड़ा, “सोचना क्या है? कुछ भी नहीं!”

“नौकरी बदलने का कोई प्लान नहीं है?”

“फिलहाल तो नहीं!”

“बैंक की नौकरी अच्छी लगती है? स्टीरिओटाइप...? घिसी-पिटी नहीं लगती?”

“सभी नौकरियाँ तो स्टीरिओटाइप होती हैं—”

“यह तुमने खासा जवाब दिया—” इतनी देर बाद प्रवीर की आवाज भी गमक उठी, मानों उसने अपने भावी दामाद की जुबान से मन लायक जवाब सुन लिया हो।

उन्होंने सिर हिलाकर बात आगे बढ़ाई, “मैं भी...जब यहाँ...इस कंपनी में दाखिल हुआ, मैंने सोचा था मार्केटिंग का काम काफी चुनौती भरा होगा। लेकिन, धत्! कहाँ की चुनौती! रुटीन काम! रुटीन टेंशन, रुटीन उत्तेजना! अब मैं किसी भी काम में कोई एतराज नहीं उठाता, इसलिए अब दिनोंदिन और-और काम भी लादा जा रहा है...दबाव बढ़ता ही जा रहा है।”

"समू...एइ, समू..।"

सौमिक-प्रवीर की बातचीत में बाधा पड़ी। सौमिक को दयिता के पिता खासे दिलचस्प शख्स लगे, लेकिन कविता बसुराय ने उन दोनों को शांति से बातचीत ही नहीं करने दी।

कविता ने दुबारा हाँक लगाई, "एइ, सोमू, जरा सुन न! इधर आ—"

सौमिक बेज़ार मुद्रा में उठ खड़ा हुआ, "क्या बात है?"

"चल, गुरुदेव को प्रणाम कर आएँ।"

"मैं? क्यों?"

"कमाल है! उनका आशीर्वाद नहीं लेगा?"

"तुम सब तो ले रहे हो न!"

नाटी-छोटी, भारी-भरकम कविता की आँखें अपने बेटे पर गड़ गईं।

उन्होंने दृढ़ आवाज में हिदायत दी, "देख, तमाशा मत कर! चल—"

सौमिक कोई तमाशा नहीं करना चाहता था, तभी तो वह कविता बसुराय की तमाम ज्यादतियाँ बर्दाश्त करता रहता है। वह सच ही तमाशा नहीं करना चाहता, इसीलिए उस अदृश्य बुलडॉग से आज तक पंजा नहीं लड़ा पाया।

एक तो इतवार का दिन! उस पर से गुरुदेव मौजूद! आश्रम में आज काफी भीड़भाड़ थी! मंदिर में भी! लालजी बाबा, मंदिर के पिछवाड़े बैठते थे। उनके दरवाजे पर दर्शनार्थियों की बाढ़ उमड़ी हुई थी। छोटे-से कमरे की फर्श पर कालीन बिछी हुई! कालीन पर औरत-मर्द-बच्चे ठुँसे हुए बैठे थे। लालजी बाबा का आसन, ज़रा ऊँचाई पर स्थित, संगमरमर के सिंहासन पर शोभायमान था। उनके बदन पर गेरुआ रंग की धोती और नक्काशीदार काश्मीरी शॉल! सूरत-शक्ल से काफी भव्य और आकर्षक! चौड़े कंधे! चौड़ा माथा! उन्नत नाक, बुर्राक-गोरा रंग, दोनों गालों से गुलाबी आभा छिटकती हुई! उम्र पचास से सत्तर के दरमियान, कोई, कुछ भी अंदाजा लगा ले! उनकी बड़ेरी आँखें अतिशय सौम्य और स्नेहिल! कमरे के किसी भी ओने-कोने में धूप या अगरबत्ती नहीं जल रही थी, मगर उनके इर्द-गिर्द अद्भुत खुशबू बिखरी हुई!

बेटे की कलाई थामे, बड़े कौशल से भीड़ से बचती-बचाती कविता कमरे में घुस आई और बेटे को लगभग खींचते-घसीटते, उसने लालजी बाबा के सामने ला खड़ा किया।

"यह मेरा बेटा है, गुरुदेव!"

लालजी बाबा बेहद धीमी आवाज़ में किसी कमउम्र संन्यासिन से बातें कर रहे थे।

उन्होंने पलटकर सौमिक को देखा।

"अरे, तू? तू ही सौमिक है?"

सौमिक नमस्कार की मुद्रा में हाथ जोड़नेवाला था कि पहली पंक्ति में विराजमान, दुबले-पतले, वासुदेव तड़ाक से उठ खड़े हुए।

उन्होंने बेटे के कान में फुसफुसाकर कहा, "यह क्या कर रहा है? सिर झुकाकर प्रणाम कर!"

लालजी बाबा को किसी अंतर्यामी की तरह, शायद उनकी बातचीत का आभास मिल गया।

उन्होंने स्मित मुस्कान समेत हाथ उठाकर, उसे रोक दिया, "रहने दो, बेटा! सिर झुकाने से ही क्या ज्यादा सम्मान दिखाया जाता है? आ, सौमिक, मेरे करीब आकर बैठ!"

न चाहते हुए भी सौमिक उनके करीब बैठ गया। हाँ, वह ज़रा सिमटा-सिकुड़ा हुआ ज़रूर था। कमरे में मौजूद सभी लोग, अचरज से मुँहबाए देखते रहे। सौमिक अपनी ही नज़र में तमाशा बन गया।

लालजी बाबा ने सौमिक के सिर पर हाथ रख दिया, "तेरी माँ, तेरे बारे में खामखाह ही परेशान है। ऐसा सुंदर, बुद्धिमान बेटा, कितनों को नसीब होता है भला? तेरा ही विवाह होना है न?"

"जी हाँ, गुरुदेव! वे मणि 'दी हैं न! उन्हीं की बेटी के साथ! तस्वीर देखकर आपने ही तो जोड़ी मिलाई थी।"

लालजी बाबा ने सौमिक की हथेली दबाकर जाँचा-परखा। उनकी निगाह, सौमिक के माथे पर गड़ी हुई!

"राजयोग है! अनंत सुख मिलेगा! अपार ऐश्वर्य!" बाबा जी बोल उठे।

मणिदीपा भी हड़बड़ाकर आगे बढ़ आई, "माघ की कौन-सी तारीख तय करूँ, गुरुदेव?"

"सात तारीख के बाद और बीस तारीख से पहले! लेकिन मंगल या शनि न हो।"

"नौ तारीख को बुधवार है, गुरुदेव!"

"तो फिर वही दिन निश्चित कर डालो। शुभस्य शीघ्रम!"

उन्होंने सौमिक की हथेली दुबारा दबाकर परखी, "क्यों, रे, लड़की देखी है?"

सौमिक की तरफ से कविता ने ही बीच में कूदकर जवाब दिया, "रिश्ता जब स्वयं आपने पक्का किया है, तो उसे देखने को क्या है, गुरुदेव?"

"फिर भी...आजकल के बच्चे हैं। वे लोग ज़रा एक-दूसरे को ठोंक-बजाकर देखेंगे नहीं?"

"फोटो देखी है! लड़की उसे पसंद भी आई है।"

"तब तो ठीक है! समझा, सौमिक? यह जो सूरज उगता है, डूबता है; चाँद उदित होता है, तारे निकलते हैं—यह सभी कुछ, उस ऊपरवाले की इच्छा के नियमों

में बँधा हुआ है। चूँकि यह ऊपर वाले की इच्छा है, इसलिए हम जिंदा हैं, अगर वे न चाहें, तो कुछ भी नहीं होगा। आदमी अगर इतनी-सी बात समझ ले, तो सुख में कभी कमी नहीं आती! समझ गया?''

गुरुदेव की बातचीत की भंगिमा बेहद मोहक थी।

सौमिक ने मोहाविष्ट की तरह सिर हिलाकर हुंकारी भरी!

''तुम लोग भी काफी सुखी होंगे। विवाह के बाद, किसी दिन जोड़ी के साथ आना, भेंट कर जाना।''

गुरु से छुटकारा पाकर सौमिक ने मानों राहत की साँस ली। वह तीर की तरह कमरे से बाहर निकल आया। लालजी बाबा की बातें, उसके दिल की गहराइयों में हलचल मचा गईं—'तुम दोनों बेहद सुखी होंगे।' इस दुनिया में मानों दयिता ही उसके सुख के लिए सुनिश्चित की गई है या दयिता के लिए उसे निर्धारित किया गया है। इस ख्याल में उसे अद्‌भुत तृप्ति का अहसास हुआ। इसमें मधुर-सी राहत थी। पिछले दिन, वह दयिता की किस खूबी पर इस कदर मोहित हो गया? बातचीत की साफगोई, उसकी बेझिझक भंगिमा! अपराइटनेस! उसका बिंदास लहजा या और कुछ, जो बयान से परे है?

सौमिक टहलता हुआ आश्रम के गेट पर चला आया। उसके मन की आँखों में अनागत भविष्य की तस्वीर तैर गई। विशाल, ऊँचे स्काइस्क्रेपर की बिल्कुल मंजिल पर फ्लैट! प्रशस्त बालकनी में अगल-बगल दो आरामकुर्सियाँ। अधेड़ दंपती एक-दूसरे के आमने-सामने बैठे हुए! वे दोनों कौन हैं? सौमिक और दयिता ही हैं न? सौमिक के माथे पर ढेरों झुर्रियाँ पड़ी हुईं! दयिता के बालों में भी उम्र के रंग! वे दोनों किन्हीं-किन्हीं बातों में मशगूल! कैसी बातें? सौमिक ने अपने कान आसमान की तरफ लगा दिए। जाने कब तो वह मेलेवाले मैदान में भोंदू गंगाराम की मुद्रा में खड़ा था! दयिता उसी बात पर उसे छेड़ती हुई, हँस-हँसकर लोटपोट हुई जा रही थी। क्या आँखें हैं! उस उम्र में भी मानों बिजली गिराती हुई! उसका अधेड़ शरीर रह-रहकर सिहर उठता था। इसे ही क्या अनंत सुख कहते हैं?

अचानक वह तस्वीर टुकड़े-टुकड़े हो गई। जाने कहाँ से तो रुलाई की आवाज़ तैरकर आती हुई! सौमिक ने इधर-उधर निगाहें दौड़ाईं। आश्रम से सटी हुई हक्कानी-सी कोठी! आकार-प्रकार से साफ जाहिर था कि वह किसी अमीर का मकान है! रुलाई की आवाज़ उसी कोठी से आ रही थी। कोठी के सामने भी छोटी-मोटी भीड़। सौमिक के मन में ईषत् कौतूहल जाग उठा। वह उस कोठी की तरफ बढ़ चला।

एक मोटा-तगड़ा शख्स भीड़ चीरकर बाहर निकला। हाथ में बाज़ार का थैला!

सौमिक ने उसी से दरयाफ्त किया, ''क्या हुआ है, भाई साहब?''

''कोई मर गया है—'' उस शख्स ने उदासीन लहजे में जवाब दिया।

''कौन मर गया?''

''वकील साहब! बुड्ढा कई दिनों से जिंदगी से लड़ रहा था। आज टसक गया।''

''उसे हुआ क्या था?''

''दौलत ज्यादा हो, तो जो होता है! सेरिब्रल...''

किसी मरे हुए शख्स के बारे में ऐसे चटर-चटर मंतव्य सुनकर, सौमिक को भला नहीं लगा। वह चुपचाप आश्रम में लौट आया। दूर से ही उसकी नज़र पड़ी। एक चबूतरे पर, रूमाल-चोर खेलने की भंगिमा में दो जोड़े बैठे हुए थे। कविता-वासुदेव; प्रवीर-मणिदीपा!

सौमिक पर नज़र पड़ते ही मणिदीपा ने उसे हाथ के इशारे से बुलाया।

सौमिक जैसे ही उनके करीब पहुँचा, मणिदीपा ने कहा, ''कहाँ-कहाँ भटकते फिर रहे हो। ज़रा हमारे पास भी बैठो; हमसे भी बातें करो—''

सौमिक ने विनम्र होने की भंगिमा में जवाब दिया, ''हाँ-हाँ बात कीजिए न!''

''तुम्हें मुनिया के बप्पा के साथ ज़रा जाना होगा, बेटा। सूट और कमीज का नाप देना होगा। मैं भी साथ रहूँगी।''

''जी-अच्छा!''

''इसके अलावा, एक दिन हमारे यहाँ आकर बुंबा से भी जान-पहचान कर जाओ। वह तो बहुत पहले से ही तुम्हारा 'फैन' बन गया है—''

''क्यों?'' सौमिक की भौंहें चढ़ गईं, ''मुझमें ऐसी कौन-सी खूबी देख ली?''

''अरे, वही जो तुमने कहा कि तुम मुनिया को नहीं देखोगे, बिल्कुल मड़वेतले ही देखोगे। यह बात बुंबा को बेहद 'इंप्रेस' कर गई। वह सबसे कहता फिरा कि दीदी के लिए इसी किस्म का स्मार्ट, साहसी, डेयरडेविल लड़का चाहिए था।''

सौमिक हँस पड़ा। साथ ही उसे यह भी अंदाजा हो गया कि दयिता उर्फ मुनिया ने पिछले दिन उससे भेंट करने की बात, अपने घर में जाहिर नहीं की है।

मणिदीपा भी मंद-मंद मुस्कराती रही।

उन्होंने सास के बजाय साली के लहजे में मीठा-सा सवाल किया, ''हाँ, तो तुम लोग हनीमून के लिए कहाँ जा रहे हो?''

''जी, मतलब...''

''अभी तक तय नहीं किया? इसके बाद तो टिकट मिलना मुश्किल होगा, भई! कहाँ जाने की सोच रहे हो? पहाड़-वहाड़ पर?''

सौमिक मन ही मन बुदबुदाया--मैं तय करनेवाला कौन होता हूँ? दयिता जहाँ जाना चाहेगी, वहीं चल दूँगा।

कविता ने झट से कहा, ''नहीं, नहीं, ठंड के मौसम में वे लोग पहाड़ पर क्यों जाएँगे? सोमू को ठंड लग जाएगी। मेरी राय में तो इन दोनों को गोवा जैसी जगह जाना चाहिए।''

''या फिर वाल्टेयर!'' वासुदेव ने समर्थन पाने के लिए पत्नी की तरफ देखा

और सहभकर दो शब्द और जोड़ दिए, ''या फिर पुरी, गोपालपुर।''

भयंकर गुस्से से सौमिक का दिमाग़ धधक उठा। कविता बसुराय एंड कंपनी ने आखिर समझ क्या रखा है? वह विवाह करने को तैयार हो गया है, इसलिए क्या उन लोगों ने यह सोच लिया है कि वह उनके पिंजरे में दुबारा लौट आया है? अब उसकी मधुचंद्रिका भी उन्हीं की उँगली के इशारे पर तय होगी? ब्याह हो जाने दो, वह सारा बदला चुका लेगा। पहला मौका मिलते ही, वह दयिता को लेकर अलग हो जाएगा। उसकी बीवी पर छड़ी घुमाने का सुयोग, वह कविता को हरगिज नहीं देगा। उसने जो अपने पिया-प्यारे को अपनी काँख में दबाकर सैंडविच बनाकर रख छोड़ा है, उस शख्स के समूचे व्यक्तित्व की ही गर्दन दबोचे रखा है, उसको लेकर जिंदगी भर पड़ी रहे।

मणिदीपा खासी बुद्धिमती औरत थीं। उन्हें सौमिक के असंतोष का झट से अंदाजा हो गया।

उन्होंने बात को घुमाते हुए कहा, ''कविता 'दी हम इन लोगों के लिए अंग्रेजी डिजाइन के पलंग का ऑर्डर देने जा रहे हैं। बक्सा जैसा पलंग क्या अच्छी लगेगा?''

''वह तुम अपनी बेटी-दामाद को जैसा चाहो, दो-लो। हमने तो पहले ही कह दिया है कि हमारी कोई माँग नहीं है।''

''मुनिया के बप्पा कह रहे थे कि बेटी को अलग से ड्रेसिंग-टेबल देने की जरूरत नहीं है। आजकल तो लोग दीवार में ही आईना जड़कर, रैक-वैक फिट कर लेते हैं। वही देखने में मॉडर्न लगता है। तुम क्या कहती हो?''

''भई जो बेहतर समझो, करो! वैसे तुम लोग क्या फ्रिज दे रहे हो? अगर दो, तो बड़ीवाली फ्रिज ही देना—फ्रॉस्ट-फ्री!''

''किस कंपनी का दूँ?''

''अरे, कंपनी तो सभी एक जैसी होती हैं। बस, कोई उन्नीस, कोई बीस! लेकिन अगर वाशिंग मशीन दे रही हो, तो वही देना...। अरे, वही, जो हाल में नई-नई आई है...''

अच्छा, यही क्या लेन-देन का मॉडर्न फॉर्म है? उफ! गजब है! गजब है! इस बारे में सौमिक कोई तमाशा खड़ा नहीं कर सकता। हैरत है, मणिदीपा भी कविता की सारी फर्माइशें आराम से मानती जा रही हैं!

उन दोनों गुरु-बहनों के वाक्-सवांद के बीच, प्रवीर जाने कब तो उठकर चले गए थे, शायद धूम्रपान के लिए!

उन्होंने आते ही, हड़बड़ी मचाई, ''क्या, जी, प्रायः एक बजने को है। पेट-पूजा का क्या होगा?''

मणिदीपा भी एकदम से कल्-कल् लहजे में बोल उठी, ''आते वक्त, रास्ते में इतना कुछ तो खाते-पीते आए—कचौड़ी, समोसे, जलेबी! इतनी-सी देर में फिर

भूख लग आई? मेरा तो पेट, भइया, अभी भी गले-गले तक भरा है...''

प्रवीर ने शर्माए-सकुचाए लहजे में कहा, ''क्या करूँ, बताओ? यह तुम लोगों के आश्रम की आबोहवा का असर है।''

वासुदेव ने कहा, ''प्रसाद तो तैयार हो गया होगा, वहीं चलते हैं।''

''हाँ-हाँ, चलिए!''

खाने के हाल-कमरे में पंक्तिबद्ध भोजन का बेहतरीन बंदोबस्त! कम से कम सौ लोगों के लिए पत्तल पड़ गए थे। निरामिष होते हुए भी, खाने का मेनू बुरा नहीं था—पुलाव, दाल, सब्जी, चटनी, मिठाई! जो जितना खा सकता है, खाए। करीब हजार भक्त, हर महीने, आश्रम को सौ-सौ रुपए चंदा भेजते हैं, यहाँ तो भगवान अच्छा-बुरा पकवान थोड़ा-बहुत खाएँगे ही।

सौमिक के लिए वह खाना, कुछ ज्यादा ही हो गया। खाते-खाते ही उसकी पलकें भारी हो आईं। वासुदेव-प्रवीर और मणिदीपा-कविता में मेल-मिताई का जबर्दस्त दौर जारी था। शाम की आरती देखे बिना, कोई वहाँ से हिलने को राजी नहीं था।

सौमिक पैदल-पैदल ही पोखर-किनारे आ पहुँचा। वह शिरीष के पेड़-तले स्थित चबूतरे पर लेट गया। अलस दोपहरी, अब दयिता के ख्यालों में घुलमिल गई। उहुँ...मुनिया! मुनिया! मुनिया! जाने कहाँ, कोई चिड़िया चहचहा उठी। कोई अचीन्ही चिड़िया! चिड़िया की पुकार, अपने सीने से लगाए, सौमिक गहरी नींद में बेसुध हो गया।

जब उसकी नींद टूटी, तो उसकी आँखों के आगे गजब की हसीन साँझ बिखरी हुई थी। उसके सामने, कोमल गुलाबी आकाश! करीब ही शीतल पुष्करिणी! स्वच्छ जल के माथे पर, ठंड की पर्त जैसी धुंध! हवा में खुनकी! कहीं लय में घंटा-ध्वनि की गूँज! ये घंटे कहाँ बज रहे हैं? क्या इसी धरती पर?

सौमिक अजीब-सी बेचैनी का अहसास लपेटे, कुछ देर बेसुध-सा लेटा रहा। उसे खासी ठंड भी लग रही थी, मगर उसका उठने का मन नहीं हुआ। अचानक उसकी निगाह पोखर की तरफ जा पड़ी। वहाँ पक्के घाट पर बैठा-बैठा कोई छोकरा, पोखर के पानी में लगातार कंकड़ फेंक रहा था। जाने कैसी तो आत्ममग्न मुद्रा! वह उदासीन मुद्रा में उस खेल में मगन था, मानों वहाँ खड़े पेड़ बिछे हुए तालाब, झुके हुए आसमान की तरह, वह भी कोई जड़-खामोश हिस्सा हो। पोशाक-परिधान में बेहद आधुनिक, उम्र भी किसी हाल उन्नीस-बीस से ज्यादा नहीं थी। इस किस्म के लड़के अक्सर यूँ चुप मारकर बैठे नहीं रहते। उस लड़के के चेहरे पर भगवद्-प्रेम में तल्लीन भाव भी नहीं था। वह क्या प्रकृति-प्रेमी है?

सौमिक यूँ तो संवाद-रसिक नहीं था, इसके बावजूद उस लड़के से जान-पहचान करने का उसका मन हो आया।

उसने मृदुल आवाज में, लगभग स्वगत लहजे में पुकारा—''हलो!''

लड़के ने चौंककर उसकी तरफ देखा। उसने कोई जवाब नहीं दिया।

सौमिक उठकर, उसके करीब आ बैठा।

''आज का दिन बेहद खूबसूरत है! है न?''

''हूँऽऽ!'' लड़के ने अस्फुट-सी हुंकारी भरी।

''बाकी घरवाले कहाँ हैं? मंदिर में?''

''मैं अकेला हूँ।''

'अकेला' शब्द में, सौमिक को गाढ़ी निर्जनता का आभास हुआ, मानों इस पल उस शब्द में, उसका अपना अकेलापन भी झलक उठा हो। उसके मन में ईषत् कौतूहल भी जाग उठा।

सौमिक ने तटस्थ लहजे में पूछा, ''क्यों? अकेले क्यों?''

''बस ऐसे ही!''

''यहीं रहते हो?''

''न्ना! कलकत्ते में। यहाँ मेरे मामा का घर है! यहीं, करीब ही!''

''मामा का घर छोड़कर, इस आश्रम में?'' सौमिक के होठों पर भ्रातृत्व-सुलभ मुस्कान झलक उठी, ''लगता है, कोई हमउम्र संगी-साथी नहीं है।''

लड़के ने उदास निगाहों से उसकी तरफ देखा, ''आज मेरे नानू का इंतकाल हो गया। सब लोग श्मशान गए हैं।''

''ओ अच्छा! सॉरी! आज सुबह ही जिनका निधन हुआ है? बगल की कोठी में?''

''हूँऽ–''

''और लोगों के साथ तुम भी मैयत में नहीं गए? क्यों?''

''श्मशान मुझे अच्छा नहीं लगता! आइ हेट डेथ! मौत से मुझे नफरत है।''

''लेकिन...डेथ इज डेस्टिनी! वह तो नियति है!'' सौमिक ने ज़रा सांत्वना देने की कोशिश की।

''आइ हेट डेस्टिनी टू! नियति से भी मुझे नफरत है।''

वह लड़का काफी तेज लगा।

''तुम्हारा नाम जान सकता हूँ'' सौमिक नाम पूछे बिना रह नहीं पाया।

''किसका नाम? मेरा?''

''येस!''

''शुद्धसत्व मजूमदार! आप?''

''मैं हूँ, सौमिक बसुराय!''

यानी जान-पहचान हो गई। सौमिक को इसका आभास तक नहीं हुआ कि नियति से नफरत करने वाले इस लड़के से जान-पहचान ही, आज उसकी नियति है।

लेकिन ठीक-ठीक नियति? या नियति का परिहास?

10

करीब तीन हफ्ते बाद, राखी घर लौटी। पिता नर्सिंग होम में हैं, यह सुनकर वह अफरातफरी में बारासात दौड़ गई, मगर इस बार वह पिता को उनके होश-हवास में नहीं देख पाई। वे शुरू से ही संन्यास रोग में अचेत रहे। अर्थ-प्रतिष्ठा, डॉक्टर, स्पेशलिस्ट, किसी की भी उपस्थिति सूर्यकांत चौधुरी की हालत में सुधार नहीं ला सकी। करीब पाँच दिनों के बाद उनका निधन हो गया। राखी ने 'चौथा' की रस्म बारासात में ही निपटाया! इच्छा-अनिच्छा के झूले में झूलते हुए, आखिरकार श्राद्ध-शांति तक रुक गई। काफी हद तक वह रंटू वगैरह की जोर-जबर्दस्ती पर ही रुकी रही। वैसे भी, उस वक्त अगर वह लौट भी आती, तो श्राद्ध के समय उसे दुबारा आना ही पड़ता। बार-बार की दौड़-धूप से बचने के लिए, वह रुक ही गई। इसके अलावा भीड़-भरे घर में शोक का दर्द भी कम होता है; दुःख-शोक भी जल्दी ही थिर हो जाता है। वैसे भी आजकल पीहरवालों और वहाँ के नाते-रिश्तेदारों से राखी का मिलना-जुलना कम ही होता है। कुछ दिन उनके साथ गुजारने में राखी को कोफ्त भी नहीं हुई।

ये कुछेक दिन बबुआ भी राखी के साथ रहा। यहाँ से दो-चार दिन वह कॉलेज जरूर गया, लेकिन राखी के साथ वह बारासात ही लौटा। राखी के लिए यह अतिरिक्त प्राप्ति थी। वैसे कामकाज का दबाव भी बना रहा, यह राखी की बदनसीबी!

लौटते हुए भी राखी ज़रा उदास थी। लेकिन अपने घर-द्वार में कदम रखते ही, उसकी उदासी दूर हो जानी चाहिए थी, मगर ऐसा नहीं हुआ! उल्टे वह अजीब-से अहसास में घिरी रही। उसे लगा, उसकी गृहस्थी में कहीं, कोई, ताल कट गया है! लेकिन यह छंदपतन ठीक कहाँ है, राखी को समझ में नहीं आया। यहाँ तो सभी कुछ अभ्यास के नियम से ही चल रहा है। बोधिसत्व हस्बेमामूल भोर-भोर उठ जाते हैं और राखी का दिन शुरू हो जाता है। बोधिसत्व की घड़ी के काँटे मुताबिक, वक्त धीरे-धीरे आगे बढ़ता है और पति की घड़ी के काँटे मुताबिक ही, राखी का दिन खत्म होता है। लेकिन आजकल राखी के मन में ये अजीबोगरीब अहसास आखिर क्यों जाग रहे हैं?

कामकाज के सिलसिले में बोधिसत्व कई-कई बार देश-विदेशों का दौरा कर चुके हैं। उस वक्त के अलावा, राखी इतने लंबे अर्से तक, अभी पति से कभी जुदा नहीं रही। बारासात में रहते हुए, राखी को हर पल यह फिक्र लगी रहती थी कि पता नहीं बोधिसत्व इन दिनों अकेले-अकेले कैसे रहते होंगे। पता नहीं, उनका खाना-पीना ठीक तरह चल रहा है या नहीं। उनके हाथ के करीब, ठीक समय पर ठीक-ठीक चीजें मौजूद रहती होंगी या नहीं। इसी वक्त रूपचंद को भी दन्न से अपने घर जाना था!

वैसे यह बात भी सच है कि राखी हर रात उन्हें फोन करके, उनकी खोज-खबर लेती रहीं। बोधिसत्व के लहजे में भी विरक्ति का आभास नहीं हुआ! इसके बावजूद हर पल उसे फिक्र लगी रहती थी। उसे यही लगता रहा कि चूँकि बोधिसत्व उसे परेशान नहीं करना चाहते, इसलिए वे अपनी असुविधाएँ नहीं बताते। रूपचंद के लौट आने के बाद, वह उसे भी हर रात फोन पर हुक्म देती रही। सुबह-शाम वह उसे हिदायतें देती रही! लेकिन फिर भी वह निश्चिंत नहीं हो पाई। वैसे यहाँ आकर उसे क्या नज़र आया? बोधिसत्व खासी बहाल तबीयत थे। बीवी के विरह में वे दीन, मलिन, दिशाहारा तो नहीं ही हुए, बल्कि कुछ ज्यादा ही प्राणवंत, चुस्त-दुरुस्त और तरोताजा नज़र आए। जनाब ने क्या आराम से फरमा दिया—कुछ दिन वहाँ और रह लेतीं! राखी कम से कम तीन महीने ही रह लेतीं।

राखी की अनुपस्थिति में बोधिसत्व बूँद भर भी परेशान नहीं हुए, राखी इसी ख्याल से दुःखी हो गई।

वैसे मुमकिन है कि उसके मन में सूक्ष्म-सा अभिमान भी जाग उठा है। जाने का वादा करके भी बोधिसत्व बारासात नहीं पहुँचे। सूर्यकांत अस्वस्थ हुए, उनका इंतकाल हो गया, उनका क्रिया-कर्म भी निपट गया। उन्हें चाहे कितना भी काम-काज रहा हो, वे क्या एक वक्त के लिए भी, उस घर में जाकर खड़े नहीं हो सकते थे? कर्तव्य का भी तो कोई तकाजा होता है। श्राद्ध के दिन राखी के ससुराल के सभी लोग हाजिर हुए—सास-ससुर, शांत, दीपाली, जूली, मिली, एकमात्र बोधिसत्व को छोड़कर, सभी लोग मातमपुर्सी को आए। राखी को अपने पीहरवालों को कम कैफियत देनी पड़ी? यहाँ लौटकर राखी ने हल्के लहजे में दो-एक बार मीठी शिकायत भी की, बोधिसत्व ने उस पर ध्यान ही नहीं दिया।

"क्या करता, बताओ? काम में फँसा रह गया। खैर, तुम लोग तो वहाँ मौजूद ही थे। तुम लोगों के वहाँ होने का मतलब ही था कि मैं भी वहीं था।"

लेकिन क्या सिर्फ इसी वजह से राखी के मन में ऐसा अजीबोगरीब ख्याल जागा था? राखी जानती है, उसका पति महान हस्ती है। उसके बारे में दुनिया-जहान की स्वाभाविक रीति-नीति लागू नहीं होती। उन पर अभिमान करना राखी को बिल्कुल भी शोभा नहीं देता। वाकई, इस किस्म का अभिमान मूल्यहीन था। हिमालय पर्वत को भी क्या तरुलता की अफसोसभरी उसाँसें सुनाई देती हैं? उन्हीं उसाँसों को गोपन रखकर ही तो राखी की गृहस्थी का सुर-ताल-लय-छंद निर्मित हुआ है! महज तुच्छ कारणों से उस नियम का व्यतिक्रम भला कैसे संभव है?

राखी अपने मन में हलचल मचानेवाले अस्थिर ख्यालों को झटक देने की कोशिश में जुटी हुई थी। वह अपने आँख-कान मूँदकर, अपनी गृहस्थी में डूब जाना चाहती थी। इसी मनःस्थिति में, एक दिन वह बागवानी में उलझ पड़ी। रूपचंद को साथ लेकर दिन भर मिट्टी की परिचर्चा में जुटी रही। रूपचंद ने खुद ही डालिया और गेंदे

का चारा लाकर, बगीचे में रोप दिया था, मगर अभी तक उन पौधों में फूल नहीं आए। सिर्फ चनुमल्लिका के फूलों से समूचा बाग निखरा-निखरा नज़र आ रहा था। तमाम पेड़-पौधों को वह जी भरकर सींचती रही, जड़ों में खाद मिलाई, अवांछित डाल-पत्ते छाँट डाले। वह उस मशहूर कहावत का अक्षर-अक्षर पालन करती है—जिंदगानी में अगर सुख चाहो, तो बागों से दोस्ती निभाओ।

कुछेक दिनों बाद, राखी भी शहर गई। इस कैंपस का बाजार काफी छोटा-सा है। यहाँ खास कुछ मिलता भी नहीं! अपनी पसंद की चीज खरीदने के लिए, शहर के बाजार ही आसरा-भरोसा हैं। शहर में हर तरह के लोग रहते हैं। तेलुगु, उड़िया, पंजाबी, मारवाड़ी, एंग्लो-इंडियन—हर तरह के लोगों का वास! उनकी रुचि मुताबिक हर किस्म की चीजें भी सुलभ हैं! खासकर रेल बाजार में!

राखी दिन भर उसी बाजार में घूमती-भटकती रही। काफी सारी ताजा भेटकी मछली खरीदी। परसों बड़ा दिन है। मुमकिन है बबुआ घर आ जाए। उसे फिश-फ्राइ बेहद पसंद है। राखी ने एक किलोग्राम नलेन गुड़ भी खरीदा। इस गुड़ की खुशबू, बोधिसत्व को बेहद प्रिय है। क्रिसमस में केक तो वह बनाती ही है! केक के लिए भी जरूरी चीजों की फेहरिस्त कम नहीं होती—चॉकलेट पाउडर, आइसिंग शुगर, क्रीम, मक्खन, वैनिला वगैरह-वगैरह! राखी ने याद से डालिया फूलों के लिए, सरसों की खली भी खरीद डाली। इसके अलावा, गृहस्थी की छुटपुट जरूरतें तो खैर थी हीं—चीज, मार्मलेड, अचार, सेब, अंगूर, संतरे वगैरह! दिनेश भी उसके साथ-साथ घूमता रहा और राखी जो-जो चीजें खरीद रही थी, उन्हें वह गाड़ी में रख आता था। अग्रवाल की दुकान में ऊनी कपड़ों का समारोह! राखी ने कुछ वक्त वहाँ भी गुजारा! काफी कशमकश के बाद, उसने बोधिसत्व के लिए एक पुलओवर भी खरीद लिया! आसमानी रंग का! आसमानी रंग बोधिसत्व को बेतरह खींचता है, राखी बखूबी जानती है।

सौदा-सुलुफ खरीदकर, उसने कुछेक कुरकुरी पैटीज भी लिए और जैसे ही वह गाड़ी में सवार होने जा रही थी कि अचानक कल्पना से टक्कर हो गई। केमिस्ट्री के डॉक्टर तिमिर हजारी की बीवी। उनका घर भी राखी की ही लाइन में, दो बंगले आगे था! उम्र में राखी से कुछेक साल छोटी! मेकअप किए हुए चेहरे पर ढलती तरुणाई की आभा!

पहले कल्पना की ही उस पर नज़र पड़ी।

वही आगे बढ़ आई, "कब लौटीं, राखी 'दी?"

"पिछले बृहस्पति को—"

"बड़ी उदास खबर सुनी! उन्होंने ही मुझे बताया। आपके बाबूजी की उम्र कितनी थी?"

"सतहत्तर—"

"स्ट्रोक हुआ था?"

''सेरिब्रल–'' राखी कुछेक पल को खामोश हो रही। उसे शायद अपने बप्पा की दुबारा याद हो आई।

अगले ही पल उसने संक्षिप्त-सी उसाँस भरकर प्रसंग बदल दिया, ''आप भी क्या मार्केटिंग करने...?''

''भई हम लोगों के लिए तो यहाँ एक ही रिक्रिएशन है–बाजार घूमना!'' कल्पना हँस पड़ी, ''आपका बेटा क्या इन छुट्टियों में आ रहा है?''

''आने की बात तो है।''

कुछ देर उन दोनों में टुकड़ों-टुकड़ों में बातचीत चलती रही। उद्देश्यहीन सवाल! टालू किस्म के जवाब! जैसा कि कैंपस टाउन में आम रिवाज है! इसके अलावा, कल्पना, राखी की पड़ोसी जरूर है, मगर कोई खास दोस्ती नहीं थी। वह उसकी सहेली भी नहीं थी। हाँ, रास्ते-घाट में कभी-कभार भेंट हो जाती है, तो उन दोनों में कुशल-समाचार का विनिमय हो जाता है।

अचानक कल्पना ने दरयाफ्त किया, ''सुनिए, आपकी कोई रिश्तेदार, यहाँ रहकर पढ़-लिख रही है?''

राखी ठिठक गई, ''रिश्तेदार? नहीं तो!''

''अच्छा, अच्छा, तब कोई छात्रा-वात्रा होगी। इधर कई दिनों से अक्सर उसे डॉक्टर मजूमदार के साथ आते-जाते देखा। रात को डॉक्टर मजूमदार उसे पहुँचाने भी जाते थे।''

राखी बदस्तूर अचकचा गई। बोधिसत्व किसी छात्रा को शाम के वक्त, अपने घर में पढ़ानेवाले जीव नहीं हैं! किसी नए रिसर्च-स्कॉलर ने ज्वाएन किया है? बस, कभी-कभार शमीम ही उनके यहाँ आता-जाता है, वह भी छुट्टी की सुबह! शाम के वक्त तो वह भी कभी नहीं आता।

हालाँकि राखी को ज़रा खटका जरूर लगा, मगर वह लंबी बातचीत में नहीं गई। कैंपस टाउन बिल्कुल भी अच्छी जगह नहीं है। कौन-सी बात का क्या मतलब निकाला जाएगा और वह बात किस रूप में फैलेगी, इसका कोई ठीक-ठिकाना नहीं है।

टाउन से कैंपस तक काफी लंबा रास्ता! रेल लाइन के किनारे-किनारे रास्ता, दूसरी तरफ लंबा-चौड़ा खाली प्रांतर! काफी पहले ही घोर अँधेरा उतर चुका था। मैदान में घुप्प अँधेरा!

राखी की निगाह अँधेरे पर गड़ी हुई! दिनेश ने ड्राइवर की तरफ वाली खिड़की का काँच उठाया नहीं था। हवा छुरी की धार की तरह। उसकी नाक-चेहरे को धज्जी-धज्जी कर गई। शॉल में लिपटी राखी सीट पर गुड़ीमुड़ी बैठी रही। वह किसी सोच में डूबी हुई थी। बोधिसत्व के पास कौन-सी लड़की पढ़ने आती थी? वह जो एक लड़की थी, बोधिसत्व के साथ आया करती थी, वही लड़की तो कुछ समझने-बूझने

के लिए...? उस लड़की का क्या तो नाम था! क्या तो नाम था? राखी कुछेक पल उसका नाम याद करने की कोशिश करती रही, उसके बाद, कोशिश छोड़कर, वह हौले-हौले मुस्कराने लगी। उसे मन ही मन हँसी आने लगी। बोधिसत्व ने ही उसे बताया था न कि वह लड़की उन पर फिदा है? उनके प्रेम में आँधी? उन्होंने ही तो बताया था कि वह उन्हें पसंद करती है। खैर, पसंद तो वह कर ही सकती है। बोधिसत्व जैसे शिक्षक को आखिर कौन विद्यार्थी प्यार नहीं करेगा? अगर उसके घर आनेवाली वही लड़की है, तो बोधिसत्व ने उसे बताया क्यों नहीं? क्या वे बताना भूल गए? खैर मुमकिन है, वे भूल गए हों। ऐसी छोटी-मोटी बातें, बोधिसत्व याद नहीं रखते। वह लड़की अगर यू एफ ओ—ट्यू एफ ओ जैसी भी कुछ होती, तो मुमकिन है वह उनके दिमाग में हर पल चक्कर काट रही होती।

सामने ही कैंपस-टाउन की रोशनी! अचानक उल्टी तरफ से एक ट्रक भीम-वेग से हहराता हुआ आ पहुँचा, राखी के सफेद एंबेसडर को लगभग छूता हुआ गुजर गया। ट्रक की रफ्तार ज़रा अनियंत्रित थी। राखी पल भर के लिए बेतरह काँप उठी। उसकी सोच की डोर टूट गई। वह गर्दन घुमाकर, आतंकित निगाहों से, तेज रफ्तार में विलीन होती हुई उस ट्रक को देखती रही।

दिनेश झुंझला उठा, "देखा आपने? किस बुरी तरह वह गाड़ी चला रहा था?"

राखी ने अस्फुट लहजे में कहा, "हूँ—"

"उस बदमाश ड्राइवर को धरकर, चाबुक मार-मारकर उसकी चमड़ी उधेड़ देनी चाहिए। उसका लाइसेंस छीन लेना चाहिए। अपने को समझ क्या रखा है उसने? हम तो अपनी लाइन में ही चल रहे थे, आप ही बताइए?"

दिनेश गुस्से से बड़बड़ाता रहा।

राखी हँस पड़ी, "इतना गुस्सा क्यों हो रहे हो? इस किस्म के दो-चार ड्राइवर तो होते ही हैं। बाकी लोगों को ही सावधानी से चलना होता है।"

"बाप रे! मैं और लापरवाही से चलाऊँ? और इसके लिए दूसरों को डर से सहमे रहना होगा?"

राखी ने बात आगे नहीं बढ़ाई। उनका यह अधेड़, पार्ट-टाइम ड्राइवर यूँ तो शांत-शिष्ट है, लेकिन एक बार बिदक जाए, तो उसे चुप कराना मुश्किल है। वह देर-देर तक लगातार बड़बड़ाता रहेगा।

वैसे उस वक्त ज्यादा देर तक बिफरे रहने का मौका उसे नहीं मिला। कुछेक पलों में ही, वह बंगले के सामने आ पहुँचा। गाड़ी की आहट पाते ही रूपचंद दौड़ा आया। वह गाड़ी से सामान उतारने लगा।

घर के भीतर से राखी को जैसे बोधिसत्व की आवाज सुनाई दी। उसने हैरत से अपनी घड़ी पर नज़र डाली। छः बजकर चालीस मिनट हुए थे।

उसने रूपचंद से ही दरयाफ्त किया, "तेरे बाबूजी आ गए?"

''बड़ी देर पहले ही आप गए! दीदी मणि भी आई हैं।''

''कौन दीदी मणि?''

''अरे वो ही, जो लिखत-पढ़त है।''

राखी और ज्यादा ताज्जुब में पड़ गई। आज ही उस लड़की का जिक्र सुना, आज ही वह घर भी आ धमकी। इसे ही क्या नाटकीय घटना कहते हैं?

राखी तेज-तेज चाल में दरवाजे तक आ पहुँची। वह दरवाजे पर ही ठिठक गई! हाय माँ! यह तो निरी बच्ची है। बदन पर ब्लू जींस, रंग-बिरंगा, चकरी-बकरी डिजाइन का पुलोवर! गुच्छे-गुच्छे बाल कंधे तक बिखरे हुए! उसका रंग खास खोरा नहीं था, लेकिन चेहरा बेहद जीवंत! प्यारा!

राखी को देखते ही वह लड़की उठकर खड़ी हो गई।

उल्टी तरफ के सोफे से बोधिसत्व ही बोल उठे, ''यह दयिता है।''

दयिता! दयिता! राखी को वह नाम याद आ गया।

राखी के चेहरे पर मुखर हँसी खिल आई, ''तुम इसी का जिक्र कर रहे थे? यही बच्ची तुम्हारे साथ-साथ आती है?''

बोधिसत्व ने तटस्थ मुद्रा में सिर हिलाया। दयिता ने हाथ जोड़कर राखी को नमस्कार किया। हल्की-सी कुंठित भंगिमा!

राखी को मन ही मन हल्की-सी कोफ्त हुई! उसके यहाँ जो विद्यार्थी आते हैं, उसे प्रणाम ही करते हैं। वह इस रीति की अभ्यस्त थी। खैर, उसने अपने चेहरे पर कोफ्त की कोई छाया नहीं पड़ने दी। कितनी ही तरह के लड़के-लड़कियाँ होते हैं। प्रणाम न करने का मतलब, यह हरगिज नहीं होता कि उसका असम्मान हो गया।

राखी ने मुस्कराते हुए ही पूछा, ''चाय-वाय कुछ पी या नहीं?''

दयिता ने अपनी निगाहें, बोधिसत्व पर टिका दीं। राखी ने गौर किया, उस लड़की की आँखें बेहद बोलती हुई-सी हैं।

बोधिसत्व ने छूटते ही कहा, ''वह चाय वगैरह ज्यादा नहीं पीती।''

''मतलब तुमने उसे कुछ भी खिलाया-पिलाया नहीं, यही न? रूपचंद से कहते, तो वह कॉफी ही बना देता। क्यों? तुम कॉफी तो पीती हो न?''

दयिता दुबारा बैठ गई!

उसकी आँखें दुबारा बोधिसत्व की तरफ जा लगीं।

बोधिसत्व हँस दिए, ''कॉफी पीती है! दूध मिली हुई कॉफी। चीनी ज्यादा पीती है।''

इतनी देर बाद, अब जाकर राखी को सचमुच खटका लगा।

बोधिसत्व अपनी इस छात्रा के बारे में कुछ ज्यादा ही नहीं जान गए? और ठीक-ठीक याद भी रखा है, उनके स्वभाव के साथ तो यह बात ज़रा भी मेल नहीं खाती। उन्हें क्या यह भी पता है कि राखी चाय-कॉफी में चीनी मिलाकर पीती है।

या नहीं?

लेकिन राखी ने दिल में उठता हुआ धुआँ बढ़ने नहीं दिया।

उसने मुस्कराते हुए ही कहा, "रुको, मैं ही बना लाती हूँ।"

अब जाकर उस लड़की की जुबान फूटी।

उसने साफ-साफ मिनमिनाते हुए कहा, "सिर्फ कॉफी ही, साथ में कुछ नहीं!"

"हाँ, यह क्या बात हुई? मुझसे तुम पहली-पहली बार मिल रही हो। गर्म-गर्म पैटिस लाई हूँ, कम से कम एक तो खाओ।"

"जी थैंक्स! मैं अभी शाम को ही खाकर चली थी।"

"कोई बात नहीं! तुम बच्ची-सी तो हो! एकाध पैटिस खा लेने से कुछ नहीं होगा।" इतना कहते हुए, उन्होंने हल्का-सा मजाक करने की भी कोशिश की, "वैसे भी अगर मैंने तुम्हें कुछ खिलाया नहीं, तो अपने हॉस्टल जाकर कहोगी—मैडम महाकंजूस हैं।"

हैरत है! वह लड़की मुस्कराई तक नहीं!

बोधिसत्व ने ही दुबारा कहा, "भई, इतनी जबर्दस्ती क्यों कर रही हो उससे? कॉफी बना सकती हो, तो ले आओ, वर्ना जाओ, कमरे में आराम करो।"

बोधिसत्व के लहजे में न रुखाई थी, न कोमलता, राखी को उनकी आवाज बेहद मशीनी लगी। अपने मन की विरक्ति छिपाने के लिए बोधिसत्व वही लहजा इस्तेमाल करते हैं!

राखी आहत-सा चेहरा लिए, रसोईघर में चली गई। उसने गैस पर दूध रख दिया।

बोधिसत्व की आवाज उसे रसोई से ही सुनाई दी।

वे कह रहे थे, "चलो, स्टडी-रूम में चलकर बैठें। भरे-बाजार में बातचीत करने में मुझे परेशानी होती है।"

बोधिसत्व ने क्या जान-बूझकर, सुनाने के लिए यह जुमला कहा? राखी को सुनाने के लिए?

राखी का चेहरा छोटा-सा हो गया। बोधिसत्व क्या जरा अस्वाभाविक आचरण नहीं कर रहे हैं? किसी छात्रा के सामने अपनी बीवी का अपमान करने से, खुद उनका भी अपमान होता है, यह बात क्या वे भूल गए?

रूपचंद उस वक्त डीप-फ्रिज में भेटकी मछली के टुकड़े रख रहा था। राखी ने हाथ के इशारे से उसे बुलाया।

उसने रूपचंद से फुसफुसाकर कहा, "यह लड़की पहले भी आती रही है न?"

"जी!"

"तूने मुझे तो नहीं बताया—"

"आपने पूछा जो नहीं!"

अकाट्य उक्ति! खुद आगे बढ़कर कुछ कहने की, रूपचंद की आदत नहीं है, राखी इस बात से अनजान भी नहीं थी।

राखी ने अगला सवाल किया, "यह लड़की क्या रोज ही आती थी? जब मैं नहीं थी यहाँ...?"

"जी, रोज आती थी।"

"बाबू के संग-संग ही आती थी?"

"जी-हाँ—"

"किस कमरे में पढ़ती-लिखती थी? स्टडी-रूम में? या ड्राइंग-रूम में?"

"कुछ ठीक नहीं था। ड्राइंग-रूम में भी जाती थी; बैठक कमरे में भी!"

"जाती कब थी?"

"कुछ ठीक नहीं था। कभी पहले ही चली जाती थी; कभी रात को खा-पीकर जाती थी।"

"खाना भी खाकर जाती थी?"

"जी हाँ! एक दिन तो अपने हाथ से पकाया था—चाउचाउ!"

राखी को अचानक होश आ गया। यह वह क्या कर रही है? मामूली-से नौकर से जिरह करके, वह क्या जानना चाहती है? बोधिसत्व उस लड़की से स्नेह करते हैं, इसलिए वह लड़की उनके पास आ ही सकती है। सर के पास बैठकर पढ़ाई-लिखाई भी कर सकती है। उसके प्रिय टीचर अकेले हैं, यह देखकर वह उन्हें किसी दिन चाउमिन पकाकर भी खिला सकती है, यह तो कोई महा-गुनाह नहीं है। लेकिन रूपचंद, राखी के बारे में क्या सोचता होगा? उसकी अध-बूढ़ी मालकिन, उसके बूढ़े बाबू पर शक करती है? छिः छिः राखी ने अपने को इतनी छोटी कर लिया?

कॉफी लेकर स्टडी-रूम के दरवाजे तक पहुँचकर भी राखी ठिठक गई। पर्दा गिरा हुआ था। कमरे के अंदर बोधिसत्व बेहद धीमी आवाज में बातें कर रहे थे। उससे भी, मद्धिम आवाज में वह लड़की जवाब दे रही थी। अपने छात्र-छात्राओं को पढ़ाते समय बोधिसत्व की आवाज़ क्या इतनी ही धीमी होती है? पढ़ाई के अलावा बोधिसत्व और किस बारे में बात कर सकते हैं? पल भर के लिए राखी के अंग-अंग में झुरझुरी फैल गई। उसने बेसुध की तरह दीवार से कान लगाया। न्ना, कुछ समझ में नहीं आया!

पीछे हल्की-सी आहट! राखी चौंककर पीछे मुड़ी। पीछे रूपचंद खड़ा था! रूपचंद की निगाहें कैसी तो विस्फारित हो उठीं, मानों राखी दीवार पर आँकी हुई कोई तस्वीर हो!

लेकिन शक की भाषा शायद और आदिम होती है, और ज्यादा अबूझ होती है।

राखी मन ही मन शर्म से गड़ गई। बचपने की एक हद होती है। अगले ही

पल, अपने को मजबूत बनाकर, राखी स्टडी-रूम में दाखिल हुई।

मेज के आर-पार दोनों बैठे हुए! राखी ने उन दोनों के बीच कॉफी की ट्रे रख दी।

ट्रे रखने की आवाज़ कुछ ज्यादा हो उठी थी? वह लड़की क्या ज़रा काँप उठी थी?

राखी कमरे से बाहर जाते-जाते भी नहीं गई। कमरे की वाताश में कोई अजानी तरंग चक्कर लगाती हुई! उसे बाहर धकेलती हुई! इसके बावजूद, वह जबर्दस्ती दीवान पर बैठ गई। बोधिसत्व कभी-कभार इसी दीवान पर सो रहते थे।

राखी ने अपनी आवाज़ को यथासंभव कोमल बनाते हुए दयिता से दरयाफ्त किया, "तुमसे तो अच्छी तरह बातचीत ही नहीं हुई। तुम्हारा घर कहाँ है?"

दयिता ने गला खँखारकर कहा, "कलकत्ता!"

"कलकत्ता में कहाँ?"

"उत्तर कलकत्ता में! शोभा बाज़ार!"

"घर में कौन-कौन है?"

"सभी लोग हैं! बप्पा, माँ..."

"तुम क्या उनकी इकलौती बेटी हो?"

"नहीं, भाई भी है!"

बोधिसत्व की आँखें मानों टेबल-टेनिस की गेंद बन गईं। एक बार दयिता की तरफ! एक बार राखी की तरफ!

निहायत बेसब्र लहजे में वे बोल उठे, "उसका बायोडाटा पूछकर तुम्हें क्या करना है?"

"यूँ ही! इतनी प्यारी लड़की है..." राखी मुस्करा उठी, "मुझे बेहद भली लगी..."

बोधिसत्व ने निगाहें हटा लीं, "ठीक है! ठीक है! अब तुम जाओ! लेट मी फिनिश माई टॉपिक! मुझे अपना लेक्चर खत्म करने दो।"

"ओह, सॉरी!"

राखी उस कमरे से उठकर, सीधे अपने बेडरूम में चली आई! आईने के सामने खड़े-खड़े वह कपड़े बदलने लगी। आईने में प्रतिबिंबित वह औरत अब काफी मोटी हो चुकी थी। गालों पर उम्र की झुर्रियाँ नज़र आती हुईं! माथे पर भी उम्र की सलवटों के हमले! उनके ब्याह के पूरे दो युग गुज़र गए! बेटे ने भी उम्र के बीस साल पूरे कर लिए। कुटिल संदेह के बीज आखिर किस रोमकूप से मन के अंदर दाखिल होने की हिम्मत कर पाते हैं? उसे अपने पर ही बेतरह विरक्ति हो आई। बोधिसत्व की तो जाने कितनी ही छात्राएँ हैं; उसका पति कितने ही देश, अकेले ही अकेले सफर करता रहा है, लेकिन उसे कभी अपने पति पर नज़र रखने की जरूरत नहीं पड़ी। यौवन खत्म होने लगे, तो क्या आत्मविश्वास भी खत्म हो जाता है?

घरेलू साड़ी पहनकर, राखी ने ऊपर से एक शॉल भी लपेट ली और गृहस्थी के छुटपुट काम निपटाने में जुट गई। उसने तकिए का गिलाफ बदल डाला; याद करके, आज के खर्च का हिसाब अपनी डायरी में लिख डाला; इस्त्री करके सारे कपड़े अलमारी में सजा दिए! सर्दी बढ़ गई है, अब कमरे में रूम-हीटर की जरूरत पड़ेगी। उसने अलमारी के ऊपर से रूम-हीटर उतार लिया। प्लग लगाकर जाँच कर ली कि मशीन दुरुस्त है या नहीं; उसके बाद कमरे से बाहर निकल आई। अब वह रसोई में आकर रूपचंद का हाथ बँटाने में जुट गई।

करीब साढ़े आठ बजे, बोधिसत्व दयिता के साथ बाहर निकल गए, आधे घंटे में लौट भी आए। ठंड की रात! रूपचंद ने आज ज़रा जल्दी ही, रात का खाना मेज पर लगा दिया। राखी ने बोधिसत्व को खाने के लिए आवाज़ दी।

पति की प्लेट में सलाद परोसते हुए, राखी ने ही बात छेड़ी, "एक बात कहूँ?"

"हूँ–"

"उस लड़की की पदवी क्या है, जी?"

"कौन-सी लड़की?"

"वही जी, तुम्हारी वह छात्रा–दयिता!"

"क्यों?"

"बताओ न, जरूरत है!" राखी की आँखों में रहस्य की छाया उतर आई।

उसने मंद-मंद मुस्कराते हुए, अपनी बात आगे बढ़ाई, "रंटू की बहू को एक प्यारी-सी लड़की की तलाश है। अपने छोटे भाई के लिए! तुमने भी इन्द्रनील को देखा है! ब्रिलिएंट लड़का है! यादवपुर का कंप्यूटर इंजीनियर है। एमबीए करके, स्टीफेंस इंडिया का टॉप एक्जीक्यूटिव है। साल में तनख्वाह ही करीब साढ़े तीन लाख रुपए! उस लड़के से इस लड़की का रिश्ता नहीं किया जा सकता?"

बोधिसत्व की पलकें एक बार ऊपर उठीं और अगले ही पल झुक गईं।

बाहर की सर्दी से भी ज्यादा सर्द लहजे में उन्होंने जवाब दिया, "आजकल तुमने शादी-ब्याह के बिचौलिए का धंधा शुरू किया है?'

"न करने लायक कौन-सी बात है? अपने नाते-रिश्तेदारों के लिए लोग-बाग जान-पहचान की लड़की ही तो खोजते हैं। दुबई में इन्द्रनील का दफ्तर है। कुछेक महीनों में वह दुबई चला जाएगा, इससे पहले अगर उसका ब्याह...। वह लड़की क्या है, जी? ब्राह्मण या कायस्थ?"

बोधिसत्व की आवाज और बर्फ हो आई, "अपने छात्र-छात्राओं के रिश्ते पक्के करते फिरना, मेरा धंधा नहीं है।"

"रिश्ता तुम क्यों जोड़ने लगे? मैं जोड़ूँगी। कल बुलाओ तो उस लड़की को! उसका ठिकाना वगैरह मैं पूछ लूँगी।"

"कल वह अपने घर चली जाएगी।"

"ओ...अच्छा! तो फिर क्रिसमस में ही सही..."

"तुम्हारे पास क्या और कोई धंधा नहीं है?" बोधिसत्व की आवाज़ में हल्की-सी झुँझलाहट झलक उठी, "तुम उस लड़की के पीछे क्यों पड़ गई हो? आज के जमाने की लड़की है, दे कैन चूज़ देयर ओन लाइफ-पार्टनर! वे लोग अपना जीवनसाथी खुद चुन सकते हैं।"

"मुझे नहीं लगता कि उस लड़की ने किसी को पसंद कर रखा है।" राखी हँस पड़ी, "अगर कोई होता तो अपने प्रोफेसर के प्रति उसका इतना खिंचाव नहीं होता। मैंने देखा न, कितनी मुग्ध-निगाहों से तुम्हें निहारते हुए, वह तुम्हारा लेक्चर सुन रही थी।"

"विल यू प्लीज स्टॉप दिस नॉनसेंस? बकवास बंद करोगी?" बोधिसत्व की आँखें जल उठीं, "मुझे चैन से खाने दोगी? या मैं उठ जाऊँ?"

राखी खामोश हो गई।

वह चोर-निगाहों से अपने पति का चेहरा पढ़ती रही।

इस शख्स की सूरत-शक्ल मानों बदल गई है। आजकल वह लंबी-लंबी उसाँसें भरता है; खाना विदोरता रहता है, एक दाना भी मुँह में नहीं डालता।

बाहर तीखी सीटी की आवाज़! इन दिनों कैंपस में चोरी की दो-एक वारदातें होने लगी हैं! अधिकारियों ने पहरेदारी का बंदोबस्त किया है! शाम गहराते ही, रात के वाचमैन निकल पड़ते हैं।

सीटी की आवाज़ दूर जाते-जाते भी, दुबारा लौट आई, जो राखी के कानों में बेतरह बज उठी। लगातार बजती रही।

11

पूरे बिस्तर पर ढेर-ढेर सामान बिखरे हुए! मोहक बेल-बूटेदार कीमती रजाई, मशहूर कंपनी में बने मिलते-जुलते रंग के तकिए के गिलाफ, बेडशीट! आँखें चौंधिया देने वाले रंगों के मखमली बेडकवर; कोमल-नरम कंबल; लाल-सुर्ख शॉल, फैशनेबल कार्डिगन, अनगिनत देशी-विदेशी कॉस्मेटिक्स! दर्जन-भर साड़ियाँ—बालुचरी, जामदानी, बोमकाई, कांजिवरम, नारायण पेठ, गाढ़वाल, घटचोला, चिनॉन सिल्क, कलाक्षेत्रय! रंग-बिरंगी सलवार-कमीज, मेखला, सेक्सी नाइटी वगैरह! विवाह का कार्ड भी पलंग के किनारे पड़ा हुआ!

दयिता ये तैयारियाँ देखकर स्तंभित रह गई। वैसे माँ ने फोन पर अक्सर ही बताया था कि वह खरीदारी के लिए, मौसी के साथ हर रोज ही बाहर निकल रही है, लेकिन इतने आगे तक तैयारियाँ पूरी हो चुकी हैं, इसका उसे अंदाजा नहीं था। माघ महीने की नौ तारीख में तो अभी भी काफी देर है।

दयिता बिस्तर के कोने में धम्म् से बैठ गई। क्रिसमस की पूर्व-संध्या सहसा फीकी पड़ गई। कमरे का फ्लोरेसेंट बल्ब भी बेहद निस्तेज पड़ गया। अभी-अभी ही वह कैंपस-टाउन से लौटी थी, सफर की थकान तो खैर थी ही, लेकिन इस तरह लस्त-पस्त तो नहीं पड़ना चाहिए था।

मणिदीपा की आँखें चमक उठीं।

''क्यों, री, मुनिया, खुश है न?''

दयिता ने कोई जवाब नहीं दिया।

''सारा कुछ तेरी पसंद मुताबिक खरीदा है! रेवलॅन का सेट, लैक्मे का सेट! सिर्फ तेरा परफ्यूम और बनारसी साड़ी मैंने नहीं खरीदी, वह तू अपनी पसंद से खरीद लाना—''

इस बार भी दयिता उदासीन!

मणिदीपा ने बेसब्र लहजे में कहा, ''अरे, भई, कोई तो कमेंट कर! पसंद आया या नहीं आया। साड़ियों का चुनाव सही है या...?''

अब दयिता की जुबान फूटी, ''इतनी हड़बड़ी की क्या जरूरत थी?''

''हड़बड़ी कहाँ की? अब तो महीना भर भी हाथ में नहीं बचा। इसके बाद न्योता देने की दौड़-भाग शुरू हो जाएगी। बाज़ार करने की अब फुर्सत ही कहाँ होगी?''

''जब मैं आ जाती, तब खरीदारी कर लेती। फर्ज करो, अभी अगर मैं ब्याह ही न करूँ, तो...?''

''हुँहः विवाह अभी नहीं करेगी...'' मणिदीपा एक दौर हँस पड़ीं, ''ऐसे हीरा लड़के के लिए किसी भी लड़की के मुँह से लार टपकने लगेगी! अहा, क्या लड़का है! लाखों में एक! वाकई तू बड़ी तकदीरवाली है!''

दयिता के जबड़े कस गए।

''अरे, हाँ, एक चीज़ तो तुझे दिखाई ही नहीं!'' यह कहते हुए मणिदीपा ने अलमारी खोली।

उन्होंने पीचबोर्ड का चपटा-सा डिब्बा खोला, ''यह देख, यह जामेवर साड़ी, तेरे प्रीति-भोज के लिए है! तेरे ससुरालवाले देंगे। रंग बड़ा मोहक और शोख है न! फिरोजी रंग! साड़ी में से ब्लाउज का टुकड़ा निकालकर, यह साड़ी वापस तेरी ससुराल भेजनी होगी।''

दयिता ने साड़ी को हाथ भी नहीं लगाया, उसकी तरफ नज़र उठाकर भी नहीं देखा।

वह जाने को उठ खड़ी हुई!

मणिदीपा ने खप् से उसका हाथ पकड़ लिया, "एइ, तुझे क्या हुआ है, री, लड़की?"

"कुछ अच्छा नहीं लग रहता है! जी मिचला रहा है।"

"अरे! कहीं तबीयत-वबीयत तो खराब नहीं है?"

"नहीं!"

मणिदीपा मंद-मंद मुस्करा उठीं, "समझ गई! तुझे टेंशन हो रहा है! ब्याह से पहले ऐसा होता है! तेरे बप्पा से जब मेरा ब्याह तय हो गया, उसके बाद तो मेरा दिल धड़-धड़ धड़कता रहता था।"

"मेरा तो ब्याह करने का मन ही नहीं है, माँ!"

दयिता के लहजे में ऐसा कुछ था कि मणिदीपा चौंके बिना नहीं रह सकी। उनके चेहरे की उच्छल हँसी गायब हो गई। उनकी निगाह तीखी होकर बेटी के चेहरे पर गड़ गई।

उनकी आवाज़ भी भारी हो आई, "मन न होने की वजह जान सकती हूँ?"

"वह सुनकर तुम्हें अच्छा नहीं लगेगा।"

"फिर भी...सुनूँ तो सही!"

"तुम्हारी पसंद का लड़का, मुझे पसंद नहीं है।"

"क्यों?"

"हर क्यों का जवाब नहीं होता, माँ! मुझे वह नापसंद है बस!"

"हुँहः फिजूल की बकवास! अब तुम रहो, अपनी नापसंद लेकर! ब्याह के बाद, जब खुशी से इतराती फिरोगी, तब याद दिला दूँगी।"

बेटी का हाथ झटककर परे खिसकते हुए भी मणिदीपा अचानक ठिठक गईं, "और, हाँ कविता 'दी ने तुझे यह खबर देने के लिए कहा है कि तुम दोनों हनीमून के लिए गोवा जा रहे हो। आइ टी डी सी का होटल भी बुक करा दिया गया है। अच्छा ही है, तू क्या कहती है? तू गोवा गई भी नहीं है?"

दयिता दरवाजे पर पत्थर की बुत बनी खड़ी रही।

उसने अपलक निगाहों से घूरते हुए कहा, "तुम लोग क्या ज़ोर-जबर्दस्ती ही मेरी शादी कराना चाहती हो, माँ? मेरी उज्र-आपत्ति पर कान नहीं दोगी?"

"यह कैसी अशुभ बात? अब एतराज करने को बचा ही क्या है? तुम्हें बताए बिना तो कुछ तय नहीं किया गया....?"

"लेकिन मेरी राय तो नहीं पूछी गई?"

"तुझे नापसंद था, तो हमें खबर भर देती! हमने तो तुझसे कोई भी बात नहीं छिपाई..."

"चलो, अब बताए देती हूँ!"

"अब बताने चली है, जब सारी तैयारियाँ हो चुकी हैं?"

"शादी तो नहीं हुई न, माँ? शादी चूँकि मेरी है, इसलिए मैं चाहे कभी भी, किसी भी पल एतराज जता सकती हूँ। अगर मैं शादी न करना चाहूँ, तो तुम लोग मेरा टेंटुआ दबाकर, शादी के पाटे पर नहीं बिठा सकतीं।"

मणिदीपा की धीरे-धीरे विस्फारित हो उठीं, मानों दयिता की बातें सिर्फ कानों तक पहुँची हों, दिमाग में नहीं। वे कदम नापती हुई बेटी के करीब आ खड़ी हुईं! उन्होंने उसके कंधे पर हाथ रखकर, रुँधी-रुँधी आवाज़ में कहा, "क्या बात है, मुझे खुल कर बता, मुनिया? तू ऐसा पागलपन क्यों कर रही है? तेरा दिमाग तो ठीक है?"

"मेरा दिमाग बिल्कुल दुरुस्त है! पागलपन तो तुम लोगों पर सवार है, जो इतना हड़बड़-तड़बड़ सारा कुछ...।" नाराज न होना चाहकर भी दयिता के लहजे में नाराजगी झलक उठी।

उसने अपने कंधे से माँ का हाथ झटककर कहा, "मैं अब सोने जा रही हूँ। डोंट डिस्टर्ब मी! रात को मैं खाऊँगी भी नहीं।"

अपने चेहरे पर मणिदीपा की चुभती हुई निगाहों की उपेक्षा करते हुए, दयिता सीधे अपने कमरे में चली गई। उसने दरवाजा अंदर से उढ़का लिया, बत्ती भी नहीं जलाई और सीधे बिस्तर पर जा लेटी। अपने अंदर कैद बातों को अर्गला मुक्त करके, उसने क्या थोड़ी-बहुत मुक्ति का स्वाद महसूस किया? दयिता ने अपने सीने पर हाथ रखकर देखा। उसकी साँसें तेज-तेज धड़क रही थीं। उसके अंदर इतनी उत्तेजना क्यों जाग उठी है? कभी न कभी तो उसे यह सब कहना ही था! इन लोगों ने मिलकर इतनी सारी गुत्थियाँ तैयार कर डाली हैं, यह बात अगर उसे पहले ही पता होती, तो वह बहुत पहले ही...।

वह आखिर सौमिक से विवाह क्यों करे? उसे किसी खूबसूरत एपार्टमेंट में रहना नसीब हो जाएगा, इसलिए? साल में दो बार उसे अपनी पसंद की जगहों में सैर-तफरीह पर जाने का मौका मिलेगा, इसलिए? अपनी गृहस्थी में कीमती-कीमती सामान सजाने की सुविधा होगी, इसलिए? किसी प्रेमहीन रति-संयोग की उम्मीद में? छिः छिः यह तो जानवर-सी जिंदगी होगी।

सबसे बड़ी बात यह थी कि उस मायावी पुरुष को भूल जाना पड़ेगा, जिसके हाथ में अनंत महाशून्य की चाबी-काठी है! उस रहस्यमय इंसान को छोड़कर, वह रचे-गढ़े नकली स्वर्ग में सुखी हो सकेगी?

कमरे का अँधेरा, प्रगाढ़ से प्रगाढ़तर हो आया। दयिता का संकल्प भी क्रमशः दृढ़तर होता गया। आँखें मूँदकर, वह बोधिसत्व का स्पर्श महसूस करती रही। अपनी हर नस-नस, धमनी, रक्तकणों, रोम-रोम में उनका स्पर्श महसूस होता रहा।

...बेहद तीखे आवेग में उन्होंने दयिता को चूम लिया था, मानों अपनी देह से लिपटी लता को, उन्होंने पेड़ की जड़ की तरह आश्रय दिया हो। आग ही आग!

मानों मूर्तिमान वैश्वानर! दयिता के अंग-प्रत्यंग में वे शिशु की तरह कुछ-कुछ खोजते फिरे। दयिता क्या आसमान बन गई थी? बोधिसत्व अचीन्हे ब्रह्मांड को जी भरकर निहारते रहे थे? उन्होंने सृष्टि-रहस्य के मूल में पहुँचने की कोशिश की थी?

दयिता मानों किसी अपरूप प्रशांति मे डूब गई थी। बोधिसत्व ही उसका पहला प्यार, उसकी जिंदगी में पहले मर्द, उसके प्रभु थे, दयिता ने सिर्फ उन्हीं के प्रति अपने प्राण निवेदित किए हैं। वहाँ और किसी के लिए जगह हो ही नहीं सकती।

"मुनिया...एइ...मुनिया!"

प्रवीर की आवाज़ सुनाई दी! दयिता अपनी दुनिया में लौट आई।

दरवाजा खोलकर, प्रवीर अंदर कमरे में दाखिल हुए। उन्होंने ही कमरे की बत्ती जलाई! उनके पीछे, बुंबा!

दयिता भौंहें सिकोड़ते हुए उठ बैठी। उसने बदन पर शॉल लपेट ली और रुष्ट निगाहों से बुंबा की तरफ देखा। पता नहीं बुंबा को क्या लगा। हर वक्त लनतरानी भाँजनेवाला बुंबा भी सकपकाकर कमरे से बाहर निकल आया।

प्रवीर बिस्तर पर आ बैठे! दयिता के बिल्कुल आमने-सामने!

उन्होंने बेहद संक्षिप्त लहजे में बात छेड़ी, "तेरी माँ ने तो रोना-धोना शुरू कर दिया है! तूने उन्हें क्या धमकी दे डाली?"

"धमकी तो नहीं दी–" दयिता के जवाब में कहीं कोई लड़खड़ाहट नहीं थी, "मैंने अपने मन की बात साफ-साफ बता दी।"

"प्रॉब्लम क्या है? व्हाट्स रांग विद सौमिक? सौमिक में क्या बुराई है?"

"वह तुम नहीं समझोगे, बप्पा!"

"तो समझा दो न! अगर तुम मुझे आश्वस्त कर सकीं, तो मैं तुम्हारा साथ दूँगा।"

"बात यह है, बप्पा कि मेरा और उस लड़के का मेंटल-स्तर एक नहीं है।"

"तुम्हें यह कैसे मालूम? तुम क्या उससे मिली हो?"

"हाँ, मिली हूँ! मुझे वह पसंद नहीं आया।"

प्रवीर शायद ईषत् ठिठक गए।

थोड़ा ठहरकर उन्होंने पूछा, "उससे कब मिली थीं?"

"बहुत दिनों पहले! जब शादी सिर्फ तय हुई थी।"

"उसी वक्त हमें क्यों नहीं बताया?"

"तुम लोगों ने तो मुझसे कुछ पूछा ही नहीं, बप्पा। मेरी भी कोई राय हो सकती है। मैं अब बालिग हो गई हूँ—तुम लोगों को इन बातों का कभी ख्याल ही नहीं आया।"

"सिर्फ इसी वजह से तू इंतजार कर रही थी? हमें अजब जटिल स्थिति में डालने के लिए?" प्रवीर का हल्का-फुल्का लहजा, धीरे-धीरे भारी हो उठा, "उसके

बाद भी तू दो-दो बार कलकत्ता आई। हम लोगों की तुझसे नियमित रूप से फोन पर बातचीत होती रही..."

दयिता खामोश रही!

प्रवीर ने एक सिगरेट सुलगाई। उनकी निगाह, बेटी को सिर से पाँव तक घूरती रही।

उन्होंने विरस आवाज़ में पूछा, "सौमिक में दोष क्या-क्या हैं, जान सकता हूँ? उससे मैं खुद भी मिला-जुला हूँ! वह सिर्फ बाहर-बाहर से ही शरीफ नहीं है, दिल का भी वह हीरा लड़का है।"

दयिता फिर भी चुप!

प्रवीर का लहजा, अब नरम हो आया, "देख, मुनिया, विवाह के पहले से ही किसी लड़के-लड़की का मेंटल-स्तर एक हो, यह अपेक्षा करना, हद से बढ़कर है। ऐसा नहीं होता! यह नामुमकिन है! आफ्टर ऑल दो अलग-अलग परिवारों में पले-बढ़े इंसान हैं! अब मुझे और अपनी माँ को ही ले! विवाह से पहले हम एक ही साँचे में ढले इंसान तो नहीं थे, न ही विवाह के बाद एक जैसे थे। अभी भी कितना कुछ, हममें मेल नहीं खाता। अब ठाकुर-देवता, गुरु वगैरह...तेरी माँ मानती है, मैं नहीं मानता। इसके बावजूद क्या हम दोनों एक साथ, एक जगह नहीं रहते? डू बी लुक अनहैपी कपल? हम दुःखी जोड़ी लगते हैं? बल्कि यह कहना चाहिए कि हम 'बेस्ट दंपती' हैं! हम अपने-अपने ढंग से चलते हैं, लेकिन गृहस्थी पर कोई संकट या समस्या आती है तो हम बिल्कुल एक हो जाते हैं। सौमिक में भी यह खूबी मौजूद है, इसकी तो तुझे मैं पूरी गारंटी दे सकता हूँ। सौमिक काफी सामंजस्यवादी लड़का है।"

दयिता मन ही मन बुदबुदा उठी, लेकिन, व्यक्तित्वहीन...मेरुदंडहीन है।

उसने जुबान खोली, "सुनो, बप्पा, हजारों खरगोश जोड़कर उसे घोड़ा नहीं बनाया जा सकता। पसंद-नापसंद तो दिल के अंदर की बात है। वह क्या तुम्हारे विचार-मुताबिक चलता है?"

"यह कहकर तू छुटकारा नहीं पा सकती, मुनिया! भले हमारी पसंद में कोई युक्ति न हो, मगर हमारी बात तुम्हें माननी ही पड़ेगी। कम से कम इस स्थिति में, जब हमारे लौटने की कोई राह नहीं है। तुम देख रही हो, विवाह की सारी खरीद-फरोख़्त हो चुकी है, फर्नीचर का ऑर्डर भी मैं दे आया हूँ। तुम्हारी माँ गहने बनाने के भी ऑर्डर दे चुकी है और अपनी आँखों से तुम भी यह देख चुकी हो कि शादी के कार्ड तक छप चुके हैं। रायगढ़ से तुम्हारे मामा, कानपुर से तुम्हारी बुआ वगैरह को खत तक भेजे जा चुके हैं। सुवीर, सिर्फ तुम्हारी शादी 'अटेंड' करने के लिए उतनी दूर से आ रहा है। वासुदेव बाबू के परिवार ने भी कितना कुछ खर्च कर डाला है।"

दयिता परेशान हो उठी। बप्पा, मानों बातों के जाल में उसे जकड़ते जा रहे हैं; उसे कमजोर बनाते जा रहे हैं। बंद खिड़कियों की किसी दरार से बर्फीली हवा,

कमरे में जबरन दाखिल हो रही थी। इसके बावजूद दयिता को काफी गर्मी लगने लगी। क्रुद्ध बप्पा के मुकाबले असहाय बप्पा से लड़ना बहोत ज्यादा मुश्किल है, दयिता ने मन ही मन बखूबी महसूस किया।

थोड़ा-बहुत हिचकिचाते हुए दयिता ने जवाब दिया, "उन लोगों को क्या असुविधा होगी, बप्पा? वे लोग कोई और लड़की देखेंगे और झट से बेटे की शादी कर देंगे। जो सामान-पत्तर खरीदा है, वह उसी लड़की को..."

"और इधर जो सौमिक के सूट तक का ऑर्डर दे दिया गया है? उसका क्या होगा?"

मणिदीपा अब तक दरवाजे की आड़ में खड़ी-खड़ी पिता-पुत्री का संवाद सुन रही थीं। अब वे बाज की तरह कमरे में टूट पड़ीं, "अँगूठी? घड़ी, बटन, कुर्ता?—वह सब क्या बुंबा झमकाकर घूमेगा?"

चरम गंभीर परिवेश में भी, दयिता को हँसी आ गई। माँ का शोक इस वक्त सिर्फ उस बर्बादी पर ही केंद्रित हो उठा था। बहुत बड़े दुःख के समय में इंसान छोटी-छोटी तुच्छ वजहें गिनाकर विलाप करता है।

मणिदीपा भी छोड़ने वाली जीव नहीं थीं।

उन्होंने प्रवीर से कहा, "सुनो जी, तुम इस लड़की की परवाह मत करो। बहुत बड़ी विद्वान हो गई है, इसलिए पंख उग आए हैं न?"

"ओफ ओ! तुम इस वक्त जाओ तो यहाँ से!" प्रवीर ने मणिदीपा को लगभग धकेलकर, कमरे से बाहर निकाल दिया।

वे उठकर कमरे का दरवाजा उढ़का आए और दुबारा बेटी के पास आकर बैठ गए।

उन्होंने दोस्ताना लहजे में दुबारा बातचीत शुरू कर दी, "देखा न, तेरी माँ कैसी पगला गई है। अब तू मन से सारी बातें झटक दे और नॉर्मल हो जा।"

दयिता बमुश्किल हँस पड़ी, "प्लीज, बप्पा, यह शादी मैं नहीं कर सकती।"

"तू हमारे मान-सम्मान के बारे में नहीं सोचेगी, मुनिया?" प्रवीर की निगाहें करुण हो आईं।

मानों किसी मल्टीनेशनल कंपनी का कोई जांबाज अफसर नहीं, कोई दीन-हीन बाप, अपनी बेटी से भीख माँग रहा हो।

"हमारी इज्जत रख ले, मुनिया!"

"तुम भी यह क्यों नहीं समझते, बप्पा, मेरे लिए सौमिक से विवाह करना मुमकिन नहीं है। मैं निरुपाय हूँ।"

प्रवीर की भौंहों में बल पड़ गए।

उनके चेहरे-मोहरे और आँखों की भाषा एकबारगी बदल गई।

उनकी आवाज भी बदल गई, "तू क्या किसी और से प्यार करती है?"

दयिता ने चौंककर बप्पा की तरफ देखा। अगले ही पल, उसने सिर झुका लिया।

उसने मृदु लहजे में हामी भरी, "हाँ–"

"कौन है वह?"

कोई जवाब नहीं मिला।

"क्या हमारी जान-पहचान का कोई है?"

"ना–"

"क्या तेरी यूनिवर्सिटी का कोई लड़का है?"

"ना–"

"तो क्या कलकत्ते का है?"

"ना–"

"तब वह कौन है?"

दयिता की जुबान पर फिर कोई जवाब नहीं था।

इतनी देर बाद, शायद प्रवीर के भी धीरज का बाँध टूट गया, "देख, खामख्याली क्यों कर रही है? जिसे प्यार करती है उसे लेकर तो आ–"

दयिता की जुबान से अचानक फिसल गया, "उसे यहाँ लाना संभव नहीं है।"

"क्यों? वह क्या हिमालय पर्वत है?"

दयिता दुबारा खामोश ही रही।

वह मन ही मन बुदबुदा उठी–उससे भी ज्यादा विराट।

प्रवीर ने शकभरी निगाहों से बेटी की तरफ देखा, "वह करता क्या है? सड़क-छाप लोफर-टोफर तो नहीं है?"

दयिता अपनी जुबान पर ताला जड़े रही।

उसने मन ही मन कहा–छिः बप्पा, ऐसी बात करोगे, तो तुम्हारी जुबान कटकर गिर पड़ेगी।

प्रवीर से अब रहा नहीं गया। वे उठ खड़े हुए और पूरे कमरे में चहलकदमी करने लगे।

बेहद उत्तेजित आवाज में वे गरजते रहे, "मुझे समझ में नहीं आ रहा है कि व्हाट नॉनसेंस इज गोइंग ऑन। यह क्या बदतमीजी है? हमारी पसंद के लड़के से तुम ब्याह नहीं करोगी, अपनी पसंद के लड़के को तुम लाओगी नहीं, तब यह 'डेडलॉक' टूटेगा कैसे? अपने नाते-रिश्तेदारों, अड़ोसी-पड़ोसियों को कुछ तो वजह बताना होगी कि यह विवाह मैं क्यों तोड़ रहा हूँ? मैं क्या वजह बताऊँगा?"

दयिता फट् से बोल उठी, "अरे, उस लड़के के नाम, कोई भी अफवाह या बदनामी फैला देना। कह देना, यह सब तुम्हें पहले पता नहीं था, अब पता चला–"

"छिः छिः मुनिया, किसी निरीह, शरीफ लड़के के नाम मैं झूठी बदनामी फैलाऊँ? तुम मुझे यह सलाह दे रही हो? यही शिक्षा मिली है तुम्हें?"

प्रवीर का धिक्कार, दयिता को तीखी सलाखों-सा चुभ गया। कुछ देर वह सिर झुकाए रही।

उसके बाद, उसने भारी-भारी आवाज में कहा, "तो फिर ऐसा करो, तुम सच बात ही बता दो, बप्पा! बता दो कि तुम्हारी बेटी किसी और से प्यार करती है, वह इस शादी के लिए तैयार नहीं है।"

प्रवीर दुबारा अपनी बेटी के करीब आ बैठे।

उन्होंने बेटी के माथे पर हाथ रखा, "लोगों को कहने-बताने की जरूरत क्या है? तू किसे प्यार करती है, यह मुझे खुलकर बता। मैं उसी लड़के से तेरा ब्याह कर दूँगा। हाँ, वासुदेव बाबू के सामने हम थोड़े छोटे हो जाएँगे, लेकिन अब क्या उपाय? तू तो समझती है, लाख रुपए से ऊपर खर्च हो चुके हैं...मेहनत-मशक्कत की कमाई..."

प्रवीर के स्पर्श से दयिता की छाती दहल गई।

उसने झोंक में आकर कह ही डाला, "उससे मेरा विवाह नहीं हो सकता, बप्पा! यह नामुमकिन है।"

"क्यों?"

दयिता की आवाज़ काँप उठी, "ही इज़ ऑलरेडी मैरिड! वह शादीशुदा है।"

"मतलब?" प्रवीर मानों चाबुक खाकर, छिटक गए, "तू किसी शादीशुदा मर्द से मुहब्बत करती है? तूने सोच क्या रखा है? तुझे आज़ादी दी है, इसलिए तू बिल्कुल सिर पर ही सवार हो गई है? यह स्वाधीनता है या स्वेच्छाचार? तेरी इतनी बड़ी मजाल? वह भी तू मेरे आगे बखान कर रही है?"

दयिता ने मिनमिनाती आवाज़ में कहा, "मैं तो कुछ कहना नहीं चाहती थी, बप्पा, तुमने ही जबर्दस्ती की–"

"तू फिर पटर-पटर बोल रही है? चुप! चुप!" प्रवीर गरज उठे, "कौन है वह आदमी? जो मेरी बेटी के साथ 'एडल्ट्री' कर रहा है....व्यभिचार कर रहा है? मैं पुलिस में रपट लिखाऊँगा! कमर में रस्सी डालकर घुमाऊँगा–"

प्रवीर की चीत्कार सुनकर, मणिदीपा और बुंबा भी दौड़कर कमरे में आ पहुँचे।

उनकी उपेक्षा करते हुए, दयिता लापरवाह भंगिमा में बोल उठी, "जिसे तुम पहचानते नहीं, उसके बारे में ऐसी उल्टी-पुल्टी बातें मत करो, बप्पा! मैं उनसे प्यार करती हूँ, यह मेरा मामला है। इसमें तुम उन्हें क्यों जोड़ रहे हो?"

प्रवीर गुस्से से विमूढ़ हो आए। उनकी जुबान मानों पथरा गई।

मणिदीपा एकदम से हाहाकार कर उठीं, "क्या हुआ है, जी? किसे जोड़ने की क्या बात हो रही है?"

"और क्या होना है, हमारे खानदान के मुँह पर कालिख पुत गई।" प्रवीर की आवाज़ घरघरा उठी, "तुम्हारी गुणवंती बेटी किसी शादीशुदा बदजात से इश्क

कर रही हैं, इसीलिए वे विवाह करने को राजी नहीं हैं।''

''हाय-माँ, यह कैसी सर्वनाशी बात है, जी?'' मणिदीपा विलाप कर उठीं और अपने दोनों हाथों से उन्होंने झकझोरते हुए पूछा, ''एइ, मुनिया, यह तू क्या बकवास कर रही है?''

दयिता मानों लाज-शर्म-संकोच भुला बैठी। उसकी सारी दुविधा मिट गई।

उसने स्पष्ट आवाज़ में कहा, ''तुम लोग तो ऐसे पेश आ रहे हो, मानों यह घटना, दुनिया में पहली बार घटी हो। हाँ, मैं किसी से प्यार करती हूँ, भाग्यवश या दुर्भाग्यवश ही इज मैरिड! शादीशुदा है वह! चूँकि किसी विवाहित से विवाह करने की कानून इजाजत नहीं देता, इसलिए मैं शादी नहीं करूँगी। इस बात से तुम लोगों के बदन पर फफोले क्यों पड़ गए? मैं अपनी जिंदगी कैसे जीऊँ, इस चुनाव का अधिकार क्या मुझे नहीं है?''

''चोऽऽऽप! जितना बड़ा मुँह नहीं, उतनी बड़ी जुबान!'' प्रवीर बनैले सांड की तरह झपट पड़ा।

उस वक्त उसे हित-अहित का भी ज्ञान नहीं रहा। उसने बेटी के गाल पर कसकर एक तमाचा जड़ दिया।

उन्होंने दाँत पीसकर कहा, ''रुक जाओ, तुम्हारा इश्क मैं मिटाता हूँ! सुनो, मैं किसी किस्म का बंदरपन बर्दाश्त नहीं करूँगा। तुम्हें सौमिक से ही विवाह करना होगा। आज से तुम्हारा घर से निकलना बंद! टिल योर मैरेज! जब तक तुम्हारी शादी नहीं हो जाती।''

दयिता छिटककर पलंग के कोने में जा पड़ी। कुछेक पलों के लिए बप्पा की इस चंडमूर्ति ने उसे विह्वल कर दिया, उसके बप्पा ने कभी, किसी दिन भी उस पर हाथ नहीं उठाया। आज पहली बार....

अपनी अचकचाहट झटककर, वह गुस्से से फुफकार उठी, ''तुम लोगों ने क्या सोचा है, यूँ जोर-जबर्दस्ती मेरी शादी कर दोगे? नहीं ऐसा हरगिज नहीं होगा।''

''मैं भी देखता हूँ, ऐसा ही होता है या नहीं! देखता हू तेरा कौन प्रेमी मुझे रोकता है?''

''प्रेमी क्यों रोकने लगा? रोकूँगी तो मैं! मैं पुलिस में खबर दूँगी। मैं भी देखती हूँ, कैसे तुम एक बालिग लड़की को विवाह के पाटे पर बिठाते हो?''

''सुना? तुमने सुना? बेटी की बात सुनी?''

''कुछ मत कहो! कुछ मत पूछो—'' मणिदीपा रो पड़ीं, ''इसी बेटी को मैंने नौ महीने, अपनी कोख में रखा था? मैंने इसे प्रसूतिघर में ही नमक चटाकर मार क्यों नहीं डाला?''

''वह मर गई! मेरे लिए वह मर गयी। आज से मैं यह समझ लूँगा कि मेरी कोई बेटी, कभी थी ही नहीं!'' यह कहते-कहते वे दुबारा बेटी की तरफ झपट पड़े।

उनकी निगाह अंगार के गोले की तरह लगातार नाचती रही। "अपनी आजादी दिखाने चली है? बालिग बनने का दावा ठोंक रही है? मेरी ही कमाई पर पलेगी और मेरे ही सीने पर सवार होकर, मेरी दाढ़ी नोचेगी? सुन ले, आखिरी बार कहे देता हूँ, मुनिया..."

आखिरी बार प्रवीर ने जो घोषणा की, दयिता ने सुन ली। बुंबा अपने बप्पा को खींचकर, उस कमरे से बाहर ले गया।

"छिः छिः मुनिया, तू ऐसी लड़की है?" मणिदीपा कमरे में बीचोंबीच खड़ी-खड़ी जोर-जोर से अपना सिर झटकारती रहीं, "तेरे बप्पा तुझे इतना प्यार करते हैं और तूने इतनी बड़ी चोट दी? तुझे तो नरक में भी जगह नहीं मिलेगी।"

बुंबा की गंभीर आवाज सुनाई दी, "माँ, तुम भी चली आओ।"

भयंकर तूफान के बाद, समूचा घर एकदम से पत्थर हो गया! मानों कोई श्मशान भूमि हो या कब्रिस्तान! आधुनिक फ्लैट की जिंदगी में सुविधा है। वहाँ कोई, किसी के अंदरमहल में ताक-झाँक नहीं करता। मणिदीपा की चीत्कार और रुलाई की भी किसी पड़ोसी पर कोई प्रतिक्रिया नहीं हुई। मुमकिन है, वे लोग आड़ में खुसफुस कर रहे हों, लेकिन ज़ुबान से एक शब्द भी नहीं कहेंगे। वैसे आज इसकी भी संभावना काफी कम है, बाहर खुशी का फव्वारा छूट रहा था। बगल के फ्लैट में क्रिसमस-ईव की पार्टी चल रही थी, रह-रहकर उल्लास-ध्वनि गूँजती हुई! दीवार भेदकर आती हुई आवाज़, इस फ्लैट की निःशब्दता पर चोट कर रही थी; शब्दहीनता और तीखी होकर उजागर हो उठी।

दयिता बैठी रही...बैठी ही रही। मानों वह लकड़ी की कोई प्रतिमा हो, वह उस जगह से कभी टस से मस नहीं होगी। आँखों के गड्ढे में पानी की सूखी रेखा। शॉल उसके बदन से खिसककर, बिस्तर पर लोटने लगा; बर्फीली हवा उसके तन-बदन को छूती हुई! इस वक्त उसे न ठंड का अहसास था, न गर्मी का!

रात गुजर गई। कैसे गुजरी, दयिता को खुद भी पता नहीं चला। उसकी चेतना के उस पार से, बुंबा ने उसे एक बार शायद आवाज़ भी दी थी, उससे खाने का भी इसरार किया था, दयिता ने कोई जवाब नहीं दिया। अनजाने में ही किसी वक्त उसकी आँख लग गयी।

तन्द्रा टूटते ही दयिता दुबारा होश में आ गई। पल भर के लिए उसे बोधिसत्व का चेहरा याद हो आया। अगले ही पल उसकी आँखों में माँ-बप्पा का चेहरा तैर गया और गुजरे हुए कल की सारी घटना शब्द-शब्द याद हो आई। उसने कई-कई बार लंबी-लंबी उसाँस भरी और कुछ देर वह फफक-फफककर रोती भी रही।

न्ना, बोधिसत्व के बिना, वह जी नहीं पाएगी।

दयिता धीर-स्थिर कदमों से, एक बार बाथरूम में भी घूम आयी। उसका किटबैग कल से बिस्तर पर ही पड़ा था। अभी तक खोला नहीं गया। उसने वार्डरोब से दो

सलवार-कमीज और निकाल लीं और उसने अपने किटबैग में उन्हें ठूँसकर भर लिया। वह मेज के सामने कुर्सी पर बैठ गई और बेहद ठंडे दिमाग से ख़त लिखने लगी। खत वह अपने बप्पा को लिख रही थी। वह लौटकर कैंपस टाउन जा रही है, घरवालों को यह खबर होनी चाहिए, वर्ना फिजूल ही थाना-पुलिस की हुज्जत होगी। इसके अलावा जिन लोगों को वह किसी तरह भी सुखी नहीं कर पायी, उन्हें व्यग्र या उतावला करने से क्या फायदा?

उस खत को खोलकर, उसने मेज पर रख दिया और किटबैग अपने कंधे पर उठा लिया। वह बेहद मुग्ध निगाहों से कुछेक पल बिस्तर को निहारती रही। उसने समूचे कमरे में भी निगाहें दौड़ाईं। अब शायद किसी दिन भी यहाँ लौटना न हो।

ड्राइंग-रूम तक आते-आते अचानक उसके पाँव जहाँ के तहाँ जम गए। सारे घरवाले इस वक्त गहरी नींद में बेसुध हैं! दयिता ने आँखें मूँद करके, कान खड़े कर लिए। कहीं, किसी की साँसों की आवाज़ क्या सुनायी दे रही है?

बायीं हथेली से उसने अपनी पलकों की कोरें पोंछ लीं। निस्तब्ध फ्लैट का दरवाजा खोलकर, वह बाहर निकल आयी।

इस वक्त दयिता की आँखों के सामने, अँधेरा-लपेटे, झुटपुटी भोर! कुहासे से ढँकी हुई!

12

स्लिप भेजकर, सौमिक हॉस्टल के बाहर गेट पर इंतजार करता रहा। साथ ही साथ उसके मन में एक दबी-ढँकी टेंशन भी हलचल मचाये हुए थी। यूँ दन्न से यहाँ चले आना क्या उचित हुआ? दयिता अगर उससे मिलने से इनकार क़र दे? अगर वह उसे दरवाजे से ही हँका दे?

आज साल का आखिरी दिन है! जबर्दस्त ठंड! कलकत्ते के मुकाबले यहाँ ठंड बहुत ज्यादा है। इतनी ज्यादा सर्दी शायद इसीलिए है कि यह जगह बहुत खुली-खुली है! इस वक्त लगभग एक बजा था यानी प्रखर दोपहरी! हालाँकि धूप की तपिश ऐसी थी कि यह अंदाजा लगाने का कोई उपाय नहीं था कि धूप इतनी कड़ी है! कैसा तो मरा-मरा अहसास! धूप में कोई तपिश नहीं थी। सिर्फ रंग भर झलक रहा था। बर्फीली हवा बहती हुई! कपड़े-लत्ते, स्वेटर को भेदकर, तन-बदन की हड्डियों को चीरती हुई! ठंड की चपेट में चारों तरफ के पेड़-पौधे बेतरह काँपते हुए।

इंतजार का एक-एक पल अनंत हो आया। सौमिक, कुल पाँच मिनट में ही हाँफ उठा। झोंक में आकर वह जो दौड़ता हुआ यहाँ तक चला आया, इस मूर्खता पर वह अपने को ही डाँटता-डपटता रहा। उसका नोट लेकर अंदर जाने वाली महिला लौट आयी।

उसने दरवाजे से ही ऐलान किया, ''दयिता मित्र नहीं है।''

सौमिक आगे बढ़ आया।

उसने संदिग्ध लहजे में सवाल किया, ''ऐसा कैसे हो सकता है? उसे तो हॉस्टल में ही होना चाहिए!''

''अभी, कुछ देर पहले, यहीं थी। लेकिन इस वक्त उसके कमरे में ताला चढ़ा हुआ है।''

''गई कहाँ?''

''मुझे क्या पता!''

''आप लोगों के...डाइनिंग-रूम में तो नहीं है?''

''लड़कियाँ कम हैं। खाना-पीना तो काफी पहले ही निपट चुका।''

''ओऽ...''

''आने पर, उससे कुछ कहना होगा?''

सौमिक कुछेक पल कुछ सोचता रहा। जब भेंट ही नहीं हुई, तो अपने आने की खबर देने से फायदा? यह अपने से और ज्यादा खिलवाड़ नहीं होगा? ऐसे भी दयिता मन ही मन हँसेगी कि ब्याह के चाव में पगलाए लड़के को उसने अच्छा सबक सिखाया।

सौमिक ने गला साफ करके कहा, ''नहीं, रहने दें! कुछ भी कहने की जरूरत नहीं है।''

''आप आ कहाँ से रहे हैं?''

चलो शुक्र है! आखिरकार उसने कोई सवाल पूछा तो सही! सौमिक ने कोई जवाब नहीं दिया। वह पीछे मुड़ा और आगे बढ़ने लगा। उसका चेहरा अनमना हो आया और आँखें सूनी-सूनी! सहसा उसकी तनी हुई नसें एकदम से शिथिल पड़ गईं। आज बिल्कुल भोर-भोर उठना; इतनी दूर का सफर करके, यहाँ तक आना; इतनी-इतनी आशंका, उद्वेग, सवाल, उत्तेजना, इस वक्त सारा कुछ निरर्थक लगने लगा। दयिता मित्र ने उसे खारिज कर दिया, इसलिए क्या सौमिक बसुराय की जिंदगी अँधेरी पड़ गई। धत्! दयिता में ऐसे कौन-से सुर्खाब के पर लगे हैं? क्या है उसमें? रूप? गुण? फिगर? स्मार्टनेस? हर मामले में ही तो वह मार-काटकर ज़रा औसत से ऊपर है, यही न? सौमिक के बस, चुटकी भर बजाने की देर है, उससे ढेर-ढेर गुणवंती लड़कियाँ, सौमिक के दरवाजे पर लाइन लगा देंगी। तो फिर सौमिक यहाँ आया ही क्यों? कविता बसुराय तो ऐलान कर चुकी हैं कि चाहे जैसे भी हो वे अपने

बेटे के लिए कोई न कोई हूर की परी जरूर ले आएँगी।

यह बात याद आते ही, सौमिक को मिचली आने लगी। फिर वही कविता बसुराय का चक्कर! एक बार ही सही, वह कविता बसुराय के फैलाए हुए जाल में फँस गया था, लेकिन इस लड़की ने कठपुतली के इस खेल पर लात मारकर सारा कुछ चूर-मार कर दिया। सिर्फ इसीलिए ही तो सौमिक को दयिता का कृतज्ञ होना चाहिए। लेकिन उसके दिल में तो यह अहसास भी नहीं जागा। उल्टे एक अजब-सा हीनताबोध, हर पल उसे कुरेद-कुरेदकर खाए जा रहा है। तीखे अपमान से उसकी समूची छाती जकड़ गयी है; उसके सीने में प्रचंड आँधी-तूफान और गर्जन-तर्जन का तांडव चल रहा है; रह-रहकर बिजली कौंध रही है। किसी-किसी पल तो उसके मन में यह ख़्याल भी जागता है कि अगर वह लड़की उसके सामने होती, तो वह उसकी गर्दन मरोड़कर उसकी जान ले लेता, लेकिन अगले ही पल वह दारुण हाहाकार से भर उठता है। सौमिक को रुलाई छूटने लगी।

सौमिक के साथ ऐसा क्यों हुआ? क्यों हुआ ऐसा?

सौमिक चलता रहा। उद्देश्यहीन! धीरे-धीरे उसका तन-बदन थकान से लस्त-पस्त हो आया। पेट में एकदम से चूहे कूदने लगे। यूनिवर्सिटी के मेन गेट के सामने आकर, उसने इधर-उधर निगाहें दौड़ाईं। सारा रास्ता सुनसान! दूर-दूर तक एक भी कोई पढ़ाकू नजर नहीं आया। क्या इसीलिए कि यह छुट्टी का दिन है? ऐसी साफ-सुथरी सड़क; कतार-दर-कतार पेड़; इतनी खूबसूरत-मोहक बँटी-बिखरी इमारतें! लेकिन सारा कुछ बेहद निस्तब्ध! देखकर ऐसा लगा, मानों किसी जादुई स्पर्श से वह समूची जगह गहरी नींद सो रही है। इस सोयी हुई नगरी में दयिता जाने कहाँ तो अकेली-अकेली भटक रही होगी?

मेन गेट से ज़रा आगे बढ़ते ही चाय की दुकान! ग्राहकहीन खाली बेंच भाँय-भाँय करती हुई! दुकानदार, दुकान के अंदर सिर से पैर तक चादर ओढ़े, ऊँघ रहा था।

सौमिक कदम नापता हुआ, चाय की दुकान के सामने आ पहुँचा।

"चाय मिलेगी, भइए?"

"सिर्फ चाय, साहेब?"

"और क्या-क्या है?"

दुकानदार ने आँखें पिटपिटाकर जवाब दिया, "रोटी-टोस्ट! अंडा-फ्राइ! बिस्कुट..."

"टोस्ट और अंडा-फ्राइ ले आओ—" सौमिक बेंच पर बैठ गया, "लेकिन पहले एक कप चाय—"

स्टोव जलाकर, दुकानदार ने चाय का पानी चढ़ा दिया और कटोरे में अंडा फेंटकर, प्याज-मिर्च कतरने लगा। पूरी सड़क को कँपाते हुए और धूल उड़ाते हुए एक ट्रक तेजी से गुजर गया। उड़ती हुई धूल छँटने से पहले ही सौमिक की आँखें एकबारगी थिर हो आयीं। वो दयिता है न?

हाँ, दयिता ही तो है। यूनिवर्सिटी के मेन गेट की बगल में स्थित छोटे-से दरवाजे से बाहर निकलकर, वह सिर झुकाए हुए, अपने हॉस्टल की तरफ जा रही थी। बदन पर काली जींस, काली शॉल! खुले बाल! मानों मूर्तिमती शोक-प्रतिमा!

सौमिक किसी हाल भी स्थिर नहीं रह पाया।

उसने चीखकर आवाज दी, "दयिता!"

दयिता चौंककर ठिठक गयी। उसने भौंहें सिकोड़कर इधर-उधर देखा। सौमिक को पहचानने में जितना-सा वक्त लगा, बस, उतने ही पल वह पथरायी खड़ी रही, उसके बाद बिंदास मुद्रा में वह आगे बढ़ आई।

उसने भौंहें चढ़ाकर, कैफियत माँगने की मुद्रा में सवाल किया, "तुम...? यहाँ?"

'आप' से सीधे-सीधे 'तुम'! संभावित रिश्ता टूट जाने की वजह से ही क्या ऐसी उपेक्षा?

सौमिक की आवाज़ खुद-ब-खुद कड़वी हो आयी, "तुम समझ तो गयी हो कि मैं यहाँ क्यों आया हूँ।"'

"नहीं, मैं नहीं समझी!"

बात तो पहले से ही सजी-सजायी थी।

सौमिक ने वही बात अभिभावक के लहजे में उगल दी, "तुमने बहोत गलत काम किया है—"

"क्या गलत काम किया है? कैसा गलत काम? मेरी जिंदगी है, मैं अपने ढंग से चलाऊँगी। इसमें सही या गलत की क्या बात है?"

क्या तेज है! कैसी उद्धत भंगिमा! सौमिक की स्वाभाविक नर्वसनेस एकदम से खत्म हो गयी।

उसकी आवाज़ में गुस्सा उबल पड़ा, "तुम क्या यह कहना चाहती हो कि तुम्हारा इस तरह घर से चले आना सही था? तुम्हें खबर है कि तुम्हारे माँ-बप्पा की क्या हालत है?"

"अंदाज लगा सकती हूँ। लेकिन मैं निरुपाय हूँ। उनकी हाँ में हाँ मिलाकर चलना, मेरे लिए संभव नहीं था।"

"तो तुम मुझसे कहतीं। न हो, मैं ही यह ब्याह..."

"तो क्या तुम ब्याह से इनकार कर देते?" दयिता ने होंठ बिचकाकर कहा, "मैंने तुमसे भेंट नहीं की थी?"

"वह तो तुम धोखे से मिलने आयी थीं" सौमिक की जुबान झट से फिसल गई, "तुमने मुझसे झूठ बोला था?"

"झूठ?"

"झूठ नहीं, तो और क्या? मैंने तुमसे साफ-साफ नहीं पूछा था कि तुम मुझे पसंद करती हो या नहीं? तुमने इस बात से इनकार किया, तभी तो मैंने..." यह

जुमला कहकर, सौमिक ने मानों तृप्ति महसूस की।

उसने हाथ उलटकर दुबारा कहा, ''कसूर करो तुम और सजा झेलें माँ-बाप! हैरत है!'',

''डोंट टॉक लाइक गुरु-ठाकुर!'' दयिता ने तर्जनी हिलाकर कहा, ''मुझे यह बिल्कुल पसंद नहीं है।''

उधर दुकानदार ने चाय बनाकर, उन्हें आवाज लगाई। सौमिक ने उसके हाथ से गिलास थाम लिया। थोड़े फासले से वह दयिता को परखती हुई निगाहों से एकटक पढ़ता रहा। उसकी नाराजगी भरे चेहरे पर भी कैसी शिशु-सुलभ सरलता थी। सौमिक एक अजीब-सी मुग्धता में डूबता जा रहा था। यह लड़की उसे नशे की तरह खींच रही थी! अभी भी! इस पल भी! उसने बुद्धू-बुद्धू चेहरे से दयिता की तरफ देखते हुए, गिलास हिलाकर उसने पूछा कि वह चाय पीएगी? दयिता ने इनकार में ढीठ घोड़ी की तरह जोर-जोर से सिर हिला दिया।

सौमिक ने नरम स्वर में कहा, ''ठीक है! मत पीओ! इधर आओ, तुमसे कुछ बात करनी है।''

दयिता आयी तो सही, लेकिन काफी फासले पर खड़ी रही।

उसने अवज्ञा के लहजे में कहा, ''लेकिन, मुझे तुमसे कोई बात नहीं करनी है।''

सौमिक ने मन ही मन दुहराया—मुझे मालूम है।

उसने संक्षिप्त-सी उसाँस भरकर कहा, ''तुम अपने माँ-बप्पा से सुलह कर लो। मुझसे तुम्हें विवाह करने की जरूरत नहीं है।''

दयिता ने उसकी तरफ कुटिल निगाहों से देखा, ''तुम क्या माँ-बाप के दूत बनकर आए हो?''

''ना! यह बात किसी को भी नहीं मालूम कि मैं यहाँ आया हूँ।''

''अच्छा! तो महान बनने का शौक चर्राया है।''

सौमिक ने यह टिटकारी भी हजम कर ली। उसने तो बहुत पहले ही, इससे भी बड़ा अपमान कबूल कर लिया था।

उसने आवाज धीमी करके कहा, ''मुझे कुछ भी बनने का बूँद भर भी शौक नहीं है। मैं सिर्फ इतना चाहता हूँ कि मेरी वजह से किसी परिवार में माँ-बाप के साथ बेटी का रिश्ता न टूटे।''

''शुक्रिया! मुझे अपने माँ-बाप से कैसा रिश्ता रखना है, वह मैं समझूँगी। इस मामले में किसी गैर-आदमी को दखल देने की जरूरत नहीं है।''

दयिता ने सारी बातें खूब चबा-चबाकर कहीं और लगभग उसी पल उसने जोर से कंधे झटकाए और चल पड़ी। उसको जाते हुए देखते हुए, सौमिक का मन भारी हो आया। निरर्थक बेचैनी! युक्तिहीन विषाद! दयिता से क्या और कोई बर्ताव

अपेक्षित था! सौमिक ने क्या यह उम्मीद की थी कि उसे देखकर वह बाँहें फैलाकर नाचने लगेगी?

टोस्ट-ऑमलेट तैयार हो गया! दुकानदार ने सौमिक को दुबारा आवाज़ दी। सौमिक बेंच पर आकर बैठ गया। अब तक उसकी भूख मर चुकी थी, स्वाद, बेस्वाद हो चुका था। उसने डबल-रोटी का एक टुकड़ा तोड़ा, मगर मुँह में नहीं डाल सका।

उसने प्लेट दूर खिसका दी और अपना पर्स निकाल लिया, "कितना हुआ, भइए?"

"आपने खाया नहीं?"

"नहीं, मन नहीं हो रहा है—"

दुकानदार ने आँखें पिटपिटाकर देखा, "चार रुपइय्ये हुए।"

दाम चुकाकर, सौमिक उठ खड़ा हुआ। दयिता दुबारा प्रकट हुई। वह जैसे हनहनाती हुई गई थी, उसी तैश में वापस लौटी।

सौमिक के सामने आकर, वह खट से खड़ी हो गई, "एइ, तुम क्या सिर्फ बप्पा-माँ की खबर सुनाने आए थे?"

सौमिक ठिठक गया। सच ही तो! वह उससे आखिर क्या कहने आया था? वह तो किसी अंधे आवेग से छटपटाते हुए, भागता चला आया था। शादी की तैयारियाँ इतनी आगे तक बढ़ने देने के बावजूद दयिता ने शादी तोड़ क्यों दी? खाली-पीली उसका अपमान क्यों किया? अब ये सवाल बेमतलब थे। सच तो यह था कि वह उस लड़की से प्यार कर बैठा है। पतंग की तरह वह आग की तरफ भागता चला आया है। लेकिन, अब क्या यह बात भी अपनी जुबान पर लाई जा सकती है?

सौमिक ने गले तक आयी थूक निगलते हुए जवाब दिया, "जो भी कहना था, वह तो तुम कह ही चुकी हो। मेरे कहने को और क्या रह गया है?"

उसकी बातों में कोई छिपा हुआ क्षोभ था, दयिता को शायद आभास हो गया था। कुछ देर वह खामोश खड़ी रही, उसके बाद वह दुबारा चल पड़ी। सौमिक के अगल-बगल चलती रही।

सौमिक पर एक नज़र डालकर, अचानक उसने नरम लहजे में कहा, "मैं समझती हूँ, यह मैंने ठीक नहीं किया। तुम अपने को बेहद अपमानित महसूस कर रहे हो। तुम्हारी जगह अगर मैं होती, तो मैं भी शायद...। सॉरी आइ एम एक्स्ट्रीम्ली सॉरी! अफसोस है मुझे!"

सौमिक खामोश!

थोड़ा ठहरकर दयिता ने अगला वाक्य जोड़ा, "तुम बहुत अच्छे हो, सौमिक! तुम्हें खारिज करने की कोई वजह मेरे पास नहीं है। लेकिन, किसी-किसी मामले में इंसान कभी-कभी निहायत बेबस हो जाता है। मैं भी...सच ही निरुपाय हूँ।"

सौमिक ने लगभग बुदबुदाकर सवाल किया, "वह खुशनसीब कौन है, जान

सकता हूँ?''

दयिता ने झट् से सिर उठाया! भौंहें सिकोड़कर उसने सौमिक पर ईषत् एक निगाह डाली।

थोड़ा ठहरकर उसने कहा, ''हाँ, तुम्हें बताया जा सकता है! तुम्हें यह जानने का थोड़ा-बहुत अधिकार तो जरूर है। मैं किसी प्रोफेसर को प्यार करती हूँ। प्रोफेसर बोधिसत्व मजूमदार! उनका नाम सुना है?''

''वह वैज्ञानिक? कुछ ही दिनों पहले, अखबार में जिनका विराट इंटरव्यू निकला था?''

''हाँ! वे महज वैज्ञानिक नहीं हैं, बेहद मशहूर वैज्ञानिक हैं।''

सौमिक फटी-फटी आँखों से दयिता का चेहरा पढ़ता रहा, ''लेकिन वे काफी सीनियर आदमी हैं। काफी उम्रदार!''

''प्यार से उम्र का क्या सरोकार?'' दयिता की आवाज में हल्की-सी विरक्ति झलक उठी, ''वे बूढ़े बिल्कुल भी नहीं हैं। शरीर से...मन से, वे बहुतों से बहुत ज्यादा यंग हैं...जवान हैं।''

''उनका परिवार नहीं है?''

''ऑफकोर्स है! बीवी है...कॉलेज में पढ़नेवाला, बेटा है! मुझे इससे क्या फर्क पड़ता है? मैं उन्हें प्यार करती हूँ, वे मुझे प्यार करते हैं...बस्स!''

सौमिक की जुबान से मानों बोल ही नहीं फूटा। यह लड़की क्या पागल है या मासूम? उम्रदार अध्यापक आमतौर पर धुआँ-धुआँ स्वभाव के इंसान होते हैं। खासकर वैज्ञानिक लोग! जहाँ तक उसकी जानकारी है, इन लोगों को सांसारिक ज्ञान-बोध भी काफी कम ही होता है, ऐसे किसी आदमी के चरणों में अपना मन-प्राण निवेदन करके दयिता को आखिर क्या मिलेगा? और यह प्रोफेसर भी भला कैसा आदमी है? नीति-ज्ञान को तिलांजलि देकर, निरी बच्ची से लटपट चलाए जा रहा है।

दयिता अपने बाल लहराकर हँस पड़ी, ''मैं जानती हूँ, तुम क्या सोच रहे हो? हमारे इस रिश्ते की परिणति क्या होगी, यही न?''

यह कहते-कहते दयिता अचानक उदास हो आई। वह मानों कहीं दूर चली गई...किन्हीं और ख्यालों में डूब गई।

शीत की वाताश की तरह वह फुसफुसाहट के लहजे में कहती रही, ''क्या सभी रिश्ते किसी निश्चित मंजिल तक पहुँच पाते हैं? उनकी कोई निश्चित परिणति हो पाती है? प्रोफेसर साहब की भी कुछ लाचारी है...कुछेक बंधन हैं। अपना भविष्य, अब मैंने उन्हीं को सौंप दिया है। मुझे पता है, परंपरावादी मेरे माँ-बाप के लिए यह हजम करना मुश्किल है। मुश्किल क्या, नामुमकिन है। इसीलिए, मैं उन्हें छोड़कर चली भी आई। समझ लो, हमेशा के लिए! अब, बच रहा यह हॉस्टल! यहाँ भी

मैं ज्यादा दिन नहीं रहूँगी। अगर जरूरत पड़ी तो शहर चली जाऊँगी। ट्यूशन की खोज में हूँ। अब से मैं अपना खर्च खुद चलाऊँगी। वैसे जब तक फाइनल परीक्षा नहीं हो जाती, इसी तरह दाँत पर दाँत जमाए पड़े रहना होगा। उसके बाद कोई न कोई नौकरी जरूर जुटा लूँगी। विपुला इस धरती पर कुल एक अदद इंसान के पेट के लिए आहार जुटा पाने जितनी विद्या तो मेरे पास जरूर है!... आया कुछ समझ में, ये बातें मैं तुम्हें क्यों बता रही हूँ?''

सौमिक ने सूखी आवाज़ में जवाब दिया, ''क्यों भला? मुझे बताने का मन हुआ, इसीलिए!''

''जी नहीं जनाब, मैंने ये बातें तुम्हें इसलिए बताईं, ताकि तुम घर जाकर रिपोर्ट करो। नहीं, किसी खलनायक की तरह नहीं, मैसेंजर...दूत की तरह! तुम बप्पा को बता देना कि जब मैंने उनकी बात नहीं सुनी, तो उन पर अब मैं निर्भर भी नहीं रहना चाहती। यह बात तो युक्तिसंगत है न या नहीं?''

सौमिक का चेहरा लटक गया, ''मैं उनसे कुछ कहने क्यों जाऊँगा भला? मैंने तुम्हें बताया न, यहाँ मुझे किसी ने नहीं भेजा, मैं भी किसी को बताकर नहीं आया हूँ।''

''चलो, तुम ही जान लो! मेरी स्थिति तो तुम समझ गए न? इसलिए नो मोर हार्ड फीलिंग्स!'' इतना कहते हुए दयिता ने सौमिक की तरफ हाथ बढ़ा दिया, ''अब से तुम मेरे दोस्त! क्यों नहीं हो सकते?''

सौमिक ने सम्मोहित की तरह उसका हाथ थाम लिया। दयिता की हथेली खास कोमल तो नहीं थी, मगर खासी उष्ण थी। उसकी हथेली छूते ही, सौमिक की नसों में बहती हुई रक्तकणिकाएँ एकबारगी चंचल हो उठीं।

दयिता की हथेली थामे-थामे ही सौमिक ने अस्फुट आवाज़ में कहा, ''तुमसे एक बात कहूँ?''

''क्या?''

''क्या तुम्हें नहीं लगता कि तुम गलती कर रही हो?''

''जिंदगी में क्या गलत है, क्या सही, इसका क्या इतनी आसानी से हिसाब किया जा सकता है? मुझे पलों में जीना पसंद है, सौमिक! मेरे लिए यह पल ही सच है। इस पल उन्हें प्यार करना ही, मेरी जिंदगी का सबसे बड़ा सच है। भविष्य में क्या होगा, क्या नहीं होगा, यह सोच-सोचकर मैं इन पलों को क्यों नष्ट करूँ?''

सौमिक के सीने में कहीं चिनचिनाहट जाग उठी। यह जो इस पल दयिता के हाथ में उसका हाथ है; यह जो इस वक्त दयिता उसके दिल की गहराइयों में बूँद-बूँद समाती जा रही है; यह जो ठंड की दोपहरी, इस गजब की मानवी की सुरभि से सुरभित हो उठी है...यह पल भी क्या सच नहीं है?

हॉस्टल का गेट करीब आ गया।

दयिता ने रुककर पूछा, "तुम क्या अभी ही लौट जाओगे?"

सौमिक ने उसकी हथेली मुक्त करते हुए जवाब दिया, "चलता हूँ—"

दयिता के चेहरे पर बेहद मीठी-सी हँसी झलक उठी, "अब कोई नाराजगी तो नहीं है?"

"न्ना!" सौमिक ने दोनों तरफ सिर हिला दिया।

वह मन ही मन बुदबुदा उठा—तुमसे मेरा ऐसा रिश्ता कहाँ बना?

दयिता के चेहरे पर मोहक हँसी कायम रही।

"सुनो, मुझे भूल जाना, प्लीज! तुम यह सोच लेना कि किसी निहायत गिरी हुई लड़की से तुम्हारी शादी तय हुई थी, वह तो किस्मत अच्छी थी, जो तुम बाल-बाल बच गए।"

बेहद भारी-सी उसाँस सौमिक के गले-गले तक उमड़ आयी, मगर उसने उसे मुक्त नहीं होने दिया।

उसने भी मीठी-सी मुस्कान बिखरेते हुए जवाब दिया, "तीन बजकर, जाने कितने मिनट पर ट्रेन है न? लौटने में काफी रात हो जाएगी।"

वह पीछे मुड़ा और आगे बढ़ गया।

अचानक वह एक बार फिर ठिठक गया। उसने पलटकर देखा। उसके मन में एक क्षीण-सी उम्मीद थी, दयिता शायद उसे जाते हुए देख रही हो। लेकिन, दयिता जा चुकी थी।

स्टेशन पहुँचकर सौमिक ने देखा, अभी भी थोड़ा वक्त बाकी है। टिकट खरीदकर, वह दुबारा प्लेटफॉर्म से बाहर निकल आया। मन का आवेग, अभिमान, अब काफी हद तक थिर हो आया। इस वक्त वह एक अद्‌भुत-सी तटस्थता से भर उठा! दयिता के बारे में कुछ सोचने का उसका मन ही नहीं हुआ, बल्कि उसे जबर्दस्त भूख लग आयी थी।

सौमिक ने खोजभरी निगाहों से इधर-उधर देखा। दूर-दूर तक कहीं कोई अच्छा रेस्तरां नज़र नहीं आया। बस, चंद, छोटे-मोटे होटल! बेहद गँदला-मटमैला, चेहरा-मोहरा! अजब धुँधुवाता और बदबूदार माहौल! सिर्फ दुकानदार, व्यापारी लोग ही न रद्दी खानों की दुकानों पर भीड़ लगाते थे।

यह ख्याल दिमाग में आते ही, सौमिक खुद अपने पर ही गुस्सा करने लगा। यह विराग, अश्रद्धा भी तो उसी कविता बसुराय की देन है। कविता बसुराय ने उसे कैसे जहरीले नागपाश में बाँध लिया है। अपने अनजाने में ही सौमिक का रुचिबोध तक, उस कविता बसुराय के सिखाए-पढ़ाए नियमों के मुताबिक ही नियंत्रित होता है।

सौमिक लगभग जोर-जबर्दस्ती एक होटल में जा घुसा। वहाँ की भीड़ में ही वह धँसकर बैठ गया। उसने एक प्लेट मीट, रोटी मँगाई। मीट में खूब जमकर मिर्च

डाली गई थी। खाते-खाते उसकी आँखों से पानी बहने लगा। सौमिक मन ही मन हँस पड़ा। व्यर्थ प्रेम की हताशा आखिरकार मीट में पड़ी हुई मिर्च के बहाने फूट निकली। उसका गुस्सा भी और उसकी रुलाई भी धार-धार बहने लगी। सामने की बेंच पर बैठा हुआ किसी हाट का हटियारा, डबर-डबर आँखों से उसे एकटक निहारता रहा। वह शायद उसकी मंद-मंद मुस्कान का अर्थ समझने की कोशिश कर रहा था। सौमिक का उस तरफ ध्यान ही नहीं गया। वह कच्-कच् प्याज चबाता रहा। एक ही घूँट में उसने पानी का गिलास खाली कर डाला। बहू के लिए खरीदी गई बनारसी साड़ी, माँ की ही किस्मत में बदा था। सौमिक ने जोर का ठहाका लगाया।

ड्रम के गंदले पानी से मुँह धोकर, सौमिक ने खाने का बिल चुकाया। अब वह तृप्त मूड में सौंफ चबाने लगा।

सहसा उसकी निगाहें दुकान के बाहर अटक गईं। बारासात वाला लड़का! उसके कंधे पर किटबैग! वह अलस मूड में स्टेशन की तरफ बढ़ा जा रहा था।

सौमिक आगे बढ़ा और उस लड़के के सामने जा खड़ा हुआ।

"तुम? यहाँ कहाँ?" उसने सवाल दागा।

बबुआ अवाक् रह गया।

"मेरा तो घर है यहाँ—" उसने जवाब दिया, "कैंपस टाउन में। आप यहाँ कहाँ आए थे?"

"उसी कैंपस टाउन में! किसी दोस्त से भेंट करने आया था—" यह कहते हुए सौमिक के कंप्यूटर-दिमाग को जोर का झटका लगा।

"तुमने अपना नाम क्या तो बताया था?"

"शुद्धसत्व! शुद्धसत्व मजूमदार!"

"तुम प्रोफेसर बोधिसत्व मजूमदार के बेटे हो?"

बबुआ मानों अचानक ही सकुचा गया।

उसने टालने के अंदाज से कहा, "हाँ—"

सौमिक की भी छाती धड़क उठी। वह बबुआ के साथ ही चलता रहा।

बबुआ उसके कौतूहल की वजह न समझ पाए, इस अंदाज में सौमिक ने बातचीत शुरू की, "तुम्हारे पिता तो काफी मशहूर हस्ती हैं।"

बबुआ टिकट की लाइन में जा खड़ा हुआ। बस, उसके जबड़े जरा शिथिल हो आए!

सौमिक ने दुबारा कहा, "पहले दिन जब तुमसे परिचय हुआ, तब तो तुमने अपने पापा के बारे में नहीं बताया? वे इतने पंडित इंसान हैं..."

"परिचय तो मेरा-आपका हुआ था। इसमें पापा कहाँ से आते?"

"हाँ, सो तो है!" सौमिक ने सिर हिलाया, "तुम्हारी माँ, तुम्हारे नाना की मौत के समय चली गई थीं, अब तो वे लौट आयी होंगी?"

''हाँ, काफी दिनों पहले ही...''

''मुझे वैज्ञानिकों के बारे में काफी कौतूहल है!'' सौमिक ने अपने चेहरे पर मंद-मंद मुस्कान खिलाकर कहा, ''कितने-कितने किस्से-कहानी सुनता रहता हूँ, वैज्ञानिकों के बारे में, तुम्हारे पापा किस किस्म के इंसान हैं? खूब रोबीले? गुरु-गंभीर एब्सेंट-माइंडेड! खामख्याली?''

''यह सब आप मुझसे क्यों पूछ रहे हैं?'' बबुआ जरा विरक्त चेहरा लिए काउंटर से बाहर निकल आया, ''यह सब जानने का इतना ही शौक है, तो जाकर मेरे पापा से ही पूछ लीजिए न!''

''नहीं, नहीं! तुम तो उन्हें इतने करीब से देखते रहे हो। इसीलिए...।'' सौमिक ने दुबारा खोंचा मारा, ''तुम्हारे पापा काफी हद तक किताबी कीड़े हैं न?''

''हूँ—''

''मेरा दोस्त बता रहा था प्रोफेसर मजूमदार यूनिवर्सिटी में सबके बेहद प्रिय हैं। आपके घर में भी जरूर छात्र-छात्राओं का उत्पात मचा रहता होगा।''

''नहीं! पापा अकेले रहना ही पसंद करते हैं।''

''तुम क्या हर हफ्ते ही घर आते हो?''

''ना—''

''कलकत्ता में जाने कौन-सा विषय लेकर पढ़ रहे हो तुम?''

''अंग्रेजी!''

''क्यों? तुमने साइंस क्यों नहीं पढ़ा? इतने बड़े वैज्ञानिक के बेटे होकर...''

बबुआ ने कोई जवाब नहीं दिया।

वह पलटकर खड़ा हो गया, ''आप क्या इसी ट्रेन से वापस जा रहे हैं?''

''हूँ! तुम्हारे पापा इन दिनों किस विषय पर काम कर रहे हैं?''

बबुआ ने फिर कोई जवाब नहीं दिया। उसने व्यस्त मुद्रा में घड़ी देखी और हड़बड़ायी हुई भंगिमा में कहा, ''मैं जरा पानी पीकर आता हूँ।''

सौमिक को आभास हो गया। पिता का प्रसंग बबुआ को अच्छा नहीं लगा। यह लड़का क्या बोधिसत्व मजूमदार को पसंद नहीं करता? क्यों नहीं करता? दयिता को लेकर क्या इसके यहाँ भी कलह मच गई है?

न्ना! इस लड़के को छोड़ने से नहीं चलेगा। ट्रेन में जाते-जाते और अच्छी तरह दोस्ती जमानी होगी। सौमिक मन ही मन सिर हिलाता रहा। दयिता के प्रेमी को दूसरी रोशनी में पहचाने रखना बेहद जरूरी है।

13

बोधिसत्व कोई अद्‌भुत सपना देख रहे थे। निकष काले अनंत महाशून्य में वे जीवंत महाकाशयान बनकर, बेहद तेज रफ्तार में दौड़ते जा रहे हैं! अनजान दिशा में! विपरीत दिशा से धूल के बादल, लगातार हहराते हुए उमड़ रहे हैं। उस अँधेरे में भी बोधिसत्व को उनके अस्तित्व का आभास मिल रहा था। साथ ही कहीं दबी-ढँकी आवाज भी उनके कानों तक पहुँच रही थी। एकरस! एकसुर! अचानक कोई रोशनी कौंध उठी, आँखें चौंधिया गईं। अगले ही पल दुबारा घना अँधेरा।

कुछ देर बाद, वह अँधेरा धीरे-धीरे फीका पड़ने लगा। अब कोई आलोकित चीज उनकी तरफ बढ़ने लगी। धूमकेतु? हाँ, धूमकेतु ही निकट से निकटतर चला आया। अवयव स्पष्ट हो उठे। वह कोमैट काफी उजला-रौशन! अरे, यह तो दयिता है! असीम शून्य में तैरता हुआ उसका चेहरा, लगभग तेज रोशनी की रफ्तार से करीब आता गया। वह धूमकेतु रूपी दयिता, बोधिसत्व में समाती गई। कैसा प्रचंड उत्ताप था! बोधिसत्व जैसे घिस-घिसकर छोटे होते जा रहे हैं। देखते ही देखते, दयिता और बोधिसत्व ने अति छोटा आकार धारण कर लिया, बिल्कुल बूँद बन गए। उस बूँद में कैसा मारात्मक खिंचाव। चारों तरफ बिखरी हुई रोशनी के कणों को मानों सोखे ले रहे हों। शून्य से रोशनी का अस्तित्व बेमालूम गुम हो गया। अँधेरे का घनत्व बढ़ गया...बढ़ता गया...

रात के पहले पहर की नींद! बोधिसत्व की नींद उचट गई। बोधिसत्व ने अँधेरे का ऐसा गाढ़ा रूप पहले कभी नहीं देखा था। उनकी छाती बेतरह धड़क उठी। उन्हें अहसास हुआ कि ठंड के बावजूद वे पसीने से नहा उठे हैं। उन्होंने रजाई हटा दी और बिस्तर पर उठ बैठे। कमरे में घुप्प अँधेरा, कहीं कुछ भी नज़र नहीं आ रहा था। कुछेक पल तो उन्हें यह तक समझ में नहीं आया कि वे ठीक कहाँ हैं। चंद पलों बाद, जब उन्हें होश आया, तो उन्होंने टटोलकर बेडस्विच दबाया। कमरे में हरे रंग का नाइट-बल्ब जल उठा। बगल में राखी सोई हुई! उसने दीवार की तरफ करवट ले रखी थी। बोधिसत्व ने एक झलक उसे देखा और वे बिस्तर से उतर पड़े। कुर्सी पर पड़ी शॉल खींचकर उन्होंने बदन पर लपेट लिया और धीमी चाल में स्टडीरूम में आ पहुँचे। आरामकुर्सी पर आसीन होकर उन्होंने एक सिगरेट सुलगा ली।

सपना, अभी तक उनके सीने में काँप रहा था। सपने में बोधिसत्व और दयिता के मिलन से कृष्ण-गह्वर रचा जा रहा है। इस सपने का क्या अर्थ है? दयिता क्या उनके जीवन में धूमकेतु है? किसी अनंत दूरी से, वह पल भर के लिए उनके करीब आएगी और फौरन महाशून्य में विलीन हो जाएगी? अब, यह कैसे संभव है? विश्वामित्र

की ध्यान-समाधि तोड़कर मेनका कभी भी, अब वापस नहीं जा सकती। दुविधा और संकोच का वक्त गुजर चुका है। दयिता सिर्फ बोधिसत्व के लिए ही सारा कुछ छोड़-छाड़कर चली आयी है। अब वे किस बहाने से वापस लौटाएँ? लौटाएँ भी क्यों? उन्हें अधेड़ उम्र में भी देखकर, तेईस साल का तरोताजा यौवन मुग्ध हो उठा है, इस ख्याल से ही उनके रोम-रोम में पुलक जाग उठा है; अंग-प्रत्यंग में मानों नयी स्फूर्ति जाग उठी है।

बोधिसत्व ने सिगरेट की एक लंबी कश खींची। अपना सीना तंबाकू के धुएँ से भर लिया। दयिता उम्र में अगर उनकी बेटी-समान है, तो भी क्या फर्क पड़ता है? औरत और मर्द के रिश्ते में उम्र का कोई व्यवधान नहीं होता। यूँ उनके जीवन में ऐसी अनगिनत छात्राएँ आई हैं, जो उन पर मुग्ध हुई हैं। लेकिन ऐसा आकुल-व्याकुल आत्मनिवेदन पहले कभी किसी छात्रा ने नहीं किया। दयिता ने उन्हें जगा दिया। उन्हें यह समझा दिया कि उनका यौवन अभी भी खत्म नहीं हुआ। बोधिसत्व इन दिनों शारीरिक वासना की आग में बेतरह जल उठे हैं, इस बात से वे भला कैसे इनकार करें? इसके लिए अगर महाशून्य में कृष्ण-गह्वर भी बनता है, तो भी बेहतर है! दयिता को खो देने की मूर्खता वे हरगिज नहीं कर सकते।

रात में एक अद्भुत क्षमता होती है। रात सिर्फ दुनिया भर में घुप्प अँधेरा बरसाकर ही दम नहीं लेती, मन के गोपन अँधेरों को भी उजागर कर देती है। लगभग अँधेरे स्टडी-रूम में बैठे-बैठे बोधिसत्व रिसर्च के ख्यालों में नहीं डूबे थे। बल्कि खाली कमरे के नीलाभशून्य माहौल में, उनकी निगाहों के सामने सिर्फ दयिता का होलोग्राम ही अपने जलवे दिखा रहा था। निर्वस्त्र दयिता! बादामी रंग की देह! त्वचा पर नीबू के कोमल पत्तों जैसी चिकनाहट! मारे आवेग के उसके दोनों स्तन तने हुए! स्तनों की बुँदकियों पर उँगली रख दो, तो जैसे करोड़ों वोल्ट का करंट लगे। कैसी चिकनी नाभि! कैसे अपरूप जंघे! कैसी मोहक नितंब! बोधिसत्व के बदन के दबाव तले, मोम की वह प्रतिमा मानों पिघलती जा रही हो। यानी बोधिसत्व में अभी भी आग भरी हुई है? अभी भी? बोधिसत्व के अंग-अंग में बेचैनी जाग उठी। बोधिसत्व ने शून्य में हाथ बढ़ाकर दयिता को छूना चाहा, अपनी जुबान से उसे महसूस करना चाहा। दयिता के स्तन-शिखरों में उन्होंने अपना चेहरा दुबकाना चाहा। नहीं! कहीं, कुछ नहीं था! चारों तरफ बेबाक शून्यता। उनकी अतृप्ति कई गुना बढ़ गई।

बुखार के रोगी की तरह, बोधिसत्व का अंग-अंग काँपने लगा। उस मदिर-मादक तरुणाई को क्या सिर्फ एक-दो बार जीकर मन की प्यास बुझती है भला? और चाहिए! और-और चाहिए! अनंत बार चाहिए, चिरकाल चाहिए...!

लेकिन उन दोनों में रिश्ता क्या होगा? दयिता की आँखों में हर रोज ही आँसू होते हैं। वह आँसूभरी आँखों से बार-बार इसरार करती है कि वह अब हॉस्टल में नहीं रहना चाहती। अपने माँ-बाप के पैसों पर अब वह और निर्भर नहीं रहना चाहती।

वह शहर में घर खोज रही है, लेकिन खर्च कैसे चलाएगी? उसके खर्च के लिए क्या वे रुपए देते रहें। हाँ, वे दे सकते हैं। धन उनके लिए कोई समस्या नहीं है। लेकिन दयिता क्या रुपए लेने को राजी होगी? बोधिसत्व ही उसके पास भला कौन-सा परिचय लेकर जाएँगे? उनके खूबसूरत रिश्ते में एक किस्म के टुच्चेपन की गंध नहीं आ जाएगी?

कमरे का बड़ा बल्ब जल उठा! बोधिसत्व की बेसुधी टूट गई। सामने राखी खड़ी थी।

बोधिसत्व ने लटपटाए लहजे में पूछा, "क्या बात है? बत्ती क्यों जलाई?"

"भूत की तरह अँधेरे में क्यों बैठे हो?"

"मन हुआ, इसलिए बैठा हूँ।"

"वाकई, तुम भी क्या खूब इंसान हो? इतनी ठंड है...रूम-हीटर क्यों नहीं जलाया?" यह कहते हुए, राखी ने रूम-हीटर ऑन कर दिया और बोधिसत्व के पीछे आ खड़ी हुई।

उसने बोधिसत्व की पीठ पर प्यार से हाथ रखकर, बेहद कोमल लहजे में पूछा, "क्यों नींद नहीं आई?"

बोधिसत्व को राखी की हथेली, अस्वाभाविक तौर पर भारी और वजनी लगी। कोई जवाब दिए बिना, बोधिसत्व ने उसका हाथ हटा दिया।

राखी ने झुककर बोधिसत्व को नज़र भरकर देखा, "अभी क्या तुम काम करोगे?"

बोधिसत्व ने इस बार भी कोई जवाब नहीं दिया। उन्होंने होठों में नई सिगरेट दबा ली और माचिस जलाई। अपनी आदत-मुताबिक राखी ने झट से ऐशट्रे आगे रख दिया। अपनी आदत-मुताबिक ही बोधिसत्व ने भी माचिस की तीली ऐशट्रे में ठूँस दी। राखी की उपस्थिति की सजग भाव से उपेक्षा करते हुए, वे सिगरेट के धुओं के छल्ले बनाते रहे।

राखी मानों जोर-जबर्दस्ती उनके गले पड़े रही।

उसने बोधिसत्व को खींचते हुए कहा, "उठो, चलो! रात के दो बज गए! इस वक्त अब, काम लेकर बैठने की जरूरत नहीं है।"

"ओफ ओ! फूटो तो यहाँ से। तंग मत करो।"

"मैं हमेशा तंग ही करती हूँ, जी?"

बोधिसत्व ने भौंहें चढ़ाकर, उसकी तरफ देखा। राखी के चेहरे पर मंद-मंद मुस्कान! भंगिमा भी चपल! उसकी आँखों में जाने कैसा तो इशारा था। ओफ ओ! यह पचास साल की बेढब बुढ़िया क्या यह बिल्कुल नहीं समझती कि उसमें अब कोई भी रहस्यमयता नहीं बची? इस महिला से संभोग बिल्कुल वैसा ही है, जैसा गावतकिए से खेलना। पल भर के लिए बोधिसत्व के मन में अजब-सी हिकारत जाग

उठी। अभी कुछ दिनों पहले तक इस मुटल्ली बुढ़िया को देखकर वे बेकाबू हो जाते थे। तन-मन की क्लांति मिटाने के लिए यह भी क्या कोई उपकरण है? छिः!

राखी, बोधिसत्व की विरक्ति पढ़ नहीं पाई। पति को अपनी तरफ एकटक देखते हुए, वह शायद ईषत् विह्वल हो आई। प्यार भरी भंगिमा में वह उनके ज़रा और करीब आ गई।

उसने बोधिसत्व का माथा अपनी छाती में दबोच लिया, "एइ, चलो! चलो यहाँ से! मारे ठंड के यहाँ जमी जा रही हूँ।"

बोधिसत्व ने फौरन अपना सिर झटककर छुड़ा लिया, "तो यहाँ से जाओ न! तुम्हें रोका किसने है?"

ऐसा अपमान पाकर, राखी अक्सर सिर झुकाकर चली जाती थी, लेकिन आज वह अपनी जगह से हिली भी नहीं। उसकी निगाह एकटक बोधिसत्व के चेहरे पर गड़ गई।

"तुम्हें क्या हुआ है, बोलो तो?"

"होगा क्या? कुछ भी नहीं।"

"उहुँः तुम मुझसे छिपा नहीं सकते। इधर कई दिनों से देख रही हूँ कि तुम कैसे तो बेजान-बेजान से नज़र आ रहे हो...जाने किन ख्यालों में डूबे रहते हो। बेटा कुल दो दिनों के लिए आया था। उससे भी तुमने ढंग से बात नहीं की।"

बोधिसत्व ने होंठ बिदका दिए, "मैं किन ख्यालों में डूबा हूँ, काश, यह समझने का तुममें बूता होता, तो न तो तुम, तुम होतीं, न मैं, मैं होता।"

"हाँ, सो तो सच कहा तुमने! मैं ठहरी मूरख-गँवार औरत! तुम्हारी बड़ी-बड़ी महान सोच के बारे में मुझे क्या समझ?"

"जब तुम जानती ही हो, तो सवाल क्यों करती हो?" बोधिसत्व ने भारी-भरकम आवाज में कहा, "जाओ, सो जाओ!"

राखी कमरे से गई नहीं! बोधिसत्व को अचरज में डालते हुए वह दीवान पर बैठ गई।

बोधिसत्व की आँखों में आँखें डालकर उसने कहा, "मैं मूरख हूँ या चाहे जो हूँ, लेकिन इस पल तुम क्या सोच रहे हो, मैं बता सकती हूँ।"

"क्या सोच रहा हूँ?"

"उस छोकरी के बारे में! दयिता नाम है न?"

"क्यों, मैं उस लड़की के बारे में भला क्यों सोचने लगा?" बोधिसत्व ज़रा तैश में चीख उठे। उस ठंडे, बंद मकान में, अपनी ही चीख उनके अपने ही कान में गूँज उठी। वह चीख काफी सूनी थी। बोधिसत्व एकदम से गर्म हो उठे।

राखी का चेहरा दुबारा सहज-स्वाभाविक हो आया।

वह मंद-मंद मुस्करा उठी, "न-हीं! ऐसा ही लगा! खैर छोड़ो...वह लड़की इधर

काफी दिनों से आई नहीं, क्यों जी?"

"यह मैं कैसे बता सकता हूँ?"

"न-हीं! पिछले किस दिन तो...हाँ, क्रिसमस के दिन तमतमायी-सी सूरत लेकर आयी...इसी कमरे में बैठकर रोती रही...! मैंने तुमसे पूछा भी था। तुमने कहा, उसके परिवार में कोई प्रॉब्लम हुआ है..."

"प्रॉब्लम तो हुआ है! अभी भी चल रहा है।"

"तुमसे फिर किसी दिन उसकी भेंट हुई?"

"भेंट न होने की कौन-सी बात है! यूनिवर्सिटी खुल गई है...क्लास भी शुरू हो गई है..."

"क्या प्रॉब्लम है जी?"

"रात के इस सन्नाटे में, यह जानना क्या बहुत जरूरी है?"

"न-हीं! ऐसे ही...कौतूहल था, बस! इतनी छोटी-सी बच्ची, लिख-पढ़ रही है। उसको ऐसा कौन-सा फैमिली-प्रॉब्लम हो गया? इसी बात पर, बड़ा ताज्जुब हुआ और क्या? ऐसी कौन-सी समस्या है, जी? माँ-बाप में अनबन हो गई है? या उसने कोई लड़का पसंद किया है, लेकिन उसके माँ-बाप, घरवाले राजी नहीं हैं?"

बोधिसत्व अब अपना दिमाग ठीक नहीं रख पाए।

वे एकदम से गरज उठे, "तुम इतने सारे सवाल क्यों कर रही हो? दयिता का प्रॉब्लम जानने के लिए अगर इतनी ही छटपट मची है, तो जाओ, उसके हॉस्टल चली जाओ, एंड आस्क हर! ऐसे सिली सवाल मुझसे मत करो।"

"तुम गुस्सा क्यों हो रहे हो?" राखी आहत हो उठी, "उस लड़की का तुमसे इतना मेलजोल है, इसीलिए न..."

"मेलजोल? व्हाट डू यू मीन बाइ, मेलजोल?" बोधिसत्व एकदम से उछल पड़े।

टट्टू घोड़े की तरह जमीन पर पैर ठोंकते हुए हुंकार उठे, "तुमने समझ क्या रखा है? जो मन में आए, बकवास करती रहोगी? जुबान पर ज़रा भी लगाम नहीं! अनपढ़ औरत की तरह बोली-ढोली मारती रहोगी?"

राखी हतवाक्! बोधिसत्व के क्रोधभरे हमले को झेलने में उसे दो-एक सेकेंड वक्त लगा। उसका भी चेहरा लाल हो उठा।

उसने अस्फुट लहजे में कहा, "मैंने ऐसा क्या कह दिया कि बदन पर छाले पड़ गए?"

"यह समझने की अक्ल है तुम्हारे भेजे में?"

"हाँ, बेशक! बेशक! एक तुच्छ-से शब्द पर, यूँ मिजाज दिखाना, तुम्हें ही तो शोभा देता है—" राखी की आवाज़ नीरस हो उठी, शायद थोड़ी रुक्ष भी, "अब देखो न! जब मैं पीहर गई, तब वह लड़की रोज-रोज सुबह-शाम यहाँ आती थी, तुम्हें खाना पकाकर खिलाती थी, दिन भर यहाँ अड्डा जमाए रहती थी—तुमने ये बातें मुझे बिल्कुल

नहीं बताईं, गपशप में भी नहीं। ये सब किस्से मुझे अड़ोसी-पड़ोसी की जुबानी सुनने पड़ें। फिर भी मैंने इस बारे में तुमसे एक भी सवाल नहीं किया...''

''तुम कहना क्या चाहती हो?'' बोधिसत्व ने राखी को बीच में ही रोक दिया, ''तुम्हें क्या मुझ पर शक है?''

''मुझे शक-वक कुछ भी नहीं है। मैंने तो पिछली बात बताई और यह समझने की कोशिश कर रही थी कि तुम इतना भड़क क्यों गए?''

राखी की बातों में छिपे खोंचे ने बोधिसत्व को और भड़का दिया। उन्होंने बेहद हिंस्र निगाहों से राखी को देखा।

उन्होंने छूटते ही, हुंकारकर जवाब दिया, ''हाँ, जो तुम सोच रही हो, वही बात है। मैं दयिता से प्यार करता हूँ। क्यों प्यार करता हूँ, जानती हो? बर्दाश्त कर सकोगी? क्योंकि अब तुम मेरी बर्दाश्त-बाहर हो गई हो! तुममें और मुझमें कहीं कुछ मेल नहीं खाता! नथिंग! न विचार, न वेवलेंथ! मुझ जैसे शख्स में इंटेलेक्ट' की एक भूख होती है, तुम वह भूख किसी दिन भी नहीं मिटा पाईं।''

''विवाह के इतने सालों बाद, यह सब तुम क्या कह रहे हो?'' राखी की आँखें विस्फारित हो उठीं, ''हमारा बीस साल का एक बेटा है।''

''सो व्हाट? जो सच है, वह किसी न किसी दिन बोलना ही था। तुम सिर से पाँव तक बोकी, भोंदू और अति मामूली औरत हो। तुमसे तो दो मिनट भी बात नहीं की जा सकती। यू डोंट डिजर्व टु बी माई कंपेनियन! मेरे काबिल ही नहीं हो। इतने सालों मैंने जो तुम्हें बर्दाश्त किया, वह तुम्हारे बाप-दादे, चौदह पीढ़ियों की खुशकिस्मती है। दयिता का प्रसंग छेड़कर मुझे गुस्सा मत दिलाओ। तुम दयिता के पाँवों के नाखून के बराबर भी नहीं हो। अगर तुम्हें इस घर में रहना है, तो दयिता के बारे में कभी कोई सवाल मत करना। कुछ घुसा तुम्हारे दिमाग में या नहीं?''

राखी को मानों बिजली का करंट लगा हो। उसकी पलकें तक नहीं झपकीं। कुछेक पल वह वज्राहत, गिरे हुए पेड़ की तरह खड़ी रही। उसके बाद लगभग लड़खड़ाती हुई चाल में कमरे से बाहर निकल गयी।

बोधिसत्व ने पलटकर देखने तक की जरूरत भी महसूस नहीं की। वे दुबारा आरामकुर्सी पर आ बैठे। एक झटके में ये बातें कह डालने की वजह से उनके मन में कहीं दबा-ढँका उल्लास जाग उठा। अब अनावश्यक गोपनीयता का खेल, खेलने की जरूरत नहीं होगी। उन्हें अब विवेक की चोट से भी रिहाई मिली। इसके बावजूद उनके मन में कहीं कुछ फिर भी चुभता रहा। राखी को ये बातें समझाकर भी कही जा सकती थीं। इतना रूढ़ होने की कोई जरूरत थी? थोड़ा पर्दा रखकर अगर बात की जाती, तो राखी को ज़रा कम तकलीफ मिलती।

उस रात बोधिसत्व अपने कमरे में नहीं गए। रूम-हीटर के ताप से स्टडी-रूम काफी गर्म हो उठा। दीवान पर एक कंबल हमेशा ही पड़ा रहता है। वह कंबल लपेटकर,

वे गुड़े-मुड़े से लेट रहे। चूँकि उनका दिमाग गर्म था, इसलिए नींद भी नहीं आ रही थी। थोड़ी-सी झपकी आई भी तो रह-रहकर टूटती रही। अगले ही पल फिर आँखें झपकने लगतीं। इस बीच वे कई बार उठे, बाथरूम गए, चोर-निगाहों से अपने बेडरूम में भी झाँका। बेडरूम का दरवाजा बंद! अंदर कोई आहट नहीं। रोने-बिसूरने तक की आवाज नहीं सुनाई दी।

अलस्सुबह बोधिसत्व सो गए।

उनकी नींद खुली रूपचंद की आवाज़ पर!

"बाबू, चाय..."

धुआँ उठती चाय की प्याली हाथ में लिए-लिए वे ड्राइंगरूम में चले आए। राखी भी जाग चुकी थी। रसोईघर के कामकाज में जुटी हुई थी। और-और दिन राखी इस वक्त कम से कम एक बार ड्राइंगरूम में आकर सोफे पर बैठती थी। दोनों साथ-साथ चाय पीते थे, लेकिन आज वह नहीं आयी। खूब अभिमान हुआ है? अगले ही पल बोधिसत्व को लगा कि ऐसे तुच्छ ख्यालों को प्रश्रय देना फिजूल है। चलो, छोड़ो, दो-चार दिनों में धीरे-धीरे सब ठीक हो जाएगा।

चाय खत्म करके बोधिसत्व बाथरूम में चले आए। गीजर पहले से ही ऑन था। पानी खासा गर्म! बाथरूम में तौलिया, साबुन, हजामत बनाने के सरंजाम यथावत् सजे हुए जैसे हमेशा मौजूद होता है। दरवाजे पर रबर की चप्पल तक यथावत् मौजूद! नहा-धोकर जब वे निकले, मेज पर नाश्ता तैयार था। टोस्ट, पोच, केला–रोजमर्रा का नाश्ता! यही नाश्ता करके, बोधिसत्व सुबह-सुबह की क्लासों के लिए यूनिवर्सिटी दौड़ जाते हैं। बेडरूम में भी हर रोज की तरह बिस्तर पर उनकी हाफ पैंट, स्वेटर रखा हुआ! कुछ ज्यादा ही खामोशी के अलावा, उनकी गृहस्थी में और कहीं, कोई छंदपतन नहीं हुआ था। सभी कुछ बँधे-बँधाए लय में चलता हुआ।

फुल-स्लीव स्वेटर बदन पर डालकर, बोधिसत्व डाइनिंग-टेबल के सामने आ बैठे। हाथ में अखबार! वे अखबार की सुर्खियों पर नज़र दौड़ाने लगे।

अखबार के पार से अचानक ही राखी की आवाज़ सुनाई दी, "तुमसे ज़रा बात करना थी।"

बोधिसत्व ने अखबार तहाकर, एक ओर रख दिया। राखी पर एक सरसरी निगाह डाली। राखी की गर्दन पर टिका हुआ, ढीला-ढाला जूड़ा। चंद रुपहले बाल, माथे पर लौटते हुए! राखी का लावण्यहीन चेहरा कुछ ज्यादा ही सूखा-मुरझाया हुआ लगा। सर्दी में रूखा-रूखा! इसके बावजूद चेहरा बेहद शांत! कहीं एक भी रेखा उठती-गिरती हुई नज़र नहीं आई।

बोधिसत्व ने गला खँखारकर कहा, "हाँ, कहो!"

"दोपहर का खाना ढँका रखा होगा। रूपचंद से कह दिया है, वह खाना गर्म करके, तुम्हें परोस देगा।"

बोधिसत्व ने आँखें सिकोड़कर, राखी की तरफ देखा।

उनके कुछ कहने या पूछने के पहले ही, राखी दुबारा बोल उठी, "मैं दस-इक्यावन की ट्रेन से जा रही हूँ।"

"कहाँ?"

राखी ने कोई जवाब नहीं दिया। जवाब देने की उसने शायद जरूरत ही नहीं समझी! वह दुबारा रसोईघर की तरफ चली गई और उनके लिए कॉफी बना लाई। प्याली में नापकर आधी चम्मच चीनी मिलाई। अब, वह कॉफी में चम्मच हिलाने-डुलाने लगी। आज उसने अनावश्यक रूप से कुछ ज्यादा ही वक्त लिया।

हाथ में टोस्ट का टुकड़ा उठा लेने के बावजूद, बोधिसत्व ने उसे दुबारा प्लेट में रख दिया।

"लेक-टेरेस जा रही हो?"

राखी की तरफ से कोई जवाब नहीं।

"लौटोगी कब? क्या मैं जान सकता हूँ?"

"जानने की क्या तुम्हें जरूरत है?"

"कुछ ज्यादा ही हद नहीं कर रही हो?"

राखी ने अपनी आवाज और धीमी करते हुए कहा, "बेटी की उम्र की लड़की के साथ छिछोरापन करने के मुकाबले, यह हद बहोत कम है।"

अनजाने में ही बोधिसत्व की मुट्ठियाँ कस गईं। उन्होंने कुर्सी को जोर से पीछे धकेला और एकदम से उठ खड़े हुए। वे सीधे स्टडी-रूम में दाखिल हुए। लेकिन अगले ही पल हनहनाते हुए घर से बाहर निकल गए।

आज सुबह सिर्फ एक ही क्लास थी। एम.एस-सी., फर्स्ट ईयर की क्लास! लेकिन उस क्लास में वे मन से नहीं पढ़ा पाए, रह-रहकर अनमने होते रहे। घंटी बजने तक किसी तरह वक्त गुजारते रहे, उसके बाद, अपने चेंबर में लौट आए। समूची सुबह ऊँघती-सी मुद्रा में गुजार दी। आज अपने चेंबर में ही शमीम के साथ भी कुछ देर बैठना था। लेकिन आज थकान का बहाना बनाकर उन्होंने उस लड़के को भी विदा कर दिया। घर उन्हें बेतरह खींच रहा था, लेकिन उस तरफ कदम ही नहीं उठ पा रहे थे। अजीब-सा अहसास! बोधिसत्व क्या डर गए हैं? उनका विवेक ही क्या उन्हें दंश दे रहा था? या किसी आशंका ने ही उन्हें बेतरह घेर रखा था? बेहद लंबे अर्से की कोई आदत, उन्हें छोड़कर चली जाए, यह ख्याल उन्हें बेतरह व्यग्र कर गया।

जिस वक्त वे सचमुच ही घर लौटे, वे किसी और ही अहसास से भर उठे। निर्जन बंगले में महाशून्य की तरह साँय-साँय सन्नाटा पसरा हुआ था। ऐसे तो जाने कितनी ही बार राखी घर पर नहीं होती, मगर तब तो ऐसा नहीं लगता। वह चली जाएगी—उसकी इस घोषणा ने ही क्या घर को इस कदर सूना और उजाड़ बना

दिया? चारों तरफ सिर्फ और सिर्फ राखी का स्पर्श! सोफा, पर्दे, फर्श, डाइनिंग-मेज, बाथरूम, शावर, कमरा, यहाँ तक कि स्टडी-रूम में भी राखी की छुअन। इन सब पर नज़र डालते हुए, बोधिसत्व का सारा बल-भरोसा जैसे निःशेष हो आया। दयिता से जुड़कर काफी दिनों से तन-बदन काफी चुस्त-दुरुस्त था, आज फिर सारी शिथिलता और थकान, मानों लौट आई हो।

खाना खाने के बाद, आज पहली बार बोधिसत्व ने नियम तोड़ा। वे यूनिवर्सिटी नहीं गए। समूची दोपहरी वे बिस्तर पर अवश लेटे रहे। सर्दी की बयार, बाहर सूखे पत्तों में साँय-साँय का शोर मचाती रही, बोधिसत्व खामोश सुनते रहे। खिड़की के बाहर निगाह दौड़ाते ही डालिया के बड़े-बड़े फूलों पर नज़र पड़ी—सफेद, पीले, कत्थई, बैंजनी फूल! उन्हें निहारते हुए सीने में कहीं हूक जाग उठी।

राखी सच ही चली गई...बोधिसत्व को छोड़कर, चली गई!

दोपहर, शाम में ढल गयी। शाम भी कितनी-सी! देखते ही देखते रात उतर आयी। बोधिसत्व धीरे-धीरे स्थिर हो आए। अब कोई दूसरी औरत, उन्हें चुंबक की तरह खींचने लगी। यह भी कोई चुंबकीय आकर्षण नहीं था, कोई महाकर्षण था! असीम दूरत्व से भी जिसकी आहट सुनाई दे रही थी।

मन के अंदर मची हुई हलचल को बोधिसत्व ने झटककर अलग कर दिया। रूपचंद को छुट्टी देकर, वे बाहर निकल पड़े। वे सीधे लाइब्रेरी चले आए और कुछ देर अपने क्यूबिकल में चुपचाप बैठे रहे। वे बार-बार घड़ी देखते रहे। तेज रफ्तार वक्त, आज इस कदर धीमे-धीमे क्यों चल रहा है?

करीब साढ़े सात बजे, उनके क्यूबिकल में कोई छाया पड़ी। बोधिसत्व मजूमदार की आँखों की पुतलियाँ एकबारगी चमक उठीं, सीने की धड़कन बेतरह तेज हो आयी। दयिता का साज-सिंगार आज किस कदर अपरूप था! आज उसने सलवार-कमीज नहीं, साड़ी पहनी थी! गाढ़े नीले रंग की ज़री-किनारवाली साड़ी! बदन पर नीली शॉल! माथे पर नीली बिंदी! यह क्या अभिसार की साज-सज्जा है? या दयिता आज आकाश बन गई है?

दयिता ने आज ही साड़ी क्यों पहनी?

बोधिसत्व ने संख्या और अक्षरों के अरण्य को परे खिसका दिया और दयिता के साथ निकल पड़े। ठंड के कुहासे में वे उसके साथ-साथ चलते रहे।

दोनों चुपचाप!

कुछ-देर बाद बोधिसत्व ने ही बातों की पहल की, "तुम्हें क्या आज वापस जाने की जल्दी है?"

"मुझे तो किसी दिन भी जल्दी नहीं होती—" हँसती हुई दयिता के दाँत चमक उठे, "मेरा सारा वक्त तो आपके हाथों में है।"

"ओफ ओ! यह 'आप' क्यों, भई? कितनी बार कहा है तुमसे, 'तुम' कहा करो।"

दयिता खिलखिलाकर हँस पड़ी, "मैंने भी तो कहा है, थोड़ा वक्त लगेगा।"

फिर गहरी निस्तब्धता! फिर वही निर्जन कुहासे में डूबी सड़क पर अगल-बगल चलते हुए!

कुछ देर बाद बोधिसत्व ने ही दुबारा बात छेड़ी, "अब तुम्हें टाउन में घर खोजने की जरूरत नहीं है।"

"क्यों?"

"तुम मेरे साथ रहोगी। रहोगी न?"

"मैं तो आपके ही साथ रहना चाहती हूँ, लेकिन..."

"कोई लेकिन-वेकिन नहीं! तुम मेरे साथ, मेरे घर में रहोगी—"

दयिता सिहर उठी, "यह कैसे संभव है?"

बोधिसत्व ने ढेर सारी ठंडी बयार अपने सीने में भर ली। उन्होंने तपिशभरी लंबी उसाँस भरी।

बेहद मीठे लहजे में उन्होंने सूचित किया, "राखी नहीं है। चली गई है।"

"अरे? क्यों? कब?"

"आज ही! कल रात मैंने उसे सबकुछ बता दिया।"

"क्या बता दिया?"

"ट्रुथ! सिर्फ सच! कोई लाग-लपेट नहीं, सिर्फ सच!"

यह जुमला, उन्होंने दयिता से नहीं, मानों अपने से कहा।

दयिता एकबारगी खामोश हो गई! सिर झुकाए-झुकाए वह चलती रही और कुछ-कुछ सोचती रही। बोधिसत्व के बंगले के सामने पहुँचकर, वह एकबारगी पत्थर की बुत बन गई।

बोधिसत्व ने दयिता का हाथ थाम लिया, "आओ! रुक क्यों गई?"

आज्ञाकारी लड़की की तरह, बोधिसत्व का हाथ थामे-थामे, दयिता बंगले के अंदर दाखिल हुई। बोधिसत्व ने कमरे की बत्ती जलाई और कमरे का दरवाजा अंदर से बंद कर लिया। उन्होंने दयिता को कंधे से थामकर, ड्राइंगरूम के बीचोंबीच ला खड़ा किया।

उसके होठों पर हल्का-सा प्यार आँकते हुए उन्होंने कहा, "आज से यही तुम्हारा घर है।"

दयिता जाने कैसी तो भौचक्की रह गई थी। मानों पूरा मामला उसे समझ में नहीं आ रहा हो। वह संदेहभरी निगाहों से चारों तरफ देखती रही। उसे शायद यह अंदेशा हो आया कि अभी ही किसी कमरे से राखी निकल आएगी और उसे गर्दनिया देकर निकाल बाहर करेगी—"निकलो यहाँ से!"

वह अस्फुट लहजे में बोल उठी, "मुझे बहोत डर लग रहा है।"

"डर? कैसा डर?"

''पता नहीं...''

''मैं हूँ न!''

बोधिसत्व ने दुबारा उसके होठों पर अपना होठ रख दिया। धीरे-धीरे उनकी वासना मानों प्रखर हो उठी। बोधिसत्व के होठ मानों उसके प्राण-रस सोख लेना चाहते हों। उन्होंने उसे अपनी बाँहों में कस लिया और उसकी जुबान से अपनी जुबान रगड़ने लगे। उन्होंने महसूस किया, दयिता के हाथों ने भी उनकी पीठ थाम ली है। वह भी मानों तीखी प्यास से छटपटा उठी है।

बोधिसत्व ने अपना चेहरा हटा लिया।

उसकी आँखों में आँखें डालकर उन्होंने सवाल किया, ''क्यों, अब तो डर नहीं लग रहा है?''

दयिता ने सिर हिलाकर कहा, ''पता नहीं—''

''तुम यही तो चाहती थीं न?''

दयिता ने आँखें झुका लीं, ''पता नहीं...''

बोधिसत्व की आवाज और गहरी हो आई, ''तुम मेरे लिए अपना सबकुछ छोड़ सकती हो, मैं क्या तुम्हारे लिए कुछ भी नहीं छोड़ सकता?''

''लेकिन यह क्या सही हुआ? तुमने उन्हें चले जाने को क्यों कहा? मैं न हो, तुम्हें दूर से ही...''

''अभी क्या यह सब सोचने का वक्त है, दयिता? जाने दो, अतीत को कब्र में दफन हो जाने दो। अब हमारे सामने सिर्फ भविष्य है...अपना भविष्य! अब जितनी जल्दी हो सके, मैं राखी से तलाक माँग लूँगा। उम्मीद है, वह कोई झंझट नहीं खड़ा करेगी। हद से हद कोई मुआवजा माँगेगी, वह दे दिया जाएगा। अगर चाहे, तो बबुआ भी मेरे पैसों पर अपनी पढ़ाई-लिखाई जारी रख सकता है।''

दयिता ने बोधिसत्व के मुँह पर हाथ रख दिया। उनसे ज़रा हटकर खड़ी हो गई।

बोधिसत्व अचकचा गए। वे तो दयिता को खुश करने के लिए अपने अगले कदमों की सूचना दे रहे थे, लेकिन दयिता क्यों...?

बोधिसत्व ने भौंहें नचाकर पूछा, ''क्यों? क्या हुआ?''

''कुछ नहीं! आज ये सब बातें रहने दो।''

बोधिसत्व खामोश हो गए। पल भर के लिए, उनकी आँखों के सामने राखी का चेहरा तैर गया। साथ ही बबुआ का चेहरा भी झलक उठा।

बोधिसत्व ने जोर-जोर से अपने सिर को झटका दिया और बुदबुदा उठे, ''ठीक है, रहने दो! आओ...मेरे करीब तो आओ!''

14

कैंपस टाउन से निकलकर, राखी सीधे अपने पीहर चली आई। नहीं, ठीक सीधे नहीं, पहले एक बार लेक टेरेस भी गई थी। बबुआ के पास! पति को त्याग आने के बाद, उसे फौरन ही अपने बेटे के सान्निध्य की बेहद जरूरत थी। वहाँ न रहने की रट लगाने के बावजूद, वह एक रात वहीं रुक गई। बबुआ काफी बुद्धिमान बच्चा था। माँ के चेहरे पर घने-घने बादल देखकर, उसे शायद थोड़ा-बहुत अंदाजा हो गया। उसे एक बार से ज्यादा कुछ नहीं कहना पड़ा। बिना कोई सवाल किए, वह माँ के साथ-साथ चला आया।

राखी ने अपनी जुबान से कुछ नहीं कहा, न ससुराल में, न मायके में! ब्याह के दो युगों बाद, पति, घुटनों की उम्र की लड़की पर आसक्त हो गया है, यह बात वह अपनी जुबान पर कैसे लाती? लेकिन बातें क्या छिपी रह सकती हैं? बिल्कुल नहीं! सबने अपनी-अपनी तरह से अंदाजा लगा लिया। जब तक कोई मारात्मक घटना न घटी हो, पति को अपनी आँख का तारा बनाकर रखनेवाली राखी, बोधिसत्व को छोड़ आनेवाली जीव नहीं है, यह बात उसके रिश्तेदारों में भला कौन नहीं जानता? इसके अलावा अफवाहों की अपनी एक गंध होती है। इसे जितना भी छिपाकर रखने की कोशिश की जाए, वह गंध जरूर फैल जाती है।

दिन-पर-दिन गुजरते गए। पूस का महीना खत्म हो गया और माघ का महीना आ पहुँचा। रंटू मित्रा ने अपने यहाँ राखी को काफी आदर-जतन से रखा, बल्कि इस बार कुछ ज्यादा ही आदर-जतन किया। भतीजे-भतीजी भी कुछ ज्यादा ही बुआ-बुआ करते हुए, उसके पीछे-पीछे घूमते रहे। लेकिन राखी को कुछ भी अच्छा नहीं लग रहा था! कुछ भी नहीं! जुबान बेस्वाद, दिन बेरंग, रात असहनीय! अपमान का अहसास मानों हर पल कीचड़ की तरह उसके तन-बदन से लिपटा रहा। उफ! कितनी वज्र निर्बोध थी वह! कैसे अद्भुत तरीके से वह बुद्धू बन गई। इतने लंबे समय तक जिस शख्स के साथ वह गृहस्थी चलाती रही, उसी ने साफ सुना दिया कि वह उसकी बौद्धिक भूख मिटाने के काबिल नहीं है। वह उस लड़की के नाखूनों के बराबर भी नहीं है। छिः छिः! कैसा अपमान! किस कदर बेइज्जती!

इन दिनों राखी को घूम-फिरकर बार-बार यही ख्याल आता रहा कि उसने जीवन के दो-दो युग फिजूल ही बर्बाद कर दिए। उसका प्यार, इतने दिनों का सहवास...सारा कुछ झूठ पड़ गया, सच साबित हुआ, सिर्फ वह अपमान! उफ्! उफ्!

हैरत है! मन में इतना-इतना गुस्सा, इतनी आग भरे होने के बावजूद, कभी-कभी अचानक ही बोधिसत्व की याद उसे आकुल-व्याकुल कर जाती थी। इस वक्त बोधिसत्व क्या कर रहे होंगे? किस हाल में हैं? ठीकठाक खा-पी तो रहे हैं? रूपचंद क्या सबकुछ

सँभाल पाता होगा? बोधिसत्व दिनभर में क्या एक बार भी उसे याद करते हैं? जब वह आ रही थी, तब बोधिसत्व ने एक बार भी उसे रोकने की कोशिश नहीं की। उन्होंने एक बार भी नहीं कहा—रुक जाओ! मत जाओ! राखी! तीन हफ्ते से भी ज्यादा वक्त गुजर गया, उस शख्स ने एक बार भी फोन नहीं किया। दयिता में ऐसी क्या खूबी है कि उस बंदे को राखी को एकदम से भुला देना पड़ा।

आजकल बबुआ में भी बदलाव नज़र आने लगा है। राखी ने गौर किया है! टेस्ट के इम्तहान करीब हैं। पार्ट वन का फॉर्म भी भरा जा चुका है। आजकल कॉलेज बंद है। जब वह घर में होता है, तो या तो किताब लेकर बैठा होता है या फिर आजकल हर पल माँ के पास बैठा-बैठा गपशप करता रहता है! वह अपने कॉलेज के 'सर' लोगों के किस्से सुनाता है या अपने सहपाठियों के। जाने कहाँ तो ट्यूशनें करने लगा है। कभी-कभी वह अपनी माँ को उन बच्चे विद्यार्थियों की कहानियाँ भी सुनाता है। सच तो यह है कि इन दिनों वह इतनी ज्यादा बातें करने लगा है कि राखी को कभी-कभी शक होता है कि उनका बेटा शायद उन्हें बहलाए रखने की कोशिश कर रहा है। उसकी माँ का अंतस् जल-भुनकर खाक हुआ जा रहा है, बबुआ क्या यह समझता है?

सरस्वती पूजा से पहले ही ठंड एकदम से कम हो गई।

उस दिन सुबह से ही राखी को अपना तन-बदन काफी भारी-भारी लग रहा था। दोपहर को लेटे-लेटे जाने कब तो जाने उसकी आँख लग गई।

अचानक मित्रा ने उसे धकियाकर उठाया।

उसने मंद-मंद मुस्कान बिखेरते हुए कहा, "एइ दिदिया, तुम्हारा देवर आया है।"

बोधिसत्व से अब चाहे जो भी रिश्ता हो, ससुरालवालों से राखी का नाता-रिश्ता अभी भी बना हुआ था। दीपाली और शांतशील तो अक्सर ही एक-एक दिन के अंतराल में उसे फोन करते रहते हैं। वह भी अपने सास-ससुर का कुशल-मंगल पूछती रहती है। बाइस साल तक वह जिस गृहस्थी का हिस्सा बनी हुई थी, उस गृहस्थी को, गृहस्थी के लोगों को वह फट् से मिटा सकती है? वह मिटाए भी क्यों? उन लोगों के साथ तो राखी का कोई मतभेद या विवाद भी नहीं है।

इसके बावजूद, शांतशील के आगमन से वह ज़रा अवाक् हुई।

"अकेला आया है?" उसने पूछा।

"हाँ! लगता है, ऑफिस से आया है! साथ में गाड़ी भी लाया है!" मित्रा ने नज़रें घुमाईं, "देखो, क्या कहता है?"

मित्रा के चेहरे की भंगिमा देखकर, राखी को भला नहीं लगा। पचास साल की उम्र तक पहुँचकर, लगभग चालीस साला इस भौजाई का इस किस्म का कौतूहल, उसे कहीं से परेशान कर गया। खैर, विरक्त होने से कोई फायदा नहीं था, शायद

यही स्वाभाविक भी हो। मित्रा की जगह अगर राखी भी होती, तो वह क्या कोई और तरह का बर्ताव करती?

पहली मंजिल पर रंटू के चेंबर से ही सटा हुआ, छोटा-सा एक बैठक-घर भी था। मित्रा ने शांतशील को वहाँ नहीं बैठाया। वह उसे सीधे ऊपरवाले ड्राइंगरूम में ले आई।

अपने को यथासंभव स्थिर रखकर, राखी उसी कमरे में चली आई।

सोफे पर बैठा-बैठा, शांत, सिगरेट के कश लेते हुए, किसी पत्रिका के पन्ने उलट-पलट रहा था। चेहरा बेहद गंभीर! राखी को देखकर उसके चेहरे पर फीकी-सी मुस्कान झलक उठी।

उसने इधर-उधर निगाहें दौड़ाते हुए पूछा, "बबुआ नज़र नहीं आ रहा है? पढ़ाई कर रहा है?"

राखी ने व्यस्त लहजे में जवाब दिया, "नहीं! ज़रा बाहर गया है। आज उसके ट्यूशन का दिन है।"

"बबुआ ट्यूशन कर रहा है?" शांतशील अपना विस्मय छिपा नहीं पाया, "कहाँ? कब से?"

"काफी अर्से से ही कर रहा है। लगभग डेढ़ महीने हो गए।"

"स्ट्रेंज! उसने बताया नहीं! उसे ट्यूशन करने की भला क्या जरूरत आन पड़ी?"

"यह तो मैं नहीं बता सकती। तुम उसी से पूछ लेना।"

शांतशील ने सिर झुका लिया। उसने आपना हाइ-पावर चश्मा उतारा और पोंछकर, दुबारा आँखों पर चढ़ा लिया।

अचानक उसने नजरें उठाकर पूछा, "तुम वापस कब जा रही हो?"

"कहाँ?"

"घर!"

शांत किस घर के प्रसंग में पूछ रहा है? राखी की भौंहों पर बल पड़ गए।

शांतशील ने झट से अपनी भूल-सुधार करते हुए कहा, "पीहर में तो काफी दिनों रह लिया। अब, चलो, लेक टेरेस चलो–"

अच्छा! इसका मतलब यह हुआ कि बोधिसत्व ने उसे वापस लाने के लिए नहीं भेजा।

राखी ने स्थिर निगाहों से देखा, "क्यों?"

"क्यों का क्या मतलब? हम सब तुम्हें मिस कर रहे हैं। दीपाली, मैं, बाउजी, माँ, जूली, मिली–सभी लोग।"

इस बार भी उसने बोधिसत्व का नाम नहीं लिया।

राखी के होठों पर उदास मुस्कान झलक उठी, "यह बात कहने के लिए, तुम

इतनी दूर से दौड़े चले आए? फोन पर ही पूछ लेते।''

मित्रा चाय लेकर आ पहुँची। साथ में प्लेट में संदेश मिठाई, रसगुल्ले, अंगूर, काजू-बादाम, चनाचूर! शांतशील एकदम से मना करता रहा। लेकिन, मित्रा ने उसके इनकार पर ध्यान ही नहीं दिया। वह मंद-मंद मुस्कराती हुई कमरे से बाहर निकल गई। और-और वक्त जब शांत और दीपाली यहाँ आते थे, तो मित्रा उनके सामने, आ बैठती थी, गपशप करती थी। लेकिन, आज वह एक पल भी नहीं रुकेगी, राखी जानती थी।

यही जानकारी राखी को तकलीफ दे रही थी। उसकी परेशानी और बढ़ गई।

शांतशील ने नाश्ते की प्लेट की तरफ देखा भी नहीं। उसने चाय की प्याली अपने सामने खींच ली।

चाय की घूँट भरते हुए उसने फिर कहा, ''तुम समझ ही तो रही हो, भाभी, मैं क्यों आया हूँ।''

''नहीं, सच्ची मैं बिल्कुल नहीं समझी!''

''कम ऑन, भाभी, बी प्रैक्टिकल! तुम इस तरह, अनिश्चित दिनों तक यहाँ नहीं रह सकतीं।'' शांतशील ने अपनी आवाज धीमी करते हुए अपनी बात जारी रखी, ''यह पूरे परिवार की इज्जत का सवाल है। तुम तो बबुआ तक को उठा लाईं।''

''बबुआ को मैं नहीं लाई—'' राखी की आवाज भारी हो आई, ''बबुआ अपनी मर्जी से आया है।''

''ओ.के.! ओ.के.!...लेकिन, तुम यह तो मानोगी कि तुम लोगों का यहाँ पड़े रहना, हमें काफी बुरा लग रहा है।''

उसकी यह बात राखी को पसंद नहीं आई। वह यहाँ क्यों है। इसकी वजह अब तक शांत और बाकी घरवालों के लिए अनजानी नहीं रह गई है। इसके बाद भी, इस नाटकीय बातचीत का मतलब होता है भला?

राखी की आँखें सिकुड़ आईं, ''तुम लोगों को और कुछ बुरा नहीं लगता?''

कुछेक पल खामोश रहने के बाद, शांतशील ने जवाब दिया, ''देखो, भाभी, बुरा तो हमें बहुत कुछ लगता है। लेकिन हर बात पर, तो हमारा वश नहीं होता! वह भी इसीलिए कि तुम इंपल्स से...तैश में आकर, चली न आतीं।'' शांतशील ने झुककर चाय की प्याली मेज पर रख दी, ''अगर तुम अपनी जमीन पर डटकर बैठी रहतीं, तो स्थिति कुछ और ही होती! मुमकिन है, तब भइया..''

राखी ने संदिग्ध निगाहों से शांतशील की तरफ देखा, ''तुम लोगों की अपने भाई से भेंट हुई?''

शांतशील चुप!

''तुम वहाँ गए थे?''

इस बार भी कोई जवाब नहीं!

''वहाँ क्या देखा?'' राखी अब स्थिर नहीं रह सकी, ''चुप मत रहो! बोलो!''

शांतशील ने दूसरी तरफ मुँह फेर लिया।

पल भर में राखी की छाती पत्थर हो आई। जो आशंका हर पल उसकी छाती में चक्कर लगाते हुए, उसका दम घोंट रही है, आखिरकार वही सच हुई।

न चाहते हुए भी, राखी की जुबान से सवाल फिसल पड़ा, ''यानी वह लड़की, तुम्हारे भइया के साथ रह रही है?''

शांतशील ने हथेली उलट दी।

''माँ-बाउजी को खबर है?''

''हाँ, सुन चुके हैं।''

''वे लोग क्या कहते हैं?''

''ओफ ओ, भाभी, छोड़ो न ये बातें!'' शांतशील ने बच्चा फुसलाने के लहजे में कहा, ''तुम्हें इस बात का ख्याल क्यों नहीं है कि तुम हमारे परिवार की बहू हो। तुम्हारी जगह, हमारे यहाँ, यथावत् है। चलो, अब लौट चलो।''

शांतशील की बातों का आखिरी हिस्सा राखी के कानों तक पहुँचा ही नहीं। उसक चेहरा हिस्टीरियाग्रस्त रोगी की तरह विकृत हो गया।

वह फूत्कार उठी, ''अभी ज़रा देर पहले, तुमने परिवार की इज्जत का सवाल उठाया था न? मेरे यहाँ रहने से तुम लोगों की इज्जत में बट्टा लगता है, क्यों? तुम्हारे भइया ने जो करतूत किया, उससे तुम लोगों के चेहरे पर कालिख नहीं लगी?''

''भइया की बात अलग है, भाभी! हममें से कोई भी भइया का समर्थन नहीं करता। लेकिन एक बात तो मानना ही होगा न, कि ही इज ए जीनियस! और जीनियस लोगों का, इस किस्म का पदस्खलन होता ही रहता है। हाँ, ऐसा पदस्खलन अन्याय जरूर है। लेकिन हमारी साधारण बोध-बुद्धि से ऐसी महान हस्तियों का विचार करना शायद ठीक नहीं है। इसके अलावा, एक और सच भी बताऊँ। इस किस्म का इन्वॉल्वमेंट...यानी जुड़ाव...ज्यादा दिन टिकता भी नहीं। उस लड़की को भी देखा! वैसी लड़की, भइया के पास, आखिर कितने दिनों टिक सकती है? देखना, दो दिनों बाद ही खिसक लेगी। ऐसी 'क्राइसिस' के पलों में, तुम्हें ही मजबूत होना होगा, भाभी! इस वक्त अगर तुम ही हिम्मत हार बैठीं, तो कैसे चलेगा?''

वा-ह! वह जीनियस की बीवी है, इसलिए उसे सर्व-सहनशील होना होगा? उसका दूल्हा किसी गैर लड़की से आशनाई का झूला झूलता रहेगा और उसे गाल पर हाथ धरे, यह इंतजार करना होगा कि कब उसके पति की मति लौटेगी? पढ़ा-लिखा, शिक्षित इंसान होने के बावजूद, शांतशील इस किस्म की बातें भला कैसे कर पा रहा है? राखी के आत्मसम्मान का ख्याल उसे ध्यान देने योग्य ही नहीं लगा?

शांतशील ने एक और सिगरेट सुलगा ली।

उसने दुबारा कहा, ''देखो, भाभी, भइया को मैं कम दिनों से नहीं देख रहा

हूँ। मैं तुम्हें विश्वास दिला सकता हूँ कि भइया के दिल में तुम्हारी एक स्पेशल पोजीशन है। भइया को अभी भी तुम्हारा और बबुआ का ही ख्याल है। उनके मन में तुम दोनों के प्रति सच्चा खिंचाव है! तुम लोगों के प्रति सच्ची 'फीलिंग' है! असल में, मैं भइया के अनुरोध पर ही तुम्हारे पास आया हूँ।''

राखी के होठ विकृत हो आए, ''मुझे लेक टेरेस में रहने की हिदायत क्या तुम्हारे भइया ने दी है?''

''ना, ना, वह तो हम सब चाहते हैं। दीपाली कह रही थी, तुम हमारे यहाँ रहीं, तो तुम्हारी अपनी जगह बिल्कुल सुरक्षित रहेगी।''

''सॉरी, शांत! मैं ठहरी अति साधारण जीव! तुम्हारे भइया के मुकाबले कुछ भी नहीं हूँ, लेकिन हूँ तो आखिर इंसान ही न! जहाँ तुम्हारे भइया के साथ ही मेरा कोई रिश्ता-नाता नहीं रहा, मेरा मतलब है, कोई संबंध नहीं रहा, वहाँ इस तरह जड़ या जमीन को थामे रहने से क्या फायदा? मुझे कम से कम अपना इतना-सा आत्मसम्मान तो बनाए रखने दो।''

''तुमने क्या यह फैसला कर डाला है?''

''भई फैसला करने वाली, भला मैं कौन होती हूँ?'' राखी की आवाज़ में विद्रूप झलक उठा, ''फैसला तो तुम्हारे भइया ने ही ले लिया है। मैं तो सिर्फ अपनी इज्जत बचाने की कोशिश कर रही हूँ।''

''देखो, जो सही समझो, करो! मुझे तो बस, बबुआ के बारे में सोच-सोचकर बुरा लग रहा है। आखिर वह हमारे ही खानदान का लड़का है।''

''नहीं! बबुआ सिर्फ और सिर्फ मेरा बेटा है।''

''यह सब तो फिजूल की जिद्दा-जिद्दी है। तुम्हारे चाहने भर से ही क्या बबुआ का पितृ-परिचय, वंश-परिचय मिट जाएगा? अपने मशहूर पिता पर, उसका भी कुछ हक है, वह तो तुम नहीं छीन सकतीं।''

''मैं क्यों छीनने लगी? बबुआ अब बड़ा हो चुका है। वह जो सही समझेगा, वही करेगा। वह तुम लोगों के पास जाना चाहे या अपने पिता के पास, मैं नहीं रोकूँगी।''

शांतशील ने सिर हिलाया। अब, इसके आगे उसे कोई बात नहीं सूझी। उसने ऐशट्रे में दबाकर, सिगरेट बुझा दी, अचानक उसने अपना ब्रीफकेस खोला और बादामी रंग का एक लिफाफा बाहर निकाला।

ज़रा सकुचाते हुए, उसने वह लिफाफा राखी की तरफ बढ़ा दिया, ''लो, यह रख लो।''

''इसमें क्या है?''

''रुपए! तीन हजार! भइया ने भेजा है।''

''अचानक?''

"भई, तुम्हारा अपना खर्च भी है या नहीं? कहा है, वे हर महीने भेजते रहेंगे।"

राखी को रुलाई छूटने लगी। बोधिसत्व ने अभी से उसे खाना-खुराकी देने की तैयारी कर डाली? यानी वह राखी को पक्की तौर पर अपनी जिंदगी से बुहार देना चाहते हैं। खैर, रुपयों की तो उसे सच ही जरूरत है। अभी कुछ ही दिन तो हुए, वह रंटू के यहाँ आई है, मगर अभी से उसे लग रहा है कि वह भाई की गर्दन पर सवार होकर टुक्कड़ तोड़ रही है। वैसे रंटू की माली हालत काफी मजबूत है। वह अपनी दीदी को कतई बोझ नहीं मानता। कम से कम अभी तक तो नहीं! लेकिन यहाँ आकर, राखी अगर पहले की तरह थोड़ा-बहुत खर्चा-पाती कर पाती, तो उसका संकोच शायद कट जाता। लेकिन वह भला इन रुपयों को हाथ लगाएगी?

राखी ने सूखी-सूखी आवाज़ में कहा, "तुम्हारे भाई महान व्यक्तित्व हैं! उनके दिल में अपार करुणा है! उनसे कहना, उनकी दया के बिना मैं भी जिंदा रह सकती हूँ।"

"बचपना मत करो, भाभी! रुपयों पर गुस्सा नहीं करना चाहिए। रख लो ये रुपए।"

"शांत, प्लीज!"

शांतशील ठिठक गया। सबके सामने राखी हमेशा से ही व्यक्तित्वहीन ही समझी जाती रही, लेकिन इस पल उसकी आवाज में ऐसी अस्वाभाविक दृढ़ता थी, जिसने उसके हमउम्र देवर को भी ठिठक जाने को लाचार कर दिया। उसने संक्षिप्त-सी उसाँस भरी और रुपयों का लिफाफा वापस अपनी ब्रीफकेस के हवाले किया।

वह उठ खड़ा हुआ, "तुम मुझे गलत मत समझना, भाभी! मैंने तो तुम्हारे भले के लिए ही..."

राखी ने बात आगे नहीं बढ़ाई। देवर को गाड़ी तक पहुँचाकर, कदम नापते हुए वापस लौट आई।

कमरे में आते ही मित्रा मानों उड़कर आ पहुँची, "यानी सच ही जीजाजी उस लड़की के साथ रह रहे हैं। छिः छिः!"

यानी मित्रा आड़ से सारी बातें सुन चुकी थी। जितनी-सी बात, अब तक छिपी हुई थी वह भी आज उजागर हो गई। अब तक सारी बात काफी दबी-ढँकी थी, शांतशील ने आकर सारा पर्दा ही उघाड़ दिया।

मित्रा की बात लगातार जारी रही, "तुमने उस लड़की को देखा है? उसी वक्त उस लड़की को झड़वाकर, उसका सारा ज़हर झाड़ क्यों नहीं दिया? जीजाजी की भी बलिहारी जाऊँ; बुढ़ापे में बुद्धि भ्रष्ट हो गई है। तुम्हें ज़रा और सख्त होना चाहिए था, दिदिया।"

मित्रा ने राखी के जवाब का भी इंतजार नहीं किया, वह धाराप्रवाह बकवास करती रही। उसका क्षोभ काफी कुछ स्वतःस्फूर्त था, राखी को इसका अहसास हो

गया। साथ ही वह मन ही मन कहीं सिमटती जा रही थी। इस घर में उसका पर्याप्त आदर-सम्मान था। सिर्फ रंटू की दीदी या सूर्यकांत चौधुरी की बेटी के तौर पर ही नहीं, वह उन बोधिसत्व मजूमदार की बीवी थी, इसलिए भी यहाँ उसके लिए खास जगह है। आज उसी शख्स को मित्रा जी भरकर गालियाँ दिए जा रही थी यानी इस घर में राखी की भी इज्जत काफी कुछ कम हो गई है।

शाम को रंटू भी घर आते ही एकदम से उत्तेजित हो उठा, ''मित्रा ने जो कहा, वह क्या सच है, दीदी?''

अपने से छः साल छोटे भाई से इस बारे में बात करने का राखी का बिल्कुल मन नहीं हुआ, फिर भी उसने 'हाँ' में सिर हिला दिया।

''तूने यह बात मुझे पहले क्यों नहीं बताई? मैं भी देखता, जीजाजी की इतनी मजाल कैसे होती कि वह तुझे घर से निकाल बाहर करते।''

राखी ने मीठे से प्रतिवाद की कोशिश की, ''तेरे जीजाजी ने मुझे नहीं निकाला, रे, मैं खुद ही चली आई।''

''छोड़ो, छोड़ो, जीजाजी को गार्ड करने की कोशिश मत करो। यही कर-करके, तूने उस शख्स का दिमाग खराब कर दिया। हुँहः! बड़ा वैज्ञानिक बनते हैं! आँखों में लाज-हया नहीं है! बदजात की दुम है वह शख्स! यह जो जिंदगी भर, तू आँख मूँदकर, उस शख्स की सेवा करती रही, तुझे क्या मिला, जरा सोच!''

हालाँकि ये सब राखी के मन की बात थी, फिर भी रंटू के मुँह से यह सब सुनना उसे बिल्कुल अच्छा नहीं लगा। लेकिन रंटू जो एक बार शुरू हो गया, अब उसे कौन रोक सकता है?

अब उसने बाकायदा जिरह शुरू कर दी, ''सुना है कि जीजाजी ने तुझे रुपये भेजे थे?''

राखी ने सहमति में सिर हिलाया!

''मेरे घर में मेरी दीदी रहती है, वहाँ उसकी यह मजाल कि वह रुपए भेजता है? अगर तुझे सच ही रुपयों की जरूरत हो, तो मुझसे कह, मैं उसकी गर्दन में रस्सी कसकर, उससे रुपए वसूल कर लाऊँगा। उस शख्स पर 'एडल्ट्री' का मुकदमा ठोंक दूँगा, जनाब की तनख्वाह तक कुर्क हो जाएगी। क्या, री, दी ठोंक दूँ मुकदमा? भेज दूँ एक नोटिस?''

राखी दहशत से भर उठी।

उसने संत्रस्त लहजे में कहा, ''अभी ही यह सब करने की जरूरत नहीं है! कुछ दिन और गुजर जाने दे।''

''अब देख ले, जैसा तुझे सही लगे। लेकिन, हाँ, भाई होकर मैं तुझसे हाथ जोड़कर विनती करता हूँ, दीदी, अब तू भूलकर भी, कभी अपने ससुराल मत जाना। शांत आकर चाहे जो भी कहे, मैं तुझे लिखकर दे सकता हूँ, चाहे आज हो या कल,

वे लोग अपने भाई के पक्ष में ही खड़े होंगे। तब तुझे और ज्यादा अपमानित होकर, उस घर से निकलना पड़ेगा। बबुआ लौट आए, मैं उससे भी खुल्लमखुल्ला बात कर लेता हूँ। मुझे पक्का विश्वास है कि वह तेरे ही पास रहेगा। तुझे फिक्र करने की कोई जरूरत नहीं है। यह घर, तेरा भी घर है। इस घर में तेरा भी हिस्सा है, तू अपने हक से यहाँ रह।''

रंटू क्या ज़रा कुछ ज्यादा ही हमदर्दी नहीं दिखा रहा है? लेकिन उसकी हमदर्दी क्या काफी नाटकीय नहीं लग रही है? कहाँ उसका मनोबल बढ़ जाना चाहिए था, इसके बजाय राखी में अजब-सा हीनताबोध बिखर गया। ''इस घर में तेरा भी हिस्सा है—'' यह कहकर रंटू आखिर क्या याद दिलाना चाहता है?

बहरहाल राखी ने उस वक्त भाई से कुछ नहीं कहा, लेकिन एक बात का उसे अहसास हो गया कि आज से उसका कोई व्यक्तिगत जीवन नहीं रहा। अब से सबकुछ रंटू और रंटू की बीवी की उँगलियों के इशारे पर नियंत्रित होगा। ये दोनों ही प्राणी अभी तो उसकी काफी श्रद्धा-भक्ति करते हैं, निश्चित तौर पर उसका भला ही चाहेंगे, मगर फिर भी...। मुमकिन है, वे इस मकान का थोड़ा-सा हिस्सा पक्की तौर पर छोड़ दें और कहें—दीदी, यह तेरे लिए है, तू यहीं रह। हो सकता है, थोड़े-से रुपए उसके हाथ में ठूँस दें और कहें—यह तू रख ले, दीदी, इसे तू अपने पर और अपने बेटे पर खर्च करना। मुमकिन है, वे भले इरादे से ही कहें, मगर राखी क्या बिना किसी संकोच या दुविधा के कबूल कर पाएगी?

राखी को अपने प्रति ही हिकारत जाग उठी। किसी जमाने में उसने 'दर्शन' में ऑनर्स समेत डिग्री ली थी। घर-गृहस्थी के काम-काज करते-करते, वह शिक्षा जाने कब मूल्यहीन हो गई। अब अगर वह चाहे भी, तो आज वह दूसरों के हाथ-तले रहने के अलावा और किसी शर्त पर भी जिंदा नहीं रह सकती। अब अपनी इस पचास-साला उम्र में वह कहाँ, क्या काम जुटाएगी? किसी शख्स की चाकरी करते-करते, इसे ही परम मोक्ष मानकर, इतने दिनों वह, सुखी जीवन गुजारती रही, लेकिन कुल एक ही तूफान में उसकी यह दुर्दशा होगी, यह किसने सोचा था?

बबुआ करीब साढ़े आठ बजे लौटा।

घर में कदम रखते ही, वह सीधे राखी के पास आ पहुँचा, ''अरे, अभी से लेट गईं? कहीं बुखार-वुखार तो नहीं आया?''

''नहीं, बस, ऐसे ही लेट गई थी। सिर में ज़रा हल्का-हल्का दर्द था...''

''दवा ली?''

''दवा वगैरह की जरूरत नहीं है! यूँ ही कम हो जाएगा?...तुझे इतनी देर क्यों हो गई? इतनी देर क्या पढ़ाता रहा?''

''अरे, कुछ मत पूछो! दोनों के दिमाग में निरा गोबर भरा हुआ है। सालाना परीक्षा नजदीक है। अभी जरा अच्छी तरह धुलैया न दी जाए, तो भला चलता है!''

बबुआ हँस पड़ा, "आज मैंने अपने छात्र के इतिहास-ज्ञान का टेस्ट लिया। उसने क्या लिखा, पता है? अकबर के पिता का नाम शाहजहाँ था। और छात्रा तो हिसाब लगाते-लगाते..."

"लेकिन, तेरे काका को तेरा ट्यूशन करना बिल्कुल पसंद नहीं है।"

बबुआ की हँसी को मानों ठोकर लगी। उसने आँखें सिकोड़कर माँ की तरफ देखा।

राखी बिस्तर पर उठ बैठी, "आज शांत आया था। तेरे बारे में बातें होने लगीं..."

"तो ऐसा कहो न! कब आया था?"

"लगभग शाम को! यही कोई तीन-चार बजे! ज़िद कर रहा था कि हम दोनों वहाँ चले आएँ।"

"अच्छा?"

राखी कुछेक पल बेटे का फूला हुआ चेहरा पढ़ती रही।

थोड़ा ठहरकर उसने कहा, "तुझसे एक बात कहूँ, बबुआ? मैं कह रही थी, तू लेक टेरेस वापस लौट जा! हर हफ्ते आकर, मुझसे भेंट कर जाया करना। अगर मन हुआ, तो दो-एक दिन यहाँ रह भी लेना।"

"अचानक, यह सवाल क्यों, माँ?"

"शांत बहोत जिद कर रहा था। बार-बार कहता रहा, बबुआ हमारे परिवार का बेटा है...। मैंने भी सोच देखा, तू क्यों फिजूल यहाँ...। तेरा असली घर तो वही है। है कि नहीं?"

"मेरा कोई घर नहीं है। वह मेरे दादा का घर है।"

"यह क्या युक्ति की बात हुई, बबुआ? तू क्या इस बात से इनकार कर सकता है कि तू मजूमदार ख़ानदान का बेटा है?"

"मैं किसी खानदान का बेटा नहीं हूँ! मैं तुम्हारा बेटा हूँ। अगर तुम उस घर में नहीं जा सकतीं, तो मैं भी नहीं जा सकता।"

राखी, बेटे की जुबानी यही तो सुनना चाहती थी।

इसके बावजूद राखी ने उसे मनाते हुए कहा, "मेरे लिए जाने का उपाय नहीं है, रे, वर्ना मैं जरूर जाती।"

"मैंने तो तुम्हें वहाँ जाने के लिए एक बार भी नहीं कहा, माँ! मैंने तो सिर्फ इतना ही कहा, जहाँ रहने में तुम्हें परेशानी होती है, वहाँ मैं भी नहीं रहूँगा।"

"वैसे तो मुझे यहाँ भी रहना अच्छा नहीं लग रहा है।"

"तो मत रहो यहाँ। अगर तुम कहो, तो मैं कल से ही घर की तलाश में जुट जाऊँ?"

"धत्! ऐसा संभव है भला? मेरे पास रुपए कहाँ हैं?"

"अगर तुम चाहो, तो उपाय संभव है, माँ! बैंक-लॉकर में तुम्हारे जितने

गहने-जेवर हैं, निकाल लो! उनमें से कुछ गहने बेचकर, हम कुछेक महीने नहीं चला सकेंगे? इस बीच, मेरे इम्तहान भी खत्म हो जाएँगे। कुछ न कुछ तो मैं जुटा ही लूँगा, तुम देख लेना।''

''तू नौकरी करेगा? पढ़ाई-लिखाई छोड़ देगा?'' राखी लगभग आर्तनाद कर उठी।

''ओफ् ओ, माँ, पढ़ाई-लिखाई पहले है या जिंदा रहना? मौका और वक्त मिला, तो कर लूँगा पढ़ाई, वर्ना...! लेकिन, पहले मुझे अपने पैरों पर खड़ा होना होगा।''

बबुआ की आँखों और चेहरे का भाव, राखी को सही नहीं लगा। उसके चेहरे पर जाने कैसी तो अजब-सी चमक थी। अपनी माँ को खिलाने-पहनाने का जिम्मा वह अपने कंधों पर लेना चाहता है। बबुआ इतना बड़ा कब से हो गया?

बबुआ, राखी के करीब आ बैठा।

''सुनो, माँ, तुम बिल्कुल फिक्र मत करो। देखना, सब ठीक हो जाएगा। मैं हूँ न!''

राखी की आँखें भर आईं। उसकी फिक्र में उसका बेटा लिखाई-पढ़ाई छोड़ दे, यह बात हरगिज कबूल नहीं की जा सकती। बित्ता भर का बच्चा, भला कौन-सी नौकरी करेगा? राखी ने अपने बेटे को यह कैसी मुसीबत में डाल दिया?

बहुत-बहुत दिनों बाद, बबुआ अपनी माँ से लिपट गया, बिल्कुल बचपन की तरह! उसने अपनी माँ के आँसू पोंछ दिए, उसका सिर सहलाता रहा। अपनी माँ को वह समझाता-बुझाता भी रहा। मानों राखी इस वक्त निरी बच्ची हो और बबुआ उसका बालिग अभिभावक! मानों राखी उसका आश्रय न हो, वही राखी का आश्रय हो।

अजीब होती है जिंदगी! किसे, कब, किस तरफ खींच ले जाती है।

15

''दयी...एइ, दयी...सुन..''

प्रैक्टिकल की क्लास खत्म होते ही, लैब से निकलकर, दयिता तेज-तेज चाल में आगे बढ़ रही थी, मैत्रेयी की आवाज पर उसने पीछे मुड़कर देखा। मैत्रेयी अकेली नहीं थी, साथ में शुभजित और तन्मय भी थे।

दयिता ने घड़ी पर नज़र डालते हुए पूछा, ''क्या बात है?'

मैत्रेयी आगे बढ़ आई, "तुम कोने वाली मेज के जी.एम. काउंटर पर काम कर रही थी न?"

"हाँ, क्यों?"

"ज़रा, तेरा डेटा देखूँ। मेरा रिजल्ट सही नहीं आ रहा है।"

दयिता ने अपने बैग से कॉपी निकालकर, मैत्रेयी को थमा दी। कॉरीडोर में रोशनी कम थी। मैत्रेयी किनारेवाली खिड़की तक चली आई और उसकी कॉपी बड़े ध्यान से पढ़ने लगी। शुभजित की निगाहें भी उसकी कॉपी पर झुक आईं। दयिता की 'नोटिंग' स्पष्ट नहीं थी। मैत्रेयी को पढ़ने में असुविधा हो रही थी। अपना नोटबुक खोलकर, वह उसके नोट्स से मिलान करने लगी।

तन्मय और दयिता आपस में बातचीत में मशगूल हो गए। तन्मय लिखने-पढ़ने में बेहद गंभीर छात्र! उसकी बातचीत की भंगिमा भी काफी गंभीर!

उसने गुरु-गंभीर मुद्रा में सवाल किया, "तू क्या जा रही है? आज भी पी एस की क्लास नहीं करेगी?"

"धत्! बड़ी बोरिंग क्लास है!" दयिता ने वह प्रसंग टालने की कोशिश की।

"भई, क्लास चाहे जैसी भी हो, पी एस के नोट काफी 'सॉलिड' होते हैं! किताब पढ़ने की जरूरत ही नहीं पढ़ती।"

"तू तो नोट्स लेगा न! कल तेरी कॉपी से टीप लूँगी।"

"खैर, कर लेना!" तन्मय का लहजा और गंभीर हो आया, "लेकिन आजकल तू काफी सारी क्लासें 'बंक' कर रही है! बाद में प्रॉब्लम में पड़ जाएगी, दयी!"

"अरे, धत्, उसे भला क्या प्रॉब्लम?" मैत्रेयी का मंतव्य उड़ता हुआ आ पहुँचा, "दयिता का खूँटा, अब बहुत बड़ी नाव से बँध गया है या यह समझ ले कि उसकी नाव, किसी बड़े खूँटे से बँध गई है।"

दयिता ने यह सब सुनकर भी, अनसुना कर देने का नाटक किया। हॉस्टल छोड़ आने के बाद से ही वह और बोधिसत्व, इन दिनों समूचे कैंपस टाउन में चटखारेदार खबर बन चुके थे। उसे प्रायः हर पल ही इस किस्म के छुटपुट फिकरे झेलने पड़ रहे थे। वह अपने पूरे जी-जान से आँख-कान बंद करके, इन फिकरों को नज़रअंदाज करने की कोशिश करती रहती थी, इसके बावजूद कभी-कभी तो, कोई फिकरा उसे चुभ ही जाता है। कोई उपाय जो नहीं है! अभी करीब डेढ़ महीने उसे यही स्थिति झेलनी होगी। फाइनल इम्तहान खत्म होने तक, उसे इसी हाल में वक्त गुजारना होगा।

मैत्रेयी की निगाहें दुबारा दयिता की कॉपी पर जम गईं। निर्लिप्त भंगिमा! मानों उसे कोई जल्दी न हो।

दयिता ने एक बार फिर अपनी कलाई उलटकर, घड़ी पर नज़र डाली। दस बजकर, पच्चीस मिनट!

उसने बेसब्र आवाज़ में कहा, "सुन, तू यह कॉपी रख ले, मैं कल वापस ले लूँगी।"

"ना, बाबा, तेरी चीज है, तू अभी ही ले जा। पता नहीं, अगर कहीं मुझसे गुम हो जाए, तो..."

"तो फिर ज़रा जल्दी कर, प्लीज!"

"इतनी जल्दी क्या है, भई? वापस जाकर क्या 'सर' की लुंगी धोना-कचारना है?"

दयिता की आँखें झप से धधक उठीं। उसके जबड़े कस गए। उसने बमुश्किल अपने को संयत किया और झट से अपनी कॉपी छीन ली और हनहनाते हुए आगे बढ़ गई। पीछे समवेत् ठहाकों के शोर ने, दयिता के कानों में मानों जहर उँड़ेल दिया।

उफ्! असहनीय! भयंकर असहनीय!

इधर-उधर देखे बिना, दयिता यूनिवर्सिटी का गेट पार कर गई। दिमाग गुस्से से भन्नाया हुआ! दयिता, बोधिसत्व के साथ रहती है या नहीं रहती है; दयिता ने बोधिसत्व की गृहस्थी तोड़ी या जोड़ी, इन बातों को लेकर, दूसरे-दूसरे लोगों को सिर-दर्द क्यों है? उहुँः सिर-दर्द नहीं, जलन मची है, जलन! ईर्ष्या! सभी लोगों की छाती पर सांप लोट गया है। बोधिसत्व जैसा विराट इंसान, अब सिर्फ दयिता के अधिकार में है, यह किसी से बर्दाश्त नहीं हो रहा है। चिरश्री...तक ने उससे बातचीत बंद कर दी है, जिस दिन वह हॉस्टल से अपनी किताब-कॉपियाँ, कपड़े-लत्ते लेकर निकली, उस दिन उसने धाराप्रवाह क्या लेक्चर झाड़ा था—"दयी, तू सही काम नहीं कर रही है! दयी, तू मोह में अंधी हो गई है। हुँहः जाने कहाँ से मेरी दादी की अवतार बन गई। अरे, चिरश्री बात नहीं करना चाहती, तो मत करे, उसकी बला से!"

घर पहुँचकर उसने देखा, रूपचंद दाल-भात पका चुका है। गोभी-आलू-मटर भी काट-छीलकर तैयार रखा है। अब सिर्फ दयिता का इंतजार था।

दयिता कमर कसकर सब्जी पकाने के काम में उतर पड़ी। अपनी किताब-कापियाँ उसने धड़ाधड़, सोफे पर उछाल दीं; सलवार-कमीज पर एप्रॉन चढ़ा लिया। धुआँ उठते तेल में उसने आलू-गोभी छौंक दिया। उसने नाक सिकोड़कर, एक बार मछली पर नज़र डाली। कोई मछली! फूहड़ तरीके से टेढ़ा-मेढ़ा काटा गया। मछली भी कैसी गीली हाथ में लेते ही छटक जाने वाली! टुकड़े-टुकड़े काटकर, चूँकि अभी तक कच्ची ही रखी हुई थी, इसलिए अजब-सी गंधभरी! क्यों, भई, रोज ही मुर्गी खाई जाए, तो क्या बुरा है? बोधिसत्व को मछली ही इतनी क्यों पसंद है? खैर, मछली के टुकड़ों में नमक-हल्दी पहले से ही लगी हुई थी। दयिता कड़ाही में एक-एक टुकड़े छोड़ती रही और डर के मारे तीन कदम पीछे खिसक आती। बाप्स! ये टुकड़े कितनी जोर-जोर से फट रहे थे। परसों पीना मछली तलते हुए, उसके हाथ में बड़ा-सा फफोला पड़ गया।

उसने कलछी के सहारे एक मछली उलटी-पलटी और वहाँ से हट आई। यह राँधना-पकाना भी कितने झमेले का काम है। शुरू-शुरू में दयिता की तो हालत ही खराब हो गई। उसे खाना-वाना पकाना बिल्कुल ही न आता हो, ऐसा भी नहीं था। दो-चार लजीज व्यंजन वह आराम से पका लेती थी—दही-चिकेन, बटर-पनीर-मसाला, गोभी-रोस्ट, मलाई-कोफ्ता! लेकिन ये सब व्यंजन क्या रोज-रोज चलते हैं? बोधिसत्व को तो बिल्कुल नहीं चलता! तेल-मसाले कम, हल्का-फुल्का व्यंजन ही उन्हें ज्यादा पसंद है। लाचारी में दयिता टाउन से 'सहज पाक प्रणाली' खरीद लाई। वह किताब पढ़-पढ़कर, बड़ी की सब्जी, शुक्तो, आलू-गोभी की सब्जी, पालक-बैंगन, मछली का पतला शोरबा...कमोबेश यह सब पकाना, वह सीख गई है। हाँ, सिर्फ नमक का अंदाजा ही गड़बड़ा जाता है। बस, यही...।

वैसे कोई मछली आज पहली बार...। मन ही मन दयिता ज़रा समस्या में पड़ गई।

उसने आवाज़ दी, "रूपचंद—"

रूपचंद घर की झाड़-पोंछ में जुटा हुआ था।

वह दौड़कर आ पहुँचा, "जी, दीदीमणि!"

"तेल-कोई कैसे पकाते हैं, तुम जानते हो?"

"जी-नहीं!"

"तब यह मछली कैसे पकाऊँ, बताओ तो?"

"जी, इसकी तरी बना लें—"

"प्याज डालकर या पिसी सरसों डालकर?"

"जीरा ही डाल दें! हमारी माँजी जीरा डालकर, फूलगोभी पकाती थीं।"

रूपचंद ने यह प्रसंग जान-बूझकर नहीं छेड़ा था, मगर दयिता के कानों में यह बात लग गई। अनजाने में ही उसका चेहरा गंभीर हो आया। रूपचंद गर्दन नीची किए-किए उसके सारे हुक्म बजा लाता था, मगर अभी भी ऐसा लगता था, मानों इस घर में दयिता की उपस्थिति, वह पूरी तरह हजम नहीं कर पाया है, वर्ना वजह-बेवजह वह राखी का प्रसंग क्यों उठाता? कभी-कभी वह दयिता की तरफ ऐसी अजीब-अजीब निगाहों से देखता भी रहता है, मानों वह किसी विचित्र ग्रह का जीव देख रहा हो। उसकी सरल निगाहें भी कभी-कभी इस कदर असहनीय लगती हैं!

बहरहाल, रूपचंद की सलाह मुताबिक अगर वह गोभी डालकर, तरीदार सब्जी बना लेती, तो शॉर्टकट में हो जाता, लेकिन दयिता ने वह तरीका नहीं अपनाया। उसने प्याज, अदरक, लहसुन पीसकर, मछली पकाई और अलग से आलू-गोभी की तरकारी बना ली। ऐसा उसने क्यों किया? अदृश्य प्रतिद्वंद्वी के साथ मुकाबला? उसे आशंका थी कि खाना खाते हुए, बोधिसत्व को कहीं राखी की याद न आ जाए। खैर, ऐसा करने की वजह, खुद दयिता भी ठीक-ठीक नहीं जानती।

बोधिसत्व अपने समय से ही लौटे। ठीक साढ़े ग्यारह बजे! आते ही जूते-मोजे

उतारकर, वे बाथरूम में घुस गए।

उन्होंने वहीं से चीखकर आवाज़ दी, ''रूपचंद! एइ रूपचंद, गीजर क्यों नहीं ऑन किया?''

रूपचंद दौड़ता हुआ आ पहुँचा, ''जी, याद नहीं रहा।''

''आजकल तुम्हारा ध्यान कहाँ रहता है? तेरे कान उखाड़कर फेंक न दिए, तो...''

''ओफ् ओ! उसे क्यों डाँट रहे हो?'' दयिता ने धीमी आवाज़ में बरज दिया, ''अब ठंड तो कम हो गई है! एक दिन ठंडे पानी से हाथ-पैर धो लोगे, तो ऐसा क्या नुकसान हो जाएगा?''

''भई, मेरी आदत है...''

''आदत बदल डालो''—दयिता चाहकर भी नहीं कह पाई। वह महिला कैसी अजीबोगरीब आदतें डाल गई है, यह शख्स कोई भी काम अपने हाथों से नहीं कर सकता। साबुन, तौलिया, चप्पल—सब चीजें उसे अपने हाथों के करीब चाहिए। यह सब सोचते हुए, दयिता को कभी-कभी हँसी भी आने लगती है। यह शख्स सिर्फ नाम से ही भारी-भरकम है, अंदर ही अंदर अभी भी निरा बच्चा है।

बाथरूम से निकलकर, बोधिसत्व खाने की मेज के सामने आ बैठे । उनका चेहरा ज़रा भारी-भारी नज़र आया। दयिता ने झटपट फ्रिज से खट्टा दही और सलाद निकालकर मेज पर सजा दिया।

प्लेट में चम्मच से भात परोसते हुए उसने कहा, ''बस, इत्ती-सी बात पर बाबू साहब के तेवर चढ़ गए?''

''कुछ कहा तुमने?''

''मैंने कहा, इतनी नाराजगी क्यों?''

बोधिसत्व ने नज़रें उठायीं, ''नाराज तो नहीं हूँ।''

''हाँ, नाराज-वाराज मत होना—'' उसने चोर-निगाहों से एक बार रूपचंद को देखकर, बेहद धीमी आवाज़ में अपनी बात पूरी की, ''तुम्हारा गुस्सा देखकर, मेरी तो छाती दहल जाती है।''

बोधिसत्व के होठों पर मुस्कान झलक उठी। वे परम तृप्त मन से खाना खाते रहे। लेकिन रह-रहकर उनका मन अनमना हो आता। चेहरे पर बादलों की छाया! वैसे अगले ही पल वह छाया विलीन भी हो गई। कोह मछली कैसी बनी, दयिता का यह जानने का मन जरूर हुआ, मगर उसे पूछने में झिझक हुई। बोधिसत्व खुद अपनी जुबान से कुछ क्यों नहीं कहते?

दोपहर को खाना खाने के बाद, बोधिसत्व घंटा पर आराम करते थे। उसके बाद दुबारा यूनिवर्सिटी चले जाते थे। उनकी यही रुटीन थी। आज वे लेटे भी नहीं, अपने स्टडीरूम में बैठे-बैठे सिगरेट पीते रहे। दयिता खाना खाने के बाद नहाने चली

गई। बाथरूम से निकलकर, वह ज़रा अवाक् ही हुई। वह बालों में कंघी फेरते-फेरते स्टडीरूम में आ पहुँची।

उसने मंद-मंद मुस्कराते हुए पूछा, "बैठे क्यों हो? लेटोगे नहीं?"

"नहीं, मन नहीं कर रहा है।"

"कुछ सोच रहे हो?"

"उहुँः नहीं तो!" बोधिसत्व ने हाथ बढ़ाकर दयिता को अपने करीब खींच लिया, "आज, अब तुम्हारी कोई क्लास नहीं है?"

"नहीं, आज नहीं जाऊँगी।"

"किसी दिन भी तो तुम सेकेंड-हाफ में नहीं जाती! फिजूल डूब क्यों मारती हो?"

दयिता ने मन ही मन कहा—आजकल मुझे यूनिवर्सिटी जाना ही अच्छा नहीं लगता। न सुबह, न शाम! किसी वक्त भी नहीं।

उसने जवाब दिया, "इन दिनों सभी थ्योरी की क्लासें चल रही हैं। न जाने से भी चलता है।"

"अरे, यह कैसी बात! फिजिक्स पढ़ रही हो और थ्योरी क्लासें नहीं करोगी, तो भला चलेगा?"

"तुम तो हो न!" दयिता लाड़ली बालिका की तरह, बोधिसत्व की गोद में आ बैठी।

उसने अपनी दोनों बाँहें उनकी गर्दन में डाल दीं।

उसने फुसफुसाकर कहा, "सारे पेपर तुम ही मुझे नहीं पढ़ा सकते?"

दयिता की मादक खुशबू में बोधिसत्व एकबारगी मदहोश हो उठे।

उनका अध्यापकीय लहजा कहीं गुम हो गया।

उन्होंने चटुल लहजे में कहा, "अभी कौन-सा पेपर पढ़ोगी?"

"तुम ही बताओ—" दयिता ने उनकी आँखों से चश्मा उतारते हुए, पलटकर सवाल किया।

बोधिसत्व ने दयिता को चूम लिया। धीरे-धीरे उनका चुंबन गहरा होता गया। अब उनके होठ, दयिता के होठ, गालों, माथे, आँखों और गर्दन पर घूमने लगे। दयिता ने नाइटी पर हाउसकोट लपेट रखा था। बोधिसत्व के चपल हाथ उसके आवरण हटाने लगे। उनकी ईषत् खुरदुरी त्वचा के स्पर्श से दयिता के तन-बदन में झुरझुरी फैल गई। उसकी दोनों आँखें मुँद आईं। माघ की दोपहरी, सुख की परिचित अनुभूति में ऊब-डूब करने लगी।

अचानक दयिता की छठी इंद्रिय ने उसे जोर का झटका दिया। वह एकदम से होश में आ गई। स्टडीरूम का दरवाजा बंद नहीं था। पर्दे हल्के-हल्के हिल रहे थे और दरारों में कोई छायामूर्ति नज़र आई। दयिता एकदम से छिटककर अलग हो गई।

कामार्त बोधिसत्व ने विह्वल आवाज़ में पूछा, "क्या हुआ?"

दयिता ने दरवाजे की तरफ इशारा किया।

बोधिसत्व छूटते ही गरज उठे, "ए-इ रूपचंद, क्या कर रहा है वहाँ?"

स्थिर खड़ा रूपचंद बिल्कुल खामोश!

थोड़ा ठहरकर, उसकी मिनमिनाती-सी आवाज़ सुनाई दी, "जी, बगिया के बारे में कुछ बताने आया था। गेंदा के सारे पौधे मर गए हैं। उन सबको उखाड़कर गुलाब के पौधे लगा दूँ?"

"बागान के बारे में बात करने का यही वक्त मिला तुझे? कोई बागान-वागान रोपने की जरूरत नहीं है। चल, फूट यहाँ से! जा भाग!"

रूपचंद वहाँ से हट गया, मगर बोधिसत्व दयिता में दुबारा नहीं डूबे। कुछ देर वे गुम हुए बैठे रहे, उसके बाद कड़वे मूड में ही उठ खड़े हुए। उन्होंने चश्मा पहना, कंधे पर बैग झुलाया और धीमे कदमों से घर के बाहर निकल गए।

दयिता को यह सब बेहद अजीब लगा। यह शख्स बिना एक शब्द भी कहे-सुने, यूँ बाहर क्यों निकल गया? उसने खुद ही तो बताया है कि रूपचंद ज़रा बुद्धू-बक्काल जीव है; कितनी ही बार, रूपचंद की मौजूदगी को नज़रअंदाज करते हुए, उसने दयिता को चूम भी लिया है। लेकिन इस पल यूँ इस कदर भड़क क्यों गया? जरूर कुछ हुआ है। कुछ न कुछ जरूर हुआ है। घर लौटकर वह बंदा कुछ ज्यादा ही अनमना नहीं था?

उस वक्त की दोपहरी बेहद निर्जन हो आई। ठंड तो जरूर कुछ कम हो गई थी, मगर धूप का तेज़ अभी भी उतना प्रखर नहीं हुआ था। हवा में अब भी खुनक ठंडक! पेड़ के सूखे पत्ते काँपते-निहारते-झरते हुए! हवा में उड़ते हुए! जाने कहाँ तो कूबो पाखी लगातार पुकारे जा रही थी! कूब-कूब! कूब-कूब!

बदन पर हल्की-सी चादर लपेटे, दयिता बगीचे में इधर-उधर टहलती रही। वह गहरी सोच में डूब गई। बगीचे का जिक्र छेड़कर, रूपचंद ने क्या बोधिसत्व को परेशान कर दिया? दयिता ने सुना है, बगीचा काफी कुछ राखी का ही था। बगीचे के जिक्र ने क्या बोधिसत्व को राखी की याद दिला दी?

रूपचंद बरामदे में बेजान-सा खड़ा था।

उसके करीब जाकर दयिता ने नरम लहजे में पूछा, "सर्दी तो कम हो गई है। ऐसे में गुलाब के पौधे क्या लग जाएँगे, रूपचंद?"

रूपचंद ने उसकी तरफ करुण निगाहों से देखते हुए जवाब दिया, "गुलाब के पौधे तो बारहों महीने ही लगाए जाते हैं, दीदीमणि!"

"गुलाब लगाने में तो काफी झमेले होते हैं, रूपचंद गुलाब के पौधों की देखभाल करना, तुम्हें आता है?"

"जी! माँजी ने मुझे सिखाया है! उन्हें गुलाब का हद शौक था—"

यह बात क्या रूपचंद ने जानबूझकर कही? दयिता को समझ में नहीं आया। 'माँजी', 'दीदीमणि'—ये शब्द उसके दिल पर कहीं चोट करते हैं! मन विरस हो आता है।

कमरे में आकर, दयिता बिस्तर पर लेट गई। बाहर माघ की सरसराती हवा! चारों ओर खड़खड़ाते पत्तों की गूँज। ठंडी हवा मानों उसके सीने में उतर गई हो! महीने भर से ऊपर हो गए, अभी भी इस बंगले में चारों तरफ राखी! राखी! राखी! रसोई के हर कलछी, चम्मच, थाली-कटोरी में राखी का स्पर्श! बंगले के हर खिड़की-दरवाजे, दीवार, पर्दे में राखी प्रखर भाव से विराजमान! अलमारी खोलो तो राखी के साड़ी-ब्लाउज! ड्रेसिंग टेबल का ड्रॉअर खींचो तो राखी की क्लिप, काँटे, क्रीम, पाउडर, सिंदूर! यहाँ तक कि जिस बिछौने पर इस वक्त दयिता लेटी हुई है, इसमें भी दिन-रात, हर पल राखी की ही तीखी गंध! इस छोर से उस छोर तक राखीमय इस गृहस्थी में दयिता कौन है? उसकी जगह कहाँ है? बोधिसत्व के दिल में भी ठीक किस जगह वह मौजूद है? बोधिसत्व को वह अपनी जान से बढ़कर प्यार करती है, उसकी कुल एक पुकार पर वह जिंदगी भर के संस्कार, रिश्ते-नाते—सब कुछ त्यागकर चली आई है, फिर भी इस पल वह बोधिसत्व की कौन है? प्रेमिका? रखैल? सहचरी? उस दिन बोधिसत्व का भाई आया। दयिता उसे देखकर सिमटी-सिकुड़ी रही। क्यों? दयिता क्या पाप-बोध का शिकार होने लगी है? अभी से ही क्या उसे यह अहसास होने लगा है कि उसने कहीं गलती की?

इस किस्म की ताल-बेताल ख्यालों में डूबी दयिता की आँखें जाने कब नींद में बेसुध हो गईं। नींद में उसने अद्‌भुत-सा सपना देखा। कलकत्ते में उनका शोभा बाजारवाला फ्लैट ढेर-सारी रोशनी से सजाया गया है! वही फ्लैट कितना विशाल हो गया है! इस छोर से वह छोर नज़र नहीं आता। वहाँ अनगिनत जाने-पहचाने लोग घूमते-फिरते हुए। मौसी, बुआ, कलकत्ते के दोस्त, यूनिवर्सिटी के साथी, माँ, बप्पा, बुंबा...। वहाँ राखी भी मौजूद है। बदन पर बनारसी साड़ी। जूड़े में फूल! उस फ्लैट में विवाह है। वर के वेश में बोधिसत्व, दुलहन के वेश में दयिता खुद! पुरोहित जोर-जोर से मंत्रोच्चार करता हुआ—यदिद, हृदय, तव, तदन्तु हृदय, मम! अचानक जाने कहाँ से, चीखते-गरजते हुए बप्पा प्रकट होते हैं। उँगली उठाकर बोधिसत्व को डपट रहे हैं। राखी भी भागकर आती है। वह दयिता को खींचकर विवाह के पाटे से उठा देती है। भयंकर कोहराम मच जाता है। लोग-बाग अट्टहास से फट पड़ते हैं। ब्याह का घर एकबारगी गायब हो जाता है। दयिता देखती है कि वह शोभा बाजार वाले घर में, अपने ही कमरे में, अपने ही बिस्तर पर लेटी हुई है। हैरत है! कैंपस टाउन के इसी बेडरूम के सारे सामान, शोभा बाजारवाले उसके अपने कमरे में सजे हुए हैं। बप्पा उसके कमरे में आते हैं।

वे रुआँसी आवाज़ में पूछते हैं, "तेरे मन में आखिरकार यह था, मुनिया?"

राखी कमरे में दाखिल होती है।

वह हिस्टीरियाग्रस्त मरीज की तरह जोर से चीख पड़ती है, "यह घर मेरा है! निकल जाओ तुम यहाँ से! दूर हो जाओ।"

दयिता प्रतिवाद करना चाहती है, मगर उसकी जुबान नहीं फूटती। उसकी आँखों से धार-धार आँसू बहते हुए! राखी ठठाकर हँसती हुई!

दयिता उठकर बोधिसत्व को ढूँढ़ने लगती है। वह इस-उस कमरे के चक्कर लगाती है, बोधिसत्व कहीं नहीं हैं! धुआँ-धुआँ झुटपुटे में बुंबा भी नज़र आ रहा है! माँ और बप्पा भी वहीं हैं।

बप्पा आकर दयिता का हाथ थाम लेते हैं, "मुनिया री, चल लौट चल!"

बप्पा के हाथों का दबाव क्रमशः बढ़ता जाता है...

सपना टूट गया! नींद भी खुल गई। आँखें मूँदे-मूँदे ही दयिता को आहट मिली, किसी ने सच-सच ही उसका हाथ दबा रखा है।

"क्या हुआ, दयिता, ऐसी कुबेला सो क्यों रही हो?"

बोधिसत्व की आवाज! दयिता चौंककर उठ बैठी। इस वक्त कितने बजे हैं? शाम हो गई क्या? लेकिन...अभी भी तो उज़ाला नज़र आ रहा है। बोधिसत्व आज इतनी जल्दी लौट आए?

बोधिसत्व का चेहरा, दयिता के चेहरे पर झुक आया, "तबीयत खराब है, दयिता?"

"ना—" दयिता ने इनकार में सिर हिलाया, "तुम लौट आए? इतनी जल्दी?"

"हाँ, लौट आया। रोज-रोज तुम क्लास बंक कर सकती हो, मैं एक दिन लाइब्रेरी ऑफ नहीं कर सकता?" इतना कहकर बोधिसत्व ने ज़ोर का ठहाका लगाया।

बोधिसत्व गहरी-गहरी आवाज़ में हँस पड़े। वही जानी-पहचानी, मशहूर हँसी! लेकिन इस वक्त उस हँसी में जैसे जान न हो, दयिता को यही आभास हुआ।

दयिता ने मीठी-सी मुस्कान बिखेरते हुए पूछा, "चाय पीओगे?"

"हाँ, पी सकता हूँ।"

"नाश्ता करोगे? कुछ बना दूँ?"

"नहीं, नाश्ता रहने दो! चाय के साथ बिस्कुट दे दो।"

बिस्तर से उतरकर, दयिता रसोई में चली आई। गैस ऑन करके उसने केतली में चाय का पानी चढ़ा दिया। ऐसी कुवेला सोने से सच ही बदन भारी हो आया था। उसने सिंक का नल खोलकर, आँख-मुँह पर ज़रा पानी छिड़क लिया और पानी खौलने का इंतजार करती रही। उसका मन जाने कैसी तो बेचैन उदासी से भर उठा। अरसे बाद, उसे बप्पा का चेहरा साफ-साफ नज़र आया। बप्पा कितने परेशान और विध्वस्त नज़र आ रहे थे! सच ही क्या बप्पा उसके लिए इस कदर टूट-फूट गए हैं? अगर यह सच है कि किसी ने उसकी खोज खबर क्यों नहीं ली? अभिमान? हॉस्टल से चले आने के बाद, उसने माँ-बप्पा को एक खत भी लिखा था। उसने

उन्हें खबर दे दी थी कि अब वह बोधिसत्व के साथ रहती है। उस खत का कोई जवाब नहीं आया। शायद यही स्वाभाविक भी हो। वह तो माँ-बप्पा के लिए भर ही चुकी है। लेकिन बुंबा तो एकाध बार आ सकता था। उसकी दीदी कैसी है, किस हाल में है, यह जानने का उसका भी मन नहीं हुआ?

चाय का पानी खौलने लगा। चारों तरफ गर्म भाप उड़ता हुआ! दयिता ने उँगली से अपनी आँखों की कोर पोंछ डाली। उसने केतली में चाय और प्लेट में बिस्कुट भी डाल लिए। जब वह हाथ में ट्रे लिए, ड्राइंगरूम में आई, तो उसने देखा बोधिसत्व किसी को फोन कर रहे हैं।

दयिता सामने के सोफे पर बैठ गई। उसने इधर-उधर निगाहें दौड़ाकर, रूपचंद को खोजा। वह कहीं नज़र नहीं आया। वह शायद अपने कमरे की तरफ गया होगा।

चाय की चुस्कियाँ लेते-लेते, दयिता बोधिसत्व को फोन पर संवाद करते हुए, टुकड़े-टुकड़ों में सुनती रही। बोधिसत्व ने शायद कलकत्ता फोन किया था। किसी विद्वान या सहकर्मी से वे अपने रिसर्च के बारे में बातचीत कर रहे थे। बोधिसत्व ने अपने बर्लिन जाने का भी जिक्र किया। बोधिसत्व फोन पर काफी धीमी आवाज़ में बात करते हैं। दयिता को उनकी बातें ठीक-ठीक सुनाई नहीं दे रही थीं।

फोन रखते ही, दयिता ने पूछा, "तुम बर्लिन कब तो जा रहे हो?"

"इक्कीस मार्च को।" सोफे पर बैठकर, बोधिसत्व ने चाय की घूँट भरी।

"वहाँ कितने दिन रहोगे?"

"कमोबेश दो हफ्ते! मुमकिन है टूर का समय बढ़ भी जाए। लेकिन किसी भी शर्त पर महीने भर से ज्यादा नहीं।"

"उतने दिनों मैं अकेली रहूँगी?"

"उतने दिन कहाँ? बस, चंद दिन! तुम्हें भी साथ ले जा पाता, तो अच्छा लगता, लेकिन..." बोधिसत्व मानों लड़खड़ा गए।

थोड़ा ठहरकर उन्होंने दुबारा कहा, "मार्च में तो तुम्हारे इम्तहान चल रहे होंगे।"

दयिता ने बात आगे नहीं बढ़ाई। उसे अपने साथ ले जाना क्यों नहीं संभव है, इसकी वजह वह भी समझती थी। बोधिसत्व आखिर उसे किस परिचय के आधार पर अपने साथ ले जाएँगे?

अनजाने में ही दयिता का चेहरा बेहद गंभीर हो आया। बोधिसत्व को भी थोड़ा-बहुत आभास हो गया।

उन्होंने खुद ही कहा, "सोच रहा हूँ, अगले हफ्ते एक बार कलकत्ता हो आऊँ।"

दयिता की भौंहों में हल्का-सा सवाल जाग उठा।

बोधिसत्व ने कहा, "बहुत दिन हो गए। अब तलाक का मुकदमा फाइल करना होगा न? वकील से बातचीत कर आऊँ।"

दयिता खामोश!

बोधिसत्व ने दुबारा कहा, ''लगता तो यही है कि राखी मुकदमा नहीं लड़ेगी। तुम्हारा क्या ख्याल है? हाँ, मुआवजा और खाना-खुराकी जरूर कुछ देना होगा। उतना देने की मेरी औकात है!''

उनकी बातें दयिता चुपचाप सुनती रही। वह अपनी तरफ से कुछ नहीं बोली।

चाय खत्म करके, बोधिसत्व ने एक सिगरेट सुलगा ली। उन्होंने लंबी-सी कश खींचकर ढेर सारा धुआँ अपने सीने में भर लिया। अब वे पूरे दम से धुआँ छोड़ने लगे।

ईषत् अनमनी भंगिमा में उन्होंने कहा, ''एक और बात भी सोच रहा था, समझीं?''

''क्या?''

''अब मैं यह नौकरी छोड़ दूँगा।''

दयिता इस बार कुछ ज्यादा ही चौंक गई।

उसने अस्फुट लहजे में सवाल किया, ''अचानक, यह ख्याल क्यों?''

''कलकत्ते के साल्ट लेक में, थियोरिटिकल फिजिक्स का एक इंस्टीट्यूट खुल रहा है। विजन गुहाराय वहाँ के डायरेक्टर बने हैं। वहाँ ज्वाएन करने के लिए, वे मुझसे कई बार अनुरोध कर चुके हैं। ऑफर भी काफी आकर्षक है। फ्लैट वगैरह भी देंगे। थोड़ा-बहुत लिखाने-पढ़ाने का काम रहेगा। वह भी बस, चुने हुए, मुट्ठीभर छात्रों को! अपना काम करने के लिए भी, वहाँ मुझे ज्यादा वक्त मिलेगा। अब तक तो मैं मना करता आया। अब सोचता हूँ, यह नौकरी ले ही लूँ। तुम्हारी क्या राय है?''

दयिता का दिल तेजी से उछल पड़ा। दोपहर से मन पर जो बादल छाए हुए थे, पल भर में छँट गए।

उसने खुशी से गद्गद होकर कहा, ''हाय-माँ! यह तो बहुत अच्छा होगा। मुझे भी यहाँ बिल्कुल अच्छा नहीं लग रहा है।''

''जानता हूँ! समझ सकता हूँ। तुम्हारा ही ख्याल तो मुझे...इसीलिए तो मैं और ज्यादा...''

बाहर अँधेरा उतर आया था। कमरे की रोशनी भी काफी कम। धुँधलके के बीच नीलाभ धुएँ के बादल!

बोधिसत्व ने उन मेघों की आड़ से ही कहा, ''नई गृहस्थी रचने-गढ़ने के लिए, नया परिवेश ही बेहतर होता है। है कि नहीं?''

''हाँ, सो तो सच है! यह जरूरी है।'' दयिता का चेहरा एकबारगी चमक उठा, ''मैं खुद भी सोच रही थी कि यह बात तुमसे कहूँगी।'' अपनी बातें कहते हुए दयिता हल्के-हल्के सिर हिलाती रही। बिल्कुल बच्चों की तरह!

उसने इठलाती हुई मुद्रा में कहा, ''ए-इ, हम इस घर से कुछ भी नहीं ले जाएँगे।''

"अरे! इतना सारा सामान क्या फेंक देंगे?"

"इन्हें बेच दो! दान कर दो!" दयिता झरने की तरह खिलखिला उठी, "या फिर जिसकी चीजें हैं, उसी को भेज दो। अपना खेलघर मैं खुद ही बना लूँगी।"

"ठीक है! ऐसा ही करेंगे।"

दयिता नाचते-नाचते ही उठी और दोनों बड़ी-बड़ी बत्तियाँ, उसने ऑन कर दीं। समूचा कमरा उजले-धुले प्रकाश से आलोकित हो उठा! रोशनी से जगमगाता हुआ बोधिसत्व का चेहरा भी और ज्यादा आलोकित हो उठा। इश्श्! समूची दोपहरी वह झूठमूठ ही अजूल-फजूल की बातें सोच-सोचकर मरी जा रही थी। बोधिसत्व क्या कभी, दयिता के अलावा और किसी ख्याल से उदास हो सकते हैं? बिल्कुल नहीं! हरगिज नहीं!

16

मार्च के शुरू में ही बोधिसत्व, तात्विक पदार्थ विद्या के नए प्रतिष्ठान में शामिल हो गए। वह जगह देखते ही, उन्हें काफी पसंद आ गई। खूबसूरत तिमंजिली बिल्डिंग! साफ-सुथरा मोहक परिवेश! लाइब्रेरी में ढेर-ढेर किताबों का समारोह! गवेषणा-मनस्क सहकर्मी! यहाँ कामकाज की रीति-नीति देखकर भी वे कमोबेश खुश हुए! यहाँ विश्वविद्यालय की तरह वक्त नापकर क्लास नहीं लेना पड़ती थी! पढ़ाने का काम जरूर है, लेकिन उसका तरीका ज़रा अलग! पूरे साल यहाँ छोटे-छोटे पाठ्यक्रम चलते रहते थे। कोई पाठ्यक्रम तीन हफ्तों का, कोई चार हफ्तों का! कोई भी पाठ्यक्रम तीन महीनों से ज्यादा का नहीं था! विद्यार्थियों के नाम पर भी कुछ भी बँधा-बँधाया नहीं था। यहाँ विभिन्न कॉलेज, यूनिवर्सिटी के अध्यापक-प्रोफेसर या नौजवान गवेषक आया करते थे, कुछ दिनों किसी खास विषय पर काफी गहराई से सोच-विचार चलता रहता था। जिन-जिन पाठ्यक्रमों से बोधिसत्व जुड़े होते, उनके स्वस्थ और कुशल तरीके से संचालन के अलावा, साल के बाकी समय में बोधिसत्व के लिए गवेषणा की अबाध फुर्सत!

नए प्रतिष्ठान ने बोधिसत्व को और भी कई-कई सुयोग-सुविधाएँ प्रदान कीं। उनका निजी चेंबर! रिसर्च-असिस्टेंट, क्लर्क, टाइपिस्ट, आधुनिक तकनीकी साधन! कुल मिलाकर, पूरी-पूरी तरह, स्वयं-संपन्न कार्यालय! जब-तब इस्तेमाल के लिए गाड़ी, सॉल्ट लेक में मनोरम फ्लैट! बोधिसत्व को और क्या चाहिए था?

दयिता इन दिनों सुख के सागर में तैर रही थी। वह अपनी नई गृहस्थी सजाने में व्यस्त! वह सच ही, यूनिवर्सिटी कैंपस से एक भी सामान नहीं लाई। सारा कुछ उसने नए सिरे से खरीदा। पलंग, अलमारी, सोफासेट, फ्रिज, टीवी, पर्दे, चादर—सबकुछ उसने अपनी पसंद का खरीदा। ढेरों बर्तन-भांडे भी खरीदे गए। कुल सात-आठ दिनों में ही सूना फ्लैट, नए-नए सामानों से भर गया! सारा कुछ नया-नया! सजा-सजा! वह कभी इस कमरे का चक्कर लगाती, कभी उस कमरे का, फिर भी उसकी आस नहीं मिटती थी।

बोधिसत्व का मन-मिजाज भी काफी तरोताजा। लेकिन अभी भी वे कामकाज में पूरी तरह मन नहीं लगा पाए थे। जल्दी ही वे बर्लिन के लिए रवाना होनेवाले थे। उसकी भी छुटपुट तैयारी! यूरोप के कई-कई देशों में उनके पुराने सहकर्मी मौजूद थे, उन लोगों से संपर्क करना, मन में जगे हुए तमाम सोच-विचार को यथावत् व्यवस्थित करना! वीसा के लिए भी उन्हें दो दिनों, कॅन्सुलेट में दौड़-धूप करनी पड़ी। उनके जाने के दिन जैसे-जैसे करीब आते गए उनके अंदर कोई चोर-टेंशन भी बढ़ता जा रहा था। नए देश, नए परिवेश में जाकर, उन्हें जाने कैसी स्थिति का सामना करना पड़े। वैसे ये सब निरा बचपना था। उनकी घबराहट अर्थहीन! लेकिन हर बार विदेश जाने से पहले, उनकी यही हालत होती है।

फागुन का महीना लगभग खत्म होने को आया! अर्से पहले, ठंड विदा ले चुकी थी। कलकत्ते में अब बदस्तूर गर्मी पड़ने लगी थी। दिन भर सूरज का प्रखर ताप! हवा भी गर्म और सूखी-सूखी! गनीमत यही थी कि ज्यादा पसीना नहीं आता। हाँ, शाम उतरते ही हवा काफी मधुर और मादक हो आती है। कम से कम सॉल्ट लेक में!

आज बोधिसत्व अपने इंस्टीट्यूट से सीधे घर नहीं लौटे। वे लेक टेरेस चले आए। उन्हें शांतशील से कुछ जरूरी बातें करनी थीं। इस बीच वे दो-तीन बार इस घर में आ चुके हैं। वे जब भी यहाँ आए, अकेले ही आए। अपने साथ दयिता को भी लाने की उनकी इच्छा जरूर थी, मगर जाने कैसी तो झिझक ने उन्हें हर बार रोक लिया। क्या माँ-बाउजी की वजह से? शायद यही बात हो। बोधिसत्व ने इतनी गंभीरता से नहीं सोचा। दयिता को भी यहाँ आने का कोई उत्साह नहीं है।

दूसरी मंजिल तक जाने से पहले, बोधिसत्व हस्बेमामूल माँ-बाउजी के कमरे के सामने आ खड़े हुए। अरविंद आरामकुर्सी पर बैठे-बैठे कोई किताब पढ़ रहे थे; प्रभावती बिस्तर पर अधलेटी थीं।

बोधिसत्व पर नज़र पड़ते ही, उन्होंने किताब का पन्ना मोड़कर एक ओर रख दिया। प्रभावती भी उठ बैठीं। बोधिसत्व ने ईषत् राहत की साँस ली। आजकल उन्हें देखते ही, माँ-बाउजी ज़रा ज्यादा ही तटस्थ हो आते हैं। वैसे पिछले काफी अर्से से माँ-बाउजी से उनकी खास निकटता नहीं है, बल्कि एक सम्मानजनक दूरी ही फैली

हुई थी, लेकिन इन दिनों बोधिसत्व अपने माँ-बाप की निगाहों में कैसे पराये-पराये हो गए थे! क्या राखी से संबंध-विच्छेद की वजह से?

प्रभावती और अरविंद बिल्कुल ख़ामोश! मानों वे दोनों बातें खोज रहे हों, मगर बातें उन्हें मिल नहीं रही हैं या वे दोनों बोधिसत्व के कुछ कहने का इंतजार कर रहे हों।

गला खँखारकर, बोधिसत्व, प्रभावती से ही मुखातिब हुए, ''ऐसी कुवेला लेटी हुई क्यों हो? क्या तबीयत-वबीयत खराब है?''

''नहीं, कुछ खास नहीं। बस, देह जरा भारी है और हल्का-हल्का सिर-दर्द...''

''कहीं बुखार-वुखार तो नहीं है?''

''नहीं, लगता तो नहीं...''

''वक्त ठीक नहीं है। मौसम बदल रहा है...कोई दवा वगैरह ली है या नहीं?''

''शांत ने दी है—''

''शांत से कहता हूँ, तुम्हें किसी डॉक्टर को दिखा दे—''

''डॉक्टर की जरूरत नहीं है, रे! इस उम्र में, बात-बात में, तबीयत को लेकर परेशान नहीं होना चाहिए।'' प्रभावती के पोपले चेहरे पर हँसी की रेखाएँ खिल उठीं, ''तू अपनी बात बता, तू तो ठीकठाक है न?''

''हाँ, ठीक ही हूँ।'' अब वे अरविंद की ओर मुखातिब हुए, ''कौन-सी किताब पढ़ रहे हो?''

''ग्राहम ग्रीन!''

''उपन्यास है?''

''हाँ—ट्रैवल विथ माइ आंट!''

''हाँ, बेहद थ्रिलिंग किताब है!'' बोधिसत्व के चेहरे पर, उजली-सी हँसी चमक उठी।

उसने सलाह देने के अंदाज में दुबारा कहा, ''आँखों पर ज्यादा जोर मत डाला करो। अब तुम्हारी उम्र पूरे अस्सी साल की हो गई, यह तो मानते हो न?''

''हाँ, अब रख दूँगा।''

सीढ़ियों की तरफ जाते-जाते, पल भर के लिए उन्हें अचानक ख्याल आया कि माँ का माथा भी छूकर देखना चाहिए था? उनकी आँखें कैसी छलछला रही थीं!

बोधिसत्व अनमनी मुद्रा में ऊपर चले आए। शांत भी दफ्तर से लौट आया था। वह बरामदे के सोफे पर बैठे-बैठे अपने दफ्तर का कोई किस्सा सुना रहा था। दीपाली मुँह पर आँचल रखे हँस रही थी। जूली-मिली भी वहीं मौजूद थीं। वे लोग भी खिलखिलाकर हँस रही थीं। कैसी सुखी पारिवारिक तस्वीर! शांत की तरह, बोधिसत्व कभी भी अपने बीवी-बेटे के साथ यूँ हँस-बोल नहीं पाए।

इस ख्याल में कहीं गहरी टीस छिपी हुई थी? वंदनीय वैज्ञानिक बोधिसत्व

मजूमदार के सीने में कहीं हूक क्यों उठने लगी?

बोधिसत्व की उपस्थिति की आहट मिलते ही वहाँ के हँसी-ठहाके रफा-दफा हो गए। जूली-मिली अपने-अपने चेहरे पर हँसी कायम रखते हुए, हल्की सकुचाहट भरी चाल में कमरे के अंदर चली गईं। दीपाली ने भी उठकर, जेठ के लिए जगह छोड़ दी।

उसने बेहद धीमी आवाज़ में पूछा, ''भैया जी, चाय लाऊँ?''

शांतशील ने हड़बड़ाकर कहा, ''चाय क्यों, कॉफी बना लाओ। एक आमलेट भी बना लाओ।''

''नहीं, नहीं, सिर्फ कॉफी, दूध बिना कॉफी!'' बोधिसत्व बैठ गए और उन्होंने एक सिगरेट सुलगाया। उन्होंने सिगरेट का पैकेट भाई की तरफ बढ़ा दिया।

बेहद हल्के-फुल्के अंदाज में उन्होंने बातचीत शुरू कर दी; ''आज तू दफ्तर से इतनी जल्दी लौट आया?''

''नहीं, जल्दी कहाँ? सात बज चुके हैं।''

दो-एक बातों के बाद, बोधिसत्व असली मुद्दे पर आए, ''कैंपस टाउनवाले बंगले पर तो अभी ताला ही पड़ा हुआ है! अब बहुत जल्दी ही, यूनिवर्सिटी बंगला खाली करने की नोटिस भेजनेवाली है।''

''हुँऽ!'' शांतशील ने ऐशट्रे में राख झाड़ी, ''तुम क्या सच ही सारे फर्नीचर बेच देना चाहते हो?''

''यही तो कहा मैंने! वैसे सबकुछ बेच-बाच ही दिया जाए, यह जरूरी नहीं है। थोड़े सामान बारासात भी पहुँचाए जा सकते हैं।''

''भाभी क्या कबूल करेंगी?''

''कबूल न करने की क्या बात है? सारा सामान तो उसी का है! उसी का लाया हुआ या बनवाया हुआ या। ब्याह में उसे मिला हुआ।''

शांतशील ने एक झलक भाई को देखा और निगाह घुमा ली। वह जाने क्या कहते-कहते रुक गया। उसने सिगरेट की लंबी कश लगाई।

बोधिसत्व की वाक्य-भंगिमा क्या ज्यादा रूढ़ हो आई थी?

दो-एक सेकेंड सोचकर बोधिसत्व ने दुबारा पूछा, ''सारा सामान यहीं लाकर रख दिया जाए, तो कैसा रहे?''

''यहाँ रखने की जगह कहाँ है? सारे कमरे तो भरे हुए हैं! चलो, पलंग वगैरह खोलकर भी स्टोर कर लें, बाकी सामान कहाँ रखेंगे? तुम्हारे दोनों कमरों में भी एक्स्ट्रा जगह नहीं है।''

''तो फिर ऐसा कर, बेच ही दे! ट्रक में सारे सामान भर ला और किसी नीलामघर में जमा कर दे। जो रुपए मिलें, उन्हें बबुआ के नाम फिक्स्ड डिपोजिट कर दे।''

''देखता हूँ! भाभी से बात करूँगा।''

"उससे बात करने की क्या है? बेटा मेरा है! रुपए मैं उसके नाम जमा करूँगा।"

"देखता हूँ—"

"देखो मत, फौरन निपटा डालो! गाड़ी भी वहीं पड़ी हुई है। यहाँ लाकर गैरेज कर दे। मेरे बाहर जाने से पहले, सारे झंझट निपट जाएँ तो बेहतर!"

दीपाली कमरे में दाखिल हुई! खूबसूरत कॉफी मग, उसने एहितायत से काँच की मेज पर रख दिया और खुद भी सोफे पर बैठ गई।

कोई बेजान-सा तथ्य परोसने की भंगिमा में उसने कहा, "पता है, भइया जी, परसों जूली से बबुआ की भेंट हुई थी। कॉलेज स्ट्रीट में! सुना है बबुआ ने और भी कई ट्यूशनें पकड़ ली हैं।"

बोधिसत्व का चेहरा लटक गया। बबुआ का भविष्य बिल्कुल चौपट हो रहा है। राखी ने यह अनुमति कैसे दे डाली? राखी क्या बेटे को बर्बाद करके, उसके बाप से बदला लेना चाहती है? गजब की जिद है! वह किसी शर्त पर भी बोधिसत्व के रुपयों को हाथ नहीं लगाएगी।

बोधिसत्व ने भरी-भरी गहरी आवाज़ में सवाल किया, "बबुआ यहाँ एक दिन भी नहीं आया न?"

"ना—" दीपाली ने जवाब दिया।

बोधिसत्व गुस्से से बुदबुदा उठे, "हद होती है किसी जिद की!"

परिवेश बेतरह बिगड़ गया। किसकी जुबान से कोई बात नहीं निकली। पल भर की निस्तब्धता ने, भयंकर चुप्पी का वातावरण रच दिया।

बोधिसत्व को ईषत् बुरा लगा। वह क्या अपनी समस्या को लेकर, अपने भाई के परिवार पर अत्याचार कर रहे हैं? इतनी जरा-सी बात पर वे अपना मूड क्यों बिगाड़ रहे हैं?

आबोहवा को हल्का करने के लिए ही, बोधिसत्व ने कहा, "खैर छोड़ो ये बातें! तुम लोग मेरे यहाँ कब आ रहे हो?"

"आऊँगा—" शांतशील ने गर्दन हिलाई।

"मेरे जाने से पहले, किसी दिन आ जा!"

"देखता हूँ! मेरी तो अब ईयर-एंडिंग की व्यस्तता शुरू हो जाएगी।"

"तो फिर बात तय रही—" बोधिसत्व ने दीपाली की तरफ देखा, "दयिता ने अपना घर-द्वार कैसा सजाया, एक बार देख जाओ। वैसे वह निरी बच्ची है, तुम उसे एकाध सुझाव भी दे सकोगी।"

दीपाली ने हूँ-हाँ, कुछ भी नहीं कहा!

बोधिसत्व की भौंहें चढ़ गईं, "कब आ रहे हो तुम लोग?"

कोई जवाब नहीं मिला। दीपाली तिरछी निगाहों से पति की तरफ देखती रही।

बोधिसत्व की झुंझलाहट जैसे लौटने लगी। दीपाली को उनके फ्लैट में कदम

रखने में एतराज है? राखी से दीपाली का ऐसा कोई सखीपन तो नहीं था। राखी के प्रति अचानक इतना दर्द कैसे उमड़ पड़ा? दीपाली क्या यह नहीं समझती कि उसकी चुप्पी बोधिसत्व को छोटा कर रही है?

शांतशील को बोधिसत्व की आपत्ति का आभास हो गया।

उसने हड़बड़ाकर प्रसंग घुमाने की कोशिश की, "तो फिर आदमी लेकर, इसी इतवार को कैंपस-टाउन चला जाऊँ, भाई?"

"जैसा तू ठीक समझे, मेरे पास इतनी फुर्सत नहीं है, इसीलिए तुझे कहना पड़ा। वैसे तुझे अगर कोई परेशानी हो, तो मुझे बता दे। मैं ही कोई और इंतजाम..."

"नहीं, नहीं, मैं चला जाऊँगा। तुम बस, जरा चिट्ठी-पत्र लिख देना—"

वहाँ से बाहर निकलकर, बोधिसत्व की सारी विरक्ति राखी पर आ पड़ी। उनके नजदीकी रिश्तेदार भी क्या यही सोच रहे हैं कि उन्होंने राखी के साथ अन्याय किया? गुस्से में आकर, उन्होंने कुछ कह दिया और राखी फट से निकल पड़ी। उसने तेज नहीं दिखाया? अगर वह ज़रा-सा धीरज रखती, तो क्या कोई समाधान नहीं होता? दयिता ने तो उनके बंगले में आने की फर्माइश नहीं की। वह तो टाउन में ही कहीं, घर लेने को तैयार थी। राखी, अपनी जगह बनी रहती, दयिता अपनी जगह! दुनिया-जहान के सामने उन्हें बेइज्जत करके, बेटे की निगाह से बाप को उतारकर, राखी क्या साबित करना चाहती है? बोधिसत्व मजूमदार, चरित्रहीन, लंपट इंसान है? और वह खुद महा-दुखियारी, अभागी, एकाकिनी औरत है? दीर्घ दो युगों तक एक साथ लहरहीन जिंदगी गुजारने के बाद, यही क्या उनका हासिल था? सिर्फ उनकी वजह से राखी को कितना-कितना सम्मान मिला है, बदले में उसने उसे सिर्फ अपमान दिया?

हाय रे इंसान का मन! जब वह खुद ही अपने जाल में फँस जाता है, तब अपने पक्ष को गौरवान्वित करने के तमाम तर्कों की निस्सारता का क्या उसे अंदाजा होता है?

अपने अन्तस में जो हल्की-सी दुविधा मौजूद थी, बोधिसत्व ने उसे भी मिटा डाला। वह गुस्से से कुड़कुड़ा उठे। अब वे उस औरत से रिश्ते की हल्की-सी सूत भी जोड़े नहीं रखेंगे।

वकील के यहाँ से होते हुए, बोधिसत्व रात को करीब साढ़े आठ बजे अपने घर लौटे।

उन्हें देखते ही दयिता चिड़िया की तरह नाच उठी, "एइ, सुनो, कल मुझे दो हजार रुपए चाहिए।"

बोधिसत्व अब तक काफी शांत हो आए थे, फिर भी उन्हें हल्का-सा झटका लगा।

उन्होंने नर्वस आवाज में पूछा, "क्यों?"

"पच्चीस गमले खरीदने हैं, पौधे समेत! एरिकापाम, ऐडोनियम, क्रोटन, शेदेलिया वगैरह-वगैरह!"

"रुको, रुको! इतने सारे पौधे किस लिए?"

दयिता लता की तरह बोधिसत्व के गले से लिपट गई, "अरे वाह! पौधों के बिना, पूरा फ्लैट बड़ा नंगा-बुच्चा नहीं लगता? हरियाली न हो, तो क्या घर की खूबसूरती खिलती है?"

"समझा! लेकिन, कल ही क्यों? दो-एक महीने गुजरने दो। मैं भी बाहर से लौट आऊँ।"

"नहीं! मुझे कल ही चाहिए!"

बोधिसत्व ने नीरस आवाज़ में कहा, "तुम्हारे इस फ्लैट की सजावट में अब तक कितने रुपए खर्च हो चुके हैं, हिसाब किया है?"

"कितना हुआ होगा? यही कोई पचास-साठ हजार!"

"जी-नहीं, जनाब!" दयिता की मृणाल बाँहों से अपने को अलग करते हुए, बोधिसत्व ने कहा, "लाख रुपए निकल चुके हैं! मेरा बैंक-बैलेंस लगभग फोक्का! अब ज़रा सोच-समझकर...आया समझ में?"

अगले ही पल दयिता का उच्छ्वसित चेहरा ज़रा बुझ आया।

उसने लंबी-सी उसाँस भरकर कहा, "ठीक है, ऐसा ही सही।"

"ब-स? इतनी-सी बात पर मुखड़ा मुरझा गया?" बोधिसत्व ने बड़े प्यार से उसकी ठुड्डी छूकर कहा, "अरे, भई, अब बूढ़ा हो रहा हूँ! थोड़ी-बहुत तो जमा-पूँजी होनी चाहिए! क्यों, सच कह रहा हूँ न ?"

दयिता ने आँखें नचाकर कहा, "एइ! अपने को बूढ़ा मत कहो तो!"

"फिर भी...उम्र हो रही है, यह तो मानोगी न?"

"हाँ, यह कह सकते हो—" दयिता ने बिंदास भंगिमा में कहा, "जाओ, जाओ, हाथ-मुँह धोकर कपड़े बदल डालो! गर्मागर्म खाना हाज़िर है!"

बोधिसत्व ने बाथरूम की तरफ रुख नहीं किया।

उन्होंने बनावटी गंभीरता ओढ़कर कहा, "मैं तुम्हें अभी, इसी वक्त बहुत बड़ी खुशखबरी दे सकता हूँ।"

"कैसी खुशखबरी, जी?"

"तलाक के कागज पर दस्तखत कर आया। कल ही बारासात, वकील की नोटिस चली जाएगी?"

दयिता के चेहरे पर हल्की-सी चमक जरूर खिल उठी, मगर बोधिसत्व ने उससे जितनी खुशी की उम्मीद की थी, उतनी नज़र नहीं आई।

उसने हँसते-हँसते ही, व्यस्त अंदाज में सवाल किया, "अच्छा? डिग्री पाने में कितना वक्त लगेगा?"

"विपक्ष ने अगर कंटेस्ट नहीं किया, तो ज्यादा वक्त नहीं लगना चाहिए। वैसे चूँकि हमारा हिंदू मैरेज मुताबिक विवाह हुआ था, इसलिए मुमकिन है, हमारा तलाक-एकदम से न हो..."

"फिर? फिर क्या होगा?"

"पहले जुडीशियल विच्छेद होगा, उसके बाद तलाक! जाने कितने दिनों का तो अंतराल होगा। तलाक में जल्दीबाजी की, तो मामला शोभन नहीं होगा।"

"मैं समझी नहीं..."

"मैं राखी के खिलाफ कोई जोरदार इल्जाम तो लगा नहीं सकता। अगर ऐसा कोई वक्त आया, तो मुझे ही राखी को शायद यह सन्देशा भेजना पड़े कि वह मेरे खिलाफ व्यभिचार का आरोप लगा दे। तब फिजूल तुम भी इस केस में फँस जाओगी।"

दयिता ने इसका क्या मतलब लगाया, वही जाने। उसने फिर कोई सवाल नहीं किया। वह चुपचाप रसोई में चली आई।

खाना-पीना निपट जाने के बाद, सोने जाने से पहले, जब वह आईने के सामने बाल सँवार रही थी, उसने वह प्रसंग दुबारा छेड़ा, "लेकिन मैं चाहती थी कि इस मामले में जल्द से जल्द फैसला हो जाए।"

बोधिसत्व कहीं परेशान थे, इसलिए उसकी बात ठीक-ठीक उनके दिमाग में नहीं घुसी!

उन्होंने कहा, "कैसा फैसला?"

"तुम्हारे तलाक का–"

"अरे, भई, मैंने कहा न, मैं तुम्हें इस केस में जोड़ना नहीं चाहता।"

दयिता ने मंद-मंद मुस्कराते हुए कहा, "लेकिन अभी हम जिस ढंग से रह रहे हैं, उसे भी तो 'एडल्ट्री' यानी 'व्यभिचार' ही कहेंगे न? है कि नहीं?"

बोधिसत्व कुछेक पल को ठिठक गए।

उनकी जुबान से एकाएक फिसल गया, "तो?"

"मैं यह समझना चाहती हूँ, तुम्हें परेशानी क्या है? मुझे इस केस में शामिल करने के लिए? या अपने को व्यभिचारी के रूप में कोर्ट में खड़ा करने के लिए? हमारे रिश्ते में अगर कोई पाप नहीं है, तो इस तरह के संकोच का कोई मतलब नहीं होता। क्यों मैं ठीक कह रही हूँ न?"

बोधिसत्व गुम हो रहे। उसकी बातों से उन्हें कहीं चोट लगी। अहंबोध? लेकिन यह भला कैसे संभव है? दयिता के बारे में तो वे कभी, एक बार भी नहीं सकुचाए। यूनिवर्सिटी में भी जब उपाचार्य ने उन्हें बुला भेजा, उनके नाम आई हुई उड़ती-उड़ाती शिकायत उन्हें दिखाई, उस वक्त भी वे अपने स्टैंड से ज़रा भी नहीं हिले।

उपाचार्य ने उनका हाथ थामकर, उनसे आग्रह किया, "प्रोफेसर मजूमदार, आप सिर्फ एक बार लिखकर दे दीजिए कि दयिता मित्र नामक लड़की, आपकी रिश्तेदार

है। उसकी पढ़ाई-लिखाई की सहूलियत के लिए, आपने उसे अपने यहाँ रख छोड़ा है। बस, मैं यह शिकायत रद्दी की टोकरी में उछाल फेंकूँगा।''

बोधिसत्व ने उस शख्स के मुँह पर ही, जवाब दिया, ''देखिए, मैं झूठ नहीं बोल सकता। मैं दयिता से प्यार करता हूँ। हम पति-पत्नी की तरह जिंदगी गुजार रहे हैं और यही सच है। देखिए, मैं आपको किसी परेशानी में नहीं डालना चाहता। यह रहा मेरा इस्तीफा!''

लेकिन यह भी सच है कि अपने को व्यभिचारी मान लेने में उन्हें परेशानी हो रही थी! दयिता ने उन्हें इतना साफ-साफ कैसे पढ़ लिया? बिल्कुल स्वाभाविक छंद में ही दयिता ने शरीर के खेल में उन्हें आमंत्रित किया। लेकिन आज वे ठीक-ठीक प्रतिउत्तर नहीं दे पाए।

दयिता के सो जाने के बाद बोधिसत्व धीमे कदमों से बगल के कमरे में चले आए। दयिता ने उनका स्टडीरूम काफी खूबसूरती से सजा दिया था। बोधिसत्व कुर्सी पर जा बैठे। उन्होंने एक सिगरेट सुलगा ली, उसके बाद फिर एक...फिर एक..। पता नहीं कब तो उन्होंने टेबल-लैंप भी जला ली और किताबों में डूब गए। उन्होंने अपने सामने कागज भी खींच लिया और गणित लगाने में डूब गए।

धीरे-धीरे यह स्थूल दुनिया छोड़कर, वे महाशून्य की दुनिया में जा पहुँचे। अब उनके मानस लोक में कोई दयिता, कोई राखी नहीं थी। वह सिर्फ श्वेतवामन और कृष्ण-गह्वर ही मौजूद थे।

17

बबुआ दत्तचित्त होकर बुल्टू और रिंटी के प्रश्न-पत्र देख रहा था। रिंटी की सालाना परीक्षा कल खत्म हुई थी और बुल्टू की आज! दोनों का आखिरी पर्चा गणित का था। भाई-बहन, प्रश्न-पत्र के हाशिए पर जवाब लिख लाए थे, बबुआ मन ही मन वे सवाल-जवाब मिला रहा था।

मीरा उसके लिए प्लेट में ऑमलेट और मिठाई ले आई और बबुआ की बगल में उसने बिस्तर पर ही रख दिया और खुद पलंग के किनारे कुर्सी खींचकर बैठ गई। बबुआ और उसके छात्र-छात्रा, किताब-कॉपियों समेत बिस्तर पर! शुरू-शुरू में यूँ पढ़ाते हुए, बबुआ को खासी परेशानी होती थी, लेकिन अब आदत हो चुकी है।

मीरा प्लेट रखकर, और-और दिनों की तरह वापस नहीं गई, बल्कि वह भी

बिस्तर के किनारे ही बैठ गई।

उसने हल्की-हल्की परेशानी की मुद्रा में सवाल किया, "क्या लग रहा है, मास्टरसाहब? दोनों ने कैसा किया है?"

बबुआ ने प्रश्न-पत्र तह कर रखते हुए जवाब दिया, "कमोबेश!"

"क्या लगता है, सवाल में कितने मिल जाएँगे?"

"रिंटी जो जवाब लिखकर लाई है, उससे सत्तर-बहत्तर नंबरों का बात तो बिल्कुल सही है! बुल्टू को सड़सठ नंबर मिल सकता है!" इतना कहकर उसने सिमटे-सकुचाए भाई-बहनों पर नज़र डाली, "लेकिन, मैंने तुम दोनों से और बेहतर की उम्मीद की थी।"

बुल्टू ने एक झलक अपनी माँ की तरफ देखा और झट् से आँखें झुका लीं। रिंटी अपने नाखून खुरचती रही।

मीरा ने संक्षिप्त-सी साँस लेकर कहा, "आप और क्या कर सकते थे, मास्टर साहब? आपने तो अपनी यथाशक्ति पूरा ज़ोर लगा दिया था।"

"जी-हाँ–" बबुआ ने नाखुशी से सिर हिलाया, "घोड़े को मैं झरने के किनारे तक तो ले जा सकता हूँ, लेकिन घोड़ा पानी पीएगा या नहीं, यह घोड़ा ही समझे।"

"काश, आपके दोनों घोड़े, ज़रा-बहुत समझदार होते..." मीरा ने भर्त्सनाभरी निगाहों से अपने दोनों बच्चों पर नज़र डालकर कहा, "आपको तो मैंने कितनी ही बार कहा कि पकड़कर पीटिए इन्हें..."

लेकिन बबुआ कभी भी बुल्टू-रिंटी पर हाथ नहीं उठा सकता, मीरा यह बात बखूबी जानती थी, फिर भी वह अक्सर बबुआ से इसरार करती रहती थी, यह सब क्या वह अपने अंतर के दुःख से कातर होकर कहती थीं? या किसी गहरी हताशा की वजह से? तिल-तिल मेहनत की फसल बर्बाद हो जाए, तो दिल में कैसी गहरी निराशा जन्म लेती है, यह तो वह अपनी माँ को देखकर ही बखूबी समझ चुका है। इस महिला के साथ, उसकी माँ का कितना मेल है। और कहीं-कहीं नहीं भी है। मीरा काफी सख्त-पुख्ता औरत है। मीरा के चरित्र में जो मजबूत व्यक्तित्व मौजूद है, उसकी माँ में यह कहाँ है? उस धोखेबाज, मक्कार शख्स को याद करके, उसकी माँ अभी भी छिप-छिपकर आँसू बहाती है! छिः!

बबुआ ने अपनी सोच को किसी और दिशा में मुड़ने नहीं दिया।

चम्मच से ऑमलेट काटते-काटते उसने कहा, "अब मैं महीने भर नहीं आऊँगा–"

"आपकी परीक्षा जाने कब से तो शुरू है?"

"नौ अप्रैल से! छब्बीस तारीख तक चलेगी।"

"ओ अच्छा! बीच में क्या आप किसी दिन भी नहीं आएँगे? इन दोनों का रिजल्ट तो निकलेगा..."

"रिजल्ट खैर, किसी दिन आकर देख जाऊँगा।"

"प्लीज! आइएगा जरूर! इन दोनों का रिजल्ट चौदह अप्रैल को निकलेगा! उसके बाद, उम्मीद है, आप रोज आने लगेंगे! अच्छा, बैठिए, पानी खौल गया है, चाय लेकर आती हूँ।"

अब बबुआ को इसकी भी आदत पड़ चुकी है। अब वह नियम से चाय पीने लगा है! पहले उसे दूध पीने का इतना शौक था! लेकिन अब, वह दूध को हाथ भी नहीं लगाता। मामा-मामी के सैकड़ों आरजू-मिन्नत के बावजूद, उससे दूध नहीं पीया जाता। इस तरह उसकी कितनी ही पुरानी आदतें बदल चुकी थीं। आजकल वह किताबें भी नहीं खरीदता; अपनी पसंद की कैसेट खरीदना भी उसने त्याग दिया है; चुपचाप लेटे-लेटे गाने सुनने की विलासिता भी उसने छोड़ दी। अब उसे साधारण से और भी अधिक साधारण बनना होगा; उसे कामकाजी बनना होगा। जिंदगी के ऐश-विलास-शौक उसके लिए नहीं हैं। उसके सामने अभी कठोर तपस्या के दिन हैं।

मीरा रसोई में थी।

बुल्टू जरा बेचैन हो उठा, "सर, मैं ज़रा राजू के यहाँ हो आऊँ?"

"तो अब तक बैठे क्यों हो? जाओ न!" बबुआ हँस पड़ा।

उसने कलाई की घड़ी पर नजर डालकर कहा, "मैं भी अब चलूँ!"

बुल्टू-रिंटी पल भर में फुर्र! मीरा भी चाय लिए-दिए हाज़िर! बच्चों के दौड़ जाने का दृश्य उसने भी देखा। वह भी मंद-मंद मुस्करा उठी।

कप-डिश बबुआ को थमाते हुए उसने कहा, "ओ-हो, आपको एक बात तो बताई ही नहीं। आपके दोस्त, तमाल, आपको खोज रहे थे। उन्होंने आपको यहीं कुछ देर रुकने को कहा है। वे साढ़े पाँच बजे के अंदर-अंदर ही आ जाएँगे।"

बबुआ ने दुबारा अपनी घड़ी पर नज़र डाली। पाँच बजकर, दस मिनट हो चुके थे। पाँच बजकर, बावन मिनट की ट्रेन अगर नहीं पकड़ी, तो घर लौटने में देर हो जाएगी और माँ परेशान हो जाएगी। आजकल माँ को लेकर यह नई समस्या आ पड़ी है। बबुआ अपने लौटने का जो वक्त बताकर जाता है, उसमें अगर पाँच मिनट भी इधर-उधर हो जाए, तो उसकी छटपटाहट शुरू हो जाती है। उसके बाद, वह एक बार छत पर चढ़ जाती है, कभी सड़क पर निकल आती है। यह सुरक्षा-बोध का अभाव है।

बबुआ ने चिंतित मुद्रा में पूछा, "क्या जरूरत है, उसने कुछ बताया?"

"न्ना! उन्होंने सिर्फ इतना ही कहा कि आप...."

वह क्या किसी नई ट्यूशन की खबर देनेवाला है? लेकिन जब तक इम्तहान खत्म नहीं हो जाते, वह और ज्यादा ट्यूशन नहीं लेगा, तमाल यह बात जानता है! उफ! यह तमाल भी हद करता है! तमाल की यह वीर-पूजा के मारे, बबुआ की

तो जान कोयला है।

मीरा दुबारा बिस्तर पर आ बैठी, वह बबुआ को एकटक देखती रही।

अचानक उसने कहा, ''आपसे एक बात पूछूँ, माट' साब? इधर कई दिनों से पूछना चाह रही थी...''

''कौन-सी बात?''

''आप हर वक्त इतने गंभीर क्यों रहते हैं? आपकी उम्र के लड़के कितने खुशदिल, हँसमुख होते हैं...चंचल होते हैं...''

बबुआ असमंजस में पड़ गया।

उसने सायास हँसने की कोशिश की, ''नहीं...मेरा मतलब है...ऐसी कोई खास वजह नहीं है।''

''आपकी उम्र के लड़कों को हर वक्त यूँ मुँह फुलाए देखकर, मुझे बड़ी दहशत होती है...''

''क्यों? दहशत की क्या बात है?''

मीरा कुछेक पल को चुप हो गई।

अगले ही पल उसने कहा, ''पता है, मेरा एक भाई था! मुझसे करीब छः साल छोटा! कॉलेज ज्वाएन करने के बाद, उसे जाने क्या हो गया, हर वक्त गंभीर चेहरा! मेरे पीहर के नाम पर एकमात्र मेरा वह भाई ही था, जो मेरे यहाँ आता-जाता था! अब सैकड़ों बात करो, तो एकाध बात का जवाब देता था, वर्ना मुँह पर चुप का ताला जड़े, बैठा रहता था। अचानक एक दिन मैंने सुना...उसने नींद की गोलियाँ खाकर...'' मीरा की आवाज़ रुँध आई।

कुछेक पल बाद, उसने आँचल की छोर से अपने आँसू पोंछ लिए।

थोड़ा संयत होकर, उसने दुबारा कहा, ''डॉक्टर ने बताया, मानसिक अवसाद की वजह से ही...। बाद में पता चला, वह किसी लड़की से...''

''नहीं, नहीं, मेरे साथ ऐसा कुछ भी नहीं है।'' बबुआ ने छूटते ही जवाब दिया।

''चलो, शुक्र है!'' मीरा ने संक्षिप्त-सी उसाँस भरी, ''आपको देखकर, मुझे अपने छोटे भाई की बेतरह याद आती है, मेरा भाई लिखाई-पढ़ाई में भी बहोत अच्छा था! आप ही की तरह!''

बबुआ की निगाह पल भर मीरा की घनी-काली पुतलियों में थिर हो रही। उसके बाद उसने निगाह झुका ली। ऐसे में वह क्या कहे, बबुआ को सूझ नहीं पड़ा। वह चुपचाप चाय की घूँट भरता रहा। चाय खत्म करके, उसने प्याली पलंग के नीचे रख दी।

मीरा स्वगत ही कहती रही, ''पता नहीं, क्यों तो पुरानी बातें याद आती रहती हैं! याद का मतलब ही है दुःख! यह सब कहकर, मैंने आपको भी उदास कर दिया।''

“नहीं, नहीं! ऐसी क्या बात है? वैसे भी सिर्फ चाहने भर से क्या सारी बातें भुलाई जा सकती हैं?”

“खैर, छोड़ो! आप अपने बारे में बताएँ! आप क्या अभी भी बारासात में ही हैं?”

“जी-हाँ!”

मीरा ने ज़रा हल्की होने की कोशिश की, “मामा के यहाँ रहकर तो लोग काफी खुश रहते हैं, लेकिन आप तो दिनोंदिन सूखते जा रहे हैं, क्यों? तबीयत खराब है?”

“अरे नहीं तो! मैं बिल्कुल ठीक हूँ।”

“आपके माँ-डैडी की क्या खबर है? वे लोग क्या अभी भी बाहर ही बाहर हैं?”

जवाब में बबुआ की जुबान से फट् से फिसल गया, “ना, माँ अब यहीं हैं! मामा के यहाँ!”

“हाय-माँ! मुझे तो नहीं बताया! कब आईं?”

“काफी दिन हो गए!” बबुआ से झूठ नहीं बोला गया, “पिछली जनवरी में!”

“इसका मतलब है, आपके डैडी वहाँ अकेले हैं? डैडी तो काफी परेशान होंगे?”

हुँहः! परेशान! अनजाने में ही बबुआ का तन-बदन एकदम से सख्त हो आया। डैडी अकेले हैं या दुकेले। इस कलंक की बात, वह लोग-बाग के सामने, अपनी जुबान पर कैसे लाए? वह किस मुँह से कहे कि वे अब वहाँ नहीं रहते, बल्कि अब उसके परम पूज्य पिता ने इसी शहर में, कुल चंद मील दूर, किसी और लड़की के साथ, अपना नया घर बसा लिया है? बोधिसत्व मजूमदार सॉल्ट लेक में आ बसे हैं, यह छोटी-सी खबर अखबारों में भी छपी थी। शुक्र है कि मीरा को यह नहीं मालूम कि वही बोधिसत्व, बबुआ के पिता हैं। मीरा अगर सारी कहानी सुने, तो क्या वह सिहर उठेगी? या मन ही मन हँस पड़ेगी कि समूची मर्द जात ही ऐसी होती है। चाहे वह मर्द नामी-गिरामी वैज्ञानिक हो या शराबी-लंपट, चरित्रहीन पति हो! सच पूछें, तो इन दोनों में फर्क भी क्या है? जो इंसान बाईस-तेईस वर्ष साथ-साथ रहने के बाद, अपनी पत्नी को तलाक की नोटिस भेज सकता है। वह किस कसौटी पर उच्च स्तर का इंसान है?

वैसे भी पापा इन दिनों भी देश में नहीं हैं। अगर यही बात वह बता देता, तो सारा झमेला ही खत्म हो जाता और सच की भी हानि नहीं होती। लेकिन, नहीं, तब यह सवाल उठ सकता है कि वे कहाँ गए हैं, क्यों गए हैं!

बबुआ की क्षणिक खामोशी, मीरा की निगाह में आई! उसने अपने मन-मुताबिक कोई अंदाजा लगा लिया। उसके बाद, उसके पिता के बारे में उसने कोई सवाल नहीं किया।

उसने तटस्थ भाव से सवाल किया, “आपने अपने भविष्य के बारे में क्या

सोचा है, माट ’साब? आप भी क्या अपने पिता की तरह प्रोफेसर बनेंगे?’’

‘‘नहीं, नहीं, मैं उस लाइन में हरगिज नहीं जाऊँगा।’’

‘‘तो क्या किसी कंपिटिटिव इम्तहान में बैठेंगे? बी सी एस? आइ ए एस?’’

‘‘ना! पार्ट वन का इम्तहान देते ही, नौकरी की कोशिश करूँगा।’’

‘‘अरे! पार्ट टू नहीं देंगे?’’

‘‘इरादा तो नहीं है! ग्रेजुएट तो बन ही जाऊँगा। उसके बाद, कोई नौकरी जुटा लूँगा।’’

‘‘अरे, क्यों? आपको अभी ही नौकरी की कौन-सी जरूरत आन पड़ी? आप लिखाई-पढ़ाई में इतने ब्रिलिएंट हैं, आपके सामने उजला भविष्य है; घर की माली हालत भी मजबूत है...’’

उफ! उफ! जिंदगी जाने कब, किसे, किस अनिश्चयता की तरफ धकेल देती है! यह मीरा ही क्या जानती थी कि अमीर घराने की बेटी होने के बावजूद, उसे एक दिन नर्स की नौकरी करके, ऐसी किसी कुठरिया में जिंदगी गुजारनी होगी?

बबुआ ने ईषत् लापरवाह अंदाज में कहा, ‘‘बस यूँ ही! पढ़ाई-लिखाई अब मुझे बिल्कुल अच्छी नहीं लगती।’’

‘‘खैर, यह आपका निजी मामला है!’’ मीरा ने तीखी निगाहों से उसका चेहरा पढ़ते हुए कहा, ‘‘लेकिन अगर हो सके, तो पढ़ाई-लिखाई चलाते रहें, माट ’साब! असल में, मुझे अपनी लिखाई-पढ़ाई पूरी करने का मौका नहीं मिला। अब बीच-बीच में बड़ा अफसोस होता है। इसीलिए दोनों बच्चों को लेकर यूँ पड़ी हुई हूँ! अब, अगर जरूरत पड़ी तो, जी-तोड़ मेहनत करूँगी, पसीने की जगह, अपना खून बहाऊँगी, फिर भी मैं अपने दोनों बच्चों की पढ़ाई जारी रखूँगी। इस दुनिया-जहान को मुझे भी कुछ दिखाना है, लोगों के सामने कुछ साबित करना है...’’

मीरा का चेहरा-मोहरा, आँखें अजीब हो आईं। उसके जबड़े कस गए, आँखें एकदम से चमक उठीं। उसके साँवले चेहरे पर धधकती आग, मानों थिर हो गई। दुःख-तकलीफ में भी कितनी तपिश छिपी होती है, इस महिला को देखकर बखूबी अंदाजा लगाया जा सकता है।

तमाल आ पहुँचा! उसने हाँक-डाक भी शुरू कर दी। कमरे में झाँकते हुए, उसकी बत्तीसी खिल उठी। बबुआ फौरन उठ खड़ा हुआ। तमाल के साथ वह सड़क पर निकल आया।

चैत्र का महीना जारी था! शाम हो आई, फिर भी चारों तरफ काफी तपिश! ताल-बेताल सूखी-सूखी हवा, बीच-बीच में सरसराती हुई! गली में पत्ते, तिनके-काठी उड़ते हुए! भँवर की तरह घूमते हुए!

तमाल ने बातों की झड़ी लगा दी, ‘‘बॉस, तुम अचानक लापता क्यों हो गए? जरा मेरे केस के बारे में भी कुछ सोचो!’’

"क्यों? तुझे क्या हो गया?"

"तुम क्या यही चाहते हो कि इम्तहान में मैं लुढ़क जाऊँ? साले मेरे बाप ने क्या चेतावनी दी है, पता है? इम्तहान में अगर मैं फेल हो गया तो वे मेरी पिछाड़ी पर लात मारकर, घर से निकाल बाहर करेंगे।"

"इसमें मैं क्या कर सकता हूँ?"

"पास कर जाऊँ, इसके लिए मुझे अपने नोट्स नहीं देगा? हिस्ट्री, पॉलसाइन्स...वह सब ईंट-पत्थर मैं पढ़ सकता हूँ?"

"नियम तो यही है..."

"यह मुझसे नहीं होगा, बॉस! झट्-झट् एक 'सजेशन' बना दो–" तमाल ने होठों में एक सिगरेट दबाते हुए, अपनी बात पूरी की, "हर पेपर के लिए आठ प्रश्न! पूरा-पूरा रट्टा मारकर जाऊँगा, हाल में उगलकर चला आऊँगा।"

"अच्छा देखता हूँ।"

"अगर तू कहे, तो तेरे घर भी आ सकता हूँ। अभी तो तू बारासात में ही है न? अपना पता-ठिकाना पकड़ा दे–"

"पता-ठिकाना छोड़!" बबुआ मन ही मन जरा आशंकित हो आया। पता नहीं तमाल क्या देखे, क्या जाने-समझे! जाने क्या-क्या अफवाह फैलाए!

एक सेकेंड सोचकर, उसने अगला जुमला जोड़ा, "मैं परसों यानी सोमवार को कॉलेज आऊँगा। सुना है, तब तक एडमिट कार्ड भी आ जाएगा। तू भी तो उस दिन कॉलेज आ जा।"

दोनों दोस्त गली से निकलकर, सड़क पर आ पहुँचे। दफ्तरों में छुट्टी हो चुकी थी। घर की तरफ जाते हुए लोग, पागलों की तरह सियालदह स्टेशन की तरफ दौड़ते हुए! कोई अगर ज़रा भी असावधान होता, तो बेतरह धक्के खाता हुआ!

भीड़ और कोलाहल में चलते-चलते, बबुआ अजीब-सी गंध महसूस करता रहा! श्रम की मेहनत! फुटपाथों पर हॉकर, चैत-सेल के लिए, अपने-अपने सामानों की दुकानों सजाए बैठे थे। इस मिली-जुली गंध में ज़रा भी कोई मिठास नहीं थी, फिर भी बबुआ को बेतरह खींचती हुई! जाने क्यों तो था यह खिंचाव! क्या इसलिए कि अब उसके लिए भी अपने कंधे पर जिम्मेदारी का जुआ सँभालने का वक्त आ पहुँचा है?

तमाल पल भर को ठिठक गया।

अगले ही पल उसकी बकबक दुबारा शुरू हो गई, "तेरी ट्यूशन कैसी चल रही है?"

"बुरी नहीं! ठीकठाक ही चल रही है! परीक्षाएँ हो चुकी हैं।"

"अब कुछ दिनों मार्केट डाउन हो जाएगा। जून का महीना आने दे। तेरे लिए मैं ट्यूशनों की बाढ़ लगा दूँगा।"

"तू सच्ची कह रहा है?"

"सच्ची, मतलब? पक्का वादा है–" चलते-चलते तमाल, बबुआ की तरफ मुड़ा, "हाँ, रे, एक बात तो बता। मीरा काकी से तेरी क्या बातें हो रही थीं, रे?"

"खास कुछ नहीं! बस, यूँ ही! इधर-उधर की।"

"मीरा काकी तेरी काफी तारीफें करती हैं–" यह कहते हुए, तमाल ने आँख दबाकर पूछा, "खूब खिलाती-पिलाती है न?"

"हाँ, वही चाय-बिस्कुट..."

"टालने की कोशिश मत कर, गुरू! तेरी प्लेट में आज मैंने ऑमलेट के टुकड़े देखे, खुद अपनी आँखों से देखा–"

बबुआ हँस पड़ा, "तेरी तो शकुनी की आँखें हैं, रे! लगता है, तुझे ट्यूशनों में कुछ खाने-वाने को नहीं देते–"

"अरे, छोड़! तमाल हालदार को चाय-नाश्ता न देकर, कोई उपाय है भला?" तमाल फिक्-फिक् हँस दिया, "एक घर ऐसा था, जहाँ चाय तक को भी नहीं पूछते थे, उनको मैंने कैसे 'टाइट' किया, पता है? लड़के को पढ़ाते-पढ़ाते मैंने झट् से उसकी माँ को बुला भेजा। मैंने कहा–आप अपने बेटे को सँभालिए तो, मैं जरा सामनेवाली दुकान से कचौड़ी-समोसे का नाश्ता कर आऊँ, कॉलेज से लौटा हूँ न, पेट में चूहे दंड पेल रहे हैं। बस्स, माँ की गर्दन झुक गई। अब हर दिन से मेरे लिए टिफिन-केक मँगाकर रखती है।"

बबुआ को बेतरह हँसी आने लगी।

"तुझे यह बात कहने में शर्म नहीं आई?" उसने पूछा।

"शर्म कैसी? अरे, भई, पेट के धंधे के लिए तो जाता हूँ वहाँ।" अचानक किसी मोटे-मुटल्ले राहगीर से वह टकराने ही वाला था। उसने, उस राहगीर की तरफ आगभभूखा निगाहों से देखा।

अगले ही पल उसने मुस्कराकर कहा, "समझे, बॉस? मानो या न मानो, इंसान की जितनी भी लड़ाई है, वह इस पेट की तीन इंच जगह के लिए ही है। जब तक यह पापी पेट तृप्त नहीं होता, शरीर के बाकी सब अंग-प्रत्यंग फालतू हो जाते हैं।"

वे दोनों सियालदह स्टेशन आ पहुँचे। तमाल अभी कुछ देर और रुकने को बेचैन था, मगर बबुआ नहीं रुका। प्लेटफॉर्म पर ठसाठस भीड़! ट्रेन का अता-पता नहीं! बबुआ उद्देश्यहीन इधर-उधर भटकता रहा और बार-बार अपनी घड़ी देखता रहा। क्लोज सर्किट टी.वी. पर फुटबॉल का खेल दिखाया जा रहा था। बबुआ ने नजरें उठाकर, उस खेल की भी एक झलक देखी, मगर अगले ही पल उसने निगाहें फेर लीं। बनगाँव लोकल, जैसे ही दाखिल हुई, कतार-दर-कतार लोग एकदम से दौड़ पड़े। बबुआ भीड़ का अनुसरण नहीं करना चाहता था। दूसरों को धकियाकर, अपने लिए जगह बनाने के, वह सख्त खिलाफ है, फिर भी बेसुध इंसानों की तरह, वह

भी दौड़ पड़ा। इस भीड़ भरे स्टेशन में कदम रखते ही, स्वस्थ सोच-विचार जाने क्यों तो गड़मड़ हो जाते हैं।

अपने पेट में राहगीरों को भरकर, सफर शुरू हो गया। बबुआ बेहद कष्ट-तकलीफ से ट्रेन की पैसेज में ही बमुश्किल पैर टिकाए रहा। उस ठसाठस भीड़ में भी ताश खेलनेवाले ताश के पत्तों में मगन हो गए! कोई-कोई ऊँची आवाज में दफ्तर के किस्से बयान करते रहे, कोई बस, आँखें मूँदे रहा। हॉकर अपने-अपने कारोबार में व्यस्त!

बबुआ अपने में ही डूबा रहा। उसकी आँखों के सामने मीरा का चेहरा तैर गया। उस महिला की आवाज में कितनी दृढ़ता है। उसने बबुआ के बारे में कोई अटकल लगाया है? लिखाई-पढ़ाई छोड़ देने का जिक्र करके, बबुआ क्या मीरा की नज़रों में छोटा हो गया? धत्तेरे की! इतनी सारी बातें न करके, अगर वह पहले ही उठ जाता, तो बेहतर था। मामला गड़बड़ हो गया, कमबख्त तमाल की वजह से! लेकिन नहीं, तमाल पर बिफरने से कोई फायदा नहीं है। वह उसे ढेरों ट्यूशनें देनेवाला है। नौकरी कोई हाथ की मिठाई नहीं कि सिर्फ चाहने भर से कोई टुप्पू से पा जाएगा। मुमकिन है, ये ट्यूशनें ही...बबुआ को आखिर कैसी नौकरी मिल सकती है? काका से कहा जाए, तो कोई छोटी-मोटी जरूर जुट सकती है, लेकिन...उहुँः काका से वह नहीं कहेगा। काका ठहरे बोधिसत्व के ही भाई। काका ने भी घूम-फिरकर माँ की कम बेइज्जती नहीं की। कैंपस टाउन के जो फर्नीचर बिके हैं, वे वह रुपए उसे देना चाहते हैं! क्या लच्छेदार डायलॉग मारते रहे!

"भाभी, यह तो तुम्हारा ही प्राप्य है। भइया ने गलती की, इसलिए क्या तुम अपना हक छोड़ दोगी? हुँहः उस घर से माँ आउट हो गई, इस बारे में तो वे लोग कुछ कर नहीं पाए। अब हक दिखाने चले हैं! सारा कुछ जमा होता जा रहा है, बबुआ किसी दिन उन सबको देख लेगा। वह समूचे मजूमदार फैमिली को ऐसा सबक सिखाएगा कि...। अच्छा वह किसी सेल्स-मैन की नौकरी कर ले, तो कैसा रहे? लोगों के दरवाजे-दरवाजे घूम-घूमकर सामान फेरी करे? साबुन परफ्यूम, कॉस्मेटिक्स? उसके बाद काकी-काका के किसी बेटे के कान में यह फूँक दिया गया, तो क्या बोधिसत्व मजूमदार के कानों तक भी क्या यह बात नहीं पहुँचेगी? वह किसी वैज्ञानिक का बेटा क्यों कहलाए? बोधिसत्व मजूमदार भी फेरीवाले का बाप कहलाए न! वह कम जरूर बोलता है, मगर बुरा नहीं बोलता। युक्ति भी वह बखूबी सुझा सकता है। अंग्रेजी भी वह बखूबी बोल लेता है! इन सब खूबियों की वजह से वह सेल्स लाइन में तरक्की क्यों नहीं कर सकता? उसके बाद अगर कुछ रुपए पैसे जमा सका, तो कोई स्वतंत्र कारोबार...।

बबुआ को कामयाब होना ही होगा। मीरा की बातें उसके कानों में दुबारा गूँज उठीं। वह दुनिया-जहान को दिखा देगा कि बोधिसत्व मजूमदार का बेटा बनकर न रहने के बावजूद, वह अँधेरे में गुम नहीं हो गया। वह साबित कर देगा कि शुद्धसत्व

मजूमदार में भी कुछ माल-मसाला मौजूद है। उसमें अपनी खूबियाँ भी हैं।

ट्रेन बारासात लगभग सात बजे पहुँची। स्टेशन से मामा के घर के बीच काफी लंबा रास्ता! आजकल बबुआ रिक्शा नहीं लेता, पूरी राह पैदल-पैदल ही मार देता है। पैसे भी बचते हैं और उतने पैसों की कमाई भी हो जाती है।

बबुआ उत्तेजना में उमड़ते-उफनते घर आ पहुँचा। लेकिन घर के अंदर कदम रखते ही एकदम से अचकचा गया। पहली मंजिल की बैठक में माँ जाने किससे तो बातें कर रही थी। उस लड़के का नाम सौमिक है न?

बबुआ को देखते ही सौमिक एकदम से उच्छ्वसित हो उठा।

अर्से से जान-पहचान की भंगिमा में उसने कहा, "इतनी देर से लौटे? जाने कब से मैं तुम्हारे इंतजार में बैठा हूँ।"

बबुआ और ज्यादा अचकचा गया। कुल दो दिनों की जान-पहचान, वह भी लगभग सड़क पर, वह बंदा सीधे घर आ धमका? सौमिक ज़रा सर पर सवार हो जानेवाला जीव है! ट्रेन में उसने खासा बोर किया था। तीन महीनों बाद अचानक वह कहाँ से प्रकट हो गया?

घर में आए मेहमान से काठ-काठ जैसा बर्ताव करना, अभद्रता होती है, इसलिए बबुआ ने ईषत् मुस्कराकर कहा, "हाँ, आज ज़रा देर हो गई। आप अचानक...?"

"करीब ही मेरा एक शरणस्थल है। लाल जी बाबा का आश्रम! दोपहर, छुट्टी के बाद यहीं चला आया था, सोचा तुमसे भी भेंट करता चलूँ।"

जाने क्यों तो उसकी यह सफाई बबुआ को विश्वसनीय नहीं लगी। सौमिक लालजी बाबा के आश्रम में नियमित आता है? देखकर तो यह जाहिर नहीं होता।

लेकिन उसने अपना संशय गुप्त रखते हुए पूछा, "माँ, तुमने सौमिक साहब को चाय-वाय पिलाई या नहीं?"

"हाँ, भई, हाँ!" राखी ने भी मुस्कराते हुए जवाब दिया, "तेरे दोस्त की खातिर-तवाजो में कोई कमी नहीं रखी। लेकिन उसने खास कुछ खाया ही नहीं। कितना कहा कि दफ्तर से आए हो, पूड़ी-सब्जी बनाए देती हूँ, लेकिन इस लड़के ने हर बात में 'ना-ना' कह दिया।"

"मिठाई तो खाई, मौसी जी!" सौमिक बबुआ की तरफ मुखातिब हुआ, "तुम्हारी पार्ट वन की तैयारी कितनी आगे बढ़ी?"

"बस चल रही है! आपका दफ्तर..?"

"गय्. गच्छ! दफ्तर बेहद डल...उबाऊ मामला है! नथिंग टु टॉक एबाउट! बताने लायक कुछ भी नहीं।" सौमिक ने कलाई घुमाकर घड़ी पर नज़र डाली, "आज मैं चलता हूँ मौसी जी!"

"अरे! यह क्या बात हुई! दोस्त अभी-अभी तो आया! ज़रा गपशप करो..."

"आज नहीं हो पाएगा। अभी यहाँ से चला, तो घर पहुँचते-पहँचते ही नौ

बज जाएँगे–" इतना कहकर, वह दुबारा बबुआ की तरफ मुखातिब हुआ, "तुम ज़रा दूर साथ नहीं चलोगे? चलो, चलते-चलते रास्ते में ही थोड़ी-बहुत गपशप हो ले–"

उसका लहजा बेहद स्वाभाविक ही था, मगर बबुआ के कानों में कहीं बज उठा। कुछेक पल वह स्थिर निगाहों से सौमिक का चेहरा पढ़ता रहा।

थोड़ा ठहरकर उसने कहा, "चलिए!"

सामनेवाली सड़क पर बत्ती गुल थी! गेट के बाहर घोर अँधेरा! आस-पास से गाड़ियाँ सर्राटे से गुजरती हुईं! उनकी तेज रोशनी में आँखें चौंधियाती रहीं। गाड़ियों के गुजरते ही, फिर वही घुप्प अँधेरा!

दोनों कुछेक कदम चुपचाप चलते रहे।

सौमिक ने ही बातचीत की पहल की, "मैंने सुना है कि आजकल तुम ढेरों ट्यूशनें कर रहे हो?"

"हाँ, कर तो रहा हूँ! आप यह क्यों पूछ रहे हैं?"

"तुम्हारी माँ बता रही थीं कि उनके बेटे पर आजकल काफी मेहनत पड़ रही है। किताब लेकर बैठते ही ऊँघना शुरू कर देता है।"

"तो?"

"इतनी ट्यूशनों की क्या जरूरत है? पहले अपनी पढ़ाई-लिखाई तो पूरी कर लो–"

बबुआ की जुबान से फिसलने ही वाला था–"अपने चरखे में तेल दें, जनाब!" लेकिन वह बमुश्किल खामोश रहा।

दो-चार कदम फिर चुप्पी!

सौमिक ने अचानक कहा, "मैं क्यों आया, तुम्हें कुछ अंदाजा है?"

"मुझे ट्यूशनें छोड़ने का उपदेश देने के लिए नहीं आए हो, कम से कम इतना अंदाजा तो हो ही गया है।"

"और मैं किसी आश्रम वगैरह में भी नहीं आया, सीधे तुम्हारे पास ही आया हूँ।"

"मेरा भी यही अंदाजा था! वजह जान सकता हूँ?"

"अगर मैं यह कहूँ कि तुम्हारी माँ को देखने आया था?" सौमिक ने रुककर जरा दम लेकर कहा, "मेरा मतलब है, प्रोफेसर मजूमदार की बीवी को जानने-पहचानने के लिए?"

बबुआ ने चौंककर सौमिक की तरफ देखा। अँधेरे में सौमिक का चेहरा साफ-साफ नज़र नहीं आया।

बबुआ ने ईषत् रूखी आवाज़ में पूछा, "क्यों?"

"उन्हें देखकर, मैं यह अंदाजा लगाना चाहता था कि प्रोफेसर मजूमदार आखिर

कैसे इंसान हैं? उन्होंने अपनी बीवी को क्यों छोड़ दिया?''

बबुआ पल भर के लिए बेतरह हिल गया।

अगले ही पल वह दपृ से भभक उठा, ''आपका दुःस्साहस तो कम नहीं है। मेरे माँ-बाप के बारे में आपको इतना कौतूहल क्यों है?''

''क्योंकि तुम्हारे पिता, बोधिसत्व मजूमदार ने मेरा काफी नुकसान किया है।'' सौमिक की आवाज़ किंचित तेज़ हो उठी, ''आइ हैव सम स्कोर टु सेट्ल विथ हिम! मुझे उनसे निपटना है।''

''हो सकता है! आपकी जो मर्जी हो, करें! लेकिन इससे मेरी माँ का क्या वास्ता?''

''एक परोक्ष वास्ता तो है ही! प्रोफेसर मजूमदार ने उन्हें त्यागकर, किसी दूसरी लड़की के साथ नया घर बसाया है। घटना या दुर्घटनावश, उस लड़की के साथ मेरा विवाह तय हो चुका था।''

बबुआ को जबर्दस्त धक्का लगा। बगल से गुजरती हुई गाड़ी की हेडलाइट की रोशनी में, पल भर के लिए सौमिक का चेहरा झलक उठा। सौमिक अद्‌भुत सख्त! भावलेशहीन! मानों कोई पत्थर की बुत बात कर रहा हो।

सौमिक ने यह धक्का बर्दाश्त करने के लिए बबुआ को थोड़ा वक्त दिया।

थोड़ा ठहरकर उसने कहा, ''तुम्हारे पिता की इस गैरजिम्मेदाराना हरकत ने कितना कुछ चूरमार कर दिया है, जानते हो? मेरी, बात तो छोड़ ही दो। दयिता, मेरा मतलब है उस लड़की के माँ-बाप तो शोक से बिल्कुल पत्थर हो गए हैं। दो-दो परिवारों का मान-सम्मान बिल्कुल धुल-पुँछ गया।''

बबुआ ने विरस लहजे में कहा, ''इससे भी भला मेरी माँ का क्या लेना-देना?''

''लेना-देना है! उनसे बातचीत करके, मैं यह समझना चाहता था कि मियाँ-बीवी में दुबारा मेल की संभावना है या नहीं।''

''सर्वनाश! कहीं आपने ऐसी कोई बात मेरी माँ से तो नहीं की?''

''मुझे क्या तुम इतना मूर्ख समझते हो? जनाब, आपकी सूचना के लिए, तुमसे जिस दिन मेरी आखिरी बार भेंट हुई थी, उस दिन मैं कैंपस टाउन में उसी लड़की से मिलने गया था। उस दिन क्या तुम्हें मेरी बातों से कुछ पता चल पाया था? निश्चिंत रहो, तुम्हारे माँ को भी मैंने कुछ भी पता नहीं चलने दिया। बस, बातों ही बातों में तुम्हारे पिता का प्रसंग जरूर छेड़ा था, मैंने देखा, उनका चेहरा बेहद सख्त हो आया। वे इस प्रसंग से बचना चाहती थीं।''

''लीजिए, मैं आपको एक और खबर दे दूँ। पापा के वकील ने तलाक की नोटिस भेज दी है और मेरी माँ कंटेस्ट नहीं करेगी।''

''अच्छा...?''

''लगता है, आप बेतरह हताश हो गए।'' बबुआ सौमिक को एक खोंचा देने

का लोभ संवरण नहीं कर पाया, "मेरे माँ-पापा में मेल हो जाता, तो आप शायद उस लड़की से ब्याह कर लेते? यह जानते हुए भी कि उसने पापा के साथ 'लिव टुगेदर' किया है।"

"यही तो मेरी ट्रेजेडी है!" सौमिक ने आस-पास फैले अँधेरे को और भारी बनाते हुए, लंबी उसाँस भरी, "मैं उस लड़की को प्यार जो करता हूँ। अभी भी! ऐंड शी इज माइ डेस्टिनी! मेरी तकदीर है वह!"

'प्यार' शब्द में इतनी तीव्रता हो सकती है, बबुआ को इसका अंदाजा नहीं था। प्यार ऐसा कौन-सा बड़ा अहसास है कि यह लड़का...? यह लड़का कहीं सचमुच पागल तो नहीं है।

बबुआ को पहली बार इस दयिता नामक लड़की पर अनुकंपा जाग उठी। ऐसे लड़के को छोड़कर, पापा जैसे आत्मसर्वस्व प्राणी के पीछे दौड़ गई? हैरत है!

बबुआ ने मद्धिम आवाज़ में पूछा, "आप क्या बोधिसत्व मजूमदार से बदला लेना चाहते हैं।"

सौमिक ने अपनी आवाज़ और धीमी कर ली। उसने लगभग फुसफुसाकर कहा, "हाँ, इरादा तो यही है।"

18

बोधिसत्व के विदेश चले जाने के बाद, कुछ ही दिनों में दयिता हाँफ उठी। जिंदगी में पहली बार वह अकेली पड़ गई है! पूरी तरह अकेली! निर्जनता, विच्छिन्नता, एकाकीपन—इन तमाम शब्दों से वह परिचित जरूर थी, मगर इनमें से हर शब्द, दुःसह भार बनकर, उसके सीने पर सवार हो सकते है, इसका उसे अंदाजा नहीं था। इन दिनों पहली बार उसे तजुर्बा हुआ। यह शहर उसका जिन्दगी भर का जाना-पहचाना था। इस शहर का रूप, रस, गंध, वर्ण उसके खून के बूँद-बूँद में घुला-मिला है। माँ-बाप-भाई, बंधु-बांधव, आत्मीय-स्वजन, कौन नहीं है यहाँ? फिर भी उसे ऐसा लग रहा था कि वह किसी सुनसान द्वीप में निवास करती है। यह एक विचित्र निर्वासन है! मानों किसी वर्जित सेल में दयिता को छोड़ दिया गया है।

इसे ही शायद निराधार शून्यता कहते हैं। यह तो मानों पानी तले निवास करना है। हर पल दो बूँद ऑक्सीजन के लिए आकुल-व्याकुल होना है।

दयिता के दिन इन दिनों अति मन्थर! कहाँ तक वह चादर तहाते, गृहस्थी

सजाते-सँवारते वक्त गुजारे? अब, रोज-रोज मार्केटिंग भी उसे अच्छी नहीं लगती। कैसा उबाऊ, लहरहीन जीवन! लेटे-लेटे कमरे की सीलिंग निहारना, सूनी-सूनी आँखों से टीवी पर निगाहें गड़ाए रहना, बरामदे के गमलों को सींचना। इस फ्लैट में वक्त जैसे अचल हो गया है। सुबह किसी शर्त पर भी दोपहर से मुखातिब नहीं होना चाहता; प्रायः स्थिर दोपहर, शाम तक पहुँचने में अरुचि जाहिर करता है; शाम आ भी जाती है, तो रात आने में टालमटोल करती है और गहराई रात? वह तो साल भर से भी ज्यादा बड़ी और दीर्घ! चाहे या अनचाहे में, कदम-कदम पर आँखें कैलेंडर की तरफ चली जाती हैं! बोधिसत्व आखिर कब लौटेंगे?

अगर हर रोज बोधिसत्व का फोन आ जाता, तो उसकी विरसता कुछ तो कट जाती। बर्लिन पहुँचकर, बोधिसत्व ने कुल तीन बार उसे फोन किया था। बस, कामकाज की चंद बातें, वह भी कुल दो-चार मिनट के लिए! बोधिसत्व इन दिनों सेमिनार में महाव्यस्त! पेपर! थीसिस, सिम्पोजियम के बीच-बीच में, बोधिसत्व को क्या दयिता की याद आती है? या रात को जब वे बिस्तर पर अकेले होते हैं, तब क्या उन्हें, उसका ख्याल आता है?

अचीन्हा अकेलापन, दयिता के सीने में अभिमान बनकर, बिखरता जा रहा था, अचानक-अचानक उसे अपना अस्तित्व, किसी परित्यक्त औरत होने का अहसास देने लगता था। रात अचानक नींद टूट जाती तो अँधेरा और गहरा जाने का आभास देता था। दयिता इस गहन निःसंगता से आखिर कैसे निजात पाए?

ऐसे में एक दिन जाने कहाँ से एक दिन सौमिक आ टपका।

आजकल दयिता सुबह कुछ देर से ही बिस्तर छोड़ती है। पार्ट-टाइम नौकरानी सुबह करीब सात बजे आती है। उसके लिए दरवाजा खोलकर, वह दुबारा बिस्तर पर ढेर हो जाती। घर में जो दो-एक बर्तन पड़े होते, तूफानी रफ्तार से माँज-धोकर, कमला की माँ फ्लैट का दरवाजा, बाहर से खींचकर बंद कर देती और चली जाती। उसके बाद, दोपहर बारह बजे, उसके दर्शन होते। उस वक्त घर की झाड़-पोंछ करती, कपड़े-लत्ते होते, तो वह भी धो-कचार देती।

आज भी कमला की माँ की उम्मीद में ही दयिता दरवाजा खोलने उठी थी! निंदियाई आँखें! ढीलमढाल वेश! अरे, दरवाजे पर यह कौन खड़ा है? अरे, यह तो सौमिक है!

सौमिक के हाथ में गुच्छा भर रजनीगंधा के फूल! होठों पर मंद-मंद मुस्कान!

सौमिक ने फूलों का गुच्छा, दयिता की तरफ बढ़ाते हुए कहा, ''मैनी हैप्पी रिटर्न्स ऑफ द डे! जन्मदिन मुबारक हो!''

दयिता के तन-बदन में सिहरन दौड़ गई। अरे, हाँ, आज ही तो ग्यारह अप्रैल है! हैरत है! आज का दिन दयिता को याद ही नहीं रहा।

अद्‌भुत, मोहक भोर की वाताश दयिता के अंग-अंग को छू गई।

एक सकपकाई-सी मुस्कान, उसके होठों पर तिर आई, "तु...तु...तुम?"

"अरे, भई, दोस्त के जन्मदिन पर कोई दोस्त मुबारकबाद देने नहीं आ सकता?"

"हाँ, हाँ, बेशक! बेशक!...अरे, आप खड़े क्यों हैं? आओ, आओ, अंदर आओ।"

सौमिक को ड्राइंगरूम में बिठाकर, दयिता अपने बेडरूम में दौड़ गई। अभी तक वह झीनी-सी नाइटी ही पहने हुए थी। उसने चटपट हाउसकोट चढ़ा लिया। बासी बाल गुच्छे-गुच्छे उलझे हुए थे। उसने बालों पर भी हल्की-सी कंघी फेर ली।

वह दुबारा ड्राइंगरूम में लौट आई।

सोफे पर बैठते-बैठते उसने पूछा, "मेरा पता तुम्हें कहाँ से मिला?"

"भई, तुम नामी-गिरामी हस्ती की घरनी हो। तुम्हारा पता पाना, कौन-सी ऐसी मुश्किल बात है?"

सौमिक के लहजे में क्या विद्रूप छिपा है? नहीं, दयिता को ऐसा नहीं लगा।

उसने पूछा, "उनके इंस्टिट्यूट से पता कर लिया?"

सौमिक ने कोई जवाब नहीं दिया।

उसने धीमी आवाज़ में कहा, "तुम्हें कैसा सरप्राइज दिया, यह कहो? तुम तो ऐसे चौंक गईं, मानों भूत देख लिया हो।"

"हाँ, मतलब...ऐसे दिन, यूँ सुबह-सवेरे..."

"दुहाई है, अब यह मत पूछना कि मुझे तुम्हारे जन्मदिन की खबर कहाँ से मिली।"

यह जानने का कौतूहल दयिता में नहीं जागा हो, ऐसा नहीं था! उसने मन ही मन अंदाजा लगा लिया कि उसके घरवालों से सौमिक का अभी भी संपर्क है! जरूर वहीं से, बातचीत के दौरान...!

दयिता का मन ईषत् उदास हो आया। आज क्या माँ ने उसका नाम लेकर, घर में खीर बनाई होगी? हर बार की तरह? पिछले साल उसके जन्मदिन पर बप्पा ने सुबह-सुबह हॉस्टल में फोन किया था। उन्होंने दयिता के लिए असली फ्रेंच परफ्यूम भी खरीदा था। आज अपनी लाडली मुनिया को याद करके, क्या वे जरा भी उदास नहीं हुए होंगे?

दयिता की क्षणिक अन्यमनस्कता सौमिक की निगाहों से छिपी नहीं रही।

उसने मीठे लहजे में सवाल किया, "क्या सोच रही हो?"

"कुछ नहीं!" संक्षिप्त-सी उसाँस लेकर, दयिता ने प्रसंग बदलने की कोशिश की, "तुम ऐसे दिन आए हो कि उनसे तुम्हें मिला नहीं सकूँगी! वे इन दिनों..."

"मालूम है! प्रोफेसर मजूमदार इन दिनों दूर देश-विदेश गए हुए हैं।"

"तुम्हें यह भी खबर है?"

"अरे, भाई, महान हस्तियों की खोज-खबर रखनी ही पड़ती है।"

इस वाक्य में भी क्या विद्रूप छिपा है? दयिता ने भौंहें सिकोड़कर, एक झलक सौमिक को देखा। न्ना, उसकी मुद्रा बेहद सहज, सरल, स्वाभाविक थी। छिः जन्मदिन की सुबह-सुबह कोई हाथ में फूल लेकर, उस पर लानत-मलामत बरसाने आया है, यह ख्याल ही कितना अस्वास्थ्यकर है!

दयिता ने खुश-खुश मूड में कहा, ''बैठो, मैं चाय बनाकर लाती हूँ। तुम अभी ही नहीं भाग सकोगे! नाश्ता करके ही जाओगे।''

''चलो गनीमत है! नाश्ता कराना याद तो रहा! तुम्हारे हाव-भाव से तो यही जाहिर हो रहा था कि मुझे अभी ही खदेड़कर मानोगी। भोर-भोर टैक्सी से आया, किराया ही गच्चा गया!'' सौमिक ने भौंहें नचाकर पूछा, ''वैसे नाश्ते का मेनू क्या है?''

''देखती हूँ। घर में खुद्दी, घास-फूस क्या मौजूद है?'' दयिता उठ खड़ी हुई और उसने हँसते-हँसते ही कहा, ''वैसे बर्थ-डे केक तो नसीब नहीं होगी, हाँ, लाइया-मूँगफली शायद...''

बाहर खुशनुमा सुबह खिली हुई! धूप में कच्चे सोने का रंग घुला-मिला। समूचा मकान झिलमिलाता हुआ! कंपाउंड में खड़ा कृष्णचूड़ा का पेड़ फूलों से लदा हुआ! सुर्ख लाल फूलों से आँखें चौंधियाती हुईं। हवा में भी कोई खुशबू तैरती हुई! ऐसा एक सौरभ, जो न पहचाना था, न अनपहचाना।

रसोई में आकर दयिता ने चाय का पानी उबलने को चढ़ा दिया। बोधिसत्व की संगति में सुबह-सवेरे एक कप रॉ चाय पीने की उसकी आदत पड़ चुकी है। नींद से जागकर, अगर वह चाय न पीए, तो खुमारी कटने का नाम नहीं लेती।

वह प्याली में अंदाजे से चीनी डाल रही थी। उसके पीछे कमला की माँ आ खड़ी हुई। पैंतीस साला उस काली-कलूटी औरत की आँख में सवाल झिलमिलाता हुआ!

उसने फुसफुसाकर पूछा, ''क्या जी, बहू जी? तुम्हारे पीहर का आदमी है?''

अगर वह हामी भर लेती, तो बात खत्म हो जाती।

लेकिन दयिता की जुबान से फट् से फिसल गया, ''ना, मेरा दोस्त है।''

''दोस्त? इतनी सुबह-सुबह?''

''तुम्हें कोई एतराज है?'' दयिता की आवाज़ में हल्की-सी रुखाई झलक उठी, ''जाओ! फ्रिज से चटपट दो अंडे निकालकर ले आओ।''

कमला की माँ पीछे मुड़-मुड़कर उसे देखते हुए चली गई। दयिता ईषत् सकुचा गई। कमला की माँ के सवालों का कोई सिर-पैर नहीं होता और वह ज़रा मुँहफट भी है। पहले ही दिन काम पर आकर उसने दरयाफ्त किया था—''तुम क्या बाबू की दूसरी बीवी हो?'' कमला-माँ इसी कंपाउंड के चार अन्य फ्लैटों में भी काम करती थी। कौन-सी बात, वह किस ढंग से फैला देगी, कौन जाने? वैसे दयिता पड़ोसियों की बिल्कुल परवाह नहीं करती। किसने क्या सोचा, उसकी बला से! इस अहाते में क्या अभी ही उन दोनों को लेकर, बातें नहीं बन रही हैं?

दयिता ने ये तमाम कीट-पतंग अपने सीने से बुहारकर विदा कर दिया। सुबह से ताल मिलाकर, उसका मूड भी तरोताजा हो आया। मानों यह सौमिक थोड़ी-बहुत पहचान का शख्स न हो, बल्कि सालों का जाना-पहचाना, कोई अपना सगा, घर में आया हो। दयिता ने मन ही मन गुनगुनाते हुए चाय बनने को रख दी, जल्दी से अंडे फेंटकर, दूध-मैदा का घोल मिलाकर, उसमें उसने हरी मिर्च, कटे प्याज डाल दिए और झटपट भारीभरकम पेनकेक बना डाला। घर में काजू-बादाम और केले भी मौजूद थे। उसने टोमाटो-सॉस छिड़ककर, पैनकेक सजा दिया! अलग प्लेट में काजू-बादाम और केले भी रख लिए। इश्श् घर में मिठाई होती, तो बेहतर था। जन्मदिन पर अगर मुँह-मीठा ही नहीं किया, तो क्या भला दिखता है?

सौमिक ड्राइंगरूम में बैठा-बैठा, अखबार के पन्ने उलट-पलट रहा था। खाने की प्लेट देखकर वह एकदम से बौखला गया।

''अरे बाप रेऽ, यह क्या कर डाला? खाना माँगा, तो इतना सारा लाकर रख दिया?''

''खा लो! खा लो!'' दयिता मुस्कराते हुए सामने वाले सोफे पर बैठ गई, ''अब तुम लौटकर घर जानेवाले हो? या सीधे दफ्तर जाओगे?''

''आज ऑफिस कैसा? आज तो गुड-फ्राइडे है।''

—अच्छा?, दयिता यह कहते-कहते भी रुक गई। उसने अपने को सँभाल लिया। उसके लिए तो अब शनि, रवि, सोम, मंगल, छुट्टी के दीन, काम के दिन—सब समान हैं। इसके अलावा, सौमिक आज जींस और टी-शर्ट में था। इस पोशाक में कोई दफ्तर नहीं जाता, दयिता को यह समझ लेना चाहिए था।

दूसरी बार शराफत न दिखाकर, सौमिक ने नाश्ते की प्लेट अपने सामने खींच ली।

पेनकेक में चम्मच चलाते-चलाते उसने पूछा, ''तुम्हारा नाश्ता कहाँ है?''

''अभी मैं कुछ नहीं खाऊँगी।''

''क्यों?''

''ऐसे ही! बस, अच्छा नहीं लग रहा है! इसके अलावा अभी तो मैंने मुँह भी नहीं धोया।''

''हहः सुबह-सुबह आकर तुम्हें काफी ऑकवर्ड हालत में डाल दिया न?''

''नहीं, नहीं, मुझे बहुत अच्छा लग रहा है, मेरा विश्वास करो।''

सौमिक ने एक सेकेंड दयिता को निहारकर कहा, ''हो कैसी?''

''कैसा देख रहे हो?''

''पहले से जरा ज्यादा दुबली हो गई हो।''

''धत्! दिन-रात उठते-बैठते खा-खाकर मुटिया रही हूँ—'' दयिता ने चाय का कप खींच लिया।

उसने खुश-खुश लहजे में कहा, ''अब बताओ, मेरी गृहस्थी कैसी नज़र आ रही है?''

''फाइन!'' सौमिक ने चिड़िया की तरह चारों तरफ निगाहें घुमाकर कहा, ''बेहद खूबसूरत है। टिप-टॉप! झक्झक्!''

''पता है, यह सारा कुछ मैंने अपनी पसंद से खरीदा है। ये पर्दे...ये फर्नीचर...। सब कुछ अपने हाथों से सजाया है मैंने।''

''वाह-वाह!'' कुछेक पल के लिए खामोश रहकर सौमिक ने कहा, ''यानी एम. एस-सी. फाइनल तुमने नहीं दिया?''

दयिता ने अपने गले तक आई लंबी उसाँस जबरन दबा ली। एम.एस-सी. पूरा करने का उसका मन तो था, मगर कहाँ हुआ? बोधिसत्व के चले जाने के बाद उसने कई दिन, काफी सोचा। अप्रैल की बारह तारीख से फाइनल परीक्षा शुरू है। ये कुछ दिन जमकर पढ़ाई कर ली जाए और परीक्षा दे दी जाए। फॉर्म तो उसने भर ही दिया था। अब सिर्फ एडमिट कार्ड लेकर, हाल में दाखिल होने भर की देर है। दो-एक दिन वह किताब-कॉपी खोलकर बैठी भी थी। मगर, बस पन्ने ही उलटती-पलटती रही, मन नहीं जमा। ढेरो-ढेरों अजूल-फिजूल की चिंताओं ने मकड़ी के जाल की तरह उसे जकड़ लिया। कैंपस टाउन में वह रुकेगी कहाँ? हॉस्टल में? वह चिरश्री की मेहमान बनकर, कई दिन...? इम्तहान खत्म होने तक, उसी के पास रह जाए? चिरश्री पता नहीं उसके बारे में क्या सोचे! पता नहीं कितनी कैफियत माँगे? कितनी-कितनी जिरह करे? सब उसकी तरफ आँखें फाड़फाड़कर देखेंगे, मंद-मंद मुस्कराएँगे, वाक्य-बाण बरसाएँगे! उफ्! उफ्! यह सब असहनीय है! अब परिस्थिति बदल चुकी है। दयिता अब अकेली नहीं है। उसकी बेइज्जती का मतलब है, बोधिसत्व की बेइज्जती! ना, दयिता के लिए अब कैंपस टाउन में कदम रखना संभव नहीं है।

दयिता ने मन का खेद चेहरे पर उभरने नहीं दिया।

उसने हल्के-फुल्के अंदाज में कहा, ''धत्! क्या करना है? एम.एस-सी. पास कर लेने से, ऐसे कौन-से नए हाथ-पाँव निकल आएँगे?''

''डिग्री तो ले सकती थीं! भविष्य में कब, कहाँ काम आ जाए—''

''मेरे किसी काम नहीं आएगा। अब मैं जमकर घर-गृहस्थी चलाऊँगी।''

''बाप रे ऽ! तुम तो बिल्कुल माँ-दादी जैसी बातें कर रही हो। गृहस्थी के साथ कैरियर का क्या कोई विरोध है?''

''नहीं है?''

''ऑफकोर्स नहीं है। अब देखो न, हमारे दफ्तर में ही एक लड़की है—निवेदिता। उसका दूल्हा जब अमेरिका गया, वह बंबई चली गई। वे दोनों अपना-अपना कैरियर बनाने गए थे। मेरा मतलब है, अपना-अपना अलग-अलग कैरियर। आजकल के दिनों में लड़कियाँ कैरियर फेंककर, सिर्फ गृहिणी बनकर भला कोई रहती हैं?'' सौमिक

अचानक हल्का-सा उत्तेजित हो आया, "तुम्हें क्या यह नहीं लगता कि तुम्हें एक ऐसी दुनिया भी चाहिए, जो तुम्हारी अपनी हो! नितांत अपनी!"

"बोधिसत्व की दुनिया ही मेरी अपनी दुनिया है।"

"यह तो बहुत अच्छी बात है! लेकिन, मैडम, यह जो इतने दिनों आँख-कान बंद करके, इतनी लिखाई-पढ़ाई की, उसका अब क्या मोल रहा? शिक्षा अगर काम ही नहीं आई, तो...।" सौमिक ने प्लेट मेज पर रख दी, "मौसा जी को भी बिल्कुल यही आशंका थी.."

"मौसा जी कौन?"

"तुम्हारे बप्पा!"

दयिता बेतरह हिल गई। सीने में कोई दर्द चिनचिना उठा। बप्पा अभी भी उसे इतना याद करते हैं? कलकत्ता आने के बाद, जाने कितनी ही बार उसे अपने घर की याद आती रही है, उन्हें टेलीफोन करने के लिए उसके हाथ कसमसाते रहे हैं। लेकिन, फोन करने के लिए उसके हाथ ही नहीं उठे, किसी शर्त पर भी नहीं। उसने फोन उठाया, नंबर मिलाने के लिए बटन पर उँगलियाँ भी रखीं, पर बटन दबाने का जोर ही कहीं खो गया। अपराधबोध?

दयिता ने अस्फुट आवाज़ में पूछा, 'तुम नियमित रूप से उस घर में जाते हो न?'

"हाँ, कभी-कभार जाता हूँ।"

"वहाँ सब लोग कैसे हैं?" दयिता की आवाज़ जैसे खाई में उतर गई।

"बस, किसी तरह जिंदा हैं। मौसी और बुंबा ने तो तुम्हारा धक्का काफी हद तक बर्दाश्त कर लिया है। सिर्फ मौसा ही...खैर, छोड़ो, तुम प्रोफेसर मजूमदार के बारे में बताओ! वे लौट कब रहे हैं?"

"काम खत्म होते ही, लौट आएँगे!" दयिता ने टालने के अंदाज में जवाब दिया।

अंदर ही अंदर वह कोई भारी दबाव महसूस कर रही थी।

उसने दुबारा पूछा, "बप्पा अभी भी मुझ पर भयंकर गुस्सा हैं न?"

"नहीं, अब गुस्सा तो नहीं हैं, मगर..."

"मगर, क्या?"

"गुस्से के अलावा भी कई अहसास होते हैं, दयिता! दुःख, हताशा, सपने टूटने की यंत्रणा...। लोक-लज्जा और अपमान का अहसास तो खैर होता ही है, चलो, इन पर ध्यान न भी दें। लेकिन मन ही मन उन्होंने यह कबूल कर लिया है कि उनकी तकदीर में यही बदा था–"

"इसमें तकदीर की क्या बात है? मुझे जो पसंद है, मुझे उससे विवाह करने का हक है! बप्पा को भले वह बंदा नापसंद हो।"

"मैंने भी मौसा को कुछ यही समझाया है। लेकिन...प्रॉब्लम कहाँ है, पता है? इंसान जिसे ज्यादा प्यार करता है, उसके मामले में युक्ति, बुद्धि वगैरह काम नहीं

करते, भावावेग ही अहम हो उठता है।''

''हूँऽऽ...''

दयिता खामोश हो गई। सौमिक की जुबान पर भी मानों ताला जड़ गया। वसंत की सुहानी सुबह भारी हो आई। सुनहरी धूप में मानों बूँद-बूँद कोई मलिन छाया घुलमिल गई। कमला की माँ काम पूरा करके, वापस लौट गई। जाते वक्त उसने दरवाजा ज़रा ज्यादा जोर से बंद किया, दयिता के कानों में वह आवाज मानों चोट कर गई। अचानक उसे चोर-रुलाई आने लगी। वह भी बेवजह!

बहरहाल, दयिता ने धीरे-धीरे अपने को संयत किया। सिर झुकाए बैठे हुए सौमिक को वह आपादमस्तक परखती रही। यह लड़का आज उसके पास क्यों आया है? सिर्फ जन्मदिन पर मुबारकबाद देने? या दयिता की गृहस्थी देखने? वह यह पता करने के लिए आया है कि वह किस हद तक सुखी है? अभी भी उसे इतनी दिलचस्पी क्यों है? वह दयिता के माँ-बप्पा के पास क्यों जाता है? किस रिश्ते से जाता है? सौमिक, दयिता को भुला क्यों नहीं देता?

बरामदे से हवा का एक झोंका आया और कमरे में तेज-तेज घूमते हुए पंखे की हवा में घुल-मिलकर, एकदम से गुम हो गया। घर की निःशब्दता जैसे लहरा उठी।

दयिता ने अचानक सवाल किया, ''तुम्हारे विवाह का क्या हुआ?''

''क्या, पूछा?''

''तुम्हारे विवाह की बात कितनी आगे बढ़ी?''

दयिता को हैरत में डालते हुए, सौमिक ने जोर का ठहाका लगाया। उसके ठहाके से समूचा कमरा गूँज उठा।

दयिता ने अचरज से उसकी तरफ देखा, ''इतना हँसने की क्या बात हो गई?''

''अरे, भई, गंजा बेल तले आखिर कितनी बार जाता है? सिर पर इतना बड़ा-सा बेल गिरने के बाद भी, मुझे क्या सबक नहीं मिला? तुम क्या यह कहना चाहती हो?''

''धत्! हर लड़की क्या मुझ जैसी होती है?''

''हाँ, सो तो है! हर लड़की तुम जैसी, भला कैसे हो सकती है?''

''मैं समझी नहीं—''

''मतलब, स्थिति और खतरनाक भी तो हो सकती है? फर्ज करो, विवाह के मंडवे से वह नौ-दो ग्यारह हो गई? या सुहागरात के दिन यह हुक्म जारी कर दे कि मुझे तलाक चाहिए, मैं किसी और लड़के से प्यार करती हूँ—''

''फालतू मजाक छोड़ो। यह बताओ, विवाह कब कर रहे हो? मैं वादा करती हूँ, तुम्हारे विवाह में भले न जाऊँ, मगर तुम्हारी बीवी को बेहद खूबसूरत प्रेजेंट दूँगी।''

सौमिक कुछेक पल, दयिता की आँखों में आँखें डाले स्थिर देखता रहा। दयिता को पहली बार लगा कि उसकी आँखें बोलती भी हैं। दयिता उसकी निगाह से परेशान हो उठी। उसने नजरें झुका लीं।

सौमिक ने घड़ी पर निगाह डाली, "अच्छा, तो आज मैं चलूँ?"

सौमिक ने दयिता के सवाल का जवाब नहीं दिया। दयिता ने भी कोई ज़िद नहीं की।

दयिता ने कहा, "फिर आना जरूर!"

"आऊँगा।" सौमिक उठ खड़ा हुआ।

उसने ज़रा असमंजस के लहजे में पूछा, "मैंने तुम्हारी नौकरी-चाकरी, पढ़ाई-लिखाई के बारे में कहा-सुना, तुमने माइंड तो नहीं किया?"

"नहीं, नहीं, तुमने जो कहा, मेरे भले के लिए ही कहा–"

"हाँ, मेरा विश्वास करो, आखिर तुम राखी मजूमदार तो नहीं हो–"

दयिता को फिर एक ज़ोर का झटका लगा।

"तुम उसे पहचानते हो?"

"अचानक उनसे परिचय हुआ। बारासात में मेरी माँ के गुरुदेव का आश्रम है। करीब ही उनका पीहर, वहीं एक दिन, घटनावश...।" सौमिक ने गला खँखारकर अपनी बात पूरी की, "काफी बदहाल स्थिति में हैं वह महिला!"

"क्यों?" दयिता ने तिरछी निगाहों से देखा, "उनके पीहर की माली हालत तो अच्छी-खासी है।"

"नहीं-नहीं, उस अर्थ में वे बदहाल नहीं हैं। मानसिक तौर पर थक गई हैं। पति ही उनकी दीन-दुनिया था। उनसे बाहर तो वे कुछ जानती-पहचानती नहीं थीं, शायद इसी वजह से..."

दरवाजे की तरफ बढ़ते हुए, सौमिक ने जेब से अपना सनग्लास निकाल लिया।

धूप का चश्मा पहनकर, उसने पलटकर देखा, "समझीं, दयिता, इसीलिए मैंने तुमसे कहा कि औरत की हमेशा ही अपनी एक अलग दुनिया भी होनी चाहिए। आइ मीन, अपने लिए, निजी खिड़की! यह सच है कि प्रोफेसर मजूमदार तुमसे मुहब्बत करते हैं, लेकिन भविष्य के बारे में कौन कह सकता है? राखी मजूमदार ने ही क्या सपने में भी सोचा था कि इस उम्र में पहुँचकर, इस किस्म की स्थिति का सामना होगा?"

दयिता फूत्कार उठी, "इसके लिए वह औरत खुद जिम्मेदार है। वह बोधिसत्व की जिंदगी में अपने को फिट नहीं कर पाई। उन दोनों के बीच एक खालीपन तैयार हो गया था, इसीलिए तो बोधिसत्व ने मुझे कसकर थाम लिया। राखी मजूमदार क्या इसके लिए बोधिसत्व को जिम्मेदार ठहरा रही है?"

"वे इस किस्म की औरत ही नहीं हैं। अंदर ही अंदर वे जलकर खाक हो जाएँगी, लेकिन उनकी जुबान से 'उफ्' तक नहीं निकलेगा।"

"लगता है राखी के दुःख में बिल्कुल गले-गले तक डूब गए हो।" दयिता ने होठ बिचकाकर कहा, "राखी मजूमदार ने क्या तुम्हें अपना वकील तैनात किया है?"

"राखी मजूमदार को किसी वकील की जरूरत नहीं है, भई!" सौमिक की आवाज़ गंभीर हो आई, "मैंने जो कहा, ज़रा उस बारे में सोच देखना! चलता हूँ..."

सौमिक दनदनाता हुआ, नीचे उतर गया। दयिता गुम! अब जाकर सौमिक के आ धमकने का उद्देश्य, उसकी समझ में आ गया। राखी का प्रसंग छेड़कर, वह उसे ज़रा झकझोरने आया था। इसीलिए सौमिक ने इतनी भूमिका बाँधी, इतना नाटक किया। यह छोकरा तो भयंकर कुचक्री है! पहले जन्मदिन की बात छेड़ी, उसके माँ-बाप की याद दिलाई, इस तरह दयिता को पहले अच्छी तरह भिगो लिया। दयिता परीक्षा देगी या नहीं, नौकरी-चाकरी करेगी या नहीं, इन सबसे तुझे क्या लेना-देना? मेरे ही घर में, मुझसे ही भेंट करने आकर, तेरी यह मजाल कि तू राखी का प्रसंग छेड़े? किस हिम्मत से?

दयिता पैर पटकती हुई अपने बेडरूम में लौट आई और उछलकर बिस्तर पर जा पड़ी। वह लेटी रही...देर-देर तक लेटी रही। वह गावतकिया कसकर जकड़े रही, आँखें मूँदे रही। मिठासभरी सुबह, अब निरी कड़वी-कसैली हो आई।

वक्त गुजारने के साथ-साथ, दयिता के गुस्से की झाँस भी थोड़ी मंद पड़ गई। वह बिस्तर से उठ आई, चेहरा धोया, नहा भी आई। अब वह घर का छुटपुट काम निपटाने में जुट गई। उसे कसकर भूख लग आई, लेकिन जुबान बेस्वाद। उसने मर्तबान से कई नमकीन बिस्कुट निकालकर खा लिया। वह रसोई में चली आई और दोपहर के खाने का तोड़-जोड़ करने लगी। डिब्बे में से चावल निकालते हुए, वह ईषत् ठिठक गई और मन ही मन हँस पड़ी।

—आज तेरा जन्मदिन है! क्या खाएगी, री, मुनिया? फ्राइड राइस? डीप फ्रिज में चिकेन तो पड़ा हुआ है। चिकेन उबालकर अगर फ्रायड-राइस पर छितरा दिया जाए? धत्! उसमें तो काफी वक्त लग जाएगा! अच्छा नहीं लगता...कुछ अच्छा नहीं लगता! चल, उबला हुआ भात ही खा ले! गरम-गरम भात में घी डाल ले और उसमें उबले आलू-अंडे सानकर खा ले।

खुशबूदार चावल टग्-बग् उबलता रहा। सहसा अनजाने में ही दयिता की आँखें धुँधला आईं। उसके बप्पा के यहाँ, उसके जन्मदिन के नाम पर क्या आज खास पकवान बना होगा? धत्तेरे की! वह झूठमूठ ही सौमिक पर गुस्सा हो गई। उसके मन में चाहे जो भी रहा हो, लेकिन वह लड़का उसके जन्मदिन पर उसके यहाँ...! कुल्लमकुल वही तो...। इस दुनिया में और कोई भी तो उसे आज...। बोधिसत्व तो जानते ही नहीं।

दयिता तेज-तेज कदमों से ड्राइंगरूम में चली आई। सेंटर-मेज पर रजनीगंधा के फूल बेहद उपेक्षित हालत में पड़े हुए थे। दयिता ने वे फूल उठा लिए, नापकर डंडियाँ तराशीं और उन्हें फूलदान में सजा दिया। उन श्वेत-शुभ्र फूलों को वह दूर से निहारती रही। न्ना, सौमिक ने कम से कम एक बात तो गलत नहीं कही। किसी

नौकरी-चाकरी की कोशिश की जाए, तो क्या बुरा है? हाँ, उसे रुपए-पैसों की जरूरत नहीं है, न ही वह राखी जैसी कुंद-दिमाग औरत है, इसीलिए भविष्य में अमंगल की आशंका भी उसे नहीं है, लेकिन अर्जित विद्या को अगर काम में लगाया जाए, तो क्या हर्ज है? वह राखी की तरह पर-निर्भर होकर क्यों रहे? इसके अलावा, सच तो यह है कि बोधिसत्व के लौट आने के बाद भी क्या उसका अकेलापन पूरी तरह मिट जाएगा? गृहस्थी का काम-काज आखिर है ही कितना-सा? अभी बस, कुछ ही देर में निपट जाएगा और उसके बाद समूचा दिन, खाली-खाली! निचाट! पल भर के लिए दयिता को याद आया, बर्लिन जाने से पहले, बोधिसत्व आठों पहर पढ़ाई-लिखाई में डूबे रहते थे। दयिता को लगभग करीब आने नहीं देते थे। उन दिनों भी दयिता ने कम अकेलापन झेला था? कैसा बावला और उदासीन बंदा है, उसके करीब रहते हुए, शायद अपनी भी एक अलग दुनिया रच-गढ़ लेना बेहतर है!

यह ख्याल दयिता के मन में घर कर गया। वह तत्काल नए उत्साह से भर उठी। जन्मदिन निरर्थक क्यों जाए? क्यों न आज से ही कोशिश शुरू कर दी जाए।

खाना खाने के बाद, दयिता अखबार लेकर बैठ गई। रोजगार-विज्ञापन काफी ध्यान से पढ़ती रही। उसने पिछले चार-पाँच दिनों के अखबार खंगाल डाले। महज बी.एस-सी. ऑनर्स की डिग्री के दम पर क्या नौकरी मिल सकती है? नौकरी का बाजार इन दिनों बेहद बुरा है। इसके बावजूद दो-एक ऐसे इश्तेहारों पर भी उसकी नज़र पड़ी जो काफी उत्साहवर्धक थे। स्मार्ट और फटाफट अंग्रेजी झाड़नेवाली रिसेप्शनिस्ट चाहिए। विनम्र, खूबसूरत सेल्सगर्ल! प्राइवेट स्कूल में छुट्टी पर गई टीचर की खाली जगह के लिए टीचर! दयिता आँख-कान मूँदकर उन सभी खाली जगहों के लिए आवेदन ठोंक दे? आज ही?

कई दिन इसी हल्ले-हंगामे में गुजर गए। दयिता आवेदन टाइप कराती रही। पोस्ट करती रही। इसी बीच एक दिन वह टुप से दफ्तर-मुहाल का भी चक्कर लगा आई। वह रोजगार-दफ्तर में भी अपना नाम लिखा आई। वैसे एजेंसी ने उसे कोई खास उम्मीद नहीं बँधाई। कंप्यूटर जाने बिना, उनके जरिए नौकरी पाना मुश्किल है। यह सुनते ही उसने कंप्यूटर सीखने के लिए इधर-उधर दौड़ लगा दी। वह कंप्यूटर में दाखिला ले या न ले, इसी असमंजस में डूबी रही।

इसी दौरान एक अद्भुत सरप्राइज! उसे किसी अवश्यंभावी घटना की पूर्व-सूचना मिली।

इधर कई दिनों से उसके मन में शक जाग उठा था। वक्त गुजर गया। उसे पीरियड क्यों नहीं हुआ? इन दिनों, उसे मिचली-सी आने लगी है। कुछ भी खाने का मन नहीं होता। अब वह क्या करे? डॉक्टर के पास दौड़े? अकेली ही? या बोधिसत्व के आने का इंतजार करे?

अंदर ही अंदर दयिता की उत्तेजना बढ़ती गई। साथ ही कौतूहल भी तीखा

हो उठा। आखिरकार उससे रहा नहीं गया। वह डॉक्टर के पास दौड़ गई। टेस्ट वगैरह हुए। दयिता का अंदाजा सही निकला। रिपोर्ट पोजिटिव थी।

निश्चित होने के साथ-साथ, दयिता एक अनिर्वचनीय खुशी से भर उठी। खुशी! खुशी! खुशी! उसके सीने में खुशी की बाढ़ उमड़ आई। कोई सोच सकता है? उसे प्रोफेसर बोधिसत्व मजूमदार की संतान धारण करने का सौभाग्य प्राप्त हुआ है? उसकी देह के अंदर, उन्हीं के देह का प्राणरस लेकर, एक आगामी बोधिसत्व धरती पर कदम रखेगा। वैसे बेटा ही क्यों, बेटी भी हो सकती है। अब चाहे बेटा हो या बेटी, उसकी और बोधिसत्व की संतान, कोई साधारण संतान नहीं होगी। वाह! वाह! सूरजदेवता का तेज धारण करके, कुंती के मन में भी क्या इसी तरह का पुलक जगा था?

वैसे दयिता के मन का यह उल्लास निष्कंटक नहीं था। इस सुख में भी छोटे-छोटे काँटे भी क्यों उग आए थे? वह भी अचानक? बिल्कुल अचानक? राखी से अगर तलाक नहीं हुआ, तो क्या होगा? तब दयिता की संतान का क्या परिचय होगा? वैज्ञानिक बोधिसत्व मजूमदार की नाजायज...? यह किसका असम्मान होगा? बोधिसत्व का? दयिता का? या उस आगत संतान का? वह संतान अगर दयिता की तरफ तर्जनी उठाकर जवाब तलब करे—तुम लोग अपने सुख के लिए अय्याशी कर रहे थे अच्छा किया, लेकिन मुझे दुनिया में क्यों लाए? समाज का निश्चित नियम-कानून है...।

धत् हू केयर्स? इन सबकी कौन परवाह करता है? दयिता ने समाज को कब माना है? रही राखी? वह तो कंटेस्ट कर ही नहीं रही है, बोधिसत्व ने तो यही बताया था। वैसे उन्होंने यह बात बिना जाने-बूझे ही कही थी, सिर्फ अंदाजे से कहा था। वैसे लगता है, उनका अंदाजा सही था, वर्ना राखी खाना-खुराकी के रुपए लेने से इनकार क्यों करती? वाकई काफी तेज है उस महिला में, टूट जाएगी, मगर झुकेगी नहीं!

परसों दोपहर को सौमिक ने फोन किया था। हाय-हलो की। अब जिस दिन उसका फोन आएगा, दयिता यह खुशखबरी उसे भी सुनाएगी। अब जाए और यह खुशखबरी राखी तक भी पहुँचा आए। कैसी भयंकर जलन मचेगी। उस महिला के मन में! बिल्कुल चिड़बिड़ा जाएगी। अब तलाक चाहे हो या न हो, राखी अब बोधिसत्व मजूमदार की पत्नी, हरगिज नहीं है। आस-पास के लोग, अब दयिता को ही बोधिसत्व की बीवी मानते हैं। मिसेज दयिता मजूमदार! हाँ, दयिता मजूमदार! मजूमदार! दयिता मजूमदार!

उस रात, काफी देर-देर तक दयिता इन्हीं सब ख्यालों में डूबी रही। वह काफी रात गए तक बरामदे में ही बैठी रही। मृदु-मंद बहती हुई हवाओं के साथ-साथ, दयिता का मन भी झूमता रहा। तीखे सुख, चोर-आवेग और अचीन्ही तकलीफ के अहसास से उसका मन भी डोलता रहा। अचानक उसे अपनी माँ बेभाव याद आती रही। पता नहीं क्यों तो उसे अपनी माँ याद आ रही थी। क्या इसीलिए कि वह उसकी

सगी माँ है? सौमिक को अगर यह खबर दे दी जाए, तो वह घरवालों को नहीं बताएगा? तब क्या उसके माँ-बप्पा दौड़कर आए बिना, रह पाएँगे?

कमरे में फोन बज उठा! विदेश का कॉल है, घंटी की आवाज़ से ही जाहिर था! दयिता गिरते-पड़ते, भागकर फोन तक पहुँची।

''हलो! सो गई थीं क्या?''

''नहीं, नहीं, जरा बरामदे में...!'' दयिता की आवाज में खुशीभरा अभिमान छलक उठा, ''इतने दिनों बाद, हमारी याद आई? पक्के ग्यारह दिनों बाद, तुमने फोन किया है, कुछ होश है?''

''फुर्सत कहाँ होती है, भई? सुबह-सवेरे होटल से निकलता हूँ, लौटते-लौटते रात हो जाती है। उस वक्त कलकत्ते में दो या तीन बजे होते हैं। मैंने कहा नहीं था, जिस दिन शाम को लौटूँगा, उसी दिन फोन करूँगा। आज शाम-शाम ही लौट आया, तो...''

दयिता का अभिमान धुल-पुँछ गया।

वह एकदम से किलक उठी, ''एइ, पता है, मेरे पास तुम्हारे लिए बहुत बड़ी खुशखबरी है...''

''मेरे पास भी है! असल में वही बताने के लिए मैंने तुम्हें...। हाइडेलबर्ग यूनिवर्सिटी ने मुझे चार लेक्चरों के लिए आमंत्रित किया था। मैंने वहाँ 'ब्लैकहोल' पर पेपर पढ़ा। यहाँ यह पेपर बर्लिन के सेमिनार से भी ज्यादा प्रशंसित हुआ। रिड्सन और कनिंघम—दोनों ही मेरे लेक्चर में मौजूद थे, दोनों ही प्रशंसा में पंचमुख!'' वैज्ञानिक बोधिसत्व मजूमदार की आवाज़, बच्चों की तरह उल्लसित सुनाई दी, ''उनका कहना है कि 'क्रिएशन ऑफ यूनिवर्स' की थ्योरी में मेरी सोच, नई-नई दिशाएँ खोल देगी। सृष्टि के आदि पलों में पहुँचने के लिए...''

''समझ गई! समझ गई! तुमने विश्व-संसार जीत लिया। अब, मेरी खबर सुनो। यह भी तुम्हारे सृष्टि-तत्त्व में नया दिगन्त है।''

''ओफ् ओ! पहले तुम मेरी बात सुनो। सीरियसली! सुनो अब मेरे 'ब्लैकहोल' को इनकार करके, सृष्टि के आदि पलों तक कोई भी नहीं पहुँच पाएगा। सबसे बड़ी कामयाबी तो यह है कि स्ट्रिंग थ्योरी से, मेरे आइडिया का कोई विरोध भी नहीं है। गणित-प्रणाली से मैंने जैसे प्रमाणित किया है...''

''ओफ् ओ! तुम मेरी भी बात सुनोगे या नहीं?''

''सुनता हूँ! सुनता हूँ! पहले तुम यह सोचो कि इस स्वीकृति ने मेरी जिम्मेदारी कितनी बढ़ा दी है! स्पेस से अनुमति लेकर, अब सबको नए सिरे से सोच-विचार करना होगा। मुझे भी! राइनफील्ड ने कहा था...''

''एइ सुनो न..''

''ओफ् ओ! हद तंग करती हो! चलो, बताओ।''

"मैं प्रिगनेंट हूँ!"

"व्हाट?" फोन पर मानों चीत्कार आ टकराया।

"तुम बाप बननेवाले हो, जी! तुम्हारा बच्चा आ रहा है। हमारी संतान...।"

"ओह नो!" दूसरे छोर पर कुछेक पलों की चुप्पी!

कई हजार मील की दूरी के दरमियान निःशब्दता की तरंग दौड़ती रही।

थोड़ा ठहरकर दुबारा आवाज सुनाई दी, "आर यू श्योर? तुम्हें पक्का मालूम है..."

"हाँ, मैं डॉक्टर के यहाँ गई थी। क्यों, जी, अब कहो, कितनी बड़ी खुशखबरी है...?"

दुबारा कुछ देर नीरवता!

थोड़ी ठहरकर बोधिसत्व ने भारी आवाज़ में कहा, "सुनो, दयिता फिजूल के झमेले मुझे बिल्कुल पसंद नहीं हैं। अब जितनी जल्दी हो सके, तुम 'एबॉर्शन' करा डालो। मैं इस महीने की उन्तीस तारीख को लौट रहा हूँ। इससे पहले ही..."

दयिता को मानों अपने कानों पर विश्वास नहीं आया।

उसने अस्फुट आवाज़ में पूछा, "क्यो?"

"ओफ् ओ! अब किसी नए झमेले को दावत देने की जरूरत नहीं है।" बोधिसत्व ने हुक्म के अंदाज में कहा, "जस्ट गेट रिड ऑफ इट! फौरन छुटकारा पाओ।"

दयिता का तन-बदन सख्त हो आया। उसकी साँसें तेज हो उठीं। उसका दिल मानों टुकड़े-टुकड़े हो गया।

हे भगवान्!

19

"तू आज दफ्तर से कब लौट रहा है?"

"जैसे रोज़ लौटता हूँ! साढ़े सात-आठ बजे तक!"

"इतनी देर से? तेरा तो ईयर-एंडिंग का काम पूरा हो चुका है–" कविता ने बेटे की थाली के पास मछली के शोरबे की कटोरी रखते हुए कहा।

उसने हिदायत भरे अंदाज में कहा, "सुन, आज ज़रा जल्दी लौट आना।"

"क्यों?"

"जब कह रही हूँ, तो इसकी कोई वजह भी जरूर है। लौटकर ही देख लेना..."

सौमिक खाते-खाते रुक गया और उसने सिर उठाकर देखा। दफ्तर जाने की अफरातफरी के वक्त यह सब खामख्याली उसे बिल्कुल पसंद नहीं है।

उसने हल्की-सी झुँझलाहट के लहजे में कहा, ''अब, ज़रा खुलकर कुछ कहोगी?''

कविता ने हल्की-सी हिचकिचाहट भरे लहजे में कहा, ''आज जयश्री आनेवाली है।''

''ये जयश्री कौन है?''

''तानिया की माँ! साथ में तानिया भी आएगी।''

सौमिक ने पल भर में कविता का चेहरा पढ़ लिया। फिर वही खेल! फिर वही पुतुल-नाच!

उसने रूखी आवाज़ में कहा, ''मैं तुमसे कह चुका हूँ, अब तुम्हें मेरा रिश्ता खोजने की जरूरत नहीं है?''

''तुम्हारे कह देने भर से तो नहीं चलेगा।'' कविता डाइनिंग टेबल की उल्टी तरफ आ बैठी, ''अपने बेटे का अच्छा-बुरा मुझे देखना ही होगा।''

''माँ, मेरा अभी शादी करने का मन नहीं है।''

कविता पल भर को ठिठक गई। लेकिन अगले ही पल, वह खरखरा उठी, ''देखो सोमू, किसी भी मामले में अति अच्छी नहीं होती। किसी बदजात लड़की की बदचलनी की वजह से, तुम सूख जाओ, यह मैं हरगिज नहीं होनी दूँगी।''

''मैं सूख रहा हूँ? ताज्जुब है!''

''माँ की आँखों में तुम धूल नहीं झोंक सकते। कभी देखा है, कैसी सूरत निकल आई है? छिः आँखों तले सियाही, कंधे का हाड़-हाड़ झलकता हुआ! चेहरे पर हँसी का नाम नहीं, हर वक्त एब्सेंट–माइंडेड मुद्रा...यह सब अनन्त काल तक तो नहीं चल सकता। इसके अलावा, मेरा भी तो कोई चाव-साध है! है या नहीं?''

सौमिक के दिमाग में क्रोध भभक उठा, फिर भी वह बमुश्किल खामोश बैठा रहा। दयिता से ब्याह टूट जाने के बाद, कुछेक दिन कविता जी-जान से कोशिश में जुटी रही। अगर उसका वश चलता, तो वह उसी वक्त, उसी दम बेटे को मंडवे तले ला बिठाती। उसके बाद, कुछ दिनों वह शिथिल पड़ गई थी, अब फिर मैदान में उतर पड़ी थी। आजकल घर में अक्सर नई-नई लड़कियों की तस्वीरें पहुँच रही हैं! जब-तब सौमिक के सामने प्रदर्शनी होती है। सौमिक की इच्छा-अनिच्छा को नज़रअंदाज करते हुए, उसे लड़कियों की तस्वीरें दिखाई जाती हैं। अब लड़कीवालों ने सशरीर घर पर हमला शुरू कर दिया?

न्ना, अब सौमिक को युद्ध में उतरना ही होगा। कविता बसुराय को अभी भी पूरी तरह सबक नहीं मिला।

सौमिक की इस क्षणिक चुप्पी को कविता ने उसकी सहमति मान ली।

उसने नरम सुर में कहा, ''तेरी तकलीफ मैं समझती हूँ, रे, सोमू! वह बेइज्जती तू भुला नहीं पाया, यही न? तू तानिया को एक नज़र देख तो ले, वह तेरे सा-रे

दुःख-दर्द भुला देगी। यह तेरी उस दयिता की तरह काठ-काठ अति-दिग्गज लड़की नहीं है, काफी नरम दिल, नरम मिजाज लड़की है। जैसी लड़की की तुझे जरूरत है। अगर तू चाहेगा, तो जींस पहनकर पार्टी में भी जाएगी और अगर तू हुक्म करेगा, तो तेरे पाँव भी दबाएगी।''

सौमिक ने चकराई निगाहों से अपनी माँ की तरफ देखा। अच्छा, तो आजकल भली बहू का यही मानदंड है?

कविता ने दुबारा कहा, ''जयश्री काफी ऊँची किस्म की औरत है। वह मणिदीपा की तरह बौलानी-झल्ली नहीं है। बेटी को बढ़ावा दे-देकर, जयश्री ने अपनी बेटी को सिर पर नहीं चढ़ाया। मैंने तो तानिया से बातचीत की है। कितनी कोमल... कितनी विनयी...हर वक्त हँसती हुई! और रूप...''

''माँ, तुम चुप करोगी?''

''ठीक है! तू अपनी आँखों से देख लेना। ठोंक-बजाकर परख लेना।''

अब सारा कुछ सौमिक के बर्दाश्त-बाहर हो गया। वह खाना छोड़कर उठ खड़ा हुआ! बेसिन से सीधे अपने कमरे में! उसने पैंट-शर्ट पहनकर, बालों में कंघी फेरी और अपना ब्रीफकेस ठीकठाक कर लिया। उसी दौरान वह तानिया नामक किसी अनजान-अचीन्ही लड़की के रूप का गुणगान भी सुनता रहा। कहीं से वासुदेव लोगों की आवाज़ भी सुनाई दी। उन्होंने कविता से जाने क्या तो कहा। उसका उच्छ्वास और बढ़ गया।

घर से निकलते वक्त, सौमिक एक बार फिर कविता के चंगुल में फँस गया।

कविता ने हँसते-हँसते ही पूछा, ''हाँ, तो तू कितने बजे लौट रहा है?''

सौमिक के होठों पर एक हिंस्र मुस्कान झलककर विलीन हो गई।

उसने अस्फुट आवाज़ में जवाब दिया, ''देखूँगा...''

''देख, सात मत बजा देना। वे लोग आ चुके होंगे।''

सौमिक ने हाँ-ना, कुछ भी जवाब नहीं दिया। वाताशहीन घर से बाहर निकलकर, उसने लंबी उसाँस भरी। यह मुक्ति की साँस नहीं थी, बल्कि मशीनी दिन शुरू करने से पहले, ऑक्सीजन-आहरण था! राह चलते हुए, सौमिक ने आकाश पर नज़र डाली। जाने क्यों तो उसकी निगाहें अक्सर आसमान निहारने लगती हैं। आज आसमान में घने बादलों का डेरा था। जगह-जगह हल्के नीलाभ बादल! आज उमस भी बढ़ गई थी। क्या बारिश होगी? अगर बारिश हो जाए, तो मज़ा आ जाए। कितने दिनों से यह शहर मूसलाधार बारिश में नहीं डूबा। सौमिक की आँखें, कल्पना में बारिश होते देखती रहीं। चारों तरफ उमड़ता हुआ जल! सड़कों पर लहरें उफनती-टूटती हुईं! सड़क पर गाड़ी-सवारियाँ मृतप्रायः सर्प की तरह लड़खड़ाते हुए, आह-कराह मचाते हुए आगे बढ़ती हुईं। धूसर पड़े पेड़-पौधे, बरसात के पानी में भीग-भीगकर गाढ़े हरे रंग में निखर आए। पत्तों से टप्-टप् पानी झरता हुआ! समूचा दिन धीरे-धीरे

दयिता की गहरी-घनी आँखों जैसा खूबसूरत और हसीन हो आया।

सौमिक के कदम, अचानक ठिठक गए। सामने शेयर-टैक्सी के लिए प्रतीक्षारत लोगों की लंबी कतार! गर्दन के पीछे उस अदृश्य बुलडॉग की हुंकार! भों! भों!

शाम करीब चार बजे सौमिक को सिर उठाने की फुर्सत मिली। अब तक कंप्यूटर की स्क्रीन पर रंगों का अविराम समारोह जारी था। उसने उस मशीन को निष्प्राण करके आराम से अँगड़ाई ली, कई बार जम्हाई भी ली और इधर-उधर निगाहें दौड़ाकर देखा। बगल की क्यूबिकल में निर्माल्य कॉफी की घूँट भरता हुआ। उँगलियों के बीच सैंडविच दबी हुई! सौमिक को भी कसकर भूख लग आई। उसे याद आया कि आज उसने टिफिन भी नहीं किया।

अपना खाना वह कैंटीन में जाकर खाए या यहीं मँगा ले, यह सोचते-सोचते सौमिक बगल की क्यूबिकल में आ पहुँचा।

खाते-खाते ही अपना काम करना रोककर, निर्माल्य ने पलटकर सौमिक की तरफ देखा, ''आ, बैठ! तू न आता, तो मैं ही तेरे पास जाता।''

निर्माल्य, सौमिक से लगभग तीन साल बड़ा था! लगभग साथ ही साथ यहाँ नौकरी ज्वायन की थी। इसके अलावा दोनों में दोस्त जैसा रिश्ता भी है।

निर्माल्य ने कहा, ''सुन शनि की शाम, तुझे मेरे यहाँ आना है।''

''क्यों? उस दिन क्या है?''

''विवाह-वार्षिकी!'' निर्माल्य ने अपने कंधे उचकाकर कहा, ''छोटा-सा गेट-टुगेदर है। दफ्तर के पाँच-छः लोग और चंद करीबी रिश्तेदार होंगे! आएगा न?''

''ओह, श्योर!'' सौमिक की नज़र, निर्माल्य के हाथों की सैंडविच पर गड़ गई। उसकी भूख और बढ़ गई।

उसने निहायत अलमस्त अंदाज में पूछा, ''यार, यह तुम दोनों के कितने नंबर की एनिवर्सरी है? तीसरी?''

''चौथी!''

''यानी देखते-देखते तुम दोनों के ब्याह के चा-र साल हो गए?''

''और नहीं तो क्या! गुड्डू ही इस अगस्त में पूरे तीन साल का हो जाएगा। दिन कितनी तेजी से गुजर जाते हैं। अब उसके स्कूल के लिए दौड़-धूप शुरू हो जाएगी। अब, देखूँ, कहाँ, कितने डोनेशन की माँग होती है—''

''तू न बिल्कुल ही घर-बारी बन गया है।''

''अरे, न बनूँ, तो और कोई उपाय है? इसे ही कहते हैं, चलती का नाम गाड़ी!'' सैंडविच खत्म करके निर्माल्य ने हाथ झाड़ते हुए कहा, ''बाइ द बे, एक सलाह तो थमाना, भइए! मेरा मतलब है, एक सुझाव दे—''

"क्या बात है?"

"मिमी को क्या प्रेजेंट दूँ, बता तो?"

सौमिक अजीब फजीहत में फँस गया।

उसने सिर खुजलाते हुए कहा, "कोई साड़ी वगैरह टिका देना।"

"धत्! वह तो साड़ी पहनती ही नहीं–"

"तो फिर सलवार-कमीज थमा देना।"

"भई, मेरे और उसके टेस्ट बिल्कुल नहीं मिलते।"

"तो कोई अच्छी-सी परफ्यूम?"

"अभी पिछले ही साल परफ्यूम दिया था। एक ही चीज बार-बार रिपीट करूँ?"

"अरे, भई, फिर कोई जेवर-टेवर..."

"धत्! कोई ऐसी चीज सोच न, जो ज़रा हटकर हो! ऐसी कोई चीज, जिसे देखकर वह चौंक जाए..."

सौमिक दो-चार सेकेंड सोचता रहा। लेकिन उसके दिमाग को कुछ नहीं सूझा।

उसने सकुचाई मुद्रा में कहा, "तो फिर कोई ट्रेडिशनल सौगात दे डाल। बीवी को चौंकाने का चाव क्यों है?"

"चौंकाना बेहद-बेहद जरूरी है, भइए! जिंदगानी बेतरह 'ड्रैब' हो गई है! सूखी-सूखी! बेजान! यह चौंकाना, रिश्ते को नए सिरे से तरो ताजा बना देगा।"

"यह कैसी बात है, रे? कुल चार साल में ही...?"

"चार साल क्या कम होते हैं? हेल ऑफ ए टाइम! बहुत होते हैं इतने साल!"

"तेरी तो मुहब्बत की शादी है न? कुल चंद दिनों में ही मुहब्बत फुर्र हो गई?"

"ऐसा क्यों होने लगा? मुहब्बत, मुहब्बत की जगह है। लेकिन, यार, रुटीन लाइफ का मतलब ही है, ऊब! लहरहीन! इन सब मौकों को लहर के तौर पर 'यूज' करना चाहिए। चल, चल, कोई आइडिया दे!"

कुछ देर सोचने के बाद, सौमिक ने होंठ बिचका दिए, "सॉरी! नो आइडिया।"

"धत्! तू न बिल्कुल ही नकारा है! मैंने सोचा था, कुँवारा बंदा है, तुझसे ऐसा कोई टिप्स मिलेगा, जो सबसे हटकर होगा।" यह कहते-कहते अचानक निर्माल्य का चेहरा खुशी से चमक उठा, "सुन, सुन, मेरे दिमाग में एक आइडिया आया है–"

"कौन-सा आइडिया?"

"अगर मैं मिमी को एक काकातूआ भेंट करूँ?"

"विवाह-वार्षिकी पर काकातूआ?"

"हाँ, उसे तो पंखी-पखेरू का ही शौक है न? काकातूआ पाकर चौंकेगी नहीं? खुश नहीं होगी भला? मिमी भी खुश, गुड्डू भी खुश!"

सौमिक कुछेक पल अचरज से मुँह बाए खड़ा रहा। विवाह-वार्षिकी पर क्या अब से पंखी-पखेरू का विनिमय शुरू होगा? मिमी भी शायद निर्माल्य को चौंकाने

के लिए कोई कुत्ता-वुत्ता...लासा या डैशेड या फिर छोटा-मोटा चीता या भेड़िया...। यह प्यार आखिर किस तरफ जा रहा है? ये रिश्ते कैसे हैं? इसे टिकाए रखने के लिए क्या उत्तेजनाभरी 'चमक' की जरूरत है?

उसकी मेज पर फोन बज उठा।

सौमिक दौड़कर, अपनी लक्ष्मण-रेखा में लौट आया।

"येस, सौमिक बसुराय स्पीकिंग!"

"तूने टिफिन किया, सोमू?"

उफ्! कविता बसुराय!

सौमिक ने सतर्क लहजे में कहा, "हाँ, कर लिया है।"

"क्या खाया?"

"सैंडविच, केला और अंडा।"

"गुड! वक्त से लौटेगा न?"

फोन रखकर सौमिक ने दाँत किटकिटाए। हुँहः दिखाता हूँ। रहें, बैठी रहें, मुनिया नहीं, तो तानिया सही। हद होती है। यह लड़की भी क्या माँ के गुरुदेव की भेजी हुई उम्मीदवार है? बहुत मुमकिन है। गुरुदेव के अनुमोदन के बिना माँ क्या कोई नया सैंपल घर में लाएँगी? सौमिक ने जोर का ठहाका लगाया। लालजी बाबा ने कहा था कि दयिता और सौमिक—दोनों का राजयोग है। अब वह शख्स क्या कहता है? कनखल में बैठा-बैठा, स्वांग रचाए, भजन-कीर्तन कर रहा होगा और ढुलमुल आँखों से गंगा की शोभा निहार रहा होगा। लालजी बाबा इस तानिया के बारे में भी ऐसा ही कोई मंतव्य झाड़ेगा! स्साला!

सौमिक के पेट में दुबारा ऐंठन शुरू हो गई। यानी भूख। कविता बसुराय ने बार-बार खाने की आदत डाल दी है। कैंटीन में जाकर, सौमिक ने आज जानबूझकर सैंडविच के बजाय टोस्ट और स्टू खाया। काफी देर बाद पेट में अन्न का दाना गया, इसलिए उसके अंग-अंग में एक अजीब-सा अहसास हरकत कर उठा। उनींदा! मादक अहसास! आँखें मुँदने लगीं। सौमिक ने जो पहले कभी नहीं किया, आज वही कर डाला। उसने काली कॉफी मँगाई। कॉफी की कड़वाहट उसे भली लगी। तन-बदन तरोताजा हो आया।

वह फिर मशीन-मानव बनकर कंप्यूटर के सामने आ बैठा। बिल-वाउचर-ब्याज का हिसाब-किताब! अक्षरों का नर्तन! अनंत प्रवहमान संख्या पर नजरें गड़ाए रहना। बाहर कोई शाम जन्म ले रही थी। बड़ी हुई! मर गई। सौमिक अपने काम में डूबा रहा। आज उसे सात-सात बजे तक दफ्तर में ही रहना है। उसके बाद? उसके बाद?

"क्या, मैं अंदर आ सकता हूँ?"

सौमिक ने चौंककर देखा। क्यूबिकल के दरवाजे पर बबुआ!

"अरे! आओ! आओ! क्या खबर है! तुम अचानक?"

''यूँही चला आया!'' बबुआ ईषत् सकुचा गया, ''डिस्टर्ब किया?''

''अरे, नहीं, नहीं! आओ! आओ!'' सौमिक ने बबुआ को सामने की कुर्सी की तरफ इशारा किया, ''अचानक, कहाँ से?''

''आज इम्तहान खत्म हो गए...आपके बैंक का नाम याद था...सोचा, आपसे मिलता चलूँ! वैसे मेरा ख्याल नहीं था कि आप मिल जाएँगे।''

''क्यों?''

''छः बज गए न!...फिर भी एक चांस लिया..''

''अच्छा किया।'' सौमिक कुर्सी से टिककर बैठ गया, ''मैं अक्सर सात-साढ़े सात बजे तक दफ्तर में ही होता हूँ! विदेशी बैंक है न! यहाँ दस से पाँच बजे का बँधा-बँधाया नियम नहीं चलता। खैर, छोड़ो, पहली बार मेरे दफ्तर आए, बताओ क्या खाओगे?''

''कुछ नहीं!''

''यह कहने से चलता है भला? परीक्षा देकर आ रहे हो...''

''विश्वास कीजिए, जरा भी भूख नहीं है। हाल से निकलकर नाश्ता किया! पेट अभी तक ठँसा हुआ है।''

''सच कह रहे हो?''

''बिना जरूरत के झूठ क्यों बोलूँगा?''

सौमिक हँस पड़ा। उसे इस शख्स की सुदृढ़ भंगिमा बेहद भली लगती है। उसने खाने के लिए जिद नहीं की।

हल्के-फुल्के अंदाज में उसी ने बातचीत शुरू की, ''हाँ, तो बताओ, तुम्हारे पर्चे कैसे हुए?''

''सो-सो!''

''क्या उम्मीद करते हो?''

''ज्यादा से ज्यादा पचपन प्रतिशत!''

''वा-ह! वाह! कलकत्ता यूनिवर्सिटी का स्टैंडर्ड तो बहोत अच्छा है। अब तुम पार्ट टू में लग पड़ो। देखो, औसत प्रतिशत और बढ़ाया जा सकता है या नहीं!''

बबुआ पल भर को खामोश हो रहा।

वह चारों ओर निगाहें घुमाकर कमरे का मुआयना करता रहा।

अचानक उसने बेहद उदासीन लहजे में कहा, ''पार्ट टू मुझे नहीं देना है।''

''अरे, क्यों?''

''क्या फायदा? ग्रेजुएट तो हो ही जाऊँगा।'' बबुआ ने लंबी उसाँस भरी, ''अब मैं कोई नौकरी चाहता हूँ, सौमिक दा!''

बबुआ की आवाज़ की भंगिमा, सौमिक के कानों में खट् से बज उठी। 'सौमिक दा' संबोधन ने भी उसे चकित कर दिया।

सौमिक ने आँख सिकोड़कर उसे गौर से देखा, "मामला क्या है, बताओ तो? अभी से नौकरी के बारे में क्यों सोच रहे हो?"

"मैं माँ को लेकर अलग रहना चाहता हूँ।"

सौमिक ईषत् ठिठक गया, "मामा के यहाँ कोई समस्या है?"

थोड़ा वक्त लेकर बबुआ ने जवाब दिया, "समस्या ऐसी कोई नहीं है, जो आप सोच रहे हैं। मेरे मामा-मामी इंसान के तौर पर काफी शरीफ इंसान हैं। मुझसे स्नेह करते हैं, माँ की भी इज्जत करते हैं। हमारी देखभाल भी काफी मन से करते हैं। फिर भी..."

"फिर भी, क्या?"

"यह आप नहीं समझेंगे। आपको हमारी स्थिति में तो नहीं पड़ना पड़ा।" बबुआ की आवाज़ जैसे किसी खाई में उतर गई।

उसने हल्की उसाँस भरते हुए कहा, "आखिर है तो आश्रित का जीवन..."

उसकी यह बात सौमिक के दिल में कहीं गहरे चोट कर गई। कई एक सेकेंड वह बबुआ की तरफ अपलक देखता रहा। उस कमसिन नौजवान के चेहरे पर अजब-सा रुक्ष भाव झलक रहा था, लेकिन आँखों की कोरों में दुःख का आभास, जो उस तेजस्वी चेहरे पर बिल्कुल बेमेल लग रहा था। साफ जाहिर था, अंदर ही अंदर वह प्रचंड आँधी-तूफान झेल रहा था। यही वह उम्र है, जब इंसान झोंक में आकर गलत-सलत सिद्धांत ले बैठता है।

सौमिक ने नरम आवाज़ में कहा, "आश्रित का जीवन क्यों कहते हो? मामा के घर में तुम्हारी माँ का भी थोड़ा-बहुत कानूनी अधिकार है, इसी दम पर तुम्हारा भी..."

"अधिकार?" बबुआ की अवाज़ खिन्न हो आई, "यह अधिकार शब्द बेहद खोखला होता है, सौमिक 'दा! हम लोगों का अब कहीं, कोई अधिकार नहीं है।"

"यह तो तुम्हारे अभिमान की बात है। बारासात वाले घर में, जरूर ही तुम्हारा हक़ है, हिस्सा भी है..."

"हमारे असली और सही-सही अधिकार की जगह ही, तिनके की तरह बह गई, अब मैं मामा के यहाँ, अपना अधिकार या हिस्सा जमाने जाऊँ?" बबुआ ने जोर-जोर से सिर हिलाया, "यह मुझसे नहीं होगा, सौमिक 'दा! देख तो रहा हूँ, मेरी माँ हर वक्त कैसी सिमटी-सकुचाई रहती है, किसी से कोई भी बात, जोर देकर नहीं कर पाती, उसकी हिम्मत ही नहीं पड़ती। मामा-मामी वजह-बेवजह डैडी की निंदा करते हैं, आलोचना करते हैं, दिल पर चोट करने वाले फिकरे कसते हैं। खैर, उन्हें इस सबका हक़ है! डैडी ने जो हरकत की है, उस बारे में वे लोग कुछ भी कह सकते हैं। यही स्वाभाविक है! डैडी को तो शायद इससे भी ज्यादा हिकारत मिलनी चाहिए। लेकिन, ये सारी बातें माँ के दिल पर चोट करती हैं, वे बेतरह आहत होती रहती हैं। नहीं, सौमिक 'दा, मैं वहाँ नहीं रह सकता।"

सौमिक, बबुआ की बातें समझने की कोशिश करता रहा। अपने पिता के प्रति बबुआ के मन में चाहे कितना भी विद्वेष हो, पिता के प्रति बरसाई गई कटूक्तियाँ, कहीं उसे चुभ गई हैं। अपने पिता की करतूत के लिए क्या यह लड़का हीनताबोध का शिकार हो गया है? किसी जमाने में राखी, अपने पिया-प्यारे के गर्व में गर्वीली नज़र आती थी, लेकिन अब पति-परित्यक्ता औरत बनकर, भाई की शरण में दिन गुजारना, राखी के लिए असहनीय हो ही सकता है।

इसके बावजूद सौमिक, बबुआ के इरादे का समर्थन नहीं कर पाया।

उसने कहा, "तुम कर ही क्या सकते हो?"

"कहा न, माँ को लेकर अलग हो जाऊँगा। कहीं कोई नौकरी जुटा लूँगा। चाहे जैसे भी हो, दाँत पर दाँत जमाए, किसी तरह मैं और मेरी माँ जिंदगी गुजार देंगे।" इतना कहते हुए बबुआ की आँखें चमक उठीं, "देख लीजिएगा, सौमिक 'दा, मैं किसी शर्त पर भी हारूँगा नहीं। मैं सर उठाकर जरूर खड़ा होऊँगा। सम डे और अदर! किसी न किसी दिन इस समूची दुनिया को...कम से कम बोधिसत्व मजूमदार को यह दिखा दूँगा कि उनसे एक भी दाना भीख लिए बिना, शुद्धसत्व मजूमदार अपनी माँ के साथ सम्मान और शान के साथ जिंदा रह सकता है।"

बबुआ की आवाज़ शायद कुछ ज्यादा ही तेज़ हो उठी, सौमिक ने झटपट चारों तरफ निगाहें दौड़ाईं। दफ्तर में लोग कम होने लगे थे। अधिकांश क्यूबिकल खाली हो चुके थे। जो लोग मौजूद भी थे, उनकी भी निगाह उन दोनों की तरफ नहीं थी। खाली हॉल-घर में एअरकंडीशनर की ठंडक बेतरह बढ़ जाती है! सौमिक को खासी सर्दी लगने लगी।

अचानक फोन बज उठा। अपनी आदत मुताबिक सैनिक फोन उठाने ही जा रहा था कि अचानक ठिठक गया। किसका फोन हो सकता है, उसने अंदाजा लगाने की कोशिश की। फोन बजते-बजते आखिर थककर चुप हो गया। सौमिक ने अंदर ही अंदर राहत महसूस की। बेचारी तानिया!

अचानक बबुआ ने दुबारा पूछा, "क्यों, सौमिक 'दा, मैं नहीं कर सकूँगा? आप क्या कहते हैं?"

सौमिक फौरन कोई जवाब नहीं दे सका। अभी-अभी उसने कविता बसुराय की पुकार की उपेक्षा कर दी है, लेकिन उसकी अस्थि-मज्जा दिलोदिमाग में बसी, उसी कविता बसुराय ने ही, क्षणिक कल्पना-विलासी सौमिक को युक्ति-बुद्धि, आगा-पीछा सोचने की क्षमता को जैसे जकड़ लिया हो।

सौमिक तनकर बैठ गया, "बी प्रैक्टिकल, शुद्धसत्व, वास्तविक बनो।"

"क्यों? मैंने ऐसी कौन-सी अवास्तविक बात कर दी। मैं क्या एक अदद नौकरी नहीं जुटा पाऊँगा?"

"नहीं, नौकरी तो जुटा लोगे। लेकिन कितने रुपयों की? तुम्हें किसी काम

का कोई तजुर्बा नहीं है, कोई तकनीकी योग्यता नहीं है, पढ़ाई-लिखाई भी जनरल लाइन में की, आजकल नौकरी का जैसा बाजार है, हद से हद सेल्स-टेल्स में कुछ जुट जाए। सुबह से शाम तक जी-तोड़ मेहनत करने पर, हद से हद दो-चार हजार! इसमें तुम दोनों का चल जाएगा?''

''चलाना पड़ेगा।''

''शरीफ मुहल्ले और गनीमत माहौल में घर-किराया कितना है, जानते हो? दो प्राणियों की गृहस्थी चलाने में कितना खर्च आता है, कुछ अंदाजा है?''

''अगर ऐसी स्थिति आई, तो हम बस्ती में ही रह लेंगे। नमक-भात खाकर रहेंगे।''

हुँहः नमक-भात खाकर रहेंगे! असल में दूध-भात खानेवाला लड़का है न! सच्ची-सच्ची नून-भात खाकर रहना, क्या होता है, उसे मालूम नहीं है। माँ को लेकर अगर वह बस्ती में जा बसा, तो कैसा भयंकर नतीजा होगा। हफ्ते भर के अंदर भाग खड़े होने को हाय-तौबा मचाएगा, आँसू बहाने की भी जगह नहीं मिलेगी। यह लड़का तो बिल्कुल पगला गया है।

पल भर के लिए सौमिक को बोधिसत्व पर भयंकर गुस्सा आने लगा। कैसा निष्ठुर बंदा है! बीवी-बेटे को कैसी बेसहारा स्थिति में बहा दिया। इस लड़के का बेहद खूबसूरत, वृत्ताकार जीवन हो सकता था, लेकिन सारा कुछ कैसा तो गडमड हो गया! स्साला वैज्ञानिक, इस कदर बुद्धिहीन, युक्तिहीन, अन्यायी कैसे हो गया?

अपने को संयत करते हुए, सौमिक ने बबुआ को समझाने की कोशिश की, ''देखो, शुद्धसत्व, यूँ दिमाग मत गर्म करो, झक्की मत बनो, सनक में आकर मत चलो। मेरी सलाह मानो और कुछेक साल, सींग-पूँछ दबाए, बारासात में ही पड़े रहो। तुम यह मान लो न कि यह तुम्हारी जिंदगी भर की लड़ाई की तैयारी है। अगर अलग ही रहना है, तो अपने मामा से बात करके, अपनी माँ का हिस्सा माँग लो और आजादी से रहो वहाँ।''

बबुआ को सौमिक की सलाह बिल्कुल पसंद नहीं आई। उसने सौमिक की तरफ तीखी निगाहों से देखा।

वह अस्थिर लहजे में बुदबुदा उठा, ''आप ऐसी सलाह दे रहे हैं, सौमिक 'दा? आप...?''

''मैंने क्या कुछ गलत कहा?''

''मैं यह सब सुनने आपके पास नहीं आया। मुझे लगा था, आप शायद मेरी स्थिति महसूस कर पाएँगे।''

यह कहते-कहते बबुआ झटके से उठ खड़ा हुआ। उसके क्यूबिकल से हनहनाता हुआ बाहर निकल गया। उसने एक बार भी पीछे मुड़कर नहीं देखा।

सौमिक सर झुकाए बैठा रहा। अचानक उसे अपना आपा खासा अपराधी-अपराधी लगने लगा। अगर वह खामोश रहता, तो शायद बेहतर होता। यह लड़का सौमिक

के पास आखिर आया ही क्यों? जरूर नौकरी के लिए आया था। लेकिन सौमिक के पास क्यों। उसे क्या यह उम्मीद थी कि सौमिक उसकी मदद करेगा? सौमिक जाने क्यों तो इस तरह घोर वास्तविक हो उठा। रोटी-कपड़ा-मकान के अलावा भी तो जिंदगी में कुछ होता है या नहीं? कुहासे की उस पार की दुनिया! न्ना! बबुआ के आवेग भरे भावों को ज़रा हमदर्दी की निगाह से देखना चाहिए था।

सौमिक अधमरा चेहरा लिए, लिफ्ट से नीचे उतर गया। बाहर गाढ़ी शाम उतर आई थी। भयंकर उमस! गाड़ी-सवारियों की कर्कश आवाज़ कानों के पर्दे चीरती हुई। जन-कोलाहल की प्रचंड गूँज। सौमिक इस वक्त कहाँ जाए? कविता बसुराय की गुफा में लौट जाए? असम्भव! किसी पुराने मित्र के घर? दीपंकर? शुभ्र? या रातुल? अच्छा नहीं लग रहा है! फिर कहाँ?

आकाश के कोने में बिजली चमक उठी। सौमिक जिस तरफ अपना ध्यान नहीं बँटाना चाहता था, उसका ध्यान उसी तरफ घूम गया। दयिता के पास चला जाए, तो कैसा रहे? इस बीच उसने दयिता को कई बार फोन किया, लेकिन दयिता ने उसे आने को नहीं कहा। आखिरी दिन जब वह गया था, तो उसने ठीक तरह बात तक नहीं की। आज वह जबरन मेहमान बनकर, बबुआ की खबर दे आए? वह उसे बता आए–"देखो, तुमने एक अच्छे-भले लड़के को किस खाई में धकेल दिया है?" उस दिन राखी का प्रसंग छेड़ते ही, दयिता किस कदर भड़क गई थी। बोधिसत्व के बेटे का नाम सुनकर भी वह फिर नहीं रह पायेगी। बोधिसत्व दो-एक दिन में ही लौटनेवाले हैं। इन दिनों दयिता खुशी से गद्गद होगी। ऐसे में अगर उस पर थोड़े-से काँटे उछाल दे, तो कैसा रहे? दो-चार काँटे ज़रा चुभने दो। दयिता सिर्फ और सिर्फ विशुद्ध सुख ही क्यों भोगे?

बदले की प्यास से बेचैन सौमिक, पल भर के लिए उत्साह से भर उठा। लेकिन, अगले ही पल कोई गोपन विषाद उसके सीने में कसक उठा। उसके खून में विपन्न विस्मय का अहसास! सुख नहीं है। कहीं सुख नहीं है। दयिता को पीड़ा देकर कोई सुख नहीं है।

20

इस साल ऋतुचक्र काफी कुछ बदल गया है। जेठ का महीना लगभग विदा लेनेवाला है, लेकिन अभी तक एक दिन भी काल-वैशाखी का अता-पता नहीं है। वैशाख के

महीने में हवा काफी सूखी-सूखी होती है। धूप की तपिश, तन-बदन जलाती जरूर है, लेकिन शाम होते ही मनोरम हवा बहने लगती है। इस शहर की अपनी निजी हवा! गंगा नदी की खुशबू घुली-मिली हवा!

इस साल सारा कुछ कैसा तो उलट-पलट गया है। कहाँ गई धूल-भरी आँधी? कहाँ गई वह हवा? सबकुछ जाने कहाँ तो अदृश्य हो चुकी है! इन दिनों चौबीसों घंटे सिर्फ विकट गर्मी! ठहरी-ठहरी! उमस भरी! गीली-गीली! पंखे तले भी कोई राहत नहीं! लगातार पसीना ही पसीना! वाताश में इतनी आर्द्रता, लेकिन आसमान जगमग नीला! यह मानों वैशाख का नहीं, बल्कि मेघहीन भादों का महीना है।

बोधिसत्व में भी जबर्दस्त बदलाव आ जुड़ा था। काफी हैरतभरा बदलाव? कम से कम दयिता की नज़र में! जो शख्स अभी चंद दिनों पहले, विदेश-सफर पर गया, वह भी आत्ममग्न जरूर था। इसका थोड़ा-बहुत परिचय, दयिता को पहले भी मिल चुका था, लेकिन बर्लिन में मौजूद बोधिसत्व मजूमदार, मानों उससे भी ज्यादा बदले हुए। कोई दूसरे ही शख्स! वह शख्स, अपने अस्तित्व से बाहर, समूची दुनिया-जहान के बारे में, इन दिनों बेखबर! बोधिसत्व बेतरह किताबी कीड़े बन बैठे थे। इन दिनों अपने रिसर्च से परे, अन्य किसी बात में फिलहाल उनकी कोई दिलचस्पी नहीं है।

फिलहाल दयिता में भी उनकी कोई दिलचस्पी नहीं है। बूँद भर भी नहीं है। आजकल दिन भर में दयिता से उनकी एक भी बात होती है या नहीं, इसमें शक है। हद से हद, खाने की मेज पर दो-चार टुकड़ा-टुकड़ा संवाद! हैरत है! अब दयिता की देह भी बोधिसत्व को नहीं खींचती। पहले, जब वे पढ़ने-लिखने में डूबे होते और दयिता उनके सामने जा खड़ी होती, तो वे उसे अपने करीब खींच लेते। उसे अपने काम-काज के बारे में समझाते-बुझाते थे, साथ ही देह का लघु खेल भी जारी रहता था। उसे चूमते हुए, वे सितारों का, नोवा से सुपर नोवा होने की वजहों का विश्लेषण करते थे। उनके हाथ दयिता के अंग-प्रत्यंग पर घूम रहे होते और वे काल्पनिक काल के अस्तित्व की चर्चा करते थे। उफ्! कितने असहनीय पुलकभरे दिन थे। दयिता का तन-बदन, अंग-प्रत्यंग लाखों सितार की तरह झनझना उठता था। बीच में चंद दिनों का ही अंतराल तो गुजरा था। लेकिन अब स्टडीरूम में उन्हें दयिता की उपस्थिति तक की खबर नहीं होती थी। काफी रात गए, जब वे बिस्तर पर आकर लेटते थे, तब मानों जली हुई लकड़ी हों। दयिता कई बार लाज-हया त्यागकर, खुद आगे बढ़ आई, फिर भी वह उन्हें जगा नहीं सकी।

कुल चंद दिनों में ही दयिता पुरानी पड़ गई?

या दयिता बच्चे की माँ बनने वाली है, इस खबर ने बोधिसत्व को तटस्थ और आवेगहीन कर डाला है?

या दयिता गर्भपात नहीं करेगी, यह जानकर बोधिसत्व बेतरह नाराज हैं?

लेकिन दयिता इनमें से किसी भी वजह को पूरी तरह कबूल नहीं कर पाई।

कबूल करने का उसका मन ही नहीं हुआ।

कुल चंद महीनों में ही बोधिसत्व के मन से, दयिता के प्रति सारे आकर्षण खत्म हो गए? यह भी क्या संभव है?

न्ना, बच्चा न गिराने को लेकर उनके मन में कोई क्षोभ है, ऐसा तो नहीं लगता। अगर वे नाराज होते, तो किसी न किसी पल दयिता को जरूर आभास हो जाता। दयिता जानती है, बोधिसत्व अपने आवेग बिल्कुल नहीं छिपा पाते।

बोधिसत्व जिस दिन विदेश से लौटे, उसी दिन उनके गले से लिपटकर, दयिता ने बड़े लाड़ से कहा, ''ए जी, गुस्सा मत होना, प्लीज! मैंने तुम्हारी बात नहीं मानी!''

बोधिसत्व की भौंहें सिकुड़ गईं, ''कौन-सी बात?''

''अरे वा-ह, तुमने फोन पर कहा नहीं था?'' दयिता फिक् से हँस पड़ी, ''जो आ रहा है, उसे आने दो न! मेरा माँ बनने का बेहद चाव है! बेटा हो या बेटी, मैंने तो नाम का चुनाव भी शुरू कर दिया है।''

बोधिसत्व एकटक दयिता की तरफ देखते रहे। उसके बाद उन्होंने कंधे झटक दिए। बस! जो खबर फोन पर सुनते ही, वे हुंकार उठे थे, अगर उनकी घोर असहमति होती, तो आमने-सामने उस तरह खामोश नहीं रह जाते। अपनी पहली प्रतिक्रिया में वे जरूर लजा गए होंगे। बुढ़ापे में बाप जो बननेवाले थे! उस पर से तलाक का मामला भी अभी नहीं निपटा है।

मन ही मन कई युक्ति सजाकर, दयिता ने अपने मन को तसल्ली दी। उसके प्रति बोधिसत्व का आकर्षण खत्म हो गया है, यह धारणा शायद मनगढ़ंत है। दयिता को समझना चाहिए कि तपस्वी जब ध्यान में समाधिस्थ होते हैं, तब उन्हें बाहरी ज्ञान नहीं रहता। बर्लिन के सेमिनार ने बोधिसत्व को बेतरह प्रेरित किया है। इन दिनों प्रोफेसर बोधिसत्व मजूमदार महाशून्य में मगन, एक भरपूर वैज्ञानिक बन गए हैं। मुमकिन है, यह आत्मभूली विस्मृति, कई महीनों तक चलेगी। दयिता ही झूठमूठ ताल-बेताल क्यों सोच रही है?

सिर्फ दयिता ही नहीं, इन दिनों बोधिसत्व को क्या किसी दुनियावी मामले का होश है? इधर कई दिनों से उनका भाई बार-बार फोन करता रहा। अंत में एक दिन खुद भी आ धमका। सॉल्ट लेक वाले घर में उसने पहली बार कदम रखा था। आने की आपात् वजह थी, बोधिसत्व की डेढ़ लाख रुपयों की एक इंश्योरेंस पॉलिसी मैच्योर हो गई है। उसके कागज-पत्र, लेक टेरेस वाले घर में आकर पड़े हैं। भाई के बार-बार बुलाने पर भी, भइया पहुँचे नहीं, इसलिए वह खुद ही हाजिर हुआ है। वैसे सिर्फ चिट्ठी पहुँचाना ही शायद उद्देश्य नहीं था, देश लौटकर भइया ने एक बार भी उस घर का चक्कर नहीं लगाया, इस बारे में भी उसके मन में शायद कौतूहल या फिक्र थी। शायद यही बात थी। लेकिन उस भाई को ही बोधिसत्व ने कहाँ तवोज्जोह दी? कैसा है? माँ-बप्पा कैसे हैं—इसी किस्म की दो-एक आवेगहीन सवाल और बस्स!

बेचारा भाई दयिता को आड़ से ही देख-निहारकर चला गया, मानों दयिता ने ही बोधिसत्व को अपने परिवार के बारे में तटस्थ बना दिया है।

वैसे दयिता ऐसा क्यों करने लगी? उस विराट इंसान को वह ऐसी क्षुद्रता के स्तर पर खींचकर क्यों लाएगी?

दयिता इतना सब सोचती रहती, मगर मन में कहीं कुछ चुभता भी रहता था। लगातार चुभता रहता था। दयिता को फ्लैट की शब्दहीनता में कभी-कभार गुमसुम परिवेश की गुप्त गंध भी महसूस होती थी। ऐसा लग रहा था कि दयिता के अनजाने में ही किसी अनजान सागर में निम्न दबाव घनीभूत हो रहा है। अब किसी भी पल आँधी-तूफान इस गृहस्थी पर टूट पड़ेगा।

दयिता का दिल खौफ से धड़कता रहा। बोधिसत्व इस कदर बदल क्यों गए?

यह क्या सिर्फ विज्ञान-साधना है? या और कुछ?

आजकल कंप्यूटर खाली देखते ही दयिता की उँगलियाँ कसमसा उठती हैं। बोधिसत्व जब विदेश में थे, दयिता ने कंप्यूटर सीखने के लिए किताब खरीदी थी, वही देख-देखकर, वह इन दिनों अपना हाथ पक्का कर रही है। उसे यह काफी अच्छा भी लग रहा है, मानों यह कोई नयी भाषा है। साथ ही उसके मन में कहीं क्षीण उम्मीद भी जगी है। उसने नौकरी के लिए ढेर-ढेर आवेदन भी भेज दिए हैं। पता नहीं, कहाँ, कब, यह मामूली-सा ज्ञान काम आ जाए।

आज कंप्यूटर के चूहे को उतारते-चढ़ाते दयिता बार-बार अनमनी हो आई। इधर कई दिनों से उसकी तबीयत भी कुछ गिरी-गिरी है, मिचलाहट भी काफी बढ़ गई है। कुछ भी खाते ही वह हड़हड़ाकर उलट देती है। वह क्या एक बार डॉक्टर के यहाँ हो आए?

यह ख्याल आते ही, उसके सीने के अंदर जैसे किसी ने वॉयलिन का उदास सुर छेड़ दिया हो। इस वक्त क्या बोधिसत्व का फर्ज नहीं है कि वे दयिता को डॉक्टर के पास ले जाएँ? लेकिन यह तो एक अलीक संभावना है। दयिता जिंदा है या मर गई, स्वस्थ है या बीमार, बोधिसत्व को इसका कोई ख्याल नहीं है।

आज भी खाने की मेज पर बोधिसत्व आँखों के आगे किताब लिए बैठे थे। दयिता बेसिन पर उल्टियाँ कर रही थी। उस शख्स ने एक बार नज़र उठाकर भी नहीं देखा। दयिता ने किसी डॉक्टर को दिखाया है या नहीं, कोई दवा वगैरह ले रही है या नहीं, उसने कभी पूछा? अगर दयिता ने खुद ही कुछ बताया, तो सुन लिया! बस, यहीं तक! न्ना, दयिता को अकेले ही दौड़ना होगा।

पल भर के लिए दयिता को राखी का ख्याल हो आया। बेटा होने से पहले, उस महिला की भी क्या यही हालत हुई थी? बे-चा-री! इतने सालों उस औरत ने बोधिसत्व की गृहस्थी चलाई, पता नहीं उसे कितनी मुश्किल राहों से गुजरना पड़ा होगा। इसके बावजूद वह रिश्ता कायम नहीं रख पाई।

राखी के खिलाफ गुपचुप विद्वेष के बजाय, इन दिनों उसके मन में उस महिला के प्रति करुणा ही जागती है। राखी ने बोधिसत्व की कितनी सेवा की होगी, कितनी खिदमत की होगी, सारा कुछ विफल हो गया। उस दिन सौमिक बहाने-बहाने से उसे यह समझा रहा था कि उस महिला में काफी तेज है! मुमकिन है, यह तेज़ नहीं, अभिमान हो, जो उसकी छाती में जमकर पत्थर बन गया है, दयिता ने चंद दिनों ही बोधिसत्व की गृहस्थी बसाई, इसी बीच उसकी छाती में भी क्या भाप नहीं जमा?

उसकी गहरी सोच को तोड़ते हुए, दरवाजे पर घंटी बज उठी।

बोधिसत्व इंस्टीट्यूट से लौट आए थे। चेहरे पर स्वभावसुलभ बेख्याली!

और-और दिन इस वक्त उन दोनों में खास बातचीत नहीं होती। आज की निराली दोपहरी की उदासी मिटाने के लिए, दयिता जबरन उल्लसित हो आई।

उसने तरल आवाज़ में कहा, ''क्यों, सर जी आज भी दफ्तर से जल्दी कट लिए?''

बोधिसत्व ने कोई जवाब नहीं दिया। जूते उतारकर वे बेडरूम में चले गए।

दयिता उनके पीछे-पीछे!

उसने होठ दबाकर कहा, ''अभी ही काम लेकर बैठोगे? कैसी भयंकर गर्मी है, चलो, ज़रा आराम कर लो।''

''मेरे पास आराम करने की फुर्सत नहीं है।'' बोधिसत्व की आवाज़ ईषत् रूखी हो आई, ''लेटने या बैठने के लिए मैं घर नहीं लौटता।''

''अरे, भई, मैं क्या उस आराम की बात कर रही हूँ?'' दयिता ईषत् मुस्करायी, ''थोड़ी देर मुझसे बातें भी तो कर सकते हो? या कुछ देर मुझे कंप्यूटर ही सिखा दो–'' बोधिसत्व के करीब आकर, उसने उनके सीने पर हाथ रख दिया, ''एजी, मुझे जरा इंटरनेट का ऑपरेशन सिखा दोगे?''

बोधिसत्व ने दयिता का हाथ हटाते हुए कहा, ''मेरे पास बर्बाद करने जितना वक्त नहीं है।''

''बाप रेऽ! क्या गुस्सा है!'' दयिता ने भौंहें नचाकर कहा, ''ठीक है, कुछ भी सिखाने की जरूरत नहीं है। चाय पीआगे? या नीबू की शिकंजी?''

''मैं शिकंजी कभी पीता हूँ?'' बोधिसत्व लगभग खौखिया उठे, ''अगर चाहो, तो चाय बना लो। स्टडीरूम में दे जाना।''

दयिता को बोधिसत्व कैसे तो अचीन्हे लगे। इस शख्स की उदासीनता उसने देखी है, लेकिन इतने तुच्छ कारण से, वे इस कदर विरक्त हो उठें, ऐसा वह पहली बार देख रही थी। बोधिसत्व आज इतने रूढ़ क्यों हो गए? क्या हुआ है उन्हें?

बाथरूम से लौटकर, बोधिसत्व स्टडीरूम में जा घुसे! लगभग उसी पल दयिता चाय लिए-दिए हाज़िर!

मेज पर चाय रखते हुए उसने कहा, ''आज जनाब का मूड इतना गुस्समगुस्सा

क्यों है, भई? इंस्टीट्यूट में कोई झंझट-झमेला तो नहीं हो गया?''

कोई जवाब देने के बजाय बोधिसत्व ने दयिता पर एक नज़र भर डाली। अगले ही पल उन्होंने नज़रें घुमा लीं।

''भई, तुम्हें हुआ क्या है, हमें बताओगे?'' दयिता ने नरम लहजे में इसरार किया, ''मन का गुस्सा, अगर मन में ही दबाए रखोगे, तो अपना ही नुकसान करोगे।''

बोधिसत्व इस बार भी निरुत्तर! उन्होंने अपने सामने चाय की प्याली खींच ली।

''तुम्हारे रिसर्च को लेकर कोई प्रॉब्लम है?'' दयिता ने बोधिसत्व की पीठ पर प्यार से हाथ रखा, ''रिसर्च कहीं अटक गया है क्या?''

अचानक चाय की प्याली जोर से मेज पर पटककर, वे एकदम से उछल पड़े। वे दनदनाते हुए अपने बेडरूम में पहुँचे और वहाँ से एक सफेद लिफाफा उठाए-उठाए लौट आए।

वह लिफाफा मेज पर पटककर उन्होंने जवाब तलब किया, ''यह क्या है, मैं जान सकता हूँ?''

''क्या है वह?'' दयिता भी अवाक्!

''तुम कुछ भी नहीं समझ रही हो?'' बोधिसत्व की आवाज़ काफी तेज हो उठी।

लिफाफा खोलकर, खत पर नज़र दौड़ाते ही, वह खुशी से छलक उठी, ''हाय-माँ, यह तो एप्वाइंटमेंट लेटर है! हाय गजब! नौकरी मिल ही गई।''

इतना कहते हुए, उसने पलटकर बोधिसत्व की तरफ देखा। उसने बोधिसत्व का चेहरा पढ़ने की कोशिश की।

उसने मंद-मंद मुस्कराते हुए कहा, ''अच्छा, तो यह बात है? तुम्हें पहले बताया नहीं, इसलिए तुम्हारा पारा चढ़ गया? पता है, इस नौकरी के लिए इंटरव्यू मैंने कब दिया था? तुम्हारे लौटने से पहले! पिछले महीने की सत्ताईस तारीख को! मैंने यह कहाँ सोचा था कि यह नौकरी मुझे मिल ही जाएगी।''

''तुम नौकरी ढूँढ़ रही हो, यह भी तो कभी नहीं बताया?''

''एइ, एइ, झूठ मत बोलो! उस दिन खाने की मेज पर ही तो बात हुई थी...''

''वह तो सिर्फ बात की बात थी! तुमने तो बस, जिक्र भर किया था कि तुम्हें कोई नौकरी मिल जाती तो मजा आ जाता; अकेले-अकेले घर में बैठे रहना, तुम्हें अच्छा नहीं लगता। लेकिन, यह कहाँ बताया था कि तुम सीरियसली कोशिश कर रही हो?''

दयिता कहीं ईषत् आहत हो आई।

उसने भारी आवाज़ में जवाब दिया, ''इसमें इतना कहने-बताने को क्या है? मैं सचमुच अकेली हूँ, मन लगाने के लिए ऐसा कुछ जरूरी है! मुझे भी अपनी निजी दुनिया चाहिए। अपने लिए एकाध खिड़की...''

''गृहस्थी उपेक्षित पड़ी रहेगी और तुम नौकरी करने निकल जाओगी? तुमने

यह बात सोची भी कैसे?"

"भई, गृहस्थी, गृहस्थी जैसी चलेगी, यहाँ मेरे लिए करने को क्या है?"

"कुछ नहीं है?"

"ऑफकोर्स नहीं है! रसोई-पानी मैं करके ही निकलूँगी या फिर कोई नौकर-चाकर रख लूँगी–" यह कहते हुए दयिता की आँखें विस्मय से फट पड़ीं, "सच्ची, सच्ची, तुम नहीं चाहते कि मैं नौकरी करूँ? लड़कियों का नौकरी करना क्या तुम्हें पसंद नहीं है?"

बोधिसत्व कुछेक पल को खामोश हो रहे।

थोड़ा ठहरकर उन्होंने विरस लहजे में जवाब दिया, "देखो, दयिता, मैं प्योरिटन...आइ मीन दकियानूस नहीं हूँ! मैं प्रैग्मेटिक हूँ...आधुनिक विचारों का इंसान हूँ। जिस परिवार में लड़कियों को नौकरी की जरूरत है, वे भले नौकरी करें। मुझे इसमें कोई बुराई नज़र नहीं आती। लेकिन तुम्हें तो ऐसी कोई कमी नहीं है। ऐसी कोई जरूरत भी नहीं है! बल्कि तुम्हारा तो घर में रहना बहोत जरूरी है।"

"क्यों?"

"अब, सबकुछ तुम्हें समझाना होगा? तुम्हें मालूम है कि मैंने एक बहुत बड़े काम में हाथ लगाया है। यह काम मेरे अपने लिए नहीं है, बल्कि दुनिया भर के इंसानों के लिए है। यह मेरा मिशन है! इसके लिए, हर पल कोई मेरे साथ होना चाहिए, जो मेरी देखभाल करे! तुम नाचते-नाचते नौकरी पर चल दोगी और मैं अपनी जरूरत की चीजें खोजता फिरूँगा...मेरी जरूरत की चीजें, मेरे हाथ के करीब नहीं मिलेंगी। मैं अपने कामकाज की फिक्र करूँगा या घर-गृहस्थी के मामले में दिमाग खराब करता रहूँगा?"

दयिता क्रमशः स्तंभित हो आई। उसे जैसे अपने कानों पर विश्वास नहीं हो रहा था। बोधिसत्व ने उसे समझ क्या रखा है? उसकी देखभाल करने वाली नौकरानी? चाकर? सेवादासी?

आज पहली बार बोधिसत्व के सामने दयिता ने सख्त लहजे में बात की, "यानी, तुम यह चाहते हो कि मेरी कोई अपनी दुनिया न हो? यही न?"

"नहीं, ऐसा क्यों? तुम स्वतंत्र रूप से और भी तो कोई काम कर सकती हो। मसलन मैं जो पॉपुलर साइंस की किताब लिखनेवाला हूँ, तुम बैठे-बैठे उसकी रूपरेखा तैयार कर डालो। यह काम तुम्हें बोर भी नहीं लगेगा। आफ्टर ऑल यह तुम्हारी ही लाइन है।"

"यानी मुझे तुम्हारी खींची हुई लक्ष्मण-रेखा के अंदर ही मुझे रहना होगा, यही न?"

बोधिसत्व को यह विद्रूप जैसे चुभ गया।

उन्होंने कड़वे लहजे में कहा, "इसमें गलत क्या है, ज़रा मैं भी सुनूँ? टी.वी.

कंपनी की सेल्स ऑफिसर ट्रेनी होने के लिए तो तुमने फिजिक्स लेकर एम.एस-सी. की पढ़ाई नहीं की?"

उस वक्त बोधिसत्व आत्मभूला वैज्ञानिक बिल्कुल नहीं लग रहे थे। बल्कि कोई चतुर, कौशलबाज, अति साधारण इंसान नज़र आए। दयिता को वे गलत तर्कों के धागे में बाँधने की कोशिश कर रहे थे।

दयिता के होठों की कोरों में व्यंग्य झलक उठा, "मैं कोई और नौकरी पकड़ लूँ, तो तुम कबूल कर लोगे? एक स्कूल में लीव-वैकेंसी में नौकरी की बात चल रही है। तकदीर में बदा होगा, तो वह नौकरी पक्की भी हो सकती है! साइंस टीचर की नौकरी! मिल जाए, तो कर लूँ?"

"जो मन आए, सो करो।" बोधिसत्व दाँत किटकिटाने लगे।

उन्होंने बुदबुदाकर कहा, "मुझे पहले ही समझ जाना चाहिए था—"

"क्या समझ जाना चाहिए था? तुमने क्या सोचा था कि मैं तुम्हारी राखी की तरह घर में बैठी-बैठी जुगाली किया करूँगी?"

अगले ही पल बोधिसत्व का चेहरा पीला पड़ गया।

लगभग उसी पल वे अचानक गरज उठे, "तुम चुप करोगी? यहाँ से दफा होगी? विल यू प्लीज लीव मी एलोन? मुझे अकेला छोड़ दो! जो तुम्हारा मन करे, वही करो! अब मैं तुमसे कुछ नहीं कहूँगा। ठीक है?"

कुछेक पल हतबुद्ध की तरह खड़ी रहने के बाद, दयिता धीमे कदमों से कमरे से बाहर निकल गई। उसका सिर झनझना रहा था। वह बेडरूम में आकर बिस्तर पर लोट गई। वह अपने को संयत करने की कोशिश करने लगी। छिः-छिः बोधिसत्व से ऐसा बर्ताव करने में कोई तुक था? जो इंसान हमेशा से सेवा पाने का अभ्यस्त है, उसकी बीवी अगर दन्न से नौकरी पकड़ ले, तो वह भला सह सकता है? कम से कम इस उम्र में?

हैरत है! दयिता तो खुद ही बोधिसत्व की छाया में रहना चाहती थी। लेकिन आज बोधिसत्व ने जब उसे पूरी तरह अपने अधिकार में रखना चाहा, तो वह छटपटा क्यों उठी? इसके अलावा जब उसके तन-बदन की यह हालत है, अगर वह अभी-अभी नौकरी ले भी लेती है, तो कितने दिनों तक कर पाएगी, इसका कोई ठीक-ठिकाना नहीं है। फिर वह झूठमूठ झगड़ा क्यों कर बैठी?

फट् से राखी का जिक्र करके, उसने अपने को ही छोटा नहीं किया?

समूची शाम, समूची रात, दयिता पछतावे की आग में जलती-फुँकती रही। बोधिसत्व अपने स्टडी-रूम में ही बने रहे। दयिता बीच-बीच में पर्दे की फाँक से झाँककर, उन्हें बिल्कुल उसी तरह देखती रही, जैसे कैंपस टाउन में कार्यरत बोधिसत्व को देखा करती थी। वह उन्हें चाय-कॉफी पहुँचाती रही, खाना-वाना पकाकर रात को खाने के लिए भी आवाज दी—सभी कुछ रुटीन माफिक! लेकिन उनसे सीधे-सीधे

आँख मिलाने की उसकी हिम्मत ही नहीं पड़ी। मानों वह बोधिसत्व के सहवास की अभ्यस्त औरत न हो, बल्कि वही कैंपस टाउन की छात्रा, दयिता हो, बोधिसत्व से आँखें मिलते ही, जिसके दिल की धड़कनें तेज हो उठती थीं। आज इस फ्लैट की बत्तियाँ भी जैसे ज्यादा तीखी हो उठी हों, दयिता बेतरह नर्वस हो आई।

आधी रात गुजर जाने के बाद, बोधिसत्व जब बिस्तर पर आए, दयिता उस वक्त भी जाग रही थी। आस-पास का सारा आलम निस्तब्ध हो आया था। सॉल्ट लेक के इस हिस्से में प्रचुर पेड़-पौधे सिर उठाए खड़े हैं। बीच-बीच में रात के पाखियों की आवाज़ भी सुनाई दे जाती है। दयिता आँखें मूँदे उन पंछियों की आवाजें सुनती रही।

बोधिसत्व उसकी बगल में लेटे-लेटे करवटें बदलते रहे। शायद गर्मी की वजह से! या फिर किसी जटिल सोच में तल्लीन रहने की वजह से!

अँधेरे में ही दयिता, बोधिसत्व से लिपट गई।

उसने गाढ़ी आवाज में पूछा, "नींद नहीं आ रही है?"

बोधिसत्व भी मीठे लहजे में कुछ बुदबुदा उठे, दयिता समझ नहीं पाई।

उसने फिर पूछा, "मैंने तुम्हें बेहद आहत किया है न? आइ एम सॉरी!" उसने बोधिसत्व की नाक से अपना नाक रगड़ते हुए कहा, "सुनो, अगर तुम नहीं चाहते, तो मैं नौकरी नहीं करूँगी।"

"छोड़ो!" बोधिसत्व ज़रा परे सरक गए, "मेरे चाहने-न-चाहने की तुम कितनी-सी परवाह करती हो?"

"वाह रे, मैं तुम्हारी कोई बात नहीं मानती? मैं ठहरी, तुम्हारी मोस्ट ओबीडिएंट छात्रा!" दयिता खिलखिला उठी।

तरुलता बनकर, उसने महापर्वत, बोधिसत्व को कसकर जकड़ते हुए फुसफुसाकर कहा, "एइ, मुझे प्यार करो न! थोड़ा-सा दुलार दो न!"

बोधिसत्व ने न अपने को उससे अलग किया, न ही उसके बदन पर हाथ रखा।

उन्होंने सर्द लहजे में कहा, "सुनो, दयिता, मुझे तुमसे कुछ बातें करनी हैं। मैंने पहले भी बहुत बार कहा है, आज फिर दुहरा रहा हूँ, मैं तुमसे उम्र में काफी बड़ा हूँ। मेरा तुम्हारा किसी हाल भी 'मैच' नहीं है। खुद तुम ही अचानक मेरे प्रति कमजोर पड़ गईं। तुमने जो हरकतें शुरू कीं, उसे लगभग पागलपन ही कहेंगे। न कोई बात, न चीत, बिना मुझसे कुछ पूछे, तुम झट से अपना घर-बार छोड़कर मेरे पास रहने चली आईं। यानी सारा रिश्ता एकतरफा ही था, इसीलिए इस रिश्ते को टिकाए रखने के लिए, तुम्हारी ढेरों जिम्मेदारियाँ हैं।"

"रिश्ता क्या बिल्कुल ही एकतरफा था?" दयिता की बाँहें शिथिल हो आईं, "तुमने मुझे प्यार नहीं किया?"

"हाँ, कमजोरी मेरी भी थी। मैं इससे इनकार भी नहीं करता। सच पूछो तो मैंने इसकी कीमत भी चुकाई। वहाँ मेरा रिसर्च बेहद आराम-आराम से आगे बढ़

रहा था। उतने दिनों का पुराना परिवेश छोड़कर, एक वाक्य में मैं यहाँ चला आया। तुम्हारी खातिर! तुम्हें खबर है, तुम मेरे साथ रहने लगी हो, इस बात पर जब चारों तरफ छिः-छिः हो रही थी, वाइस-चांसलर ने मुझे बुलाकर क्या कहा? उन्होंने कहा—डॉक्टर मजूमदार आपके नाम उड़ती शिकायतें आ रही हैं। आप समझ ही सकते हैं कि यह नैतिक चरित्रहीनता का केस है। एक इंक्वायरी बैठाने की चर्चा हो रही है। अब आप सिर्फ यह लिखकर दे दें कि जो लड़की आपके घर में रहती है, वह आपकी रिश्तेदार है। पढ़ाई-लिखाई में सहूलियत के लिए ही, आपके यहाँ रहती है। बस, मैं पूरा मामला ही उड़ा दूँगा। आप जैसे प्रोफेसर को हमारी यूनिवर्सिटी खोना नहीं चाहती। आप प्लीज...।'' लेकिन मैं उनके प्रस्ताव पर राजी नहीं हुआ, दयिता! मैंने इस्तीफा दे दिया, क्योंकि झूठ बोलना, मेरे स्वभाव में नहीं है। अपने और तुम्हारे रिश्ते को मैंने किसी और पर्त में लपेटकर दिखाना नहीं चाहा। यहाँ भी तुम्हें लेकर, कौन क्या सोचता है, मुझे उसकी परवाह नहीं है—''

कुछ देर अँधेरा खामोश।

अगले ही पल बोधिसत्व को आवाज़ दुबारा गूँज उठीं।

उन्होंने अपने में डूबे-डूबे ही दुबारा कहा, ''तुम्हें अपने पास रखने के लिए, मैंने राखी को खदेड़ दिया। अपने बेटे को त्याग दिया।''

''वह तो मैं अपना सब छोड़-छाड़कर...''

''वह तो तुम्हारी झख थी। खामख्याली! मसलन अभी भी तुम अपनी ही खामख्याली मुताबिक ही चल रही हो। तुम्हारे लिए मेरी इच्छा-अनिच्छा का कोई मोल नहीं है।''

''तुम मुझे इतना डाँट क्यों रहे हो? नौकरी करने की चाह करना, क्या गुनाह है?''

''गुनाह क्यों होने लगा। यह मेरा विरोध करने की एक मिसाल है! तुम बेहद नासमझ हो! बेहद इंसेंसिटिव और अधकचरी! अपने गँवारपन में तुम अपनी कोख की संतान नष्ट नहीं कर रही हो। तुमने मेरे बारे में एक बार भी सोचा? मेरा तो ख्याल है तुमने आनेवाले बच्चे के भविष्य के बारे में नहीं सोचा। उस बच्चे का आखिर क्या परिचय होगा? समाज में उसे स्वीकृति कैसे मिलेगी?''

दयिता ने आहत लहजे में जवाब दिया, ''जो आ रहा है, वह हमारे प्यार की निशानी है।''

''देखो, ये किताबी बोल छोड़ो और प्रैक्टिकल बनो। यह यूरोप या अमेरिका नहीं है। राखी से अभी भी मेरा तलाक नहीं हुआ, इसलिए अभी...बिल्कुल अभी तुमसे मैं विवाह भी नहीं कर सकता। अगर ऐसी स्थिति में बच्चा हुआ, तो...छिः छिः छिः! मेरा भी कोई मान-सम्मान है। अब, इस उम्र में...। तुम्हारे प्रति, मैं ज़रा आकृष्ट क्या हो गया, इसके लिए मुझे आखिर कितना तमाशा बनना पड़ेगा, बताओ?

यह मुझ पर तुम्हारी जबर्दस्ती है! तुम मुझे ब्लैकमेल कर रही हो। मैं सच की राह पर टिका रहना चाहता हूँ, इसलिए क्या मुझे यह अनचाहा बच्चा भी हजम करना होगा? यह तुम्हारी अतिशय ज्यादती नहीं है? इतने सबके बाद भी मुझे तुमसे पूरी-पूरी ईमानदारी नहीं मिलेगी, जैसी ईमानदारी मुझे राखी से मिली थी। टोटल ओबीडिएंस! पूरी-पूरी आज्ञानुवर्तिता! निःस्वार्थ सहयोग? राखी में भी विद्या-बुद्धि कम नहीं थी। लेकिन उसने मुझसे बाहर जाकर, अपने लिए कोई खिड़की, कोई दुनिया खोजने की कोशिश नहीं की।''

दयिता को लगा, अंधकार ज्यादा गाढ़ा हो आया है। बोधिसत्व के बोलने का लहजा अजीब आवेगहीन! दयिता से अब सहा नहीं जा रहा था। सीने में भयंकर तूफान की धमाचौकड़ी। उसकी आँखों से आग की चिनगारियाँ और पानी की धार—दोनों ही फूट पड़ने को व्यग्र हो उठीं।

वह बोधिसत्व से परे खिसक गई और दीवार की तरफ करवट बदलकर लेटी रही। वह बार-बार उसाँसें भरती रही। उसका दिल तीखी यंत्रणा से टुकड़े-टुकड़े होता रहा।

अचानक उसने अपनी पीठ पर बोधिसत्व की हथेली महसूस की।

''मेरी बात ज़रा समझो, दयिता! जरा महसूस करने की कोशिश करो! आओ, मेरे करीब आओ।''

दयिता छिटककर अलग हट गई, ''खबरदार, तुम मुझे छूना मत! बिल्कुल मत छूना।''

''ओफ् ओ! बचपना मत करो...।'' बोधिसत्व तेजी से बदलने लगे। बुखार के शिकार मरीज की तरह, उन्होंने अपनी तपती हथेलियों से दयिता को अपने करीब खींच लिया।

उन्होंने घरघराती आवाज़ में कहा, ''बहुत बकबक कर लिया, अब सुलह! आओ, तुम्हें प्यार करूँ।''

''रहने दो!''

''क्यों?''

''अच्छा नहीं लग रहा है, मुझे प्यार नहीं चाहिए।''

''लेकिन मुझे तो चाहिए।''

हूबहू कामार्त बिल्ले की आवाज़! दयिता का तन-बदन हिकारत से भर उठा। उसने न तो उन्हें रोकने की कोशिश की। न आगे बढ़ी। वह सेक्स-प्रहारों को खामोशी से झेलती रही।

काम-आवेग कम हुआ! बोधिसत्व गहरी नींद सो गए। नीलाभ अँधेरे में दयिता निश्चल बैठी रही। वह अपने को ही कुरेद-कुरेदकर परखती रही। असल में इस वक्त वह कौन है? औरत? सिर्फ एक शरीर? जिसमें न हृदय हो, न बोध, जिसमें अपनी

तरफ से कोई चाह या माँग न हो। अब से शायद उसे अपने अस्तित्व-विलोप की साधना शुरू करना होगी।

अनजाने में ही दयिता के जबड़े कस गए। अँधेरे में उसकी आँखों की पुतलियाँ सुलग उठीं।

21

अगले सोमवार से बोधिसत्व के इंस्टीट्यूट में एक सिंपोजियम शुरू होने वाला है। विषय है—मिस्ट्री ऑफ यूनिवर्स। तीन दिवसीय इस आलोचना-चक्र को लेकर कलकत्ता के गवेषक-महल में इन दिनों खासी हलचल है। बाहर से भी कई नामी वैज्ञानिक आ रहे थे। बैंगलोर से प्रोफेसर अनंत शास्त्री, दिल्ली से प्रोफेसर नरेंद्र माथुर, इलाहाबाद विश्वविद्यालय से प्रोफेसर हरिहरण...। लेकिन ये लोग नितांत उपग्रह भर ही हैं, प्रोफेसर बोधिसत्व मजूमदार ही इस आलोचना-चक्र के मध्य-मणि होंगे। विदेशों में प्रशंसित 'ब्लैकहोल' के बारे में, स्वदेश में पहली बार वे व्याख्यान देने वाले हैं।

इंस्टीट्यूट में, अपने चेंबर में बैठे-बैठे बोधिसत्व कागज-पत्र उलट-पुलट रहे थे। बर्लिन में पढ़े हुए पेपर को वे और अधिक सजा-सँवारकर व्यवस्थित करते हुए, उसे जरा विस्तार भी दे रहे थे। लेकिन आज कामकाज में उनका मन ही नहीं लगा। बार-बार कोई चोर-परेशानी, उनके अंतस् में करवटें बदलती रहीं। दयिता ने आखिरकार वह नौकरी लेकर ही दम लिया। बोधिसत्व ने इतनी बार एतराज जताया, इसके बावजूद उसने नौकरी कर ही ली? दयिता ऐसा क्यों कर रही है? आखिर वह चाहती क्या है? वे क्या अब दयिता की नज़रों में मूल्यहीन हो गए? लेकिन, तब दयिता उनकी संतान को नष्ट करने को राजी क्यों नहीं हुई? क्या वह उन पर मानसिक दबाव डालने की कोशिश कर रही है, ताकि वे उससे जल्द से जल्द विवाह करने को लाचार हो जाएँ? बोधिसत्व किसी भी बहाने से इस रिश्ते को तोड़ न सकें, इसके लिए वह कोई पक्का और मजबूत बंधन तैयार करना चाहती है? बोधिसत्व उसे छोड़ देंगे, उसके मन में यह ख्याल आया ही क्यों? यह क्या सिर्फ असुरक्षा है या बोधिसत्व के प्रति अविश्वास? दो इंसानों के बीच विश्वास की बुनियाद तो तभी पड़ जाती है, जब उनमें सचमुच अंतरंगता हो। दयिता के साथ बोधिसत्व की वैसी अंतरंगता क्या नहीं है? उन दोनों के बीच जो है, वह सिर्फ शरीर है? दो अनमेल उम्र के औरत-मर्द के बीच वासना का आकर्षण? वैसे बोधिसत्व क्या खुद भी, अभी तक उसे अपनी

सहधर्मिणी के रूप में कबूल कर पाए हैं?

बोधिसत्व ने मन ही मन अपना सिर झटक दिया और एक सिगरेट सुलगा ली। कुर्सी से उठकर वे कदम नापते हुए खिड़की के सामने आ खड़े हुए। पिछवाड़े काफी सारी खाली जमीन! गर्मी के प्रखर ताप में बाँझ धरित्री झुलसती हुई! बोधिसत्व ने आँखें मूँद लीं। मन की आँखें गुर्राने से कोई फायदा नहीं! दयिता उसकी नज़र में अभी भी छात्रा ही बनी हुई है। या फिर उसकी अधेड़ जिंदगी की तरफ हहरकर आ पड़ी कोई मदमस्त जवानी हो! सपने में दिखता हुआ वही धुमकेतु! रिश्ते का खालीपन पकड़ में आ गया है, क्या इसीलिए दयिता इस कदर गुस्से से पागल हो उठी? लेकिन इसके लिए, हर कदम पर बोधिसत्व को नीचा दिखाकर, उसे आखिर क्या सुख मिलता है?

"मैं अंदर आ जाऊँ, सर?"

बोधिसत्व चौंककर मुड़े!

शमीम!

अगले ही लमहे बोधिसत्व ने अध्यापक का मुखौटा लगा लिया। वे आकर कुर्सी पर बैठ गए।

होठों पर स्मित मुस्कान खिलाकर उन्होंने पूछा, "कलकत्ता कब आए?"

"आज ही! सुबह की ट्रेन से।"

"अब कुछ दिनों रहोगे न?"

"हाँ, सोचता हूँ, अगले हफ्ते तक रह जाऊँ यहाँ! सिंपोजियम भी एटेंड कर लूँगा और ढाका से मेरी आपा और दूल्हा भाई डॉक्टर दिखाने आए हैं, उनके साथ भी कुछ दिनों रहना हो जाएगा।" शमीम कुर्सी खींचकर बैठ गया, "मैंने अपना पेपर भेज दिया है, सर! फिजिकल रिव्यू पत्रिका को पोस्ट कर दिया है।"

"गुड! मेरा ख्याल है, वह स्वीकृत हो जाएगा।"

"आपसे भी थोड़ी-बहुत चर्चा करनी थी, सर! आपने अलीक समय के बारे में, अपने पेपर में जो चर्चा की है, उस विषय में भी कुछ..."

"हाँ पूछो न!" बोधिसत्व सजग हो आए।

"उसका मैथेमेटिकल एप्रोच जरा और तरीके से नहीं किया जा सकता, सर? मतलब, मैं सोच रहा था..."

शमीम ने मेज पर से कागज खींचकर अपने सामने कर लिया। कुछ-कुछ लिखने लगा। बोधिसत्व ने भी झुककर उस कागज पर नज़र डाली। संक्षिप्त-सा मंतव्य भी किया। शमीम कुछेक पल भौंहें सिकोड़े कुछ सोचता रहा और फिर कागज-कलम समेत कुछ-कुछ लिखने में डूब गया। बोधिसत्व ने घंटी बजाकर चाय का ऑर्डर दे डाला और धीरे-धीरे वे भी अनंत-अलीक समय में डूब गए। प्रश्न चलता रहा...उत्तर भी चलता रहा...फिर प्रत्युत्तर भी! कभी आवाज़ चढ़ती-उतरती रही। दोनों को लगभग

बाहरी दुनिया का होश नहीं रहा।

अचानक बोधिसत्व की निगाहें, मेज से उठकर दरवाजे पर जा टिकीं और एकदम से थिर हो आईं। कोई अपरिचित सज्जन, दरवाजे पर सकुचाए-से खड़े थे।

पढ़ाई-लिखाई के दौरान अगर छन्दपतन हो, तो बोधिसत्व झुँझला उठते हैं, फिर भी उन्होंने शराफत के तकाजे पर अपने को संयत किया।

"हाँ, कहिए, क्या बात है?" उन्होंने पूछा।

"आप ही, प्रोफेसर मजूमदार हैं न? आपसे जरा जरूरी बात करनी थी–"

"जी-हाँ, कहिए?"

उस सज्जन ने संकोचभरी नज़रें एक बार शमीम पर डालीं और गला खँखारकर कहा, "जी, मेरी जरूरत निजी है..."

शमीम ने इशारा समझ लिया। उसने एक बार उस सज्जन को देखा, एक बार बोधिसत्व की तरफ।

अगले ही पल वह उठ खड़ा हुआ, "अच्छा, तो अब मैं चलता हूँ, सर! कल शुक्रवार है। कल अगर मैं दोपहर के वक्त आऊँ..."

"हाँ, हाँ, चले आओ। इस बीच मैं तुम्हारे तर्कों पर जरा सोच-विचार लूँ..."

शमीम के जाते ही, बोधिसत्व उस सज्जन की तरफ मुखातिब हुए, "प्लीज, बैठिए।"

यह कहते-कहते उन्होंने उस सज्जन को परखती हुई निगाहों से नाप लिया। मध्य वयस्क! लगभग उन्हीं का हमउम्र! चमकदार, संभ्रांत चेहरा! बदन पर कीमती शर्ट-पैंट! हुलिया कुछ जाना-पहचाना-सा! बोधिसत्व ने झटपट अपने दिमाग का कंप्यूटर टटोला। इस आदमी को उसने पहले कहीं देखा है?

वह सज्जन कुर्सी पर तो विराजमान हो गए, मगर कोई बात नहीं छेड़ी। वह शख्स बेहद अजीब और स्थिर निगाहों से बोधिसत्व को घूरता रहा। बोधिसत्व ईषत् परेशान हो उठे। उन्होंने अनजाने में ही सिगरेट का पैकेट उठा लिया, मगर अनजाने में ही उसे परे खिसका दिया।

उन्होंने ईषत् बेसब्र लहजे में कहा, "हाँ, बताइए, क्या कहना चाहते हैं?"

"आप मुझे नहीं पहचानते। मैं हूँ–प्रवीर मित्र!" इतना कहकर वे कुछेक पल को खामोश हो गए। शायद वे यह देखना चाहते थे कि बोधिसत्व के चेहरे पर कोई प्रतिक्रिया उभरती है या नहीं।

कुछेक पल ठहरकर, उसने शब्द-शब्द चबाते हुए, साफ-साफ आवाज़ में कहा, "मैं दयिता का बप्पा हूँ।"

बोधिसत्व इस अप्रत्याशित अचरज के लिए बिल्कुल भी तैयार नहीं थे। उन्हें सिर से पाँव तक जोर का झटका लगा।

उन्होंने अचकचाए लहजे में सिर्फ इतना भर कहा, "ओ...अच्छा! अच्छा!

नमस्कार! हाँ, कहिए?''

''आपने कहने लायक कुछ रखा है?''

प्रवीर की आवाज़ क्या कुछ ज्यादा ही तेज हो उठी थी? कम से कम बोधिसत्व को ऐसा लगा। अचानक उन्हें आभास हुआ, वे बेतरह पसीने-पसीने हो रहे हैं। बोधिसत्व ने अपने को डपट दिया। हैरत है! वे क्या दयिता के मामले में रंगे हाथ पकड़े गए किशोर प्रेमी हैं? इस शख्स के आगे सिमटे-सकुचाए रहने की हरगिज कोई वजह नहीं है।

बोधिसत्व ने अपनी आवाज को सायास गुरु-गंभीर बनाकर कहा, ''आपके आने की वजह, अभी तक मुझे पता नहीं चली।''

प्रवीर के चेहरे पर झलकती हुई छाया, अचानक घनी हो आई। वे मेज पर सामने की तरफ झुक आए।

उन्होंने हल्के कातर स्वर में कहा, ''मैं आपसे सिर्फ एक बात जानने आया हूँ, प्रोफेसर! इतने ज्ञानी-विज्ञानी इंसान होने के बावजूद आपने मेरी बेटी का यह सर्वनाश क्यों किया?''

''देखिए, आपकी भाषा बेहद आपत्तिजनक है, मिस्टर मित्र!'' बोधिसत्व कुर्सी से टिक गए।

उनकी आवाज और गंभीर हो आई, ''मैंने अपने होश-हवास में...जान-बूझकर आपकी बेटी का कोई नुकसान नहीं किया। आपकी बेटी, पत्नी जैसे सम्मान के साथ, मेरे साथ रहती है।''

''पत्नी जैसे सम्मान के साथ? लेकिन पत्नी बनकर तो नहीं...''

''यह एक अस्थायी इंतजाम है। अपनी पत्नी से तलाक मिलते ही, हम दोनों शादी कर लेंगे।'' अचानक उन्होंने अपने लहजे में भाषण जैसा अंदाज मिलाकर कहा, ''सुनिए, मिस्टर मित्र, आपके सामाजिक स्टेटस के बारे में मुझे कोई अंदाजा नहीं है। दयिता ने मुझे इस बारे में कुछ खास बताया भी नहीं। मैंने भी कभी पूछने की जरूरत नहीं समझी। आफ्टर ऑल, यह एक मर्द और एक औरत का रिश्ता है। उनके परिवार-परिजन, कभी भी इस रिश्ते में सोच-विचार के मुद्दा नहीं होते। इसके बावजूद मैं कमोबेश अंदाजा लगा सकता हूँ। चूँकि आप दयिता के पिता हैं, आप शिक्षित और साफ दिल इंसान हैं। आपको जरूर यह अंदाजा हो गया होगा कि हमारा यह साथ-साथ रहना-सहना, ऐसा कोई भयंकर गुनाह नहीं है और जोर-जबर्दस्ती भी कुछ नहीं घटा। वैसे भी आपकी बेटी 'माइनर'...मेरा मतलब है, नाबालिग नहीं है।''

''फिर भी...समाज के कुछ नियम-कानून होते हैं।''

''बेहद खोखले हैं वे नियम! मैं वे सब कानून नहीं मानता।'' मन ही मन सारे तर्क सजाकर, बोधिसत्व ने कहीं राहत महसूस की।

उन्होंने एक सिगरेट सुलगा ली।

माचिस की तीली, ऐशट्रे में ठूँसते-ठूँसते उन्होंने कहा, ''और ज्यादा साफ लफ्जों में कहूँ तो हम दोनों ही समाज के नियम-कानून नहीं मानते।''

''सुना है, आपका एक बेटा भी है? लगभग मेरी बेटी का ही हमउम्र! यानी मेरी बेटी तो आपकी भी बेटी के समान...''

''इससे बहोत ज्यादा फर्क की उम्रवालों में दुनिया में ढेरों विवाह होते हैं और उनमें ढेरों विवाह सुखद भी रहे हैं।'' आखिरी जुमला कहते-कहते, बोधिसत्व की आवाज शायद ज़रा काँप भी गई।

उन्होंने दुबारा अपनी आवाज को सख्त बनाते हुए कहा, ''इसके अलावा मैंने अपनी उम्र भी नहीं छिपाई। आपकी बेटी ने सारा कुछ जान-समझकर ही इस बंदे को पसंद किया है।''

प्रवीर दो-एक सेकेंड को खामोश हो रहे।

थोड़ा ठहरकर उन्होंने कहा, ''मुझे मालूम था। मालूम था कि आप यही सब बातें करेंगे। सच पूछें, तो इसीलिए मैं, इससे पहले आपके पास नहीं आया। आज पता नहीं क्यों तो...। आफ्टर ऑल, मैं पिता हूँ...उस लड़की को मैंने अपने सीने से लगाकर, पाल-पोसकर बड़ा किया है...यह बात मैं भूल नहीं सकता...'' प्रवीर की आवाज रुँध आई, ''आप अपने सीने पर हाथ रखकर कह सकते हैं, प्रोफेसर, आपने यह सही काम किया है?''

''मैंने विवेक के नजरिए से कोई गुनाह नहीं किया। आपकी बेटी जिस तरह मेरी दीवानी हो उठी थी, उसे लौटा देना अन्याय होता। वैसे असमान उम्र की किसी लड़की को प्यार करना भी कोई गुनाह नहीं है।''

''विवेक? आप विवेक की बात करते हैं?'' प्रवीर सहसा फूत्कार उठे, ''मेरा परिवार जो टूट-फूटकर, चूरमार हो गया, इस बारे में आपका विवेक कुछ नहीं कहता? मुनिया...आई मीन, दयिता के बारे में, हमारी कितनी उम्मीदें थीं...सपने थे। सिर्फ आपकी वजह से...। आपको क्या खबर है कि सिर्फ आपकी वजह से ही मेरी बीवी आज हिस्टीरिया की स्थायी मरीज बन गई है? मेरी बेटी को लेकर, चारों तरफ मजाक उड़ रहा है। मैं जी-जान से अपने कान बंद किए रखता हूँ, फिर भी...मेरी बेटी की पढ़ाई-लिखाई चौपट हो गई। मुमकिन है, किसी वजह से मेरी बेटी के मन में आपके प्रति कमजोरी जागी हो, उसी का फायदा उठाकर, आपने मेरी भोली-भाली बेटी को 'सिड्यूस' किया! उसे बहका-फुसलाकर, उसे चरित्र-भ्रष्ट कर दिया। आपके विवेक को क्या यह सब कुछ भी नज़र नहीं आता?''

टाइपिस्ट, ब्रजेन दरवाजे से कई बार झाँककर लौट गया। इस बार उसके पीछे-पीछे और भी कोई भी था। बोधिसत्व से निगाहें मिलते ही, वह हट गया।

बोधिसत्व दप् से भभक उठे, ''आप क्या मेरा विवेक जगाने आए हैं?''

''मेरी ऐसी मजाल कहाँ? आप ठहरे देश के वंदनीय हस्ती या कह सकते हैं,

दुनिया भर में वंदनीय! आप लोगों का विवेक भी किसी और धातु का बना होता है। अगर दिल करे, तो अपनी सगी बीवी को फटे हुए जूते की तरह उछाल फेंक सकते हैं और किसी और लड़की से स्वेच्छाचार कर सकते हैं। भले ही वह लड़की, आपकी अपनी बेटी की उम्र से भी छोटी हो। आप लोगों को सब कुछ शोभा देता है। आप जैसों का विवेक सब कुछ स्वीकार कर लेता है। महान हस्तियों का पद-स्खलन, उनकी महत्ता की निशानी बन जाती है। आप लोगों की प्रतिभा ने ही, आप लोगों को मनमानी करने का लाइसेंस दे दिया है, आप लोग समाज से, काफी ऊँचे स्तर के इंसान हैं।'' प्रवीर कुर्सी पीछे धकेलकर, उठ खड़े हुए, ''माफ कीजिएगा, आपको डिस्टर्ब किया। आपकी कोई बेटी नहीं है। अगर होती भी, तो भी आपकी समझ में नहीं आता। लेकिन इस किस्म की घटना से, हम जैसे घरेलू, मध्यवित्त इंसान के दिल पर कहीं चोट लगती है।''

अब बोधिसत्व भी जोरदार आवाज में कुछ नहीं कह पाए।

उन्होंने मिनमिनाते लहजे में कहा, ''आप जरूरत से ज्यादा भावुक हो उठे हैं, मिस्टर मित्र! बी रीजनेबल! मैंने आपकी बेटी का कोई नुकसान नहीं किया।''

''नुकसान! आपको अगर कोई और लड़की मिल जाए, तो आज या फिर कल आप उसे भी खदेड़ देंगे। उसका तो इहलोक और परलोक, यूँ भी तबाह हो चुका है।'' प्रवीर दरवाजे तक जाकर भी, जाने क्या सोचकर, दुबारा पलटकर खड़े हो गए।

उन्होंने सीधे-सीधे बोधिसत्व की आँखों में झाँकते हुए कहा, ''मेरी बेटी का भविष्य क्या होगा, मैं नहीं जानता। खैर, मुझे इससे कुछ लेना-देना भी नहीं है। हर इंसान को अपने कर्मों का फल भोगना ही पड़ता है। मेरी बेटी को भी भोगना होगा। आपको भी...''

प्रवीर को गए काफी देर हो चुकी।

बोधिसत्व एक के बाद एक सिगरेट सुलगाते रहे, बुझाते रहे, फिर सुलगाते रहे। कनपटी की नसें दपू-दपू करके टीसती रहीं। दिमाग की पोर-पोर में असहनीय यंत्रणा। तीखा अपमान, मल की तरह उनके अंग-प्रत्यंग से लिपटा हुआ।

उन्हें इतना कुछ सुनना पड़ा? दयिता की वजह से?

उन्होंने बैरे को आवाज़ देकर, प्रवीर नामक इस शख्स को गर्दनिया देकर बाहर क्यों नहीं निकाल दिया? पतले-से पार्टीशन के उस पार, दफ्तर के लोगों के बैठने की जगह। ये सारी बातें जरूर वहाँ भी सुनाई दी होंगी। छिः छिः! बोधिसत्व का मान-सम्मान कहाँ रहा?

चूल्हे में जाए कामकाज!

बोधिसत्व भर-दोपहरी में घर लौट आए। सूना फ्लैट खाने को दौड़ पड़ा, मानों वह उन पर हुंकार रहा हो। प्रवीर के परुष वाक्यों में दयिता का कोई हाथ नहीं है, स्वस्थ दिमाग से वे यह सोचने को कतई राजी नहीं थे। साजिश! साजिश! यह

सब दयिता की साजिश है। आज की इस परिस्थिति के लिए दयिता ही जिम्मेदार है। उससे किसने कहा था कि वह अपना भावी विवाह तोड़कर, हहराकर उनके पास दौड़ आए? बोधिसत्व की सुख-शांति की गृहस्थी को तोड़ने के लिए, कौन जी-जान से पीछे पड़ा था? दयिता! सिर्फ दयिता ही! वही दयिता, अब उन्हें खींचकर और गहरे कीचड़ में उतार रही है।

बदले में, काश, दयिता की निःशर्त अनुवर्तिता भी उन्हें मिली होती। राखी में रूप-यौवन भले न रहा हो, मगर अनुवर्तिता तो थी! वैसे भी भूख के पलों में उन दोनों के शरीर में भला कितना-सा फर्क था।

कपड़े वगैरह बिना बदले ही, बोधिसत्व बिस्तर पर जा लेटे। उफ्! सिर, दर्द से फटा जा रहा है। ऐसे में थोड़ी-सी चाय मिल जाती, तो आराम मिलता। लेकिन इस वक्त चाय बनाने वाला कौन है? उनका मन हुआ कि वे बाथरूम में जाकर, बदन पर धार-धार पानी उँड़ेलें, तो जरा ठंडक पड़ जाए। लेकिन अब उनका तौलिया, चप्पल, पायजामा वगैरह वहाँ कौन रखेगा? यह मामूली-सी सेवा, जिससे मिलनी चाहिए थी, वह तो इस वक्त अपनी दुनिया में विभोर है।

उन पलों में बोधिसत्व की आँखों में अचानक राखी का चेहरा तैर गया! राखी! राखी! राखी! कैसी लहरहीन, निरुद्विग्न जिंदगी थी! राखी असाधारण निपुणता से समूची गृहस्थी को भरी-भरी रखती थी। घर के कोने-कोने में वह स्वच्छन्द वाताश बनकर घुली-मिली हुई थी। उसकी जगह यह नासमझ, जिद्दी दयिता? हहः!

बोधिसत्व की वजह से प्रवीर मित्र की बिटिया का पढ़ना-लिखना चौपट हो गया। दयिता की वजह से बोधिसत्व की इकलौती संतान का कैरियर, क्या चौपट नहीं हुआ? इस सब नुकसान का हिसाब कौन रखता है?

बाहर भी इस वक्त तप्त-रुक्ष दोपहरी! आसमान के बीचोंबीच अतिकाय हाइड्रोजन गोले का न्यूक्लिअर फ्यूशन, निष्ठुर ताप बरसाता हुआ! वह तीखा ताप धरती के हर स्तर पर प्रतिफलित हो रहा है। ट्रोपोस्फियर में हवा अस्त-व्यस्त बहती हुई! सूखी-सूखी! अंगारभरी!

बोधिसत्व का अंतर पछतावे की आग में जला-फुँका जा रहा था। अचीन्ही तकलीफ से छटपटाते हुए, वे उठ खड़े हुए। फ्लैट बंद करके, वे नीचे उतर आए। कार-स्पेस में गाड़ी ऊँघ रही थी। घर पहुँचकर, उन्होंने ड्राइवर को छोड़ दिया था। इस वक्त खुद भी स्टीयरिंग थामने का उनका मन नहीं हुआ। बोधिसत्व हनहनाते हुए बाहर चले आए। कुछेक पलों के लिए वे ठिठक गए। दुविधा-संकोच त्यागकर, उन्होंने विजन रास्ते से एक टैक्सी पकड़ ली।

टैक्सी वी आई पी रोड पर बारासात की ओर दौड़ पड़ी।

राखी सजग-मंथर कदमों से सीढ़ियाँ उतरकर, नीचे आई। पहली मंजिल की बैठक में दाखिल होते हुए, वह शायद पल भर के लिए ठिठक गई। अगले ही पल, उसने अपने को सख्त किया और दहलीज लाँघकर, बैठक में आई।

उसने भावलेशहीन आवाज़ में दरयाफ्त किया, "तुम? अचानक?"

इस वक्त बैठक की तमाम खिड़कियाँ बंद थीं। छाया-छाया कमरे में, बोधिसत्व सोफे पर बैठे हुए सिर झुकाए-झुकाए, सिगरेट पी रहे थे। उन्होंने हड़बड़ाकर सिर उठाया।

जलती हुई सिगरेट बुझाकर, उन्होंने घरघराती आवाज़ में जवाब दिया, "चला आया—"

सिर्फ यही बात सुनने के लिए राखी कितने युगों से इंतजार कर रही थी। इसके बावजूद इस पल, वह शब्द, कोई खास अभिघात नहीं रच पाया। बल्कि कैसी तो, मशीनी सुनाई दी। राखी के कानों ने क्या भूल सुना? या राखी का दिल ही पत्थर हो गया है?

बोधिसत्व की निगाहें राखी पर स्थिर हो रहीं। वे उसे अपलक देखते रहे। उस झुटपुटे धुँधलके में राखी उनकी निगाहों को साफ-साफ पढ़ नहीं पाई। उस निगाह को नंजरअंदाज करने के लिए ही वह एकदम से उठी और एक खिड़की खोल आई। रोशनी, हल्की-सी बढ़ गई। राहत का अहसास भी थोड़ा और बढ़ गया।

राखी ने लगभग स्वाभाविक आवाज़ में पूछा, "दफ्तर से आ रहे हो?"

"हाँ...मतलब...नहीं, घर से ही आ रहा हूँ।"

"चाय पीओगे?"

"रहने दो, तुम्हें तकलीफ करने की जरूरत नहीं।"

"मैं क्यों तकलीफ करूँगी?" राखी के होठों पर सूखी-सी मुस्कान खिल उठी, "इस घर में नौकर-चाकर ही चाय बनाते हैं।"

"ओ, अच्छा, फिर बनाने को कह दो।"

राखी अंदर जाकर निर्देश दे आई और उल्टी तरफ के बड़े सोफे पर, उनसे जरा फासले पर बैठ गई।

कुछेक पल, दोनों ही खामोश!

निःशब्दता का दबाव धीरे-धीरे बढ़ने लगा।

बोधिसत्व ने ही बर्फ तोड़ी, "घर में इस कदर चुप्पी क्यों है? घर में कोई नहीं है?"

बोधिसत्व को और किसकी उम्मीद है? बबुआ की? रिंटू-मित्रा वगैरह की? वैसे मित्रा सच ही घर में नहीं थी। गर्मी की छुट्टियाँ शुरू होते ही, वह बाल-बच्चों को लेकर, अपने मायके गई है। रंटू का कोर्ट अभी बंद नहीं हुआ। बबुआ आजकल दोपहर के वक्त, अक्सर घर पर नहीं होता। हर रोज की तरह, वह आज भी बाहर निकल गया था।

लेकिन बोधिसत्व को इतनी सारी खबरें, वह क्यों दे?

उसने नीरस आवाज में जवाब दिया, ''तुम्हें सारे कागज-पत्तर जरूर मिल चुके होंगे? मैंने बहुत दिनों पहले ही दस्तखत करके भेज दिया था।''

''नहीं, नहीं, मैं इसलिए नहीं आया।'' बोधिसत्व ने छूटते ही कहा, ''तुम लोग कैसे हो, मैं जस्ट यही देखने आया था...आई मीन, बस यूँ ही...''

राखी को विश्वास नहीं आया। बोधिसत्व ऐसा सियाह चेहरा लिए, उन लोगों को देखने आए हैं? वह भी खदेड़े गए बीवी-बेटे को? हुँहः! वह भी, अगर वह इस इंसान की नस-नस पहचानती न होती। जितना-सा पहचानना बाकी बचा था, उसकी भी इस बंदे ने पहचान करा दी। जरूर विवेक के तकाजे पर...। लेकिन, नहीं, विवेक के तकाजे पर भी नहीं। यह महज इस आदमी का अहम् है! वह अहम् के तकाजे पर आया है। बूँद भर भी आँसू बहाए बिना, राखी तलाक देने को राजी है; खाना-खुराकी लेने से भी इनकार कर दिया। बोधिसत्व बार-बार अपने भाई को भेजकर भी, बबुआ पर कब्जा नहीं कर पाए...मानी इंसान के मान-सम्मान को तो ठेस लगेगी ही!

राखी ने उन्हें स्थिर निगाहों से देखते हुए सवाल किया, ''केस, कोर्ट में कब तक उठेगा?''

''ठीक-ठीक नहीं पता—'' बोधिसत्व की आवाज टुप से मद्धिम हो आई, ''वकील से पूछना होगा।''

''कोर्ट में मेरे जाने की तो जरूरत नहीं है।''

उत्तर देने के बजाय बोधिसत्व खामोश हो रहे। वे कुछ सोच रहे थे। उन्होंने एक और सिगरेट जला ली। पंखे की हवा में सिगरेट का धुआँ गोल-गोल चक्कर लगाता रहा। धुएँ का नीलाभ भंवर पल भर हिल-डुलकर, अगले ही पल गुम होता रहा। इसके बावजूद, सिगरेट के धुएँ की गंध हवा में बसी हुई! उग्र, कड़वी गंध!

बोधिसत्व अचानक ही बोल उठे, ''एक बात पूछूँ?''

राखी की भौंहें जुड़ गईं।

''तुम क्या अभी भी मुझसे...?''

राखी की भौंहों की सलवट और गहरी हो आई।

''विश्वास करो, उन दिनों की परिस्थिति पर मेरा कोई वश नहीं था। कहना चाहिए, मैं खुद ही परिस्थिति का शिकार हो गया। मैंने कभी तुम्हारा अपमान नहीं करना चाहा। मैं तो चाहता था कि इस मामले का कोई सम्मानजनक समाधान हो जाए! बिना किसी को चोट पहुँचाए!''

बोधिसत्व कहना क्या चाहते हैं? क्या दो-दो औरतों के साथ घर बसाए रहने का इरादा था? राखी आज्ञाकारी बीवी की तरह इसे कबूल कर लेती, तो सम्मानजनक समाधान हो जाता? यह सच है कि राखी फिलहाल, ईंट-काठ-पत्थर की तरह ही जिंदगी बसर कर रही है, मगर सचमुच तो वह ईंट-काठ-पत्थर नहीं है! बोधिसत्व क्या भूल

गए कि उस रात उन्होंने क्या-क्या कहा था?

राखी ने सीधे-सीधे उनकी आँखों में झाँका, "यह अचानक ये सब बातें क्यों उठ रही हैं?"

"उठना नहीं चाहिए, मैं जानता हूँ।" बोधिसत्व ने लंबी उसाँस भरी, "खैर छोड़ो, यह बताओ, तुम हो कैसी?"

"किस हाल में होऊँगी मैं, तुमने क्या उम्मीद की थी?" सहसा दिल मरोड़ देने वाली रुलाई, एकबारगी हँसी बनकर प्रकट हुई, "मैं मजे में हूँ! बहुत मजे में हूँ। रंटू ने मुझे सिर-आँखों पर बिठा रखा है।"

"हाँ, रंटू तुम्हारी काफी इज्जत करता है।"

राखी मन ही मन बुदबुदा उठी—हाँ, करता तो है। रंटू तो चाहता था कि तुम्हें कठघरे में खड़ा करके, भरी अदालत में तुम्हारी इज्जत उतार ले। वह तो मैं ही इस उम्र में जग-हँसाई नहीं कराना चाहती थी, इसलिए जबर्दस्ती उसे रोक दिया।

चाय आ गई। साथ में हल्का-सा नाश्ता! फ्रेंच टोस्ट और सन्देश। राखी इसी तरह के नाश्ते की हिदायत दे आई थी।

बोधिसत्व ने अटक-अटककर कहा, "इतना सब क्यों! सिर्फ चाय से ही काम चल जाता।"

इतनी कड़वाहट के बावजूद, राखी की जुबान से सच बात ही फिसल गई, "तुम्हें भूख लगी है। तुम्हारा चेहरा देखकर ही मैं समझ गई।"

बोधिसत्व ईषत् चौंक गए।

उन्होंने सिर झुकाकर चाय का कप-प्लेट उठा लिया।

थोड़ा ठहरकर उन्होंने पूछा, "भविष्य के बारे में कुछ सोचा है?"

"किसके भविष्य के बारे में?"

"अपने—"

"फिलहाल तो इसी घर में हूँ। बबुआ की किसी नौकरी की बात चल रही है। जब नौकरी लग जाएगी, तब बबुआ शायद कोई घर किराए पर लेकर, मुझे कलकत्ता ले जाएगा।"

"बबुआ क्या सच ही अब आगे नहीं पढ़ेगा? तुम उसे जरा समझाओ—"

राखी ने उनकी इस बात का फौरन जवाब नहीं दिया। बेटे को उसने कम नहीं समझाया-बुझाया। रंटू भी काफी नाराज हुआ, लेकिन बबुआ अटल! चूँकि वह बोधिसत्व का बेटा है, इसीलिए वह इतना अक्खड़ निकला।

जरा देर की खामोशी के बाद, राखी ने सर्द लहजे में जवाब दिया, "जिस बेटे को इक्कीस साला उम्र में अपनी माँ की जिम्मेदारी सँभालना पड़े, उसे ज्यादा पढ़ाई-लिखाई की अय्याशी शोभा नहीं देती।"

बोधिसत्व का चेहरा लाल हो उठा, "यह तो सरासर गलत जिद है। तुम दोनों

ही अपनी-अपनी जिद पर डटे रहोगे और...''

''छोड़ो! गलत-सही की बातें, तुम्हारी जुबानी न सुनूँ तो बेहतर है।'' राखी के होठ कुटिल हो आए, ''हम जैसे मामूली लोगों के लिए, इतनी फिक्र क्यों करते हो? अपनी बात करो! हो कैसे?''

बोधिसत्व खामोश हो गए।

काफी देर बाद उन्होंने जोर-जोर से सिर हिलाकर जवाब दिया, ''पता नहीं—''

''अरे! यह क्या बात हुई?'' राखी की निगाह खरखरा उठी, ''इतनी जल्दी इंटलेक्ट की भूख मिट गई?''

बोधिसत्व ने असहाय आँखों से देखा, ''तुम व्यंग्य करोगी, मुझे मालूम था। लेकिन सचमुच मैं क्या करूँ, मुझे कुछ सूझ नहीं रहा है। मुझे तुम्हारी सलाह और सुझाव की जरूरत है।''

''मेरी?'' राखी बेतरह अवाक् हो उठी। क्षोभ, अभिमान से ज्यादा उसके मन में कौतूहल जाग उठा। बोधिसत्व को क्या अक्ल आ गई? उनकी आँखें खुल गईं? वे राखी के पास लौट आना चाहते हैं? राखी के सीने में ढेंकी की तेज-तेज थाप!

इसके बावजूद उसने अपनी आवाज, यथासंभव निर्लिप्त रखते हुए, सवाल किया, ''क्या बात है?''

''मेरी समस्या एकमात्र तुम ही समझ सकती हो। वह निरी बच्ची है! जरा भी मैच्योरिटी नहीं है उसमें। घर-गृहस्थी के बारे में भी उसकी जानकारी 'ग्रो' नहीं कर पाई। अब मैं उसके बारे में क्या करूँ...। पता है, इसी बीच वह गर्भवती भी बन बैठी है। कितनी ही बार समझाया कि बच्चा गिरा दो...लेकिन वह इतनी जिद्दी है कि...''

राखी एकबारगी गूँगी हो आई।

यह इंसान देवता है या दानव? उसके सामने इतने निःसंकोच भाव से यह बात उसकी जुबान से निकली कैसे? सहसा उसकी मानस-आँखों के सामने दयिता का चेहरा उभर आया। इस पल उसके मन में ईर्ष्या नहीं, उस लड़की के प्रति कैसी तो करुणा जाग उठी। इन कुछेक महीनों में ही, इस आत्मभूला वैज्ञानिक का आत्म-सर्वस्व क्रूर रूप, उस लड़की को भी नज़र आ गया? बे-चा-री!

राखी ने भारी आवाज में कहा, ''बच्चा क्यों गिराए! सिर्फ इश्क करके ही तुम्हारी जिम्मेदारी खलास हो जाएगी?''

''लेकिन इस उम्र में...। इसके अलावा तुम तो जानती हो, यह सब झंझट-झमेला मुझे सूट नहीं करता। अभी मेरे हाथ में कितने ही काम हैं...सो मेनी थिंग्स टू डू...''

''लच्छेदार बातें मत बघारो—'' राखी की आवाज़ तेज हो उठी, ''तुम सच-सच यह बताओ कि आखिर तुम चाहते क्या हो? तुम क्या मुझसे यह उम्मीद करते हो कि मैं जाकर उस लड़की को समझाऊँ कि वह बच्चा गिरा दे? हैरत है!''

बोधिसत्व का चेहरा करुण हो आया।

उन्होंने फँसी-फँसी आवाज़ में कहा, ''नहीं...मतलब, सच ही मैं बेहद परेशान हूँ—''

''यह परेशानी तो तुमने खुद ही बुलाई है। अपने बिछाए जाल में खुद ही फँस गए। अब आकुल-व्याकुल होने से क्या होगा?''

बोधिसत्व कुछ देर पथराए बैठे रहे। उसके बाद धीरे-धीरे वे उठ खड़े हुए। जीवंत दीर्घ-उसाँस की तरह उन्होंने कदम बढ़ाया। दरवाजे तक जाकर, वे दुबारा ठिठक गए।

उन्होंने धीमी आवाज में पूछा, ''मैं क्या कभी-कभार तुम्हारे पास आ सकता हूँ, राखी? तुम चाहे जैसा भी बर्ताव करो...चाहे जितना भी अपमान करो, फिर भी...''

''नहीं! कभी नहीं! जिस इंसान से मेरा बेटा नफरत करता है, मैं खुद भी उसका मुँह नहीं देखना चाहती।''

बोधिसत्व सिर झुकाए-झुकाए बाहर निकल गए। कैसा दुबला गया है यह शख्स! सौ बूढ़ों में एक बूढ़ा लग रहा था। इस बंदे का चेहरा इतना बिगड़ कैसे गया? वह लड़की क्या इसकी जरा भी सेवा-जतन नहीं करती?

राखी बेभाव रो पड़ी। बोधिसत्व का घर छोड़ने के बाद, आज वह पहली बार रोयी थी। उस इंसान को जी भर सुनाने की साध, आज पूरी हो गई, लेकिन उसके दिल में इस जीत की बूँद भर भी खुशी नहीं हुई। मन में जमा गुस्सा, अभिमान, यंत्रणा पिघल-पिघलकर, उसकी आँखों से बह निकली।

क्यों? क्यों? क्यों?

बोधिसत्व को भी कोई गहरा अवसाद निगलता जा रहा था। बारासात से लौटकर, वे कुछ देर बिस्तर पर मुर्दे की तरह लेटे रहे। उसके बाद, वे उठकर स्टडीरूम में चले आए। सामने खामोश-निश्चल कंप्यूटर! किताब-कागजों का ढेर! बोधिसत्व बैठे, तो बैठे ही रहे। निगाहें सूनी; दिमाग खाली; वक्त गुजरता रहा।

दयिता अपने दफ्तर से लौट आई। वह घर का कामकाज निपटाने में जुट गई। इस बीच उसने खाना भी पका लिया। बोधिसत्व को काली कॉफी भी दे आई। छुटपुट बातें भी कीं, लेकिन आज बोधिसत्व मानों बोधिसत्व में नहीं थे। दयिता की बातें सुनते हुए, सिर्फ हाँ-हूँ करते रहे।

रात बढ़ चली।

बोधिसत्व ने खामोशी से खाना-पीना निपटाया। आजकल उन दोनों प्राणियों में बातचीत जरा कम ही होती है। दयिता ने भी बोधिसत्व को खास गौर से नहीं देखा। बातचीत जारी रखते हुए, जहाँ बहस छिड़ जाती है, वहाँ चुप रहना, ज्यादा राहत देता है।

बेसिन में हाथ धोकर, वे अपने कमरे में नहीं गए, बल्कि बरामदे में आ बैठे।

उन्होंने एक सिगरेट सुलगा ली। हवा अभी भी ठंडी नहीं हुई थी। उसके छोटे-छोटे झपटे से बदन जल उठता था। बोधिसत्व की निगाहें, सुदूर के घर-मकानों की रोशनी पर जा टिकीं। कोई प्लेन, बिल्कुल सिर के ऊपर से गुजर गया। जहाज की बत्तियाँ जलती-बुझती रहीं।

बोधिसत्व के सीने से एक लंबी उसाँस निकली और आसपास के माहौल में बिखर गई।

उन्होंने धीमे लहजे में ही आवाज दी, "दयिता...।"

दयिता टीवी देख रही थी।

उसने वहीं से जवाब में पूछा, "तुम कुछ कह रहे थे–?"

"हाँ! जरा सुनना–"

दयिता बरामदे के दरवाजे पर आ पहुँची।

बरामदे में झूलते हुए, छोटे-से झूले की तरफ इशारा करते हुए बोधिसत्व ने इशारा किया, "बैठो! तुमसे कुछ बातें करनी हैं।"

दयिता की आँखें सिकुड़ गईं, "कोई जरूरी बात है? ज्यादा देर लगेगी...?"

"हूँ–"

"तो फिर एक सेकेंड इंतजार करो। मैं जरा विटामिन खा आऊँ। खाने के बाद ही ये दवाएँ लेनी चाहिए, मगर कल भी लेना भूल गई।"

बोधिसत्व के सीने में छोटी-सी पिन चुभ गई। दयिता ने इस वक्त क्या जान-बूझकर विटामिन की बात छेड़ी? आजकल वह खुद ही डॉक्टर को दिखाती है, सेहत-स्वास्थ्य ठीकठाक रखने के मामले में भी उसे दवाएँ दी गई हैं। उसने बेहद एहतियात से वे स्ट्रिप अपनी ड्रेसिंग-टेबल में छितरा रखी हैं, मानों वह कदम-कदम पर याद दिलाना चाहती है कि वह कितना गैर-जिम्मेदार है! इंसान कैसे अजीब-अजीब तरीकों से अपने अंतरंग लोगों को आहत कर सकता है। बोधिसत्व यह कैसे साबित करें कि वे हृदयहीन नहीं हैं?

कुछ साबित करने की जिम्मेदारी भी क्या बोधिसत्व की ही है?

दवा लेकर दयिता लौट आई और झूले में बैठ गई। वह धीमे-धीमे झूलती भी रही। क्या वह सच ही झूल रही थी? सच्ची? या बोधिसत्व की आँखें ही कुछ गलत-सलत देख रही थीं?

बोधिसत्व ने स्वाभाविक लहजे में ही सवाल किया, "तुम्हारा दफ्तर कैसा चल रहा है?"

दयिता शायद जरा चौंक गई।

उसने जवाब दिया, "बुरा नहीं।"

"वहाँ कामकाज अच्छा लग रहा है?"

"ठी-क ही है! ट्रेनिंग पीरियड है, इसलिए काफी रगड़ रहे हैं।–"

"दफ्तर में बता दिया कि तुम माँ बननेवाली हो?"

"कुछ दिन जाने दें, जनाब!"

"बाद में छुट्टी-वुट्टी मिलने में कोई प्रॉब्लम तो नहीं होगी?"

"देखती हूँ, क्या होता है! बाद की बात, बाद में सोच लेंगे।"

"तुम्हारी एक्स्पेक्टेड तारीख कब है?"

"छब्बीस जनवरी—!"

"ओह! तब तो का-फी देर है। इस दफ्तर में तुम्हें तनख्वाह वगैरह तो ठीक-ठाक ही देंगे न?"

"अचानक ये सब सवाल क्यों?" दयिता तनकर बैठ गई, "तुम ठीक-ठाक क्या जानना चाहते हो, बताओगे?"

बोधिसत्व कुछ देर को खामोश हो गए।

थोड़ा ठहरकर उन्होंने अपने चेहरे पर सायास हँसी खिलाकर कहा, "सुनो, दयिता, तुमसे अपने कामकाज के बारे में चंद प्रैक्टिकल बातें करनी हैं। तुम्हें जरूर याद होगा कि मैंने तुम्हें बताया था कि प्रोफेसर रिड्सन ने मेरे आजकल के काम की बेहद तारीफ की थी? उन्होंने मुझे एक ऑफर भी दिया था—टू ज्वाएन हेडेलबर्ग यूनिवर्सिटी! मैंने उसी वक्त उनका प्रस्ताव स्वीकार नहीं किया था, लेकिन इधर कई दिनों से उनके प्रस्ताव पर गंभीरता से सोच-विचार कर रहा हूँ। यहाँ, आइ मीन इंडिया में, मेरा काम बिल्कुल भी 'स्मूथ'...आराम से नहीं चल रहा है। वहाँ चला जाऊँ, तो अपनी समान-मानसिकतावाले कई वैज्ञानिक लोगों की निकटता मिलेगी। हम साथ-साथ काम कर सकेंगे, लगातार वैचारिक आदान-प्रदान हो पाएगा, कई-कई ऑब्जर्वेटरी से लगातार 'फ्लो ऑफ डाटा' होता रहेगा, रिसर्च की छुटपुट बाधाएँ पार करने में मुझे सहूलियत होगी..."

"तुम क्या चले जाना चाहते हो?" दयिता की आवाज काँप उठी।

"लगता है, जाना ही होगा।" बोधिसत्व ने सिर हिलाया, "तुम तो जानती हो, दयिता, मेरी जिंदगी का एक ही मिशन है...एक ही लक्ष्य है—सृष्टि के रहस्य की जानकारी! इसे ही समझना-बूझना और इंसानों को उसकी जानकारी देना! हम सबकी जिंदगी का 'स्पैन' इतना छोटा है! इतने सारे साल गुजर गए, अब और कितने दिनों जिंदा रहूँगा...?"

बोधिसत्व का आवेग मानों दयिता को भी छू गया।

उसने अपनी आवाज में और ज्यादा मिठास घोलते हुए कहा, "यह तो अच्छी बात है। तुम जाओ न!"

"लेकिन तुम?"

"तुम क्या मुझे अपने साथ नहीं ले जाना चाहते?"

"चाहो, तो चल सकती हो! लेकिन मैं तुमसे जबर्दस्ती नहीं करूँगा। इस बारे

में तुम पूरी तरह आजाद हो! तुम अगर यहाँ भी रहीं, तो मैं तुम्हारे लिए सारा इंतजाम कर जाऊँगा। तुम्हें नियमित रूप से रुपए भी भेजता रहूँगा...तुम्हारे लिए...जो आ रहा है, उसके लिए..."

दयिता की निगाहें अब तक बोधिसत्व के चेहरे पर गड़ी हुई थीं। सहसा उसकी आँखें बरामदे की तरफ घूम गईं।

उसने बर्फीली आवाज में जवाब दिया, "यह तुम्हारी असीम महानता है।"

"तुम ऐसे क्यों बोल रही हो? जब मैंने तुम्हारी जिम्मेदारी ली है, तो यह तो मेरा फर्ज बनता है।" बोधिसत्व ने फिर एक सिगरेट सुलगा ली।

उन्होंने इत्मीनान से धुआँ उगलते हुए कहा, "तुम अपने पीहर भी जाकर रह सकती हो।"

"पीहर?" दयिता की आवाज़ ईषत् तेज हो उठी, "मेरा तो कोई पीहर नहीं है।"

"यह तुम्हारे अभिमान की बात है। वे लोग अभी भी तुम्हारे बारे में बेहद चिंतित हैं।"

"अच्छा?"

"हूँ! तुम्हारे पिता आज मेरे दफ्तर में आए थे।"

"बप्पा?" दयिता ने झटके से गर्दन घुमाई।

"हाँ, अगर तुम वहाँ गईं, तो उन लोगों को खुशी ही होगी।" यह कहते हुए, बोधिसत्व ने फौरन अपनी भूल सुधारी, "मेरा मतलब है, लड़कियाँ ऐसी हालत में अपने पीहर में ही रहती हैं। तुम फिक्र न करो, मैं नियमित रूप से तुम्हारी खोज-खबर लेता रहूँगा।"

उनकी आखिरी बात मानों दयिता के कानों तक पहुँची ही नहीं।

उसने तीखी आवाज़ में सवाल दागा, "यह बात, बप्पा ने कही तुमसे? कि मैं वहाँ जाऊँ, तो वे लोग खुश होंगे?"

"नहीं, ऐसा तो नहीं कहा, लेकिन मुझे यही अंदाजा हुआ। इंसान के चरित्र-स्वभाव की थोड़ी-बहुत जानकारी मुझे है दयिता! तुम्हें अपनी आँखों के सामने पाकर, उन लोगों का गुस्सा-अभिमान, सब धुल-पुँछ जाएगा, दयिता!"

लमहे भर के लिए दयिता की निगाह बोधिसत्व के चेहरे पर अपलक गड़ी रही। अगले ही पल उसने जोर का ठहाका लगाया। वह हँसती रही...हँसती ही गई। खिलखिल हँसते हुए, एकदम से लोटपोट हो गई। किशोरी की चपल हँसी, धीरे-धीरे उन्मादिनी की खिलखिलाहट में बदलती गई। कुछ देर बाद, उसकी हँसी शांत हो आई। दयिता का चेहरा लाल हो उठा। वह बेतरह हाँफ उठी।

जरा दम लेते हुए उसने कहा, "मेरी एक बात का जवाब दोगे? अभी तक जिस बीवी से तुम्हारा तलाक नहीं हुआ, वह बीवी इतने सालों तक तुम्हें बर्दाश्त कैसे करती रही?"

उसका यह सवाल, बोधिसत्व के कानों में गोली की तरह बिंध गया। दयिता की निगाह किस कदर तीखी...मर्मभेदी! मानों वह 'लेजर बीम' से बोधिसत्व की हाड़-मज्जा तक जला डालेगी। बोधिसत्व उस फितना-सी लड़की की आँखों से, आँखें नहीं मिला पाए। वे सिर झुकाए, विमूढ़ बैठे रहे।

दयिता ईषत् स्खलित चाल में अपने कमरे में चली गई। कुछेक पलों बाद, बोधिसत्व के कानों में एक क्षीण-सी आवाज़ आ टकराई। दयिता क्या रो रही है? बोधिसत्व उठकर उसे देखने जाएँ, उनमें यह साहस भी नहीं रहा।

काफी देर पहले ही, आधी रात गुजर चुकी थी।

मंद-मंद हवा बहती रही। धरती अब ढेर-ढेर शीतल हो आई। चाँद उगा था, अब डूब भी गया। सॉल्ट लेक की सड़कों के चिराग अब ऊँघने लगे थे। रात के पाखी काफी दूर से ही रह-रहकर पुकारते रहे। रात के अँधेरे में कृष्णचूड़ा के फूल आग की तरह धधकते रहे। राख से ढँके, सियाह अंगार की तरह!

बोधिसत्व स्टडीरूम में थे! आरामकुर्सी पर ही बैठे रहे। आँखें भारी हो आईं और रह-रहकर मुँदने लगीं। अगले ही पल, वे चौंक उठते और आँखें खोल देते। टूटी-बिखरी तंद्रा में भी घूम-फिरकर वही धूमकेतु का सपना आता रहा। वही धूमकेतु, नक्षत्रों से टकरा गया था! कैसा प्रचंड विस्फोट हुआ! कानों पर जैसे ताले जड़ गए, सिर लगातार घूमता रहा।

कुर्सी छोड़कर, बोधिसत्व उठ खड़े हुए। अँधेरे में ही टटोलते हुए, वे कदम नापते हुए, बाथरूम की तरफ बढ़े। उन्होंने बाथरूम की बत्ती जलाई और आईने में अपना चेहरा निहारा। वे तो वही पहलेवाले ही इंसान हैं, दयिता उन्हें किसी और तरह का इंसान क्यों समझती है? राखी उन्हें कुछ और क्यों समझती है? क्यों? क्यों? उन दोनों ने ही क्या उन्हें देवता समझ लिया था? उनकी निगाहों में अब वह दानव क्यों बन गया? वे तो इंद्रियपरायण रिपुताड़ित, मामूली इंसान हैं। उन्हें और कुछ समझकर, वे दोनों ही इस कदर तकलीफ क्यों पा रही हैं?

बाथरूम से निकलकर, उन्होंने अपने बेडरूम में झाँका। दरवाजा उढ़काया हुआ था। उन्होंने आहिस्ते से दरवाजा खोला। नियमित श्वास-प्रश्वास की आवाजें! लगातार उठती-गिरती हुईं! बोधिसत्व को जगाए रखकर, दयिता कितने आराम से सो रही है। बोधिसत्व क्या कमरे की बत्ती जलाएँ? उसकी सुख-निद्रा तोड़कर चिंदी-चिंदी कर दें? इस जवान-जहान औरत ने उनसे मुँह फेर लिया है, फिर भी अगर एक बार...

नहीं, अब और नहीं! बोधिसत्व अब चले ही जाएँगे। अब वे दुनियावी माया-मोह त्यागकर, अपने निजी महाविश्व की तलाश में चल देंगे। काम ही उनका बंधन है, काम ही उनकी मुक्ति!

इतनी देकर बाद, उनका चित्त शांत हो आया। बोधिसत्व अपने ड्राइंगरूम में लौट आए। वे आरामकुर्सी पर ढह गए। अँधेरा धीरे-धीरे परिव्याप्त होने लगा। कुछेक

पलों में ही उस निकष अँधेरे ने समूची दुनिया को ढँक लिया। बोधिसत्व की आँखों में भी नींद उतर आई। गहरी नींद!

सुबह, बोधिसत्व की नींद, जरा देर से ही टूटी। आँखें खोलते ही, उसकी छाती धक् रह गई। समूचे फ्लैट में इतनी भयावह खामोशी क्यों है?

बोधिसत्व को मानों करंट लगा। वे हड़बड़ाकर उठ खड़े हुए और लपककर ड्राइंगरूम में चले आए। वहीं से उन्होंने बेडरूम की तरफ निगाहें दौड़ाकर देखा! बाथरूम और रसोईघर भी झाँक आए।

न्ना, दयिता कहीं नहीं थी।

22

फोन दोपहर के वक्त आया।

सौमिक के दफ्तर में कामकाज का दबाव, आज अपेक्षाकृत काफी कम था। सौमिक इस-उस क्यूबिकल में चक्कर लगाता हुआ, खुदरा अड्डा देता रहा। कामकाजी गपशप! दफ्तर से ही जुड़ी, तरह-तरह की बातें, लेकिन काफी हल्के-फुल्के मूड में! अभी भी वह अपनी सीट पर लौटा था। टिफिन में वह बाहर निकले या न निकले, अभी वह सोच ही रहा था, तभी फोन पर जानी-पहचानी आवाज!

"सौमिक!...खूब व्यस्त हो क्या?"

शिथिल सौमिक पल भर में चुस्त-दुरुस्त! बोधिसत्व के विदेश से लौट आने के बाद, उसने दयिता को एक बार भी फोन नहीं किया। कई-कई बार उसका मन भी हुआ, मगर उसने फोन नहीं किया। जानबूझकर वह कबाब में हड्डी क्यों बने? चलो ठीक है, सुख के उच्चतम वृक्ष की डाल पर, कपोत-कपोती की तरह रहो प्यार-मुहब्बत से!

अप्रत्याशित फोन पाने का विस्मय छिपाते हुए सौमिक ने धीमी आवाज में पूछा, "शुक्र है, इतने दिनों बाद सही, किसी की याद तो आई!"

दयिता ने मानों उसकी बात सुनी ही नहीं!

उसने सर्द आवाज़ में कहा, "तुम क्या आज मुझसे मिल सकते हो?"

"आज? कब? कितने बजे?"

"यही कोई शाम साढ़े पाँच बजे! मैं तुम्हारा स्प्लानेड में इंतजार करूँगी! मैट्रो स्टेशन के गेट पर!"

''धत्! वहाँ क्यों? तुम मेरे दफ्तर ही चली आओ—''

''ना—! तुम ही आ जाओ! के सी दास की दुकान की परली तरफ वाले गेट पर!'' दयिता दो-एक पल को खामोश हो गई।

अगले ही पल उसने दुबारा कहा, ''अगर तुम्हें कोई असुविधा न हो...।''

''नहीं, नहीं, असुविधा कैसी? मैं पहुँच जाऊँगा।''

जरा दम लेकर, सौमिक आम कुशल-समाचार पूछने ही वा़ला था, इससे पहले ही लाइन कट! भौंहें चढ़ाकर, सौमिक ने फोन का रिसीवर यथास्थान रख दिया। वैसे उसका विस्मय ज्यादा देर तक टिक नहीं पाया। सहसा उसका मूड तरोताजा हो आया। उसने मन ही मन यह अंदाजा लगाने की कोशिश की कि शहजादी ने उसे क्यों तलब किया? लगता है, घर में कुल एक ही चेहरा देखते-देखते, राजकन्या बोर हो गई है, इसलिए आज वह सौमिक के साथ अड्डा देगी? लेकिन ऐसी बात होती, तो वह अपने घर ही बुला लेती। चहारदीवारी में कैद-शहजादी क्या हाँफ उठी है? पता नहीं! मुमकिन है, वह मार्केटिंग करने निकली हो यानी आज उसे शहजादी का माल ढोना होगा। लेकिन...दयिता की आवाज में खुशी या उल्लास नहीं था, बल्कि कैसा तो भारी-भारी...? इधर कई दिनों से उमस काफी बढ़ गई है! बारिश होने का पूर्वाभास! चारों तरफ आजकल सर्दी-बुखार की हड़कंप मची है। दयिता को कहीं सर्दी-वर्दी तो नहीं लग गई?

दुबारा टेलीफोन!

रिफ्लेक्स ऐक्शन में रिसीवर उठाते ही, दूसरी छोर पर, कविता बसुराय!

''टिफिन कर लिया?''

आज उसने हर दिन की तरह टालू जवाब नहीं दिया।

उसने खुश-खुश आवाज़ में कहा, ''बस; निकलने ही वाला हूँ। पेट में बाकायदा चूहे कूद रहे हैं।''

''देखो, उल्टा-पल्टा कुछ मत खाना। याद रखना आज तुम्हारे स्टू का दिन है...।''

''हाँ, याद है! मेरी जुबान भी आज स्टू ही माँग रही है—''

''लौटेगा कब?''

''देखूँ! थोड़ी देर हो सकती है।''

''शाम को मैं घर पर नहीं रहूँगी। मेज पर सैंडविच रखी होगी, आकर खा लेना।''

''जो हुक्म!''

फोन रखकर, सौमिक हल्की-हल्की सीटी बजाते हुए कैंटीन चल दिया। कमोबेश गले-गले तक पेट भरकर लौटा और अपने काम में जुट गया। अब वह काफी तरो-ताजा हो आया। वह नशेबाज की तरह कंप्यूटर के नीरस पर्दों में डूब गया। पता नहीं कैसे तो सारा वक्त, फुर्र से गुजर गया।

करीब साढ़े चार बजे, जीएम के कमरे में, सौमिक की अचानक पुकार हुई। जरूरी मीटिंग! लेकिन मीटिंग में पंद्रह मिनट गुजरते ही सौमिक बेचैन होने लगा। वह बार-बार घड़ी देखता रहा। पाँच बजने में कुल दस मिनट रह गए। पाँच बजने में कुल पाँच मिनट! पाँच बज जाने के बाद, वह बाकायदा बौखला उठा। पाँच बजकर दस मिनट होते ही, उससे नहीं रहा गया। स्कूली बच्चे की तरह उसने नाटक शुरू कर दिया। पेट-दर्द का बहाना बनाकर, वह मीटिंग छोड़कर, किसी तरह निकल पड़ा। आज शहजादी ने पुकारा है, आज झूठ बोलने से, कोई पाप नहीं लगेगा।

घड़ी का काँटा साढ़े पाँच तक पहुँचे, इससे पहले ही सौमिक प्रायः दौड़ते-दौड़ते, निर्धारित जगह पर पहुँच गया। वह बुरी तरह पसीने-पसीने हो आया। रूमाल से अपना चेहरा पोंछते-पोंछते, उसने इधर-उधर निगाह दौड़ाई! दयिता कहीं नहीं थी।

सौमिक ने राहत की साँस ली। भला उस जैसे दीन-अभाजन का इंतजार करना, भला शहजादी को शोभा देता है?

उस वक्त कलकत्ता में झिलमिल शाम उतर आई थी। सूरज अब चारों तरफ सोने के पानी की पॉलिश चमका रहा था। तमाम घर-मकान-कोठियाँ, गाड़ियाँ-सवारियाँ सोना लपेटकर जगमग उठी थीं। आसमान में आज टुकड़े-टुकड़े बादल जरूर हैं, लेकिन वे बादल ही मानों उस नीलाभ शोभा को और बढ़ाए दे रहे थे। इंसानों का रोना-चीखना, शोर मचाना, इस वक्त, मीठी गूँज-सा लगता है। मानों यह शहर मधुमक्खी का अतिकाय छत्ता बन जाता है।

धूप का तेज धीरे-धीरे घिसता जा रहा था। सौमिक जरा-जरा बेसब्र हो आया। सात जनम में भी वह कभी, किसी लड़की के इंतजार में यूँ खड़ा नहीं हुआ। इंतजार का हर पल इस कदर लंबा होता जाता है, वह कहाँ जानता था? लगभग छः बजने को आए। दयिता अभी तक नहीं आई। सैकड़ों लोग मेट्रो स्टेशन की गुफा में उतरते रहे, सैकड़ों लोग उस गुफा से निकलते भी रहे, सौमिक उन लोगों को बड़े ध्यान से देखता रहा। काश, इनमें से कोई लड़की अचानक किसी जादू-मंतर से दयिता हो जाए। लेकिन, नहीं हुई! कोई नहीं हुई! दयिता को आखिर हुआ क्या? कहीं उसने कोई प्रैक्टिकल मजाक तो नहीं किया? सौमिक जैसे बुद्धू-बक्काल गंगाराम से उसने कोई क्रूर मजाक तो नहीं किया?

सौमिक अभी इसी तरह के ख्यालों में भटक ही रहा था और उसकी बेचैनी अभी शुरू ही हुई थी कि लेनिन की मूर्ति के करीबवाले अहाते की तरफ उसकी निगाह थिर हो गई, दयिता आ रही थी। विदा लेते दिन की आखिरी धूप लपेटे, वह धीमी-धीमी चाल में आगे बढ़ी आ रही थी। वह शायद ईषत् अनमनी भी थी।

बिल्कुल करीब आने के बाद ही दयिता की निगाह सौमिक पर पड़ी।

उसके होठों पर फीकी हँसी झलक उठी, "बहुत देर से खड़े हो न? सॉरी!"

"नहीं, नहीं, खास देरी नहीं हुई!" सौमिक ने तटस्थ भाव से कंधे झटकते हुए कहा, "मैं तो अभी-अभी ही..."

कुछेक पल दोनों ही खामोश!

सौमिक की निगाहें दयिता पर गड़ी रहीं।

दयिता इन दिनों थोड़ी मुटिया गई है। लेकिन चेहरे पर हल्की-हल्की कालिमा के धब्बे! अवसाद की छाप! छिः दयिता उदास क्यों होने लगी?

सौमिक ने तरल आवाज में पूछा, "सूरत-शक्ल इतना सूखा-मुर्झाया क्यों है? लगता है, जैसे देह में बिल्कुल दम ही नहीं है।"

"दफ्तर में जितनी मेहनत पड़ रही है आजकल" दयिता ने गला साफ किया, "इधर-उधर डांव-डांव भटकना! दूर-दूर तक दौड़-धूप!"

"तुम नौकरी कर रही हो? कब से?"

"यही कोई डेढ़ महीने से..."

"अच्छा, इतने दिन हो गए? स्ट्रेंज! तुम्हें मुझे बताना चाहिए था। आफ्टर ऑल, नौकरी की सलाह, पहली बार मैंने ही तुम्हें दी थी।" सौमिक के दाँत चमक उठे, "कहाँ नौकरी कर रही हो?"

"बताने लायक ऐसा कुछ नहीं है। एक टीवी कंपनी में सेल्स की नौकरी! डीलरों के पास जाना पड़ता है, ऑर्डर लेना पड़ता है...लेकिन कलकत्ता शहर में ही..."

गंभीर होते-होते, सौमिक को हँसी आ गई। बोधिसत्व मजूमदार के दो-दो परिवार! दोनों ही परिवार अंत में सेल्स लाइन में? अभी पिछले हफ्ते ही बबुआ उसके दफ्तर आया था। आजकल वह घूम-घूमकर वाटर प्यूरीफायर बेच रहा है। वह सौमिक से भी चंद रेफरेंस ले गया, अगर किसी को एकाध माल बेच सके। वह छोकरा बेहद जिद्दी है। पढ़ाई-लिखाई को तिलांजलि देकर, ऐसे मामूली-से काम में उतरने के बावजूद, उसके चेहरे की हँसी टस से मस नहीं हुई है। कैसी विडंबना है! कहना चाहिए, जिसकी वजह से बबुआ आज सेल्समैन बना भटक रहा है, वह भी...

सौमिक ने हँसते-हँसते कहा, "भई, नौकरी करने उतरो, तो जरा मेहनत तो करनी ही होगी! कोई क्या यूँ ही तनख्वाह देगा?"

"हाँ, सो तो सच है!" दयिता ने अजीब लहजे में जवाब दिया, "दुनिया में कोई किसी को कुछ भी यूँ ही नहीं देता। देनेवाला, कौड़ी-कौड़ी हिसाब समझ लेता है।"

उसकी बातों का सुर, सौमिक के कानों में कहीं खट् से लगा। वह जरा ठिठक गया।

उसने अपनी हँसी सायास कायम रखने की कोशिश करते हुए कहा, "लगता है बॉस से आज खासी डाँट पड़ी है। अरे, भई, पसंद न हो, तो नौकरी 'नॉट' कर

दो। किसी ऑफिस-जॉब के लिए ट्राइ करो। आइ मीन डेस्क वर्क!''

दयिता का सुर और ज्यादा अजीब हो आया, ''उतने दिनों खाऊँगी क्या?''

''मतलब?'' सौमिक की आँखें अचरज से गोल-गोल हो उठीं, ''परफोसर साब के यहाँ क्या अनाज-पानी कम हो गया है? तुम कमाई-धमाई नहीं करोगी, तो खाना नहीं जुटेगा?''

''अब मैं बोधिसत्व मजूमदार के साथ नहीं रहती।''

सौमिक का मुँह अचरज से खुला का खुला रह गया। वह कोशिश करके भी, अपना खुला-खुला मुँह बंद नहीं कर पाया।

दयिता ने मृदु आवाज में दुबारा कहा, ''चलो! कहीं चलकर बैठते हैं। मुझे कसकर भूख भी लगी है।''

सौमिक ने भरपूर दम लगाकर अपने को संयत किया, ''हाँ, हाँ, जरूर! जरूर! कहाँ चलोगी? क्या खाओगी?''

''अरे, मुरमुरे वगैरह...कुछ भी! किसी रेस्तरां में नहीं जाऊँगी! हद गर्मी लग रही है।''

दयिता धीरे-धीरे कर्जन पार्क की ओर चल पड़ी। उसकी बगल-बगल सौमिक भी! अनगिनत ट्राम लाइनों के समांतराल, आँकी-बाँकी बाधाओं को पार करके, एक भिन्न समांतराल रेखा के किनारे-किनारे, वे दोनों आगे बढ़ते गए। चुपचाप! खामोश! शाम आहिस्ते-आहिस्ते समूचे शहर पर अपने पंख पसार रही थी। दयिता का छाया-छाया चेहरा, मानों और रहस्यमय हो उठा, मानों कोई पहाड़ी झरना, अचानक अपनी गति खोकर, इस औरत में आकर जम गया हो।

सौमिक की चोर-निगाहें दयिता पर ही जमी रहीं। उससे कोई सवाल करने की हिम्मत नहीं पड़ी। दयिता को अचानक यह क्या सूझी? यह इतना बदल कब गई? क्यों बदल गई?

कंधे पर पड़ा दुपट्टा इत्मीनान से सँभालकर, दयिता एक बौनी-सी रेलिंग लाँघ गई। रात के मोहपाश में बँधा-बँधा सौमिक भी वह रेलिंग पार कर गया। घास पर दोनों आमने-सामने बैठ गए। यह वक्त, कर्जन पार्क में मसाला-लइयावालों का था। बिना बुलाए ही, लइया-विक्रेता हाज़िर हो गया। सौमिक ने एक बार दयिता पर निगाह डाली और दो जगह मसाला-मूढ़ी (लइया) खरीद डाली। दयिता ने मूढ़ी का ढोंगा हाथ में तो ले लिया, मगर खाना नहीं शुरू किया। मूढ़ी के दो-चार दाने पीसती-मसलती रही। कुछ दाने मुँह में भी डालती रही। उसकी सूनी-सूनी निगाहें अभी भी घने होते हुए अँधेरे पर गड़ी रहीं।

हवा में गर्मी की गंध! पार्क में अच्छी-खासी भीड़ थी! दो-दो, चार-चार हाथ की दूरी पर छोटी-छोटी जमघट! कोई दफ्तर से लौटा हुआ, कोई महज अड्डेबाजी के लिए, कोई अकेला, उदास! इस किस्म की भीड़ में अद्भुत निर्जनता होती है।

कोई, किसी की बात नहीं सुनता।

इसके बावजूद सौमिक ने धीमी आवाज़ में कहा, "खा क्यों नहीं रही हो? तुम तो कह रही थीं, तुम्हें भूख लगी है?"

"हाँ, खाती हूँ।"

दयिता की उँगलियाँ ईषत् सिमट आईं। जैसे आसमान में सितारे उगते हैं, दयिता की आँखों में जरा-जरा करके भाषा फूटने लगी।

उसने सूखी-सूखी आवाज़ में पूछा, "बड़ा अचरज हो रहा है न?"

'अचरज' शब्द की व्याप्ति बेहद कम थी। सौमिक के सीने में तो तूफान जाग उठा था।

सौमिक की आवाज़ किंचित ऊँची हो उठी, "तुम क्या सच ही प्रोफेसर मजूमदार के साथ...?"

"जानबूझकर झूठ बोलूँगी, इसलिए तो तुम्हें नहीं बुलाया–"

"यह अचानक क्या हो गया?"

"पता नहीं क्या हुआ!" दयिता ने हथेली उलटकर एक गहरी उसाँस भरकर कहा, "ऐसा तो खुद मैंने भी नहीं सोचा था। दुम से सारा कुछ खत्म हो गया।"

"समझा! प्रोफेसर साहब के साथ जबर्दस्त झगड़ा हुआ है–"

"प्रोफेसर साहब झगड़ा करनेवाले स्तर के आदमी ही नहीं हैं।"

"फिर?" सौमिक की आँखें सिकुड़ आईं, "आपस में कोई गलतफहमी?"

"गलतफहमी तो इंसानों में होती है, सौमिक! बोधिसत्व मजूमदार क्या मामूली इंसान हैं? वे एक लिविंग आइडिया हैं! भाववाचक संज्ञा!"

दयिता की आवाज कैसी भयंकर नापहीन! उदासी और अवसाद को दबाते हुए, एक गहरी निरासक्ति उभर आई।

सौमिक ने जबरन मुस्कराने की कोशिश की, "लगता है, गहरे मान-अभिमान का दौर चल रहा है?"

"मान-अभिमान कब चलता है, सौमिक? जब मान-अभिमान का कोई मूल्य हो..."

"नहीं, यह मैं नहीं मान सकता। यह भी तुम्हारे अभिमान की ही बात है। तुम खुद भी जानती हो कि प्रोफेसर मजूमदार तुम्हें कितना प्यार करते हैं।"

'प्यार' शब्द जुबान पर लाते हुए सौमिक को तकलीफ भी हुई, फिर भी उसने कहा, "तुम्हें प्यार करते थे, इसीलिए उन्होंने अपनी बीवी को त्याग दिया; घर-गृहस्थी त्याग दी; बेटे को त्याग दिया..."

"गलत! झूठ! बोधिसत्व ने कभी, कुछ नहीं छोड़ा? बीवी-बेटे के प्रति उनका खिंचाव कभी नहीं था, फिर त्यागने या छोड़ने का सवाल ही कहाँ उठता है? पता है, जिस दिन उस बंदे की बीवी घर छोड़कर चली गई, उसी दिन बोधिसत्व अनायास

ही उसे तलाक देने के लिए बेचैन हो उठा...इतने लंबे अर्से तक उसके साथ घर बसाने के बावजूद...।''

''लेकिन, तुम्हारे ही लिए न? तुम्हारे ही प्यार में?''

''मैंने भी यही सोचा था। बुद्धू! बुद्धू! कितनी बुद्धू थी मैं!'' दयिता ने बेचैनी से सिर झटक दिया, ''बोधिसत्व मजूमदार को तो प्यार करना आता ही नहीं। उस आदमी ने कभी, किसी दिन, किसी को भी प्यार नहीं किया। एकमात्र अपने काम के अलावा!'' दयिता की साँसें तेज हो उठीं, ''न्ना, वह तो अपने रिसर्च तक को प्यार नहीं करता। वह बंदा सिर्फ और सिर्फ अपने को प्यार करता है। अपना सुख, अपनी तृप्ति, अपनी ख्याति, अपना यश! उसका कामकाज भी उसके लिए आत्मसुख चरितार्थ करने का एक हथियार भर है। आत्मसुख...मतलब ईगो! उसका अहम्! बोधिसत्व सिर्फ 'मैं' से भरा हुआ है! मैं-मैं-मैं! उफ्, रे, अहम्! हम सब उस 'मैं' भरे इंसान की सुख-सप्लाई की सामग्री! मैं, राखी...! बोधिसत्व, आत्मरति के अलावा और कुछ नहीं समझता, सौमिक!''

''अचानक यह अहसास?''

''हाँ, अचानक ही हुआ।''

''समझा!'' सौमिक दुबारा जबरन मुस्कराया, ''तुम प्रोफेसर साहब पर बेतरह भड़क गई हो!''

''नहीं, सौमिक, मैं वह स्टेज पार कर आई हूँ। इस पल बोधिसत्व पर मुझे राग-घृणा कुछ भी नहीं है।'' दयिता ने आँखें ऊपर उठाईं, ''जहाँ मैं, मैं के तौर पर मूल्यहीन हूँ, वहाँ मैं क्यों रहूँ?''

''देखो, बहुत हुआ! अब ज़रा खुलकर बताओ न!'' सौमिक ईषत् बेसब्र हो उठा, ''आखिरी बार जब तुमसे भेंट हुई थी, उस दिन भी तुम बोधिसत्व में गले-गले तक डूबी हुई, काफी गद्गद थीं।''

दयिता की अपलक निगाहें कुछेक पल सौमिक को जकड़े रहीं। उसके बाद वह मुँह फेरकर, खामोश बैठी रही।

सौमिक को भी आगे कोई बात नहीं सूझ पड़ी। इस वक्त दयिता को ज्यादा कुरेदने को भी, उसका मन नहीं हुआ। दयिता और बोधिसत्व के बीच क्या हुआ, यह जानकर भी सौमिक को कौन-से पंख लग जाएँगे? दो दिनों बाद आम-दूध तो फिर मिलकर एक हो जाएँगे, वही गुठली का गुठली रह जाएगा।

कुछ ही दूर की किसी जमघट में जोर-जोर से ठहाके गूँज रहे थे। चंद नौजवान चीख-चीखकर आपस में हँसी-मजाक में मगन थे। मातंगिनी हाजरा की मूर्ति के सामने, कोई औरत संदेहास्पद रूप में घूम-फिर रही थी। एक छोटे कद के बौने इंसान ने धीमी आवाज में उससे जाने क्या तो कहा। दोनों साथ-साथ आगे बढ़ गए और अँधेरे में गुम हो गए।

सौमिक ने उस तरफ से अपनी निगाहें हटा लीं।

उसने कड़वे लहजे में सवाल किया, "तुमने बताया कि अब तुम उस घर में नहीं रहतीं, तो अब तुम रहती कहाँ हो?"

दयिता ने गर्दन घुमाई, "कुछेक दिन, मैं कॉलेज की किसी सहेली के यहाँ, दमदम में रही। पहली तारीख से पाइकपाड़ा शिफ्ट कर गई हूँ। फिलहाल वहीं पेइंग-गेस्ट हूँ।"

"ओ! सॉल्ट लेक छोड़े कितने दिन हुए?"

"लगभग बीस दिन!"

"इतने दिन हो गए? प्रोफेसर साहब जानते हैं कि तुम कहाँ हो?"

"परसों मैं सॉल्ट लेक गई थी। कपड़े वगैरह लेने। उस दिन हमारी बात हुई थी! मैं कह आई हूँ कि अब मैं नहीं लौटूँगी।"

"उन्होंने तुम्हें रोका नहीं? सुलह नहीं हुई?"

"तुमसे कितनी बार कहूँ, सौमिक, कि हमारा झगड़ा नहीं हुआ है!" दयिता ने बेहद लंबी उसाँस भरी, "हमारा रिश्ता टूट गया! पूरी तरह! इट्स टोटली ओवर! हमारा रिश्ता खत्म!"

दयिता ने ये बातें इतनी साफ-साफ इतनी गंभीर आवाज में कहीं कि सौमिक अंदर ही अंदर सिहर उठा। हैरत है! अगर सच ही उनका रिश्ता टूट चुका है, तो उसे तो खुश होना चाहिए। लेकिन सौमिक के मन में खुशी की वैसी कोई लहर नहीं उठी। दयिता के तीखे विषाद ने क्या छुतहा रोग बनकर, सौमिक को भी धर दबोचा है? या इस खामख्याली लड़की के किसी नए पागलपन की आशंका से वह संत्रस्त हो उठा है?

अचानक दयिता ने पूछा, "मैंने तुम्हें क्यों बुलाया है, तुम्हें अंदाजा है?"

सौमिक ने फटाफट सिर हिलाया, "न्ना!"

"तुम्हें मुझ पर एक अहसान करना होगा, सौमिक!"

"हाँ, कहो!"

"जानती हूँ, मैं तुम पर जुल्मबाजी कर रही हूँ...यह शोभन नहीं है..."

"इतना झिझक क्यों रही हो? कह डालो।"

"मैं भयंकर मुसीबत में पड़ गई हूँ, सौमिक! मुझे रहने के लिए कोई जगह चाहिए—"

"क्यों? अभी जहाँ रहती हो, वहाँ क्या परेशानी है?"

"अभी-अभी तो कोई परेशानी नहीं है, लेकिन बाद में जरूर होगी।"

"मैं समझा नहीं—"

दयिता ने सिर झुका लिया, "मैं माँ बननेवाली हूँ, सौमिक!"

सौमिक पल भर में हतबद्ध! यह खबर उसके दिमाग तक पहुँचने में जरा वक्त

लगा। वह फटी-फटी आँखों से दयिता की तरफ देखता रहा।

उसकी जुबान से बरबस ही सवाल फिसल गया, "प्रोफेसर मजूमदार जानते हैं?"

"बेशक जानते हैं।"

"इसके बाद भी वे तुम्हें...?"

"वे बच्चा नहीं चाहते, सौमिक!" दयिता ने उसका सवाल बीच में ही छीन लिया, "यह बच्चा उस आदमी के लिए अनचाहा है।"

"क्यों?"

"ओफ् ओ! तुम तो निरे बच्चे हो, सौमिक! इसके बाद भी, तुम्हें समझाकर बताने की जरूरत है? बोधिसत्व मुझे सिर्फ अपनी केलि-संगिनी बनाकर रखना चाहता है। मैं सिर्फ उसकी खिदमत करूँ, चाकरी करूँ, बिस्तर पर उसे नियमित सुख दूँ, बस्स! बच्चे का मतलब है, अतिरिक्त झमेला! यह झमेला कौन झेलेगा? यहाँ तक कि उसे मेरी नौकरी तक कबूल नहीं है।"

अब, सौमिक के सामने सारा रहस्य धीरे-धीरे साफ हो गया। महान इंसानों को नापने की मापकाठी भी अलग होती है। ऐसे लोग स्वभावतः ही आत्मकेंद्रित होते हैं, सौमिक जानता था। लेकिन इतने स्वार्थी होते हैं? सौमिक हिकारत से भर उठा। यानी बबुआ ने उस इंसान को पहचानने में कोई भूल नहीं की।

न्ना, दयिता चली आई, अच्छा किया। उस बोधिसत्व की छाया तक के करीब नहीं जाना चाहिए।

दयिता ने धीमी आवाज़ में पूछा, "तुम मेरे लिए एक घर खोज दोगे?"

"यह कौन-सी बड़ी बात है?" सौमिक ने कंधे झटककर जवाब दिया, "देखता हूँ, दलाल वगैरह से बात करता हूँ।"

"एक कमरे का फ्लैट हो, तो भी चलेगा। अकेले ही तो रहना है..."

"नो प्रॉब्लम! फिक्र मत करो।"

काफी देर बाद दयिता के होठों की कोरों में टुकड़ाभर हँसी झलक उठी, "यह काम तुम जितना आसान समझ रहे हो, उतना आसान है नहीं।"

"क्यों?"

"कोशिश तो मैंने भी की...देख भी चुकी! कलकत्ता शहर में अकेली लड़की को कोई घर-किराए पर नहीं देता। देना चाहता नहीं।"

"स्ट्रेंज! पैसे देकर रहेंगे, देंगे क्यों नहीं?"

"तुम न...सच्ची...अभी भी निरे बच्चे हो!" दयिता ने उसके बारे में यह मंतव्य दूसरी बार किया, "अकेली लड़की के बारे में यह मान ही लिया जाता है कि वह बुरी लड़की है। उस पर से अगर, उन्हें यह पता चले कि उसके पेट में बच्चा है, तो लोग और भी नहीं देंगे।"

"यह कैसा अन्याय है? फिर तुम ऐसी हालत में कहाँ जाओगी?"

"देखो न! तुम्हारी जान-पहचान में अगर कोई हो और तुम्हारे कहने पर अगर..."

सौमिक पल भर के लिए दिशाहारा हो उठा। दयिता मुसीबत में है। उससे मदद माँग रही है, फिर भी वह कुछ न कर पाए, ऐसा कैसे हो सकता है? लेकिन यह बात भी सच है कि उसकी किसी से ऐसी जान-पहचान नहीं है कि वह दयिता को रहने के लिए घर दे दे।

सौमिक फट् से बोल उठा, "तुम अपने माँ-बाप के पास क्यों नहीं लौट जातीं?"

"नहीं, अब यह मुमकिन नहीं है।"

"क्यों नहीं है? मैं जानता हूँ, वे लोग तुम्हें सिर-माथे बिठाकर रखेंगे।"

"तुम्हें गलतफहमी है! हो सकता है, वे लोग मुझे मजबूरी में कबूल कर लें, मगर मैं उनकी गृहस्थी में काँटे की तरह चुभती रहूँगी। इसके अलावा, मैं अपने बच्चे को बोधिसत्व के परिचय से इंसान नहीं बनाना चाहती, मेरे माँ-बाप इसके लिए हरगिज राजी नहीं होंगे।"

"बोधिसत्व का परिचय देकर, तुम अपने बच्चे को नहीं पालना चाहतीं? मतलब? तुम्हारे बच्चे का कोई पिता ही नहीं होगा?"

"खैर, नाम तो किसी भी टॉम-डिक-हैरी का दे दिया जाएगा। लेकिन बोधिसत्व का नहीं! हरगिज नहीं! बच्चा मेरा होगा, सिर्फ मेरा!"

न्ना! यह लड़की बिल्कुल ही पागल हो गई है! वह क्या चाहती है और क्या नहीं चाहती, यह समझना भगवान के लिए असंभव है।

सौमिक के दिमाग में अचानक एक तरकीब सूझ गई।

"अच्छा, फर्ज करो, मैं ही कोई घर किराए पर लूँ...मुझे तो दे देंगे न?"

"हाँ, दे सकते हैं। फिर?"

"तब तो मुश्किल हल हो ही गई! मैं कोई फ्लैट, अपने नाम से किराए पर लिए लेता हूँ। तुम रहना वहाँ—"

"किस रिश्ते से?"

"खैर, कुछ भी कह दिया जाएगा।"

दयिता कुछेक पल सोचती रही।

थोड़ा ठहरकर उसने कहा, "यह नहीं हो सकता, सौमिक! मेरी बदनामी तो खैर होगी ही, लेकिन मुझे बदनामी वगैरह की कोई फिक्र नहीं है। लेकिन, तुम्हारी भी बदनामी होगी।"

"मुझे इसकी परवाह नहीं है।"

"ना! मेरे लिए तुम एक बार बहुत अपमानित हो चुके हो। अब दुबारा नहीं।"

दयिता की आवाज़ अस्वाभाविक तौर पर दृढ़! मानों यह किसी जज का फैसला हो, इसमें कोई हेर-फेर नहीं हो सकता।

सौमिक ने असहाय मुद्रा में कहा, "इसके अलावा और उपाय भी क्या है?"

"मेरे ही नाम से कोशिश करो। देखो तो सही, घर मिलता है या नहीं! दुनिया में एकाध सदाशय मकान-मालिक मिल भी तो सकते हैं। अभी काफी वक्त है... कोई जल्दी नहीं है..."

सौमिक बेजान हो आया! दयिता उसके प्रस्ताव पर राजी क्यों नहीं हो रही है? वह क्या सौमिक का विश्वास नहीं करती? वह क्या सोच रही है? अहसान करने के नाम पर वह दयिता पर जोर-जबर्दस्ती करेगा?

उस वक्त समूचा शहर मानों रोशनी की नदी बन गया था। बीच का वह पार्क मानो अँधेरे का द्वीप! उस द्वीप पर रोशनी की धार घुमड़ पड़ी हो, फिर भी अँधेरा जैसे मिटता ही नहीं! यह अति मक्कार पल है! खामख्याली में लिपटा हुआ!

23

बस से उतरकर, बबुआ ने वह भारी-भरकम बैग अपने कंधे पर उठा लिया। उफ्! वह बैग नहीं, मानों बोरा हो! पहाड़ जैसा भारी! बैग में दो-दो हक्काने वाटर-प्यूरीफायर भरे हुए थे! थके-हारे शरीर पर वह बोझ दुगना भारी हो आया था। आज दिन भर इसे ढोए-ढोए फिरना पड़ा, कंधे टनटना रहे थे। वह क्या एक रिक्शा ले ले?

काफी सोच-विचार के बाद, आखिर उसने रिक्शा लेने का ख्याल टाल दिया। वह पैदल-पैदल ही चलता रहा। हर दो-चार कदम पर, वह कंधे बदलता रहा। आज दफ्तर में दत्त साहब बता रहे थे कि इस लाइन में नौकरी करते रहे तो 'स्पॉन्डिलाइटिस' निश्चित है! या फिर 'फ्रोजन शोल्डर'! बबुआ को भी लगा, आज उसके कंधे टूट ही जाएँगे।

हेलाबटतला के मोड़ पर उजली-धुली रोशनी का समारोह! कैसेट की दुकान में जोर-जोर से टेप बजता हुआ! हिंदी गीतों की कड़ी यहाँ तक तैरकर आती हुई। वाताश में समोसे-कचौड़ी की खुशबू! रोल और चाउमिन की भी सुगंध! लोगों की बेतहाशा भीड़! जमघट लगाए हुए! अड्डा मारते हुए, खरीद-फरोख्त करते हुए! जेठ के आखिरी दिनों की शाम! हर जगह प्रखर व्यस्तता!

बबुआ भीड़भाड़वाला वह अहाता पार कर आया। सामने अपेक्षाकृत निर्जन राह! अँधेरा ही अँधेरा! मंद-मृदुल हवा बहती हुई। घर लौटने की उमंग में बबुआ की थकान धीरे-धीरे मिटने लगी। उसने आज के दिन बिताए हुए हर पल को याद

करने की कोशिश की। दिन गुजर जाने के बाद, वह दिन कैसा रहा। अंत में इसका लेखा-जोख लेना, बेहद जरूरी होता है। इससे याददाश्त हमेशा ताजा रहती है। आज दिन भर में बबुआ ने पाँच जगहों पर डिमान्स्ट्रेशन दिया। तीन दफ्तर और दो शोरूम में! वहाँ के लोगों ने उसे बहुत तंग किया। कितनी ही तरह से उलट-पुलटकर, उल्टा-सीधा करके माल देखते रहे, मगर लेने से मुकर गए। बस, एक ही फायदा हुआ। तीसरे दफ्तर से दो नए पते मिले। वहाँ कल ही दौड़ना होगा। देरी नहीं की जा सकती, वर्ना शायद किसी दूसरी कंपनी का आदमी वहाँ पहले पहुँच जाएगा। उम्मीद है कि कल का दिन, आज की तरह बाँझ नहीं जाएगा।

लालजी बाबा के आश्रम के गेट पर विशाल हेलोजन लैंप जलता हुआ। उसकी रोशनी काफी दूर तक बिखरी हुई थी। उसी रोशनी में बबुआ ने देखा, मामा के घर के गेट पर एक सफेद रंग की फिएट कार खड़ी है। यह लेक टेरेस की गाड़ी है न! काका आए हैं? लेकिन अचानक काका का आगमन?

बबुआ नाक-भौंह सिकोड़े घर में दाखिल हुआ। सीढ़ियाँ चढ़कर दूसरी मंजिल की ड्राइंगरूम के सामने पहुँचकर ठिठक गया। आज काका अकेले नहीं थे, साथ में काकी भी थीं। काकी माँ हाथ-पाँव नचा-नचाकर जाने क्या-क्या कहती जा रही थीं, माँ भावलेशहीन मुद्रा में सुन रही थीं। मामा-मामी भी कमरे में मौजूद! मामा की निगाहें तिरछी, मामी की आँखें अचरज से गोल-गोल! काका ने सिगरेट सुलगा ली, ऐशट्रे में राख झाड़ते हुए! यह तो महासम्मेलन है!

बबुआ का अंग-अंग टूट रहा था। इस वक्त कमरे में जाकर लेट रहे, तो बेहतर! फिर भी बबुआ ड्राइंगरूम में ही दाखिल हो गया। भारी-भरकम बैग उस वक्त भी उसके कंधे पर झूल रहा था। वह सीधे राखी के पास जा बैठा।

बबुआ के आगमन के साथ-साथ, बातचीत की गूँज थम गई। समूचे कमरे में निःशब्दता की घुटन उतर आई, मानों अभी-अभी ही कोई मौन-सभा शुरू हुई हो।

बबुआ ने निगाहें घुमाईं।

"मामला क्या है? सबके सब यूँ फ्रीज-शॉट क्यों हो गए? मेरा आना क्या बुरा लगा?"

रंटू ने छूटते ही जवाब दिया, "तू अपने कमरे में जाकर आराम कर न! दिन भर मेहनत करके लौटा है।"

दीपाली कह उठी, "काफी मेहनत करनी पड़ती है न, रे? देखा, चेहरा कैसा निकल आया है, कंठ की हड्डी तक उभर आई है...गालों की हड्डियाँ तक नजर आने लगी हैं..."

मित्रा एकदम से बोल पड़ी, "अरे, नहीं नहीं, उसकी सेहत तो ठीकठाक ही है! अभी-अभी काम से लौटा है, इसीलिए जरा..."

"क्यों रे, तेरा वाटर प्यूरीफायर बाजार कैसा चल रहा है?" शांतशील ने सोफे

से पीठ टिकाते हुए पूछा, "रिस्पॉन्स मिल रहा है?"

बबुआ के चेहरे पर मंद-मंद मुस्कान तैर गई, "लगता है तुम लोग बोधिसत्व मजूमदार के बारे में, मेरे सामने चर्चा नहीं करना चाहते? लेकिन अब मैं काफी बालिग हो चुका हूँ, मुझसे छिपाने जैसी कोई बात नहीं है, कुछ नहीं है।"

"हाँ, सो तो सच है! बबुआ के सामने लुकाने-छिपाने को क्या है?" दीपाली तनकर बैठ गई, "वह भी सारी बातें सुन ले, समझ ले, सोच-विचार कर ले।"

रंटू ने छूटते ही सहमति जताई, "राइट! बिल्कुल ठीक! बबुआ को भी इसकी जानकारी होनी चाहिए। आफ्टर ऑल, बबुआ भी तो अन्याय के शिकार लोगों में से एक है।"

दीपाली राखी की तरफ पलटी। प्रसंग बदलने की छलना, रंगे हाथों पकड़ी गई, इस बात को लेकर अब उसके मन में संकोच नहीं रहा।

उसने काफी हद तक स्वच्छन्द मुद्रा में कहा, "हाँ, तो जो मैं कह रही थी...फोन पाते ही, तुम्हारे देवर सॉल्ट लेक दौड़ पड़े। जाकर देखा, भइया जी को तेज बुखार चढ़ा है। अकेले-अकेले अपने फ्लैट में छटपटा रहे थे। आखिर, भइया जी को उठाकर घर लाना पड़ा।"

शांतशील ने भी गला खँखारकर कहा, "वैसे अब उनका बुखार उतर चुका है। लेकिन वाइरल बुखार था, इसलिए काफी कमजोर हो गए हैं। मुझे याद नहीं पड़ता कि आखिरी बार भइया को इतना कमजोर कब देखा था। चाल में लड़खड़ाहट आ गई है...दीवार पकड़-पकड़कर बाथरूम जाते हैं।"

"ये सब बातें आप यहाँ क्यों सुना रहे हैं, शांत 'दा?" रंटू की आवाज में झुंझलाहट उभर आई, "यह सब जानकर, दीदी को कोई लाभ नहीं है।"

"मैं लाभ-नुकसान की बात सोचकर, यहाँ नहीं आया, रंटू! मैं तो सिर्फ यह बताने आया हूँ कि अब हमारे परिवार के दुःख का दौर खत्म हो गया। वह महिला...नहीं, नहीं, उसे महिला क्यों कहूँ...वह छिछोरी लड़की बहाने-बहाने से विदा हो गई।" शांतशील की निगाह, राखी की तरफ घूम गई, "मैंने तो तुमसे पहले ही कहा था, भाभी, वह रिश्ता कभी भी टिकनेवाला नहीं था। उस किस्म की लड़कियाँ घर तोड़ सकती हैं, घर बनाना, उनके धातु में नहीं होता। भइया किसी मोहवश...। क्यों, भाभी, मैंने ये बातें कही नहीं थीं?"

"बस्स? इतना कहकर ही सारी जिम्मेदारी खत्म?" रंटू प्रायः झुँझला उठा, "आप लोगों का कोई नैतिक कर्तव्य नहीं था? भइया को रोक नहीं पाए? उनका विरोध नहीं कर सके? यह कहने की हिम्मत नहीं हुई कि यह सब बेहयापन नहीं चलेगा?"

मित्रा ने पति का हाथ खींचकर कहा, "ओफ् ओ! इतना उत्तेजित क्यों हो रहे हो?"

"क्यों? उत्तेजित न होऊँ? मेरी बहनिया तिल-तिल जल रही है, मर रही है और वे हजरत फुर्तीबाजी में मगन हैं और ये लोग लाइन के पार खड़े-खड़े, तमाशा देख रहे हैं। इनके भाई जनाब परिवार में उजाला किए हुए हैं, इसलिए उनका सारा कलंक माफ? कहाँ थे आप लोग, जब दीदी का चरम अपमान हुआ? क्या कर रहे थे आप लोग?"

दीपाली ने मिनमिनाकर कहा, "क्यों? दीदी को...बबुआ को...हमने वहाँ चलकर रहने को कहा—"

"वह तो और ज्यादा अपमानजनक था। पति किसी गैर-लड़की के साथ 'लिव टुगेदर' कर रहा है और पत्नी मुँह पर ताला जड़े, ससुराल में पड़ी रहे...सूर्य चौधुरी की बेटी ऐसे अपमान की रोटी तोड़ने के लिए पैदा नहीं हुई। दिस मैन इज देयर! यह बंदा मौजूद है, अपनी दीदी की इज्जत की सुरक्षा के लिए!" रंटू ने अपना सीना ठोंककर तेज आवाज में कहा, "मैं तो सोच भी नहीं सकता, शांत 'दा कि आप लोग उच्चशिक्षित लोग हैं, आपलोगों ने कैसे यह कुकर्म, सिर झुकाकर, मान लिया? आपलोगों में रीढ़ की हड्डी नहीं है? आपको मालूम होना चाहिए कि 'एडल्ट्री'...व्यभिचार का मामला ठोंककर, आपके समूचे खानदान की इज्जत, मैं धूल में मिला सकता था? आप लोग भी दफ्तर-कचहरी में अपना मुँह नहीं दिखा पाते।"

बाँध तोड़कर उमड़ती हुई बाढ़ की तरह उसकी तमाम बातें लहर-दर-लहर उफनती रहीं। रंटू के मन में अर्से से जमा क्षोभ, मानों फट पड़ा हो। भयंकर अपमान से दीपाली का चेहरा लाल, सुर्ख हो आया। नाक की पोपटें फूल उठीं। साँसें तेज हो उठीं। मित्रा आँखें पिटपिटाती रही, मानों वह अपने पति को सँभालने में नाकाम रही हो और अब उसने हथियार डाल दिए हों। उसका चेहरा ऐसा हो आया, मानों वह लाचार हो गई हो।

बबुआ ने तिरछी निगाह से एक बार अपनी माँ को देखा। राखी खामोश! मानों इस समूची घटना के साथ उसका कोई सरोकार न हो, मानों वह स्थिर आँखों से कोई नाटक...कोई एक्टिंग देख रही हो!

माँ क्या इस नाटक का मजा ले रही है? या तकलीफ पा रही है? मामा की ऐसी सख्त-सख्त बातों में क्या माँ की भी सहमति है?

दीपाली शायद कोई प्रतिवाद करने ही वाली थी, शांतशील ने उसे हाथ के इशारे से रोक दिया।

उसने अपनी सिगरेट ऐशट्रे में ठूँसते हुए कहा, "रंटू को बोलने दो। ये बातें हमारा प्राप्य थीं। सच ही तो! हमने तो भइया को किसी तरह समझाने-बुझाने की कोशिश नहीं की। हम सारी बातें टालते गए। असल में भइया जी का व्यक्तित्व ही कुछ ऐसा है कि उनके मुँह पर कभी, कुछ कहना नहीं सीखा।"

शांतशील कुछ देर को खामोश हो गए, मानों वह अपनी बातों की प्रतिक्रिया

महसूस कर रहे हों। रंटू भी जरा धीमा पड़ गया। वह भी सिर झुकाए बैठा रहा।

शांतशील ने सर्द आवाज़ में दुबारा बात शुरू की, ''लेकिन रंटू...यह भी सच है कि हमने भइया जी का कभी सपोर्ट नहीं किया। हम आपस में हमेशा यही कहते-सुनते रहे कि भइया जी ने यह काम ठीक नहीं किया। दीपाली तो रोज एक ही जुमला दोहराती थी कि भइया जी ने चरम गुनाह किया है। इसके लिए भइया जी को किसी न किसी दिन भयंकर कीमत चुकानी होगी। पता नहीं, तुम इस बात पर विश्वास करोगे या नहीं कि डैडी-माँ, जो अपने बेटे के दीवाने थे, वे दोनों भी अब अपनी जुबान पर उस बेटे का नाम नहीं लेते। माँ ने खुद ही मुझसे कहा कि वे अपनी बड़ी बहू से मिलना चाहती हैं, लेकिन उसके सामने, किस मुँह से जाकर खड़ी हों?''

''हाँ, सीधे-सीधे भले विरोध न किया गया हो, लेकिन अप्रत्यक्ष विरोध तो किया ही गया—'' दीपाली ने सिर झटककर कहा, ''कम से कम मैंने तो किया ही था। भइया जी ने कितनी बार कहा, मगर मैंने सॉल्ट लेकवाले घर में, एक दिन भी कदम नहीं रखा।''

'खैर, छोड़ो! हम लोग कसूरवार हैं, हमेशा रहेंगे।'' शांतशील ने झट से एक लंबी उसाँस छोड़ी।

''कसूरवार होने की बात नहीं है, शांत 'दा—'' रंटू की आवाज ईषत् नरम हो आई, ''आप हमारी भी तकलीफ महसूस करने की कोशिश करें—''

''हमने कोशिश नहीं की? भाभी क्या हमारी परायी हैं? बबुआ के लिए क्या हमारा मन हाहाकार नहीं करता? माँ तो पोते का नाम लेते ही रोना शुरू कर देती हैं।''

बबुआ का मन कुछ भारी हो आया। जाने कितने अर्से से दादू और दादी को नहीं देखा! सिर्फ उस एक शख्स के लिए! उसी इंसान के लिए!

घर की महरी हाथ में विशाल ट्रे लिए, कमरे में दाखिल हुई। हेलाबटतला मोड़ की गर्मागर्म फिश-फ्राइ और संदेश मिठाई! मित्रा उठ खड़ी हुई। उसने सबके आगे नाश्ते की प्लेट रखी।

बबुआ को भी प्लेट थमाते हुए, उसने कहा, ''ले खा ले! सुबह-सवेरे किसी तरह मुँह में थोड़ा-सा खाना ठूँसकर निकला था...''

असमंजस मुद्रा में बबुआ ने एक फिश-फ्राइ उठा ली! लेकिन उसे हाथ में थामे रहा, उसने मुँह में नहीं डाला। पेट में चूहे कूद रहे थे, फिर भी नहीं! पता नहीं, क्यों तो उसके मन में तीखी हिकारत जाग उठी! अंदर ही अंदर उसे मिचलाहट होने लगी।

शांतशील और दीपाली भी हाथ समेटे बैठे रहे।

रंटू ने ही शराफत के तकाजे पर कहा, ''लीजिए, शांत-दा...शुरू कीजिए।''

''इतना सब क्यों मँगा लिया, भई?''

"अरे, लीजिए! झगड़ा-झमेला चाहे जितना भी करूँ, लेकिन आप लोग हैं तो हमारे संबंधी!"

"मैं भी यही कहना चाहता था–" शांतशील ने जैसे उसकी बात लूट ली, "काफी सारा आँधी-तूफान आकर गुजर गया; आपस में गलतफहमी, मतभेद भी कम नहीं हुआ, लेकिन हमारा संबंध तो अभी भी पूरी तरह नहीं टूटा..."

"हाँ, सो तो सच है! दीदी-जीजाजी अगर अलग भी हो जाए, तो भी एक रिश्ता तो बच ही रहता है। चाहे जो भी हो, जितना भी हो, आप बबुआ के काका ही रहेंगे, मैं बबुआ का मामा! यह रिश्ता तो कोई भी अदालत नहीं तोड़ सकती।"

"हाँ, सो तो है! लेकिन..." शांतशील ने जरा झिझकते हुए बात आगे बढ़ाई, "भइया-भाभी का रिश्ता टूट गया है, यह भी भला कैसे कहूँ? आइ मीन, भइया अब इस तलाक के केस को आगे नहीं बढ़ाना चाहते।"

माँ शायद ईषत् सिहर उठी? या बबुआ की निगाहों ने ही भूल देखा?

रंटू की भौंहें सिकुड़ आईं।

शांतशील ने गर्दन हिलाकर कहा, "हाँ, ऐसी ही बात है! विश्वास करो, भइया जी अब बेतरह पछता रहे हैं। ये बीच के चंद महीने भइया जी बिल्कुल भुला देना चाहते हैं।"

मित्रा ने आँख नचाकर कहा, "यह भला कैसे संभव है? वे जब, जो चाहेंगे, हमेशा वही होगा?"

"इंसान से क्या भूल नहीं होती, मित्रा?" दीपाली बोल उठी।

"भूल तो इंसान से ही होती है। इसीलिए तो वह इंसान है, ईश्वर नहीं है।" शांतशील ने फट से एक और सिगरेट निकालकर, अपने होठों में दबा ली, "इंसान भूल करता है, फिर सुधार लेता है; फिर भूल करता है, फिर सुधारता है...भइया जी ने तो जिंदगी में सिर्फ एक ही बार....वैसे पूरी जिंदगी वे ईमानदार रहे। तुम लोगों ने अपनी आँखों से देखा है, भइया, भाभी को किस तरह सिर पर बिठाए रखते थे। भाभी, भइया की गृहस्थी की अधीश्वरी थीं..."

रंटू का मुँह फूल गया, "हमने यह तो कभी नहीं कहा कि जीजाजी ने दीदी को तकलीफ में रखा–"

"देखो, छोटी-सी एक गलती हो गई। चलो, मान लेता हूँ, यह कोई छोटी गलती नहीं थी, बहुत बड़ी भूल की उन्होंने! बड़ी भूल भी नहीं, संगीन जुर्म किया। अन्याय किया। तुम भी तो कोर्ट-कचहरी करते हो, सैकड़ों तरह के असामियों से पाला पड़ता है तुम्हारा। तुम ही कहो, अपराधी अगर अपना अपराध कबूल कर ले, तो जज साहब, असामी पर दया नहीं दिखाते? भइया अब नए सिरे से भाभी के साथ जिंदगी शुरू करना चाहते हैं, उन्हें एक मौका नहीं मिलेगा?" शांतशील की आँखें, राखी पर थिर हो गईं, इस दौरान भइया एक दिन तुम्हारे पास आए थे न?"

बबुआ चौंक उठा! माँ ने तो उसे इस बारे में कुछ नहीं बताया।

रंटू और मित्रा की आँखें भी एक-दूसरे से जा मिलीं।

रंटू ने अस्फुट सवाल किया, "कब?"

अब जाकर राखी के होठ हिल उठे, "पिछले महीने! एक दिन, करीब दोपहर के वक्त! उस दिन तुम लोग घर पर नहीं थे।"

शांतशील ने कहा, "उस दिन भइया यही बात कहने आए थे। इशारे-इशारे में उन्होंने तुमसे शायद कुछ कहा भी था। कम से कम भइया की बातों से तो मुझे ऐसा ही लगा।" शांतशील चम्मच से संदेश काटने लगा।

सन्देश का एक छोटा टुकड़ा मुँह में डालते हुए, उसने दुबारा कहा, "हाँ, एक और बात तो बताई ही नहीं। भइया बहुत जल्दी ही जर्मनी चले जाएँगे। एक-दो महीने के लिए नहीं, शायद हमेशा के लिए वे उसी देश में सेटल कर जाएँ।"

"अच्छा? कब जा रहे हैं?"

"सितंबर में! हाइडेलबर्ग यूनिवर्सिटी में कामकाज का माहौल काफी अच्छा है। भइया को भी काफी पसंद है। भइया का मन है, भाभी भी उनके साथ जाएँ। नई-नई जगह, नया-नया परिवेश! दोनों प्राणी दुबारा एक साथ...! अरे भई, उम्र तो दोनों की ही हो चुकी है, है कि नहीं? बुढ़ापे में यूँ मान-अभिमान पाले रखने से भला चलता है?"

रंटू जरा चिंतित नज़र आया।

"इस बारे में मैं कुछ नहीं कहूँगा। यह पूरी तरह दीदी का मामला है। जो दीदी चाहेंगी, वही होगा।"

"बेशक! बेशक! भाभी का फैसला ही फाइनल होगा।" शांतशील दुबारा राखी से मुखातिब हुआ, "भइया अंदर से बिल्कुल ही टूट-फूट गए हैं, भाभी! बोधिसत्व मजूमदार अब टूटे हुए इंसान हैं। ही नीड्स यू! उन्हें आपकी जरूरत है! भइया को इस दुनिया को कुछ देना है, लेकिन अगर तुम उनके पास नहीं रहीं, यह किसी शर्त पर भी संभव नहीं है। देखो, मैं तुम पर दबाव नहीं डालना चाहता, तुम ज़रा सोचो!"

"मेरी राय में सुलह कर लेना बेहतर है।" मित्रा की जुबान से फट से यह मंतव्य फिसल गया। अगले ही पल वह चुप मार गई।

उसकी सहमी हुई निगाहें, पति की तरफ जा पड़ीं।

उसने हिचकिचाते हुए दुबारा कहा, "मेरा मतलब है, जब सभी लोग इतना कह रहे हैं, तो...। जीजाजी को भी तो ठोकर खाकर अक्ल आ गई है। अब वे दुबारा कोई गलती करेंगे, ऐसा नहीं लगता।"

दीपाली ने कहा, "मैं तो कहूँगी कि यह शिक्षा बेहद जरूरी थी! इससे भइया जी की गृहस्थी की बुनियाद और पुख्ता हो जाएगी।"

"बबुआ के बारे में भी, भाभी को फिक्र करने की कोई जरूरत नहीं है। हम

सब हैं न! उसके मामा का घर है...''

चाय आ गई। माँ को कुछेक पल अच्छी तरह परखती हुई निगाहों से नाप-जोख लेने के बाद, बबुआ उठ खड़ा हुआ। कैसा तो गद्गद महौल तैयार हो गया है। इस कमरे में उसका एक भी पल रहने का मन नहीं हुआ। न्ना, काकी-काका मार्क एंटोनी को भी हरा सकते हैं। टेढ़िया मामा तक पल्टी खा गए!

बबुआ खामोशी से कमरे के बाहर निकलने वाला था। दरवाजे तक पहुँचने से पहले ही, शांतशील ने उसे आवाज़ देकर रोक लिया।

''क्या, रे, तू कहाँ चला?''

''बड़ी थकान लग रही है! बदन भी चिपचिपा रहा है! नहाने जा रहा हूँ।''

''अब तो किसी दिन घर आ जा! जूली-मिली तुझे हर वक्त याद करती हैं।''

''अच्छा देखूँगा–''

''देखूँगा नहीं, आ जा! दादू-दादी भी अब पता नहीं, कितने दिनों हैं। इन दिनों, दोनों में से किसी की भी तबीयत ठीक नहीं रहती। उनसे भेंट नहीं हुई, तो बाद में अफसोस करेगा।''

''हूँऽऽ!''

एक लंबी-सी उसाँस के साथ, बबुआ कमरे से बाहर निकल आया। वह सीधे अपने कमरे में गया। पैंट-शर्ट बदलकर सीधे बाथरूम में! वह काफी देर तक नहाता रहा! शावर की धाराओं को अपने बदन पर दबा-दबाकर घिसता रहा, मानों बदन पर लगी कीचड़ छुड़ा रहा हो। बाथरूम से ही उसने काकी-काका की पुकार सुनी। वे दोनों जा रहे थे। बबुआ ने कोई जवाब नहीं दिया। वह अपनें बदन पर साबुन रगड़ता रहा। बदन में दौड़ती रक्त-कणिकाएँ कुछ-कुछ थकान-मुक्त होती रहीं। अचानक वह फूट-फूटकर रो पड़ा। पता नहीं, उसे रुलाई क्यों आ गई! पता नहीं, कहाँ तो इतनी रुलाई जमा थी!

बाथरूम से निकलकर बबुआ ईषत् सकपका गया। माँ! अपनी बाँहों से आँखें ढँके, उसी के पलंग पर लेटी हुई थी!

बबुआ ने अपनी नसों को संयत किया और आईने के सामने खड़े-खड़े बालों पर कंघी फेरने लगा। लंबे-चौड़े आईने में, उसने एक बार फिर अपनी माँ पर नज़र डाली।

अगले ही पल, उसने यथासंभव स्वाभाविक लहजे में ही पूछा, ''तो फिर तुम जर्मनी चलीं?''

राखी ने कोई जवाब नहीं दिया, आँखों पर से अपनी बाँह भी नहीं हटाई।

पूरे जी-जान से कोशिश करने के बाद भी, बबुआ अपनी आवाज़ में उमड़ते हुए व्यंग्य को रोक नहीं पाया।

''क्षमा ही परम धर्म है, क्यों? तुम क्या कहती हो? माना कि कलसी की कोर दे मारी, मगर क्या प्रेम नहीं दूँगी?''

राखी फिर भी चुप!

"लेक टेरेस कब जा रही हो? मेरा मतलब है, पुनर्मिलन की कोई तारीख तय हुई?"

स्प्रिंगदार गुड़िया की तरह, माँ एकदम से उछलकर उठ बैठी।

उसने गुमी हुई भंगिमा में जवाब दिया, अगर मैं लेक टेरेस लौट जाऊँ, तो तुझे अच्छा लगेगा?"

"भई, मेरे अच्छा लगने-न लगने से क्या फर्क पड़ता है? यह तो तुम दोनों मियाँ-बीवी का मामला है।"

"नहीं, इसमें तू भी शामिल है! तू क्या चाहता है?"

"मैं चाहने-न-चाहने से बाहर हूँ।"

"तू वापस चलेगा?"

"सवाल ही नहीं उठता।"

"क्यों?"

"क्योंकि मेरे बदन की चमड़ी, पूरी तरह मोटी नहीं है! उस घर की हर ईंट, हर पल मुझे याद दिलाती रहेगी कि मुझे कैसा भयंकर अपमान बर्दाश्त करना पड़ा है।"

"अपमान तेरा कहाँ हुआ? मेरा हुआ है।"

"मेरी नज़र में, इन दोनों में कहीं, कोई फर्क नहीं है।" बबुआ ने पल भर राखी की आँखों में झाँका, लेकिन अगले ही पल उसने निगाहें हटा लीं, "लेकिन तुम्हारी बात अलग है! पापा के लिए तुम्हारे मन में बेहिसाब कमजोरी है, मैं जानता हूँ मेरे लिए तुम्हें हिचकिचाने या रुकने की जरूरत नहीं है।"

"कमजोरी क्या सिर्फ मुझ अकेली में ही है? तुझमें नहीं है? तू अपने पापा को प्यार नहीं करता?"

बबुआ से सहसा जवाब देते नहीं बना! जाने किस शैशव में ही उस शख्स ने उसके मन में वितृष्णा का अहसास बो दिया था, उसे कदम-कदम पर हीनताबोध का शिकार होने को लाचार करता रहा है! उस आदमी ने कभी आँखें उठाकर भी नहीं देखा कि बबुआ कैसे बड़ा हुआ! वैसे, इन सबके बावजूद कहीं, कुछ है, ईश्वर की तरह! सर्वव्यापी, फिर भी अस्तित्वहीन! वर्ना सिर्फ उसी इंसान से जूझने के लिए वह हर वक्त दाँत क्यों पीसता रहता है? वह उस बंदे की उपेक्षा क्यों नहीं कर पाता? उसे बिल्कुल भूल क्यों नहीं पाता? आक्रोश क्या प्यार का ही कोई हमनाम है?

बबुआ की आवाज़ रूढ़ हो उठी, "मेरी बात छोड़ो! मैंने कहा न, तुम प्यार करती हो, तुम चली जाओ।"

"प्यार करती हूँ, इसीलिए लौट जाऊँगी, यह तूने सोचा भी कैसे? असल में, 'प्यार' बेहद जटिल होता है, रे, बबुआ! आत्मसम्मान का विसर्जन देकर प्यार करने को, प्यार नहीं कहते, इसका मुझे बखूबी अहसास हो चुका है—" राखी की आवाज़ किंचित धीमी हो आई, "सुना नहीं, तेरे पापा मेरे पास आए थे। वह लड़की चली

क्यों गई, मैं जानती हूँ।"

अनजाने में ही बबुआ की जुबान से सवाल फिसला, "क्यों?"

"वह मैं तुझे नहीं बता सकती। इससे तेरे पापा छोटे हो जाएँगे। तू सिर्फ इतना ही जान ले, तेरे काका-काकी जो कह गए, वही ध्रुव सत्य नहीं है। वह लड़की ही बुरी थी, तेरे पापा भले हैं, यह कहना, उस लड़की के प्रति अन्याय होगा। वैसे, वह लड़की ही भली थी, तेरे पापा बुरे थे, मैं यह भी नहीं कहती। मैं सिर्फ इतना ही कह सकती हूँ कि चूँकि वह लड़की चली गई, इसीलिए मेरी पुकार हुई है, इतना बड़ा अपमान, मैं सिर झुकाकर कैसे कबूल करूँ?"

बबुआ बिस्तर के किनारे आ बैठा! वह एकटक अपनी माँ को देखता-परखता रहा! उसकी जानी-पहचानी माँ, सीधी-सादी घरेलू माँ, जाने किस जादू-मंतर से कोई अचीन्ही औरत बन गई है? नहीं, औरत नहीं, इंसान बनकर उभर आई है!

बबुआ ने राखी के कंधे पर हाथ रख दिया, "फिर भी...एक बार और सोच लो, माँ! और-और सोचो! थोड़ा और वक्त लो! पापा हमेशा के लिए जा रहे हैं। अगर तुम साथ गईं, तो मुमकिन है, बाकी जीवन राजी-खुशी ही गुजर जाए।"

"देख, तू मुझे अब सुख का लोभ तो मत दिखा। मैं उस शख्स की निगाह में क्या हूँ, मुझे मालूम है! इससे बेहतर है, वह और-और नाम कमाए, समूची दुनिया में उसका यश फैले, हम दूर से देखते रहेंगे और खुश होते रहेंगे। उन्हें, अब हमारे बिना रहने की आदत पड़ चुकी है, विदेश में वे मजे में ही रह लेंगे।"

माँ बिना काँपे-सिहरे, यूँ स्थिर आवाज़ में ये बातें किससे कह रही है? बबुआ से? या खुद अपने आप से?

बे-चा-री माँ! बबुआ की दुखिनी माँ!

24

आज दिन भर भयंकर गर्मी थी। आसमान में टुकड़े-टुकड़े बादल जमा थे! वाताश बिल्कुल अचल! ऐसी आबोहवा मानों साँस लेने में भी तकलीफ हो रही हो।

प्रवीर आज दफ्तर से कुछ जल्दी ही लौट आए थे। साल के इस वक्त कामकाज का दबाव कुछ कम ही होता है। छः-साढ़े छः बजे तक दफ्तर से निकला जा सकता है। घर लौटकर, बिना कोई बातचीत किए, दफ्तर के कपड़े उतारकर, सीधे बाथरूम में जा घुसे! काफी देर तक वे शावर तले खड़े रहे। उनके बदन पर ढेर सारी घमौरियाँ

निकल आई हैं, पानी के स्पर्श से अगर चुनचुनाहट ज़रा कम हो!

बुंबा भी घर में, अपनी पढ़ाई की मेज पर मौजूद! गर्मी की छुट्टियाँ लगभग खत्म होने को आईं। पूरी छुट्टियाँ उसने अपनी पढ़ाई-लिखाई बिल्कुल टाल रखी थी; यहाँ-वहाँ घूमता-भटकता रहा। अब वह किताब-कॉपी लेकर ज़रा बैठने की कोशिश कर रहा था। मणिदीपा ने रसोई में, बाप-बेटे के लिए कॉफी का पानी चढ़ा रखा था। शाम को इस घर में चाय नहीं, कॉफी का ही रिवाज था।

नहा-धोकर प्रवीर बाथरूम से निकल आए और पूरे बदन पर उन्होंने अच्छी तरह पाउडर छिड़क लिया। उसके बाद, वे ड्राइंगरूम में आ बैठे। रिमोट दबाकर टीवी ऑन किया। खेल-चैनलों में प्रवीर की कोई दिलचस्पी नहीं थी। ला-रा-लप्पा या नाच-गान भी उन्हें पसंद नहीं है! गुच्छाभर नाजायज़ इश्क-मुहब्बत के सीरियल भी उन्हें नहीं सुहाते। वे तन्मय होकर बीबीसी की खबरें सुनते रहे। श्रीलंका में आज दुबारा मानव-बम विस्फोट! चौदह लोगों की घटनास्थल पर ही मृत्यु! छिः-छिः देश में क्या हो रहा है? टीवी के पर्दे पर बीभत्स लाशों की तस्वीरें! प्रवीर सिर से पाँव तक काँप उठे। अपनी माँगें वसूल करने के लिए इंसान इतना निर्मम क्यों हो जाता है?

मणिदीपा ने आवाज़ दी, "मेज पर आ आओ, नाश्ता लगा दिया है।"

"बुंबा ने खाया?"

"चिड़वा-मूढ़ी उसे नहीं चलता। उसके लिए मैंने चाउमिन बना दिया था।" इतना कहते-कहते मणिदीपा की आवाज़ ईषत् ऊँची हो आई, "बुंबाऽ, तेरी कॉफी क्या कमरे में ही पहुँचा दूँ?"

"आता हूँ, माँ, बस, एक सेकेंड!"

"जल्दी आ! कॉफी ठंडी हो जाएगी।"

प्रवीर टीवी पर निगाहें गड़ाए-गड़ाए डाइनिंग-टेबल तक आ पहुँचे। चिड़वे में से मूँगफली निकाल-निकालकर कुतरते रहे। मणिदीपा भी प्याली में से हल्की-हल्की घूँट भरती रहीं। उनकी भी निगाहें टीवी पर!

मणिदीपा ने अचानक कहा, "दीदी ने आज फोन किया था।"

प्रवीर ने उसकी बात पर खास ध्यान नहीं दिया। दोनों बहनों में अक्सर ही फोनालाप चलता रहता है, इसमें नई बात कौन-सी है?

मणिदीपा ने दुबारा कहा, "टुनटुनी के ब्याह की तारीख तय हो गई।"

"अच्छा?" प्रवीर ज़रा सजग हुए, "कब?"

"तीसरे सावन को।"

"उसी डॉक्टर लड़के से?"

"हाँ! दीदी को बड़ा अच्छा लड़का मिल गया। उसने कॉर्डियालॉजी में डिप्लोमा किया है। अभी ही वह तीन-तीन नर्सिंगहोम से जुड़ा हुआ है।"

''टुनटुनी को डॉक्टर दूल्हा पसंद है? वह तो ना-नुकर कर रही थी न? कह रही थी–डॉक्टरों की कोई व्यक्तिगत जिंदगी नहीं होती?''

''हर लड़की क्या तुम्हारा बेटी जैसी होती है? टुनटुनी अपने माँ-बाप की बेहद आज्ञाकारिणी है। दीदी-जीजाजी जो लड़का तय कर देंगे, वह हँसते-हँसते उसे ही कबूल कर लेगी।''

प्रवीर ईषत् उदास हो आए। जाने क्यों तो हर बात में घूम-फिरकर मुनिया ही चली आती है।

बुंबा झूमते-झामते मेज तक आ पहुँचा। बदन पर शॉर्ट्स-हाफ कुर्ता, चेहरे पर दाढ़ी! उसने संकल्प किया था, जब तक कॉलेज नहीं खुलता, वह दाढ़ी को हाथ भी नहीं लगाएगा।

कॉफी पर नज़र पड़ते ही बुंबा ने बुरा-सा मुँह बनाया, ''ओफ ओ! इतना दूध डाल दिया कि रंग बिल्कुल सफेद बना दिया। चलो, थोड़ी-सी कॉफी और मिला दो।''

''ज्यादा नाटक मत करो। जैसा दिया है, पी लो।''

बुंबा ने उसकी बात की परवाह नहीं की। हाथ में कप थामे-थामे, रसोई में जाकर, उसने खुद ही अपनी प्याली में थोड़ी-सी कॉफी डाल ली और चम्मच से घोलते-घोलते वह लौट आया और इत्मीनान से कुर्सी पर जम गया।

बेटे पर गुर्राती हुई नज़र डालकर, मणिदीपा दुबारा प्रवीर में ही लौट आई, ''टुनटुनी को ब्याह में क्या दिया जाए, बताओ तो?''

''मैं क्या बताऊँ? वह तो तुम्हारा डिपार्टमेंट है।''

''कोई गहना तो देना ही होगा–''

''हार-वार कुछ दे डालो। हजार दस-बारह के अंदर! ऑफ्टर ऑल, टुनटुनी तो लगभग हमारे ही घर की बेटी है।''

''हूँऽऽ, कोई जड़ाऊ गहना दे दिया जाए, तो कैसा रहे?''

''दे सकती हो! आजकल तो हीरों का फैशन ज्यादा है।''

''खर्च बहुत ज्यादा पड़ जाएगा। बजट में नहीं समाएगा।''

बुंबा फट से बोल उठा, ''इतना खोजने-खरीदने के चक्कर में क्यों पड़ती हो? दीदी के लिए तो ढेर सारे गहने बनवाए थे न! उन्हीं में से एक चला दो।''

प्रवीर और मणिदीपा, दोनों ही ठिठक गए।

सिर्फ गहने ही क्यों बेटी के लिए ढेरों साड़ियाँ भी तो खरीदी गई थीं। अलमारी में वे सब सहेजकर रखी हुई हैं। बीच-बीच में मणिदीपा वह सब टटोलकर देखती है और अभी भी अचानक ही फूट-फूटकर रो पड़ती है! प्रवीर ने अपनी आँखों से उसे रोते हुए देखा है।

प्रवीर ने मुँह लटकाकर कहा, ''यह मुमकिन नहीं है, रे! ऐसा नहीं होता। ये सब किसी और के नाम पर खरीदी गई थी...''

"सो व्हाट? अलमारी में सहेजे रखने से क्या होगा? इतनी दामी-दामी चीजें...अगर बरती न जाएँ, तो सब बेकार हैं।"

"ओफ् ओ, बुंबा! जो मुमकिन नहीं है, उस बारे में बकबक मत कर!" प्रवीर ने बेटे को हल्की-सी डाँट पिलाई।

अगले ही पल उन्होंने माहौल को हल्का-फुल्का बनाने के लिए कहा, "वह सब तेरी दुल्हन के लिए सहेज रखेंगे।"

"वा-ह! मेरी दुल्हन को पुराना माल टिकाओगे?" बुंबा ने मजाक जोड़ा, "उसके बाद प्रीति-भोज के दिन यह तमाशा नज़र आएगा कि बनारसी साड़ी झुरझुराकर...चीथड़े हो गई है।"

"तुम दोनों यह प्रसंग खत्म करोगे?" मणिदीपा दुम् से भड़क गई, "मुझे ये बातें अच्छी नहीं लग रही हैं।"

"जो हुक्म!" बुंबा ने कंधे उचका दिये, मैंने तो जस्ट समस्या का समाधान बताया, "वैसे तुम्हारी जो खुशी, टुनटुनी को देती रहो।"

"हाँ-हाँ, तू तो चुप ही रह! ज्यादा फफ्फड़ दलाली मत झाड़–" इतना कहकर मणिदीपा कुछ देर गुम होकर बैठी रही। उसके बाद खाली प्यालियाँ उठाकर वह रसोई में चली गई। सिंक में वे प्यालियाँ धोकर उसने यथास्थान रख दीं।

रसोई से उसने आवाज़ लगाई, "कल तुम मेरे साथ आश्रम चल रहे हो न? या नहीं?"

"कल कैसे संभव है? वीक-डे है...मैंने तो पहले ही कहा था..."

"एक दिन छुट्टी नहीं ली जा सकती?"

"तुम इतवार को चलो न!"

"गजब है!" मणिदीपा उत्तेजित मुद्रा में रसोई से बाहर निकल आई, "तुम्हें मालूम है न कि गुरुदेव शनिवार को बनारस जा रहे हैं।"

"कोई उपाय नहीं है, जी! कल कोई जर्मन टीम आ रही है, उन्हें साथ लेकर प्लांट दिखाने जाना है।"

"फिर तो इस बार मैं उनके दर्शन से रह गई..."

"अरे, तो तुम अकेली चली जाओ न"–यह बात कहते-कहते भी, प्रवीर ने मन ही मन हजम कर लिया। आजकल लालजी बाबा के आश्रम में, मणिदीपा का आना-जाना कुछ ज्यादा ही बढ़ गया है और प्रवीर को हर बार साथ जाना पड़ता है। मणिदीपा हिल्ली-दिल्ली तक अकेली जा सकती है, लेकिन बारासात, अब वह हरगिज अकेले नहीं जाती। पता नहीं, उसके मन में कैसा तो खौफ समा गया है, आश्रम में कहीं, कविता 'दी से भेंट न हो जाए। अरे, धत्! कविता बसुराय बाघ-भालू है क्या? लेकिन, हाँ, वह महिला कुछ मुँहफट जरूर है! वह खुद चलकर घर तक आई और खट्-खट् कितना कुछ सुना गई! अपनी संतान के लिए, माँ-बाप को कितना

कुछ सहना पड़ता है! प्रवीर को तो उसी दिन चाहिए था कि वह उस बोधिसत्व नामक आदमी को घूँसे मार-मारकर...! लेकिन वे क्या घूँसे जमा पाए?

बुंबा उठकर जाने को ही था कि प्रवीर ने उससे कहा, "एइ, माँ के साथ कल तू जाएगा।"

"मैं?" बुंबा लगभग आतंकित हो उठा, "क्यों? क्यों? मैं क्यों?"

"क्यों, नहीं?" मणिदीपा हुंकार उठी, "तुम्हें ऐसा कौन-सा राज-काज है, जरा मैं भी तो सुनूँ।"

"काम है!"

"कौन-सा काम?"

बुंबा ने अँगड़ाई लेते हुए कहा, "कल के लिए मेरी मैटिनी शो का टिकट आई हुई है।"

"तू सिनेमा देखने जा सकता है, लेकिन गुरुदेव के यहाँ नहीं जा सकता?"

"क्यों? सिनेमा देखना क्या बुरी बात है? मुझे वह सब गुरुदेव-टुरुदेव पसंद नहीं है। जाने कहाँ से आलतू-फालतू लोग..."

"गुरुदेव आलतू-फालतू हैं? तेरी जितनी बड़ी जुबान नहीं, उतनी बड़ी बात?"

"मैंने जो कहा, ठीक ही कहा! जाने कहाँ का पाखण्डी, मक्कार इंसान...! दीदी के नाम पर भी उसने कितनी लच्छेदार और अच्छी-अच्छी बातें की थीं। कौन-सा सच हो गया?" बुंबा, माँ की तरफ दो कदम आगे बढ़ आया।

उसने हाथ नचाकर दुबारा कहा, "जरा तो 'रैशनल'...व्यावहारिक बनो, माँ! यह गुरुदेव-टुरुदेव अब, छोड़ो। ऐसे लोगों के पास जाकर, मन को शांति नहीं मिलती।"

"चो-प!" मणिदीपा दप् से जल उठी, "मैंने किस किस्म की दो-दो संतान अपनी कोख में धारण कीं! दोनों ही एक जैसे बेकहल! दोनों एक जैसे ही लापरवाह!"

"दीदी के साथ तुम मेरी तुलना क्यों कर रही हो?"

"हुँहः करूँगी नहीं? उसने एक ढंग से जलाया, तुम और ढंग से जलाओगे।"

"यह तो महा-मुश्किल है! दीदी ने जो हरकत की, उसके लिए सारी जिंदगी मुझे बातें सुननी होंगी?"

"एक ही झाड़ के बाँस हो न, तुम दोनों! अलग-अलग कैसे होंगे? तुम दोनों ने बड़े-बुजुर्गों की एक भी बात मानना नहीं सीखा?"

"माँ, तुम बेहद अनरीजनेबल बात..."

"फिर? फिर बहस? मैं तेरा मुँह तोड़ दूँगी।" यह कहते-कहते, वह पागलों की तरह बेटे की तरफ झपट पड़ी।

प्रवीर ने किसी तरह उसे रोका। मणिदीपा पूरी ताकत से अपने को छुड़ाने की कोशिश करती रही। उसकी प्रचंड ताकत की वजह से वह किसी तरह भी काबू में नहीं आई। ऐसी स्थितियों में मणिदीपा में जाने कहाँ से इतनी जबर्दस्त ताकत

आ समाती है। डॉक्टरों का कहना है यह ऐड्रिनालिन क्षरण है। फेज ऑफ टेम्पोररी इनसैनिटी! क्षणिक पागलपन का दौरा! मणिदीपा को यह रोग कभी नहीं था। लेकिन, मुनिया के जाने के बाद से यह लक्षण उभर आया है। नियमित दवा वगैरह जारी है! पता नहीं कब तो यह स्नायु-विकार पूरी तरह ठीक होगा?

आँखों के इशारे से बुंबा को वहाँ से हटाकर, प्रवीर ने मणिदीपा को दबोचकर कुर्सी पर ला बिठाया। मणिदीपा की आँखों की पुतलियाँ थिर हो आई थीं! बार-बार अंगार उगलती उसाँसें! छाती धौंकनी की तरह फूलती-पिचकती हुई।

करीब पंद्रह मिनट के अंदर-अंदर मणिदीपा कमोबेश स्वाभाविक हो उठी। अपने कमरे में जाकर, वह बत्ती बुझाकर लेट रही! प्रवीर की निगाहें दुबारा टीवी के पर्दे पर जा गड़ीं। उसका मन नहीं लगा। आँखें टीवी के पर्दे पर गड़ी रहीं, मगर वह देख कुछ भी नहीं रहा था। उसने सोच लिया, वह छुट्टी ले ही लेगा। तबीयत खराब होने का बहाना बना देगा। बुंबा, अब अगर जाने को राजी भी हो, तो भी मणिदीपा को उसके साथ भेजना संगत नहीं होगा।

समूचे घर में मातमी सन्नाटा! टीवी लगभग बेमतलब, बेआवाज ही चलती रही। इस वक्त बुंबा बैलेंस शीट का हिसाब-किताब लगाते-लगाते, गाने सुनता रहता है, आज उसके कमरे में भी सन्नाटा!

ऐन उसी वक्त घंटी बज उठी।

दरवाजा खोलते ही, प्रवीर ईषत् अचकचा गए! दरवाजे पर सौमिक!

"अरे, आओ, आओ! क्या खबर है? इस बार काफी दिनों बाद...?"

"हाँ, बस, आना नहीं हो पाता!" सौमिक ईषत् मुस्करा उठा, "बुंबा कहाँ है? और मौसी?"

"सब हैं! घर में ही हैं! रुको, बुलाता हूँ! तुम बैठो।"

सौमिक को बिठाकर, प्रवीर अपने कमरे में पहुँचे।

उन्होंने फुसफुसाकर आवाज़ दी, "मणि, सौमिक आया है!"

मणिदीपा ने दूसरी तरफ करवट बदल ली, "तो?"

"एक बार आ जाओ—"

"मुझे भला नहीं लग रहा है! तुम जाओ, बातें-वातें करो।"

"छिः, मणि, ऐसा नहीं करते!" प्रवीर ने मणिदीपा के बाल सहलाते हुए कहा, "वह लड़का कितने दिनों बाद आया है..."

हवा जैसी फुसफुसाहट सुनाई दी, "तुम जाओ, मैं आती हूँ।"

प्रवीर ने लौटकर देखा, बुंबा और सौमिक बातचीत में मगन हैं। बुंबा का चेहरा इस वक्त बिल्कुल मेघहीन! ज्यादा देर तक मूड खराब किए रहना, उसकी आदत में नहीं है।

सोफे पर बैठकर, प्रवीर ने एक सिगरेट सुलगाई। उसने भी नियम-माफिक

सौमिक से छुटपुट सवाल किए—माँ-पापा कैसे हैं, ऑफिस कैसा चल रहा है...। कुल चंद ही महीनों में उसे इस हँसमुख लड़के से बेहद लगाव हो गया है। इस लड़के से कुछ देर बात करके ही, मन तरोताजा हो उठता है।

लेकिन आज सौमिक कैसा तो अनमना! चेहरा भी खासा सूखा-मुर्झाया हुआ!

मणिदीपा ने भी आकर दरयाफ्त किया कि जरूर वह सीधे दफ्तर से आ रहा होगा, कुछ खाएगा? ऐसे सवाल पर सौमिक हमेशा "हाँ" में गर्दन हिला देता था, लेकिन आज उसने मना कर दिया। बुंबा ने शारजाह कप में इंडिया की हार के बारे में बहस छेड़ दी, लेकिन सौमिक मानों उदासीन!

प्रवीर को खटका लगा!

उन्होंने दरयाफ्त किया, "तुम्हारी क्या तबीयत खराब है?"

"नहीं तो! ठीक ही हूँ! फाइन!" सौमिक नर्वस मुद्रा में मुस्करा उठा, "सच पूछें, तो आज मैं किसी जरूरत से आया था।"

"कैसी जरूरत?"

"एक खबर देनी थी!" सौमिक ने हिचकिचाते हुए अपनी बात पूरी की, "मतलब...दयिता के बारे में।"

मणिदीपा सोफे पर पीठ टिकाए बैठी थी। वह फौरन सजग हो आई।

उसने फँसी-फँसी आवाज़ में पूछा, "क्या हुआ है मुनिया को?"

"जी, कुछ हुआ तो नहीं...मतलब...कुछ हुआ भी है..."

प्रवीर की निगाह सिकुड़ आई, "मैं समझा नहीं।"

सौमिक ने एक बार बुंबा पर नज़र डालकर, सिर झुका लिया, "जी, कैसे कहूँ, मुझे समझ में नहीं आ रहा है। दयिता ने भी बार-बार मना किया है कि मैं आप लोगों को कुछ न बताऊँ। लेकिन...दयिता अब प्रोफेसर मजूमदार के साथ नहीं रहती।"

"क्याऽऽ?"

"प्रोफेसर मजूमदार से, अब वह अलग हो गई है।"

"अरे, यह कैसी बात?" प्रवीर और मणिदीपा, कोरस में झनझना उठे, "तब वह, अब कहाँ है?"

"पाइकपाड़ा में! किसी बूढ़े-बूढ़ी के घर में पेइंगगेस्ट है।"

यह खबर हजम करने में, प्रवीर को काफी वक्त लगा।

उन्होंने अचकचाकर पूछा, "कब से?"

"करीब डेढ़ महीने से! इससे ज्यादा वक्त भी हो सकता है।"

प्रवीर के दिल में सहसा काँटा-सा चुभ गया, "डेऽऽऽढ़ महीने?"

मुनिया ने उन लोगों को एक बार खबर देने की भी जरूरत नहीं समझी? माँ-बाप उसके लिए इतने पराये हो गए हैं? या यह उसका अभिमान है? जिद?

मणिदीपा की निगाहें कैसी तो धुँधला आईं।

उसने बुदबुदाकर कहा, ''अलग हो गए? कुल चंद महीनों में? वजह?''

सौमिक ने कोई जवाब नहीं दिया। उसने दुबारा सिर झुका लिया।

प्रवीर मन ही मन हिसाब लगाने लगे। वे बोधिसत्व के पास कब गए थे? इस बात को भी तो करीब डेढ़-दो महीने ही हुए होंगे। उस दिन तो बोधिसत्व की बातों से यह कतई जाहिर नहीं हुआ कि उनके रिश्ते में दरार आ गई है। बोधिसत्व ने क्या यह बात दबा ली? बहोत संभव है। उस आदमी का भले जितना भी नाम-डाक हो, प्रवीर किसी शर्त पर भी उस आदमी को 'शठ' के अलावा और कुछ नहीं समझ सकते। वह बंदा भले टूट जाए, लेकिन लचकेगा नहीं—कुछ ऐसा टाइप! जरूर उसने घर जाकर मुनिया से झगड़ा किया होगा। मुमकिन है उसे यह भी ताना दिया हो कि उसके बप्पा आकर, किस कदर उनका अपमान कर गए। मुनिया को यह बात बर्दाश्त नहीं हुई होगी और वह...

लेकिन, न्ना! माँ-बाप के लिए अगर उसमें इतना खिंचाव होता, तो उनकी बेटी यहीं लौट आती।

प्रवीर के दिमाग में एक और संभावना भी ताक-झाँक करने लगी। रिश्ता टूट जाने के बाद, मुनिया क्या पछतावे से भर उठी है? चूँकि वह अपना संकोच नहीं मिटा पा रही है, इसलिए उसने सौमिक को दूत बनाकर भेजा है।

प्रवीर ने भौंहें सिकोड़कर सवाल किया, ''तुमसे मुनिया की भेंट कहाँ हो गई?''

''अचानक! एक दिन, एस्प्लानेड के मोड़ पर!'' सौमिक ने गला खँखारा, ''वह अपने दफ्तर से लौट रही थी—''

''मुनिया नौकरी करती है?''

''हाँ, कर तो रही है! मतलब, इसी बात को लेकर प्रोफेसर मजूमदार से...''

''यह बात तुम्हें मुनिया ने बताई?''

अब जाकर प्रवीर को बोधिसत्व की और गहरी पहचान हो आई। यह शख्स शरीर से सिर्फ बूढ़ा ही नहीं है, बैकडेटेड...दकियानूस भी है! पुरातनपंथी! विज्ञान-चर्चा उसकी महज मक्कारी है। दिमाग से वैज्ञानिक होते हुए भी, मन से कतई आधुनिक नहीं हो पाया।

प्रवीर ने सवाल किया, ''मुनिया कहाँ नौकरी कर रही है?''

''किसी छोटी-सी कंपनी में! सेल्स की नौकरी!''

''अचानक, उसने नौकरी क्यों पकड़ ली?''

''बता रही थी, घर में अकेली बैठे-बैठे, बोर होने लगी थी।''

हैरत है! उस लड़की ने सौमिक को इतनी सारी बातें बताईं, लेकिन अपने माँ-बाप को उसने खबर तक नहीं दी!

प्रवीर की भौंहें दुबारा सिकुड़ आईं, ''तुमसे क्या मुनिया का पहले से ही मिलना-जुलना था?''

"नहीं, मतलब... ।" सौमिक ने पलकें उठाकर, फौरन झुका लीं, "मतलब, वही एक दिन ही..."

प्रवीर को जाने क्यों तो खटका लगा, सौमिक ने उसे पूरा सच नहीं बताया। अचानक बिजली की कौंध की तरह, उनके दिमाग में एक और सवाल जाग उठा।

उन्होंने वकील की तरह जिरह शुरू कर दी, "अच्छा, एक बात बताओ...तुमने मुनिया को पहचाना कैसे? तुमसे तो उसका कभी परिचय नहीं हुआ?"

सौमिक ने सिर झुकाए-झुकाए ही सफाई दी, "वह एक दिन मेरे दफ्तर आई थी–"

"कब?"

"बहुत दिनों पहले! हमारा विवाह तय होने के बाद... ।"

"स्ट्रेंज! तुमने तो कभी नहीं बताया...?"

सौमिक चुप!

"क्यों गई थी? विवाह तोड़ने?"

सौमिक इस बार भी चुप!

प्रवीर का विस्मय बढ़ता गया। अगर वह विवाह से इनकार करने गई थी, तो सौमिक ने यह बात पहले क्यों नहीं बताई? मुनिया के चले जाने के बाद भी उसने यहाँ आना-जाना कायम क्यों रखा? महज शराफत के तकाजे पर? या प्रवीर उसे पसंद करने लगे हैं, इसलिए? न्ना, कहीं कुछ गड़बड़ लग रहा है!

प्रवीर ने दुबारा सवाल किया, "तुमसे मुनिया की कब भेंट हुई?"

"यही...कोई...छः-सात दिन पहले!"

"तो तुमने फौरन...उसी दिन क्यों नहीं बताया?"

"कहा न, दयिता ने बड़ी सख्ती से मना कर दिया था।"

"तो फिर आज ही क्यों बताने चले आए?"

मणिदीपा हाँ-हाँ कर उठीं, "तुम उससे यूँ जिरह क्यों करने लगे? हाँ, बेटा सौमिक, मुनिया अभी है किस हाल में?"

इतनी देर बाद, अब जाकर, सौमिक ने गहरी साँस ली।

उसने जोर-जोर से सिर हिलाकर कहा, "अच्छे हाल में नहीं है, मौसी! उसकी तबीयत बिल्कुल ठीक नहीं है।"

"क्यों? क्या हुआ है?"

"दयिता माँ बननेवाली है। एनीमिया की शिकार है! प्रेशर भी काफी लो है..."

"मुनिया को बच्चा होनेवाला है? ऐसी हालत में भी वह अकेली-अकेली पड़ी हुई है?" मणिदीपा छटपटा उठीं।

"इसीलिए तो मैं आया हूँ, मौसी! मैं चाहता हूँ, इस वक्त आप लोग उसके साथ खड़े हों। आप जोर-जबर्दस्ती उसे यहाँ ले आएँ।"

''वह तो खैर, लाना ही होगा, वर्ना क्या उसे बेघर मरने को छोड़ देंगे?'' मणिदीपा के चेहरे-मोहरे-आँखों में व्यग्रता झलक उठी, ''तुम मुझे उसका पता दो, बेटा, मैं अभी जा रही हूँ।''

अपने पर्स से एक टुकड़ा कागज निकालकर, सौमिक ने मणिदीपा को थमा दिया। मणिदीपा की निगाह, उस कागज पर टिक गई।

उसने प्रवीर से पूछा, ''राजा मणीन्द्र रोड...तुम पहचानते हो?''

प्रवीर ने गंभीर आवाज़ में जवाब दिया, ''रुको! मुझे सौमिक से और भी कई बातें करनी हैं। हाँ, भई, सौमिक, मुनिया ने तुम्हें पता देने से मना किया है, यही न?''

''जी-हाँ!''

''इसका मतलब यह हुआ कि वह नहीं चाहती कि हम लोग उसे लेने जाएँ?''

''जी-हाँ!''

''फिर हम क्यों जाएँ? यह उसका अपना घर है, जब चाहे, वह यहाँ आ सकती है। उसका जब भी मन करे...''

''यह जिद्दा-जिद्दी का वक्त नहीं है, मौसा जी! दयिता सच ही काफी मुसीबत में है। मुझसे उसने एक घर खोजने को कहा है। वह अकेली ही रहना चाहती है। असल में, उसका दिमाग बिल्कुल ही खराब हो गया है...''

''अच्छा, घर भी खोजने को कहा है?''

''हाँ, कहा तो है!'' सौमिक ने थूक निगलते हुए कहा, ''उसे कितना-कितना समझाया कि अकेली लड़की को, कोई भी घर किराए पर नहीं देता, लेकिन वह किसी हाल भी समझने को राजी नहीं है।''

''मैं जाऊँगी, उसे समझाऊँगी! अभी जाऊँगी, इसी वक्त! मैं उसकी माँ हूँ। मैं जाकर आवाज दूँगी, तो वह मुझे लौटाएगी नहीं।'' मणिदीपा उठ खड़ी हुईं, ''क्या, जी, तुम अभी भी बैठे हुए हो? चलो, उठो, चलो! एइ बुंबा, तू भी चल!''

बुंबा हतबुद्ध! वह फटी-फटी आँखों से सिर्फ देखता रहा।

''नहीं, हममें से कोई भी नहीं जाएगा।'' प्रवीर ने अड़ियल घोड़े की तरह गर्दन झटकारी, ''जब वह हम लोगों को चाहती ही नहीं, तो हम क्यों जाएँ?''

''तुम क्या पागल हो गए हो? यह क्या मान-अभिमान ठानने का समय है?''

''न-हीं, अभिमान पर तो उसी का एकछत्र है!–''

''प्लीज, मौसा जी...''

''तुम क्यों आरजू-मिन्नत कर रहे हो। तुम्हें क्या गरज पड़ी है?''

''मैं दयिता का भला चाहता हूँ, मौसा जी! उस दिन उसे देखकर मेरे मन में इतनी माया जागी कि...''

''कैसी माया? क्यों माया?''

सौमिक ने अजीब विह्वल निगाहों से देखा, इस पल बेटी के लिए परेशानी,

प्रवीर को मानों खरोंच-खरोंचकर खा रही थी। सौमिक की उस दृष्टि ने मानों उस पर ठंडा प्रलेप चढ़ा दिया।

उसने नरम आवाज में कहा, "मुझे एक बात का सच-सच जवाब दोगे, सौमिक? तुम्हें क्या मुनिया ने भेजा है?"

"नहीं, नहीं, विश्वास कीजिए!" सौमिक मानों सिहर उठा, "अब, वहाँ यहाँ नहीं लौटना चाहती, मौसा जी! किस मुँह से लौटेगी, बताइए? मैं चाहता हूँ कि आप लोग उसे जोर-जबर्दस्ती घसीट लाइए। उसकी कोई उज्र-आपत्ति मत सुनिएगा। आपसे सिर्फ एक विनती है। प्लीज। उसे यह भूलकर भी मत बताइएगा कि आप लोगों को उसका पता मैंने दिया है।'

"क्यों, सौमिक?"

"तब वह मुझे किसी दिन भी माफ नहीं करेगी।"

"इससे भी भला तुम्हें क्या फर्क पड़ता है?"

सौमिक ने कोई जवाब नहीं दिया। उसने प्रवीर की नज़रों से अपनी निगाह हटा ली।

प्रवीर के सीने में कहीं तीखी हूक जाग उठी। नहीं बेटी के लिए नहीं, सौमिक के लिए! यह लड़का अतिशय शरीफ है, कुछ ज्यादा ही भला! मुनिया इस लड़के के हरगिज काबिल नहीं थी।

25

प्रवीर के फ्लैट का हुलिया काफी कुछ बदल गया है।

आनंदहीन, ऊँघती हुई दुनिया में इन दिनों बिल्कुल अलग किस्म की राहत का अहसास! अचानक ही बुढ़ा गए प्रवीर। अब दुबारा तरो-ताजा और चुस्त-दुरुस्त हो उठे। अब वे दफ्तर से लौटकर हाँफने नहीं लगते। अपने पुराने मिजाज मुताबिक गहरे-गहरे ठहाके लगाने लगे हैं, हँसी-मजाक करते हैं; बेटी के साथ, ऊटपटाँग गपशप, अड्डेबाजी शुरू हो गई है। मणिदीपा भी अब बात-बात में जली-कटी नहीं सुनातीं; ताने नहीं कसतीं। रोज-रोज तरह-तरह के पकवान बनाती हैं। बेटी के लिए कभी सूप तैयार किया, कभी मसालेदार सब्जी; कभी पित्जा या भेटकी मछली की पकौड़ी। बेटी की सेहत अभी काफी कमजोर है, प्रोटीन और विटामिन खिलाकर, उसे चंगा करना होगा। बच्चा होने की मशक्कत क्या कम बड़ी बात है? बेटी की खूब-खूब

सेवा-जतन! वह उसे पानी तक खुद उँड़ेलकर नहीं पीने देती। बुंबा भी अपनी असली मूर्ति में आ गया है। उसकी आवाज बिल्कुल ही बेसुरी है, फिर भी फटे-बाँस जैसी आवाज़ में जब-जब गीत छेड़ देता है, नुक्कड़ के गोलगप्पेवाले से दीदी के लिए आलू-काब्ली खरीद लाता है; उसके लिए चुरमुर भी ले आता है।

सिर्फ राहत ही नहीं, इन दिनों घर में बेहद सुखी-सुखी परिवेश!

सिर्फ दयिता ही जाने क्यों तो मन से खुश नहीं रह पाती। पता नहीं उसे क्यों लगता है कि उसे लेकर, आस-पास सजा-सजाया कोई नाटक चल रहा है! रात को खाने की मेज पर बैठे-बैठे, प्रवीर जब उसके बचपन का कोई किस्सा सुनाकर, अट्टहास से फट पड़ते, उस वक्त दयिता को बेभाव रुलाई छूटने लगती है। बप्पा इतना ओवर-एक्टिंग क्यों करते हैं? मणिदीपा जब आनेवाली संतान की दुहाई देकर, दयिता को जोर-जबर्दस्ती खिलाती है, उस वक्त क्या उसके चेहरे पर गोपन विषाद नहीं खेलता? दयिता की ही सूरत देखकर, उसी की खातिर माँ ने एक अवांछित शिशु के आगमन को कबूल कर लिया है, दयिता जानती है। बुंबा जब हँसते-खिलखिलाते दीदी के कमरे में दाखिल होता है, दयिता को साफ अंदाजा हो जाता है कि अभी दरवाजे के बाहर तक उसका चेहरा लटका हुआ था।

दयिता जहाँ नहीं होती, वहाँ घरवाले खुसफुस में बातें क्यों करते हैं?

गुमराह बेटी के पुनर्आगमन पर उत्सव का परिवेश शायद ऐसा ही होता है।

कैसी असहनीय ग्लानि! बप्पा अगर हर वक्त उदास और बेजान नज़र आते; माँ बात-बात में रो पड़ती; बुंबा अपनी दीदी की तरफ तिरछी निगाहों से देखता, तो उसे शायद ऐसा नहीं लगता। उसके साथ लोग इतना मीठा बर्ताव क्यों करते हैं? वह ऐसा कौन-सा महान काम करके लौटी है? बोधिसत्व को छोड़कर वह चली क्यों आई, किसी ने उससे यह सवाल भी नहीं किया।

इसी दौरान कभी-कभार नाते-रिश्तेदारों, मेहमानों का आना-जाना। अभी पिछले इतवार को मौसी और टुनटुनी, सारा दिन इसी घर में गुजार गए। अपने आसन्न विवाह के बारे में वह धाराप्रवाह बकबकाती रही। लेकिन भूलकर भी बोधिसत्व का नाम, वह अपनी जुबान पर नहीं लाई, परसों अचानक बुआ-फुआ तशरीफ लाए। दोनों ने ऐसे उन्मुक्त भाव से बातचीत शुरू की मानों दयिता चंद महीनों के लिए सैर-तफरीह पर गई थी, अब लौट आई है। दयिता की कोख में पलते हुए बच्चे के बारे में भी खोज-खबर ली, मगर यह बच्चा आया कहाँ से, इस बारे में उन दोनों ने बूँद भर भी कौतूहल जाहिर नहीं किया।

कैसा निर्मम मजाक! कैसी सर्द ठिठोली!

जिस दिन बप्पा-माँ उसे गादूनी के पास ले गए, दयिता ने अपना नाम दयिता मित्र लिखाया, बप्पा ने चूँ तक नहीं किया। उनकी भंगिमा ऐसी थी, मानों जो आ रहा है, वह 'मित्र' पदवी से ही परिचित होगा, यही स्वतः सिद्ध है।

सब लोग मिलकर, दयिता की जिंदगी के पिछले छः महीने धो-पोंछकर, मिटा डालना चाहते हैं? दयिता का मोह कट गया, ये लोग इसी बात से उल्लसित हैं?

लेकिन, ऐसा कैसे हो सकता है?

वक्त क्या पानी की लकीर है, जो यूँ ही विलीन हो जाएगा?

बहुत बड़ा अपमान! भयंकर अपमान! वह कहीं, कोई गलती कर बैठी, इसलिए सब उस पर तरस खा रहे हैं? उसे क्षमा या हिकारत दे रहे हैं? उसका भावी जीवन कैसा होगा, लोगों ने शायद इसका भी अंदाजा लगा लिया है। बच्चा होने के बाद, दयिता या तो भारी-भरकम कुम्हड़ा बनी घर पर बैठी रहेगी या फिर कोई नौकरी-चाकरी जुटा लेगी। उसके बाद, बच्चा समेत, पति-परित्यक्ता औरत की तरह बाप के घर में, आश्रिता-आश्रिता भंगिमा में, बाकी जिंदगी गुजार देगी। लेकिन लोग-बाग की नज़रों से हमदर्दी की छाया, कभी नहीं मिटेगी। दयिता की ओर वे लोग अफसोस की निगाहों से देखेंगे और प्रायः दयिता के सामने ही आपस में कानाफूसी करते रहेंगे—ऐसी गुणी लड़की की जिंदगानी चौपट हो गई! अहा रे!

यह सब सोचते हुए, दयिता को बेतरह मिचलाहट आने लगी। वह तो यहाँ किसी शर्त पर भी लौटना नहीं चाहती थी, उसे जोर-जबर्दस्ती यहाँ क्यों लाया गया? उस दिन उसके डेरे पर पहुँचकर, माँ ने ऐसा भाँय-भाँय रोना-धोना मचाकर नाटक खड़ा कर दिया कि अपनी इज्जत बचाने के लिए वह...

अच्छा नहीं लग रहा है, उसे कुछ भी अच्छा नहीं लग रहा है। असल में वह शैतान लड़का ही सारी मुसीबत की जड़ है। पता नहीं क्यों तो दयिता ने सौमिक पर भरोसा किया, उसे याद रखना चाहिए था कि यह वही मक्कार है, जिसने मेले के अहाते में उससे वादा किया था कि वह विवाह से मना कर देगा, लेकिन अगले ही दिन ला-ला करके...! एक अदद घर खोजने का तो उसमें बूता नहीं है, उस पर से उस कमबख्त ने फँसा दिया। अब मुँह छिपाकर बैठ गया। माँ ही कभी-कभी दोपहर के वक्त उसे दफ्तर में फोन करती है, दयिता ने अपने कानों से सुना है। वह तो इतना डरा हुआ है कि मारे खौफ के वह इस घर की छाया तक में कदम रखने की हिम्मत नहीं जुटा पा रहा है!

यह सब सोचते हुए भी दयिता के तन-बदन में हिकारत की झुरझुरी फैल गई। उसकी जिंदगी में अब रहा क्या? यहाँ आने के बाद, शुरू-शुरू में चंद दिनों दफ्तर गई थी। माँ-बाप ने भी बाधा नहीं दी। लेकिन उसकी तबीयत ने ही दगा दे दिया। भयंकर सर्दी-बुखार-खाँसी। जब तब सिर घूमना! आँखों के सामने अँधेरा! ऐसी हालत में बाहर निकलना कितना असाध्य है! उसकी तो ऐसी नौकरी नहीं है कि वह बैठे-बैठे काम करे। अगर वह दौड़-भाग ही न कर सके, तो दफ्तर क्या उसे बात सुनाने से बाज आएगा? पाँच महीने बाद, उसे बच्चा होने वाला है, इसलिए कंपनी तो अपना कारोबार समेटकर, बैठी नहीं रह सकती। दफ्तरों में तो यूँ भी औरतों को ड्योढ़ा

काम करना पड़ता है, उन्हें हर पल अपने को पुरुषों के बराबर साबित करना होता है।

आखिरकार लाचारी में नौकरी से भी टा-टा, बाय-बाय! इन दिनों वक्त कैसा भयंकर बेरंग गुजरता हुआ! सिर्फ आराम! आराम और अंतहीन आराम! घर के अंदर सिमटे-सिकुड़े, नकारा मुद्रा में, लेटे-बैठे रहना! सीने में हर वक्त बदली छायी हुई! अगर उसे अपना वक्त इसी ढंग से गुजारना था, तो बोधिसत्व को छोड़कर, वह चली क्यों आई? बोधिसत्व भी तो बस इतना-सा ही चाहते थे। उन्होंने भी तो यही आग्रह किया था कि वह नौकरी-चाकरी छोड़कर, घर पर बैठे। वैसे बोधिसत्व सिर्फ उसकी नौकरी ही नहीं, उसका बच्चा भी नहीं चाहते थे। अगर वह अपना बच्चा गिरा देती, तो भी दुनिया का क्या नफा-नुकसान होता? बोधिसत्व जैसा चाहते थे, अगर वह उसी ढंग से रह लेती, तो सारा झमेला ही चुक जाता।

लेकिन, सच ही क्या सारा झमेला चुक जाता? अस्तित्वहीन आत्मसमर्पण को क्या जिंदा रहना कहते हैं? उसकी भी अपनी एक स्वतंत्र सत्ता है। बोधिसत्व तो यह भी नहीं मान पाए, कैसा निर्मम इंसान था! कैसे मुँह पर ही कह दिया कि अब फूट लो। उसके बाद, उस इंसान ने उसकी खोज-खबर तक नहीं ली। दयिता कहाँ गई, किस हाल में है, यह भी जानने का, उसका मन नहीं हुआ। दयिता, जिस दिन अपने कपड़े-लत्ते लेने, सॉल्ट लेक गई थी, वह बंदा कैसा पत्थर का बुत बना बैठा रहा! दयिता के प्रति अगर उसका हल्का-सा भी खिंचाव होता, तो वह उसे रोक लेता। जो हुआ, सो हुआ। सबकुछ भूलकर उसे रुक जाने को कहता! क्यों, यह सच है या नहीं?

दयिता के विदा होते ही, बोधिसत्व ने मानों राहत की साँस ली। चलो, छुटकारा मिला! वह तो इतना उन्मुक्त हो गया कि सॉल्ट लेक वाला घर छोड़कर, वह नाचते-कूदते अपने घर वापस लौट गया। हालाँकि इसी शख्स के लिए अचानक वह एक दिन इस कदर आकुल-व्याकुल हो उठी कि दफ्तर से वापस लौटते हुए, वह सॉल्ट लेक दौड़ गई। वहाँ क्या देखा उसने? दरवाजे पर हक्काना-सा ताला झूल रहा था! उस घर की सीढ़ियाँ उतरते हुए, अचानक सामने वाले फ्लैट की मिसेज साहा से टक्कर हो गई। उन्होंने निगाहों में रस घोलकर, आँखें नचा-नचाकर सुनाया कि प्रोफेसर साहब अपना लाव-लश्कर समेटकर जाने कब ही राजी-खुशी अपने घर लौट गए। कौन जाने, इतने दिनों में, शायद राखी से भी दुबारा मेल हो गया हो। अब तक तो पत्नी-बेटे के साथ खुशी-खुशी दुबारा गृहस्थी भी बसा ली होगी—प्रोफेसर बोधिसत्व मजूमदार ने!

इन पलों में, उस बोधिसत्व के लिए दयिता के मन में कैसा अहसास होना चाहिए?

विराग? उपेक्षा? हिकारतभरी घृणा?

लेकिन, उस शख्स के प्रति, उसके मन में अब कोई भी अहसास नहीं जागता। आँखें मूँदते ही, एक धूसर तस्वीर तैर जाती है। कैंपस टाउन के कुहासेभरी राह पर, लंबे-लंबे डग भरते हुए, एक दीर्घकाय पुरुष चलता चला जा रहा है; लोहे का गेट खोलकर, एक मकान में दाखिल हो जाता है। उसके पीछे-पीछे, खामोश कदमों से आती हुई एक प्यासी लड़की! वह आदमी पल-भर के लिए भी उसकी तरफ पलटकर भी नहीं देखता।

कैसा निर्मम है, उसका यूँ चले जाना! निर्मम? या निरासक्त? जाने कैसे जादू-मंतर से बोधिसत्व दयिता का मध्याकर्षण छिन्न-भिन्न करके, घटना-दिगंत के उस पार, विलीन हो गया, शायद किसी ब्लैकहोल में! अब दयिता के महाविश्व में, बोधिसत्व की रश्मियाँ कभी, किसी दिन भी नहीं पहुँचेंगी।

उफ! दयिता जाने क्यों तो यह तस्वीर देखती है।

लेकिन, शायद वही तस्वीर...सिर्फ वही तस्वीर सच थी! बाकी सारा कुछ सपना! या किसी काल्पनिक समय में घटी हुई कोई अलीक घटना!

पता नहीं क्यों तो दयिता, बोधिसत्व की तरह स्मृतिहीन नहीं हो पाती!

26

बदली भरी शाम! मरती हुई रोशनी में, दयिता ने खिड़की से देखा, सौमिक आ रहा था!

इस वर्ष, आषाढ़ के महीने में बारिश, तेज-तेज कदमों से आ पहुँची थी। बादलों की अंतहीन पलटन, शहर के समूचे आकाश पर छा गई थी। सूरज देवता प्रायः पक्के तौर पर फरार हो गए थे। दिन भर जलदगंभीर, तूर्य-ध्वनि गूँजती हुई! बार-बार अस्त्रों की झंकार भी शोर मचाती हुई! रुपहली बिजली के आघात से आसमान टुकड़े-टुकड़े होता हुआ! उसकी क्षत-विक्षत देह से अविराम अश्रुकण झरते हुए! कभी टिपू-टिपू, कभी मूसलाधार!

आज भी आसमान का रंग बिल्कुल सलेटी! शाम होते-न-होते दिन का उजाला बुझा-बुझा-सा हो आया। अँधेरा बस, टूटकर उतरनेवाला! काफी देर तक लगातार रोते रहने के बाद, आकाश ने अभी-अभी अपने आँसू पोंछे थे। उसकी लंबी-लंबी साँसें, बेतहाशा दौड़ती-भागती हुई, कुदक्कड़ी मारती हुई!

दयिता अपने कमरे में ही थी! अकेली! मणिदीपा टीवी देखने में व्यस्त! दयिता

को कमरे से ही टीवी की आवाज़ सुनाई दे रही थी! टुकड़े-टुकड़े हँसी! टुकड़े-टुकड़े गीत! दयिता के हाथ में चिकेन सूप का कटोरा! साथ में डबलरोटी के दो टोस्ट भी! डबलरोटी चबाना उसे सख्त नापसंद है, इसके बावजूद मणिदीपा उसे टोस्ट भी थमा गई।

चम्मच में थोड़ा-सा सूप लेकर, दयिता ने होठों से लगाया। अगले ही पल उसका चेहरा विकृत हो आया। आजकल उसे खासी भूख लग आती है, लेकिन जुबान में जरा भी स्वाद नहीं है! वह ज्यादा-सा नमक-काली मिर्च छिड़क ले? या साँस वगैरह?

बिस्तर से उतरते ही पेट में वही लहरों का उठना-गिरना! काँपना-हिलना! दयिता ने अपने पेट पर हाथ रखा। अरे, यहाँ...यहाँ हिलता हुआ! अभी-अभी झूलते-झूमते, पेट में दूसरी तरफ खिसक गया! इधर कई दिनों से काफी ऊधम मचा रहा है! दयिता की आँखें अपने आप ही मुँद आईं। उसी के बदन की गहराई में कहीं कोई प्राण अंकुरित हो रहा है। वह प्राण, उसी की देह से, जीने का रसद भी बटोर रहा है। यह ख्याल ही कितना अद्‌भुत नशीला है। उस अदेखी जान ने उसे मोह के कैसे मजबूत बंधन में बाँध लिया है! काफी देर तक, अगर वह हिलता-डुलता नहीं, तो दयिता के सीने में कोई चोर-आतंक हहर उठता है! इसे ही क्या मातृत्व कहते हैं?

दयिता ने अपने पेट पर हाथ फेरा! उसने स्वगत ही फुसफुसाकर पूछा—क्या, रे सुन रहा है?

दयिता को उत्तर भी साफ-साफ सुनाई दिया—उहुँ।

—अंदर कैसा लग रहा है?

—आराम से हूँ।

—धत्, बुद्धू! सिमटा-सिकुड़ा, पानी में तैर रहा है, अँधेरे में! हवा तक नहीं है वहाँ! तुझे वहाँ अच्छा लग ही नहीं सकता।

—उहुँ मुझे खूब अच्छा लग रहा है! कैसी सुंदर जिंदगी है! न कोई चिंता, न फिक्र...

—धत् बुद्धू, बाहर आएगा, तो और अच्छा लगेगा।

—क्यों?

—बाहर कितना कुछ है! रोशनी, हवा, पंछी, फूल, पेड़!...जिंदगी भर देखता रहेगा, तब भी तेरा मन नहीं भरेगा।

—क्यों? और कुछ नहीं है? आँधी तूफान, दुःख-यंत्रणा-आँसू?

—चुप्प! मैं हूँ न!

हलचल थम गई! शायद सो गया! दयिता ने धीरे-धीरे आँखें खोलीं। मन की प्रतिध्वनि, चिनचिनाती हुई पीड़ा बनकर, किसी गहन अंतस् में फैलती जा रही है। दिमाग की पोर-पोर में बूँद-बूँद गाढ़ी उदासी जमा होती जा रही है! यह भी क्या मातृत्व है?

सूप का कटोरा जस-तस पड़ा रहा। दयिता ने उसे हाथ लगाकर नहीं देखा। वह शिथिल कदमों से चलती हुई। खिड़की के सामने आ खड़ी हुई। खिड़की के पार सजल शाम। भीगे हुए राजपथ पर गाड़ी-सवारियाँ, साँप की तरह सरकती-रेंगती हुई! अतिकाय कीड़ों की तरह लोग हिलते-डुलते हुए! आकाश और घना हो आया! अभी ही क्या बारिश होगी?

दयिता की अनमनी आँखें सहसा सजग! पानी-कीचड़भरी सड़क को कुचलता हुआ, छप्-छप् चलता हुआ, वह कौन आगे बढ़ा आ रहा है? घुटनों तक पैंट चढ़ाए; हाथ में बंद छतरी! दयिता के मकान तक पहुँचकर, उस शख्स ने सिर उठाकर ऊपर देखा। उसकी निगाह क्या आकाश की तरफ उठी थी या खिड़की पर खड़ी दयिता की तरफ?

दयिता खट् से वहाँ हट आई। पल भर में विषाद की जगह क्रोध उमड़ आया। इतने दिनों बाद, इस कीड़े को यहाँ आने की हिम्मत पड़ी? दयिता खट् से बिस्तर पर जा लेटी। लेटे-लेटे ही उसके कानों ने दरवाजे की घंटी सुनी...माँ की उल्लसित आवाज़ सुनी। सौमिक ने माँ से जाने क्या तो कहा। माँ की आवाज खाई में उतर गई। उसके बाद, कोई आवाज़ सुनाई नहीं दी? वाताश में गहरा सन्नाटा!

ईषत् बेसब्र भंगिमा में दयिता ने दीवार की तरफ से करवट ली! दरवाजे पर सौमिक!

उसने कमरे में आने की अनुमति भी नहीं ली। वह दनदनाता हुआ अंदर दाखिल हुआ और दयिता के सिरहाने आकर खड़ा हो गया।

उसने गला खँखारकर पूछा, "हाँ, तो मैडम जी की तबीयत अब कैसी है?"

दयिता ने मुँह फेर लिया। उसकी अंगार निगाहें दीवार देखती रहीं।

सौमिक ने दुबारा गला साफ करके पूछा, "सुनने में आया है कि तुम खाना-पीना ठीक तरह नहीं कर रही हो?"

इतने दिनों बाद यह आदमी क्या मजाक करने आया है? या तमाशा देखने? दुस्साहस तो खासा बढ़ गया है।

दयिता ने हिंस्र निगाहों से घूरकर देखा।

सौमिक के चेहरे पर कोई ताप-उत्ताप नहीं।

उसने हँसते-हँसते ही पूछा, "आज मौसम खासा बिगड़ा हुआ है न! भीषण बुरा! ऑफिस से तो खिसक लिया, मगर मौसम के तेवर देखकर फिक्र में पड़ गया था कि यहाँ तक पहुँच भी पाऊँगा या नहीं। शुक्र है, बारिश थम गई।"

दयिता दाँत पीसने लगी।

इस पिद्दी लड़के की छाती में इतना जोर आया कहाँ से?

"क्यों, बात क्यों नहीं कर रही हो?" सौमिक मंद-मंद मुस्कराता रहा, "गला खराब है क्या?"

"तुम कहाँ के तुर्रम खाँ हो, जो तुमसे बात करना जरूरी है?" दयिता का सब्र जवाब दे गया।

वह तमककर उठ बैठी।

"भई, मैं तुर्रम खाँ नहीं हूँ–" सौमिक की आँखों में हँसी खेलती रही, "मैं सौमिक बसुराय हूँ।"

"हद है! हद है! हर बात की एक हद होती है–" दयिता गुस्से से काँपती रही।

गले तक आई हुंकार पर बमुश्किल काबू पाते हुए, वह फूत्कार उठी, "मुझे अपना दुबारा अपना मुँह दिखाते हुए, तुम्हें शर्म नहीं आई? यहाँ तुम क्यों आए हो?"

"शर्म किस बात की?" सौमिक ने कंधे झटकार दिए, "रही इस घर में कदम रखने की बात, वह तो मैं पहले से ही आता रहता हूँ। जब तुम यहाँ नहीं थीं, तब भी आता था।"

"तो फिर जिसके पास आते थे, उसी के पास जाओ। इस कमरे में कदम रखने की हिम्मत कैसे हुई? यह बात तुम्हारी अक्ल में नहीं आती, मुझे तुम्हारा यहाँ होना बर्दाश्त-बाहर है! आई कांट टॉलरेट योर प्रजेन्स एनी मोर!"

इसके बावजूद, सौमिक ने दयिता के गुस्से की परवाह नहीं की। वह कुर्सी खींचकर बैठ गया।

उसने उसी तरह मुस्कराते हुए कहा, "आज तो मैं और किसी के पास नहीं आया, सीधे तुम्हारे पास आया हूँ। टु मीट यू!"

"किस खुशी में?"

"वह तो तुम भी जानती हो, मैं भी जानता हूँ। तुम्हारे बिना मैं नहीं रह सकता, इसलिए।"

सौमिक ने यह जुमला इतने सहज और स्वाभाविक लहजे में कहा कि दयिता कुछेक पलों के लिए बेतरह अचकचा गई। सौमिक की आवाज की भंगिमा इतनी निश्छल थी कि हवा तक जरा लहरा गई।

अनजाने में ही, अचानक दयिता के गुस्से की लौ भी जैसे बुझ आई। सिर झटककर वह अपने को समय पर लौटा लाई। अब, वह आँखों की कोरों से सौमिक को देखती रही।

उसने बर्फीली आवाज़ में कहा, "मेरी एक बात का जवाब दोगे, सौमिक?"

"ओह श्योर! जरूर! जरूर!"

"मुझसे तुमने इतनी बड़ी दुश्मनी क्यों निभाई?"

"दुश्मनी? मैंने? तुमसे?"

"फालतू बनो मत! और खबरदार, यह भी मत कहना कि तुम मेरा भला चाहते थे? या मेरी शारीरिक हालत देखकर तुम नर्वस हो गए थे...उन सब 'बुलशिट' पर

मुझे विश्वास नहीं आएगा।''

''तो मत करो विश्वास!''

''तुमने क्या मुझसे बदला चुकाया है, सौमिक? मेरा टेंटुआ दबोचकर घर में ठूँसकर, तुमने बदला ले लिया?''

''किस बात का बदला?''

''तुम्हें इनकार करने का—''

सौमिक का चमकता हुआ चेहरा, पल भर को मलिन पड़ गया।

लेकिन अगले ही पल उसकी हँसी दुबारा लौट आई, ''मुझमें क्या तुम्हें बदले की बेतरह प्यास नजर आती है? तुम्हें क्या मैं बदले के लिए प्यासा नज़र आता हूँ?''

''पता नहीं! मुझे समझ नहीं आता। मेरे इनकार करने के बाद भी तुमने मुझे पसंद कर लिया और ब्याह के लिए हाँ कर दिया। फिर कैंपस टाउन दौड़ गए! सॉल्ट लेक तक धावा किया। मेरे दिमाग में जाने क्या-क्या उल्टा-पुल्टा...सच-झूठ भर आए कि मेरी गृहस्थी ही नहीं बस पाई।''

सौमिक की भौंहें चढ़ गईं, ''तुम क्या अपना घर टूटने का इल्जाम भी मुझ पर थोप रही हो?''

''न्ना! हम दोनों में दरार तो आ ही गई थी, बस, वह जाहिर हो गया।'' दयिता पल भर ठिठकी रही। अगले ही पल उसने अपनी बात पूरी की, ''लेकिन मेरा यह नुकसान तुम्हीं ने किया! सिर्फ और सिर्फ तुमने।''

''तुम्हें सुरक्षित छत तले ले आना, तुम्हारा नुकसान करना है?''

''जिंदगी में सारा कुछ क्या इतने आसान हिसाब से चलता है, सौमिक?'' दयिता का गला भर आया, ''मेरा यहाँ पल भर को भी रहने का मन नहीं करता।''

''क्यों? मौसी-मौसा तो तुम्हें पाकर कितना खुश हैं?''

''झूठ! बकवास! इन लोगों के लिए मैं बिल्कुल ही परायी हो गई हूँ। सभी लोग मेरी खूब सेवा-जतन करते हैं, प्यार करते हैं...लेकिन मेरे सुख-दुःख की बात कोई नहीं पूछता! मानों, मैं किसी होटल में रह रही हूँ। मैं यह नहीं कहती कि माँ-बप्पा मुझे प्यार नहीं करते, लेकिन हमारे बीच एक दीवार खड़ी हो गई है! एक अदृश्य दीवाल!''

''थोड़ा वक्त गुजरने दो। सब ठीक हो जाएगा।''

''पता नहीं, शायद ऐसा ही हो!'' दयिता पर उदासी ने दुबारा कब्जा जमाया, ''मेरा तो अब जीने का चाव तक मर गया है, सौमिक!''

''ऐसे वक्त में, ऐसी बातें नहीं सोचते, दयिता! जो आ रहा है, उसका ख्याल करके मन को कम से कम हँसी-खुशी रखो।''

''यह मेरे वश में नहीं है—''

सौमिक कुछेक पल कुछ सोचता रहा।

अचानक उसने छूटते ही कहा, ''तो फिर चलो, तुम मेरे साथ चलो।''

''कहाँ?''

''अरे वाह, मैंने तो तुमसे पहले ही कहा था कि अलग कोई फ्लैट देख लेते हैं! देखना, मैं तुम्हें एक पल के लिए भी उदास नहीं होने दूँगा।'' सौमिक के चेहरे पर अजब-सी बुद्धू-बुद्धू हँसी झलक उठी, ''इसके अलावा, तुम तो अपने बच्चे को, बोधिसत्व का नाम-परिचय देकर, बड़ा नहीं करना चाहती न?''

''हाँ, वह तो नहीं करूँगी।''

''बट, ही नीड्स ए फादर! बच्चे को एक पिता की जरूरत होगी। टॉम-डिक्-हैरी—कोई भी!'' सौमिक ने दयिता के ही कहे हुए जुमले की पुनरावृत्ति की, ''मैं डिक् बनने को राजी हूँ! सौमिक डिक् बसुराय!''

''तुम?'' दयिता की आँखें अचरज से गोल-गोल हो आईं, ''तुम क्यों बनन लगे?''

''क्योंकि...क्योंकि...क्योंकि'' सौमिक ने रुकते-झिझकते अपनी बात पूरी की, ''क्योंकि मैं तुम्हें प्यार करता हूँ।''

''लेकिन, मैं तो तुम्हें प्यार नहीं करती!''

इस सरल-रूढ़ प्रहार से सौमिक पल भर के लिए स्तब्ध रह गया। वह लंबी-लंबी साँसें लेने लगा। कमरे में ढलती साँझ का धुँधलका! सौमिक के चेहरे पर भी!

थोड़ा ठहरकर सौमिक ने कहा, ''यह कौन-सी नई बात है? मुझे तो मालूम है! लेकिन इस वजह से मुझे कोई परेशानी नहीं होगी।''

''मतलब?''

''दो में से, अगर एक ही बंदा प्यार करता रहे, तो भी चलेगा। तुम बस, मुझे जरा बर्दाश्त कर लेना।''

—निरा बच्चा है—दयिता मन ही मन बुदबुदा उठी।

उसने कहा, ''मैं भी बोधिसत्व को एकतरफा प्यार करती थी, सौमिक! लेकिन वह रिश्ता टिका नहीं।''

''तुम बोधिसत्व नहीं हो, दयिता! तुम एक आम लड़की हो, मैं भी आम नौजवान हूँ। चूँकि हम दोनों आम लोग हैं, इसलिए हममें में से कोई भी किसी के लिए नगण्य नहीं है! यही बात हमारे रिश्ते को जिंदा रखेगी।''

दयिता को लगा, उसकी बातों में एक गहरा और गंभीर सच छिपा है। विराट लोगों का सभी कुछ विराट माप का होता है। वहाँ हर पल खुद अपने ही अस्तित्व का संकट झेलना पड़ता है। वह या, राखी कोई भी इसका व्यतिक्रम नहीं है! छोटी-छोटी चाहत और प्राप्ति को लेकर, यह दुनिया रची-गढ़ी जाती है, लेकिन बोधिसत्व के लिए वह दुनिया नितांत मूल्यहीन है, मान-अभिमान, हर्ष-विवाद—छोटे-छोटे महीन धागों

से दुनिया की नक्कासीदार कथरी बुनी जाती है—यह सत्य बोधिसत्व जानते ही नहीं!

सौमिक ने धीमी आवाज में पूछा, "क्या सोच रही हो, दयिता?"

"कुछ नहीं!"

"तुम मुझे प्यार भले मत करो, दोस्त तो मानती हो। क्यों, मानती हो न? दोस्ती के रिश्ते से भी तो हम एक छत तले रह सकते हैं। जुबान से भले मैं जो भी कहता रहा हूँ, मगर तुम जानती हो, इंसान के तौर पर मैं शैतान जीव नहीं हूँ। तुम्हारे बच्चे का नाकाबिल पिता भी मैं नहीं बनूँगा।"

"मुझ पर तरस खा रहे हो?"

कौन, किस पर तरस खाता है? सौमिक की छाती में कहीं ऐंठन होने लगी। जिसके चेहरे पर टुकड़ा भर हँसी देखने के लिए, वह हिमालय के शिखर से बर्फ तक बटोर ला सकता है, वही आज अपने को हमदर्दी का पात्र समझती है। पता नहीं, अंदर से यह लड़की कितना टूट-फूट गई है।

सौमिक ने सिर झुकाकर जवाब दिया, "मैं बेहद कमजोर इंसान हूँ, दयिता! तुम तो जानती हो, जो दया करता है, वह भी कुछ अपेक्षा रखता है। कम से कम कृतज्ञता का! इस नज़रिए से सोचो, तो वह खुद भी तो दया का पात्र होता है! होता है या नहीं? लेकिन तुमसे वह कृतज्ञता भर माँग सकूँ। इतनी भी क्षमता मुझमें नहीं है।"

दयिता की आँखें अचरज से भर उठीं। सौमिक की आवाज़ कैसी तो अचीन्ही-अनपहचानी लगी। बेहद दुःखी-दुःखी आवाज़।

सौमिक ने लंबी उसाँस भरी।

उसने घरघराती आवाज़ में कहा, "कोई नहीं जानता, कोई भी नहीं। मेरी गर्दन के पीछे से एक बुलडॉग लगातार भौंकता रहता है। आज से नहीं, बचपन से ही! वह मुझे खदेड़ता रहता है और मैं भागता रहता हूँ। दिन-रात भाग रहा हूँ। गर्दन झुकाए-झुकाए मैंने लिखाई-पढ़ाई की, यार-दोस्तों से कभी हेलमेल नहीं बढ़ाया, अच्छी-सी नौकरी में जुट गया, कमाई? हेल ऑफ ए लॉट! काफी-काफी कमाई है! लेकिन जिस दुनिया में घूमता-भटकता हुआ मरा जा रहा हूँ, उसके बाहर भी एक और दुनिया है, मुझे पता है! आँखें मूँदते ही मुझे सपने में देखी गई वह दुनिया दिखाई देती है। लेकिन उस तरफ मैं अपना एक कदम भी नहीं बढ़ा सकता, जस्ट फॉर दैड बुलडॉग! वह पल भर के लिए भी मेरा पीछा नहीं छोड़ता। गर्दन घुमाते ही, उसकी गर्जना सुनकर, मेरी छाती बर्फ हो आती है, डोंट माइंड, वह बुलडॉग तुम्हारे प्रोफेसर साहब की गर्दन पर भी सवार है। वह भी इसी तरह गरजता-तरजता है, प्रोफेसर को खदेड़ता फिरता है! हाँ, सिर्फ एक फर्क जरूर है, मेरा बुलडॉग मेरी माँ ने फिट किया है और प्रोफेसर साहब खुद ही वह बुलडॉग पाल-पोस रहे हैं। शायद इसीलिए वे असाधारण हैं!"

आत्मधिक्कार से सौमिक के होठ पल भर के लिए विकृत हो आए, लेकिन अगले ही पल स्वगतोक्ति की मुद्रा में बोल उठा, "बट, दिस कैन नॉट गो ऑन फॉर एवर! ऐसा हमेशा नहीं चल सकता! इधर कई दिनों से उस बुलडॉग से मेरी जबर्दस्त जंग छिड़ी हुई है। उस कुत्ते को अब मैं खदेड़कर ही दम लूँगा।"

सौमिक की आँखों की पुतलियाँ दप्-दप् जल उठीं। वह कुर्सी से उठकर बिस्तर पर आ बैठा। दयिता की सूनी कलाई, उसकी गोद में सिमटी हुई। सौमिक ने झुककर, दयिता की हथेली थाम ली।

उसने अधीर लहजे में कहा, "अगर तुम मेरे साथ नहीं रहीं, तो मैं यह जंग हरगिज जीत नहीं पाऊँगा, दयिता! आइ नीड यू! मुझे तुम्हारी जरूरत है! मुझे तुम्हारी बे-हद जरूरत है।"

किसी मर्द की आवाज में ऐसी आकुल मिन्नतें, दयिता ने पहले कभी नहीं सुनी थीं। अचानक उसका तन-बदन बर्फ हो आया। आँखों में भाप जमने लगा। बिल्कुल अनजाने में ही!

हाथ का दबाव धीरे-धीरे बढ़ने लगा। सौमिक का स्पर्श दयिता के दिल की गहराइयों में उतर गया। उसके सामने, उसकी हथेली थामे, प्रार्थनारत एक अदद मर्द! बाहर की दुनिया में बदली भरा दिन तेजी से गुम होता हुआ! आर्द्र हवा आवारा-सी इधर-उधर नाचती हुइ! ये सब दयिता को किस ओर धकेल रहे हैं? गहरे कुएँ के अतल में क्या एक भी लहर नहीं उठेगी?

सौमिक ने गहरी आवाज़ में पूछा, "तुम खामोश क्यों हो, दयिता?"

दयिता ने असमंजस की मुद्रा में सिर हिलाया, "सोच रही हूँ–"

"क्या सोच रही हो?"

दयिता ने कोई जवाब नहीं दिया। हैरत है! ऐसे पलों में अचानक बोधिसत्व की याद हो आई। कुहासे भरी राह में वह दीर्घदेही पुरुष विलीन हो गया। उसने दयिता की तरफ पलटकर भी नहीं देखा।

उस क्रूर इंसान को एक समुचित जवाब तो दिया ही जा सकता है। सौमिक से विवाह करके, दयिता यह दिखा सकती है कि बोधिसत्व मजूमदार उसकी जिंदगी बर्बाद नहीं कर सकते। सिर्फ इतना ही नहीं, बोधिसत्व की संतान जिंदगी भर सौमिक को ही 'पापा' जानेगी-मानेगी, उसकी जिंदगी मे बोधिसत्व का कोई अस्तित्व नहीं होगा–ये बातें क्या बोधिसत्व के अहम् को जरा भी आहत नहीं करेंगी? बोधिसत्व की वजह से सौमिक ने भी कम तकलीफ नहीं झेली, सौमिक अगर चाहे तो वह भी बदला तो ले ही सकता है।

छिः महज! इतनी छोटी-सी वजह के साथ वह सौमिक के साथ जिंदगी शुरू करेगी? उसके साथ घर बाँधेगी? उसके साथ गृहस्थी बसाएगी? यह क्या सौमिक को धोखा देना नहीं है?

सिर्फ और सिर्फ सौमिक के लिए क्या उसके दिल में कोई भी खास अहसास...कोई खास भाव नहीं है? प्यार का क्या सिर्फ एक ही रंग होता है?

सौमिक ने फुसफुसाकर इसरार किया, "मुनिया...प्लीज..."

दयिता ने चौंककर देखा। इस वक्त उसकी आँखों की पुतलियाँ असंभव तरीके से निस्तेज हो आई थीं। गालों पर जाने कब तो मोतियों के दाने लुढ़क आए थे! पानी की लकीर चमक रही थी। लगभग अँधेरे कमरे में टुकड़ा भर रोशनी आ पड़ी। मणिदीपा ने ड्राइंगरूम की बत्ती जला दी थी। दयिता के साँवले चेहरे पर अँधेरे-उजाले, रोशनी-छाया की जाफरी झलक उठी। दयिता के होठ ईषत् थरथरा उठे।

दयिता ने टूटी-टूटी आवाज़ में कहा, "मुझे थोड़ा-सा वक्त दो, सौमिक! मैं ज़रा सोच लूँ।"

"जरा क्यों, खूब-खूब सोच लो।" सौमिक के चेहरे पर हँसी खेल गई, "जितना जी चाहे, सोच लो। मैं तो हूँ ही!"

सौमिक का आखिरी जुमला, दयिता की दिल की गहराइयों में देर-देर तक बसा रहा। उसके बाद पंख पसारकर, समूचे कमरे में उड़ने लगा। रंगीन तितली की तरह...।

❑ ❑